# 辛派三家詞研究

蘇 淑 芬 著

文 史 哲 學 集 成
文史哲出版社印行

國家圖書館出版品預行編目資料

辛派三家詞研究 / 蘇淑芬著. -- 初版. -- 臺北市：文史哲，民 94
面： 公分. -- (文史哲學集成；496)
參考書目：面
ISBN 957-549-589-6(平裝)

852.4523 94000899

文史哲學集成 496

# 辛派三家詞研究

著者：蘇淑芬
出版者：文史哲出版社
http://www.lapen.com.tw
登記證字號：行政院新聞局版臺業字五三三七號
發行人：彭正雄
發行所：文史哲出版社
印刷者：文史哲出版社
臺北市羅斯福路一段七十二巷四號
郵政劃撥帳號：一六一八〇一七五
電話886-2-23511028・傳真886-2-23965656
實價新臺幣五二〇元

中華民國九十四年(2005)元月初版
中華民國九十五年(2006)三月修訂版一刷



ISBN 957-549-589-6

# 自 序

南宋詞是我國詞學的巔峰，不論是豪放、婉約詞派，都創造出許多偉大詞篇。然而詞壇受「正宗」、「別格」的傳統觀念影響，使豪放詞派較不受重視。而且在豪放詞派中，人們僅知蘇、辛，不知蘇、辛詞風仍有不同。辛派詞人中，以辛棄疾詞作最多，堂廡深廣。昔賢篳路藍縷，鑽研者甚多，成果亦夥。然而論者大都專注於辛棄疾一家，未曾涉及辛派詞的發展，瞭解辛派詞的宗旨、盛衰以及他們之間的關係。辛派詞人中與辛棄疾有交往，並詞風相似的陳亮與劉過，此二人者，歷代詞選本甚少選其詞，歷代詞話也少評論，不僅在詞壇上受忽視，研究者亦鮮。

筆者在教學多年後，深感教然後知困、知不足，便在畢業十多年後，投考博士班，繼續鑽研詞學，懲前賢於辛棄疾、陳亮與劉過之關係與詞學，猶有未極盡其涯涘。因慨然探討辛棄疾、陳亮、劉過三人交游與詞作，析其流派，貫其脈絡，究其背景，評其得失，論其影響，於是瞭解辛棄疾才學豐富、形式自由、內容廣泛、風格多樣，他熱愛田園山水和農村生活，何以農村詞不書及民生疾苦？其拓展俳諧詞領域、提昇地位，嬉笑怒罵皆成文章，更可寄託身世、家國之思。陳亮詞大開大闔，探討爲何其詞不受憐，甚至連好友葉適都「十不解一二」；劉過充滿愛國熱情，身份、動機、備受誤解之因，及辛派三家詞的異同與影響等等，盼透過研究能補苴罅漏，有所闡發開拓。

吾師　夑友先生，因命以《辛派三家詞研究》爲題撰寫博士論文。撰寫期間困難重重，如劉過者，《宋史》無傳，其生平行蹤，不易掌握，其《龍洲詞》未有箋注本，不易解讀，輒依詞總集、他人詞集，詞話、筆記小說、並查考史籍、典故辭典、歷史地圖集等等，核校印證，略知其行跡，然後通讀詞作、詩作。這期間吾師熱心教導與鼓勵，更覺任重道遠，不敢懈怠。本論文若絲毫有得，皆吾師指導之功，僅以至誠，敬申謝意。

本研究論文爲了接受外界專家的指正批評，改進論文品質，曾將〈辛棄疾與陳亮交游考〉一文，認定辛棄疾與陳亮交游年代，以及兩人成爲好友的各項因素；〈辛棄疾的農村詞〉一文，辨析稼軒農村詞何以沒有正面探討農村生活的痛苦之因，並提出稼軒是受陶淵明、白居易、邵堯夫、老莊等人的影響，所以他書寫農村清靜自然的一面；又〈陳亮與劉過詞比較研究〉一文，討論陳亮與劉過詞的內容、風格、詞調、用韻異同，及〈辛棄疾與劉過交游考〉此四篇論文發表在《東吳中文學報》第二、三、四、八期；〈陳亮政論詞研究〉發表於國立彰師大《國文學誌》第四期，〈辛棄疾之俳諧詞研究〉發表於宋代文學研究第五輯。

《東吳中文學報》、《國文學誌》、《宋代文化研究》皆有嚴格的外審制度，透過校外專家學者的〈審查意見表〉，筆者得到指正與鼓勵甚多。

撰寫期間，披覽群籍，冥思苦索，常覺力不從心，幸賴教會小組中弟兄姊妹代禱，「靠著那加給我力量的神」，使本論文順利完成，在此獻上感謝。

本書完成後，由於打印匆促，未加詳校；而民國九十二年（2003），鄧廣銘增訂本《稼軒詞編年箋注》三版，將前列入作年莫考諸什，重新編年，編入各卷中。此次出版，全依鄧廣銘增訂本三版卷數，重新校訂，並廣收各方資料、擴充內容深入探討，以求本書能精益求精。筆者才疏學淺，疏漏在所不免，還盼知音碩學，不吝斧正。

民國九十三年十一月 **蘇淑芬** 謹序於愛徒樓

# 辛派三家詞研究

## 目 錄

# 第一章 緒 論

## 第一節 研究動機

南宋是中國詞史發展的高峰期。這段期間又以辛棄疾爲首的豪放派，與姜夔爲首的格律派爲代表。因爲整個宋詞壇詞人的觀念，大都以婉約爲正宗，以豪放爲別格。歷代詞話作者與歷代詞選書也都有此觀念，所以豪放派作品一直居於被冷落的地位。

宋因爲國勢的衰頹，江山的淪陷，南宋豪放派詞人藉詞以抒發亡國破家的抑鬱情懷，慷慨悲歌，他們的詞與時代的脈動相起伏、相聯繫。除了辛棄疾的詞，數量最多、內容豐富、寫作方法變化多端，被列入十大詞人外。其他豪放詞人在詞史的地位上大多不被重視。

在王兆鵬、劉尊明〈歷史的選擇--宋代詞人地位的定量分析〉一文中，提到「古今詞評家對宋代詞人關注、重視的冷熱變化。……從流派屬而言（按傳統的劃分），屬於豪放派詞人的地位在本世紀大多已上升，而屬於婉約派或格律派詞人的地位在本世紀絕大部份都有所下降。」[1]可見因爲時代、社會、觀念、標準的多元性、審美角度的不同，詞評者、選詞者的角度與觀念隨之改變，評價也會不同。

清以前也沒有所謂辛派的名稱，而屬於辛棄疾一派的豪放詞人，包括陳亮（死前一年中科舉）、劉過，一生科舉不第，沒有社會地位，卻對國土的分裂、對朝廷的偏安、士大夫耽於逸樂，殘害忠良的情形痛心疾首，大聲疾呼、直接提出質疑與對國家前途的焦慮與憂愁。如陳

---

1 王兆鵬、劉尊明:〈歷史的選擇－宋代詞人地位的定量分析〉，見《文學遺產》(1995年4月出版)，頁53。

亮的上書被當「狂怪」，他的詞作，因爲太多政論，使人「十不能解一二」，[2]劉過更被誤解爲「大言以倖功名」，[3]結果在詞史沒地位，也少有人專門研究他們的詞，並給予他們應有的評價，本論文特以辛派三家詞爲考察對象，希望透過對他們的詞學綜合研究，給予客觀評價。

## 第二節　辛派三家詞的界定

南宋是個民族危機日益嚴重的時代，然「士大夫皆厭厭無氣」，[4]在這種萎靡的風氣下，一部份愛國份子發出抗敵禦侮的呼聲。以辛棄疾爲首的愛國詞人，慷慨疾呼，另有詞風相近的詞人，如陳亮、劉過、韓元吉、韓仲止、楊炎正等應運而生，稍後又有戴復古、劉克莊、劉辰翁、文天祥、謝枋得、蔣捷等一批詞人繼承於後，產生極大的影響。馮煦《蒿庵詞話》指出：「稼軒負高世之才，不可羈勒，能於唐宋諸大家外別樹一幟。」[5]陳廷焯《白雨齋詞話》說：「南渡詞人沿稼軒之後，慣作壯語。」[6]又周濟《宋四家詞選目錄序論》云：「稼軒則沈著痛快，有轍可尋，南宋諸公，無不傳其衣缽。」[7]可見辛棄疾在當時詞壇的重要地位。

在辛棄疾時代並無所謂的詞派，只推尊稼軒詞爲「稼軒體」。當時推尊的詞人有：一、如稼軒門人范開在戊申年（1188）正月，時辛棄疾四十九歲，爲稼軒詞寫序：「其詞之爲體」。[8]二、劉過，他在辛棄疾晚年起知紹興時，以「效辛體」之〈沁園春〉「斗酒彘肩」一詞投贈。

---

2 葉適：《水心集·龍川文集序》，見《景印文淵閣四庫全書》（臺北：商務印書館，1985 年 9 月出版），冊一一六四，頁 238。
3 見清·永瑢、紀昀：《四庫全書總目提要·龍洲集提要》（臺北：商務印書館，1983 年 10 月初版），冊四，頁 286。
4 見邵晉涵：《龍洲道人詩集·序》，舊抄本，藏國家圖書館。
5 馮煦：《蒿庵詞話》，見《詞話叢編》（臺北：新文豐出版公司，1988 年出版），冊四，頁 3592。
6 陳廷焯：《白雨齋詞話》，見《詞話叢編》，冊四，頁 3917。
7 周濟：《宋四家詞選目錄序論》，見《詞話叢編》，冊二，1644。
8 范開：〈稼軒詞序〉，見鄧廣銘：《稼軒詞編年箋注》（臺北：華正書局，2003 年 9 月 2 版 1 刷），頁 596。本論文引用辛棄疾詞，皆是此版本，僅夾注不再出注。

三、追隨稼軒風的戴復古，其〈望江南〉詞云：「詩律變成長慶體，歌詞漸有稼軒風。」此「風」即是「體」。四、蔣捷，他的〈水龍吟〉詞題注：效稼軒體招落梅之魂。

論者除了提到「稼軒體」，也常蘇、辛並提。如范開〈稼軒詞序〉寫：「世言稼軒居士辛公詞似東坡，非有意於學坡也，自其發於所蓄者言之，則不能不坡若也。」又有劉辰翁〈辛稼軒詞序〉：「詞至東坡，傾蕩磊落，如詩如文，如天地奇觀。豈無群兒雌聲學語較工拙；然猶未至用經用史，牽雅頌入鄭衛也。自辛稼軒前，用一語如此者，必且掩口。及稼軒橫豎爛漫，乃如禪宗棒喝，頭頭皆如。」可見當辛棄疾以詞名世時，就常有蘇辛並提的說法，但當時人並沒有把他們當一個詞派。

詞之析源流，萌發於宋。王灼《碧雞漫志》曰：

> 晁無咎、黃魯直皆學東坡，韻製得七八。……後來學東坡者，葉少蘊、蒲大受亦得六、七，……。沈公述、李景元，……皆得佳句，就中雅言又絕出。然六人者源流從柳氏來，病在無韻。（卷二）[9]

他評論眾人的得失，最後分爲蘇軾、柳永兩源流，沒有明確指出派別。

婉約與豪放詞派，直到明朝張綖在《詩餘圖譜．凡例》才提出：

> 詞體大略有二：一體婉約，一體豪放。婉約者欲其詞情醞藉，豪放者欲其氣象恢宏。蓋亦存乎其人，如秦少游之作，多是婉約，蘇子瞻之作，多是豪放。大抵詞體以婉約為正。……[10]

他把詞體分爲婉約與豪放兩體，以婉約爲正，並以東坡爲豪放的代表，沒有提到稼軒。最早爲稼軒提出詞派者，爲清初王士禎《花草拾蒙》說：

> 張南湖論詞派有二：一曰婉約，一曰豪放。僕為婉約以易安為

---

9　王灼：《碧雞漫志》，見《詞話叢編》，冊一，頁 83。

10　張綖：《刊的《增正詩餘圖譜》本引，見王水照：《蘇軾論稿》（臺北：萬卷樓圖書公司，1994 年 12 月出版），頁 186-187 轉引。另王又華：《古今詞論》也轉引，但文句有刪減。見《詞話叢編》，冊一，頁 596。

宗，豪放為幼安稱首，皆吾濟南人，難乎為繼矣。[11]

王士禎不僅提出稼軒爲豪放代表，而且將張綖的「體」改爲「派」。高佑釲〈湖海樓詞序〉云：

予間至京師，偶與友人顧咸三，共讀其年之詞。……咸三謂宋名家詞最盛。體非一格，蘇辛之雄放豪宕，秦柳之嫵媚風流，盼然分途，各極其妙，而姜白石、張叔夏輩，以沖澹秀潔，得詞之中正。[12]

此爲詞之三家說，也把蘇辛歸爲一派。張德瀛《詞徵》云：

汪蛟門謂宋詞有三派，歐、晏正其始，秦、黃、周、柳、姜、史之徒極其盛，東坡、稼軒放乎其言之矣。[13]

這裡仍把東坡、稼軒合爲一派。所謂「體」，是指某位作家的個人風格，「派」是指具有共同風格的一群作家。然而歷代詞話中評詞對「體」、「派」，界線原本模糊。如陳廷焯《白雨齋詞話》云：

唐宋名家，流派不同，本原則一，論其派別，大約溫飛卿為一體，韋端己為一體，馮正中為一體，張子野為一體，秦淮海為一體，蘇東坡為一體，賀方回為一體，周美成為一體，辛稼軒為一體，……。（卷八）

又郭麐《靈芬館詞話》云：

詞之為體，大略有四：風流華美，渾然天成，如美人臨粧，卻扇一顧，花間諸人是也。……溯其派別，不出四者。[14]

陳廷焯把辛稼軒歸爲一體，然而根據陳廷焯與郭麐的說法，顯然他們也把「體」與「派」混用。

在所謂豪放詞派中，人們常以豪放詞派就指蘇軾與辛棄疾，然而兩人詞風並非完全相同。東坡超曠，稼軒豪邁。先著《詞潔》云：

世以蘇辛並稱，辛非蘇類，稼軒次之則後村、龍洲，是偏裨也。[15]

---

11 清・王士禎：《花草拾蒙》，見《詞話叢編》，冊一，頁 685。
12 見陳維崧：《陳迦陵詩文詞全集》（臺北：商務印書館，1965 年出版）《四部叢刊初編集部》，頁 347。
13 張德瀛：《詞徵》，見《詞話叢編》，冊五，頁 4184。
14 郭麐：《靈芬館詞話》，見《詞話叢編》，冊二，頁 1503。
15 先著：《詞潔》，見《詞話叢編》，冊二，頁 1372。

周濟《介存齋論詞雜著》云：

世以蘇辛並稱；蘇之自在處，辛偶能到，辛之當行處，蘇必不能到。二公之詞，不可同日而語也。[16]

陳廷焯《白雨齋詞話》提到：

蘇辛並稱，然兩人絕不相似。魄力之大，蘇不如辛；氣體之高，辛不逮蘇遠矣。（卷一）

又說：

東坡心地光明磊落，忠愛根於性生，故詞極超曠，而意極和平。稼軒有吞吐八荒之概，而機會不來。正可以為郭、李，為岳、韓，變則即桓溫之流亞。故詞極豪雄，而意極悲鬱。蘇、辛兩家，各自不同。（卷六）

都指出蘇、辛的不同。既然蘇、辛不可混爲一談，提出所謂辛派是凌廷堪，他說：

填詞之道，須取法南宋，然其中亦有兩派焉。一派為白石，以清空為主，……一派為稼軒，以豪邁為主，繼之者龍洲、放翁、後村，猶禪之北宋也。[17]

凌廷堪更明白指出稼軒一派的繼承者有龍洲等人。陳廷焯《白雨齋詞話》也提到：

東坡一派，無人能繼。稼軒同時則有張、陸、劉、蔣輩，後起則有遺山、迦陵、板橋、心餘輩。（卷八）

又提到：

大約……辛稼軒為一體，張、陸、劉、蔣、沈、杜合者附之。（卷八）

蔣兆蘭《詞說》：

南宋辛稼軒，運深沈之思於雄傑之中，遂以蘇辛並稱。他如龍洲、放翁、後村諸公，皆嗣響稼軒，卓卓可傳者也。[18]

陳洵《海綃說詞》云：

稼軒由北開南，……南宋諸家，鮮不為稼軒牢籠者，龍洲、後

---

16 周濟：《介存齋論詞雜著》，見《詞話叢編》，冊二，頁 1632。

17 謝章鋌：《賭棋莊詞話續編》，見《詞話叢編》，冊四。頁 3510-3511。

18 蔣兆蘭：《詞說》，見《詞話叢編》，冊五，頁 4632。

村、白石皆師法稼軒者也。[19]

《四庫全書總目．稼軒詞提要》云：

其詞慷慨縱橫，有不可一世之概，於倚聲家為變調；而異軍特起，能於剪紅刻翠之外，穀然別立一宗，迄今不廢。[20]

稼軒以豪邁沈鬱悲壯激烈的詞風，來表達愛國思想，成爲倚聲家的變調，別立一宗，成就大大的超越前人，所以與辛棄疾詞風相同，思想生活經驗相似者，就被王士禎、淩延堪等提出稼軒一派，稱爲辛派詞人。

歷代詞話對詞風詞派的論述，主要集中在三個相互聯繫的問題上：一是怎樣分門派，即以何標準來區分詞風與詞派；一是詞史上到底有那些詞風詞派；一是對於這些詞風詞派，各有什麼認識，什麼評價。[21]這也是本論文所要探討的爲何稱爲辛派？

所謂辛派詞人，其詞作的特色須涵蓋在以下數點特色中：

（一）反映國家分裂，立志收復中原，鼓舞抗戰精神，堅決反對主和爲要務。

（二）喜用長調，來表達愛國思想的心聲，以及社會內容。

（三）喜愛融化經史子集的內容，有淵博的學問，並善於運用典故，來表達個人愛國思想。

（四）風格大多豪邁悲壯、慷慨激昂。

（五）以散文、口語入詞。

本書所謂辛派詞人爲何僅選擇辛棄疾、陳亮與劉過三人作爲研究對象？因爲南宋與辛詞風格相近，而且受辛棄疾影響的詞人，就有五、六十人，[22]像比較有名的張孝祥、陸游等年紀比稼軒稍大，而劉克莊、劉辰翁、蔣捷等等，時代又比辛棄疾相距太遠。而陳亮、劉過與稼軒時代最近，而且三人情感深厚，又有詞互相唱和。李調元《雨村詞話》

19 陳洵：《海綃說詞》，見《詞話叢編》，冊五，頁 4838。

20 見清．永瑢、紀昀：《四庫全書總目提要．稼軒詞提要》（臺北：商務印書館，1983 年 10 月初版），冊五，頁 302。

21 朱崇才：《詞話學》（臺北：文津出版社，1995 年 1 月初版），頁 371。

22 陸侃如、馮沅君：《中國詩史》（臺北：作家出版社，1957 年出版），頁 683。

云：

陳同甫無媚詞，與稼軒唱和，筆亦近之。[23]

劉熙載《藝概》說：

陳同甫與稼軒為友，其人才相若，詞亦相似。同甫〈賀新郎〉寄幼安見懷韻云：……觀此則兩公之氣誼懷抱，俱可知矣。[24]

陳亮是個雄才大略者，辛棄疾稱他「風流酷似，臥龍諸葛」(〈賀新郎〉卷二)，「似而今、元龍臭味」，(〈賀新郎〉同甫見和，再用韻答之)比爲諸葛亮與陳元龍。「使之早遇，豈愧衡伊」，[25]認爲陳亮才能比得上伊尹。

陳亮入獄時靠辛棄疾去營救，陳亮與辛棄疾有鵝湖之會，共酌於瓢泉，議論時政，謀畫恢復，談笑風生。兩人所唱和〈賀新郎〉詞，感嘆「神州畢竟，幾番離合」，更相勉「男兒到死心如鐵，看試手，補天裂。」都顯示兩人愛國思想相同，情感親近。而且他們之間有詞唱和，詞風相近，陳廷焯《白雨齋詞話》云：

陳同甫豪氣縱橫，稼軒幾為所挫。(卷一)

葉適《書龍川集後》記載了陳亮寄託「微言」之詞，「每一章就，輒自嘆曰：『平生經濟之懷，略已陳矣。』余所謂微言多類此。」[26]這派詞人詞中都寄託愛國思想及復國之策略。

劉過一生布衣，生計維艱。他曾是辛棄疾的門客。在《桯史》中記他以一首〈沁園春〉「斗酒彘肩」，令辛棄疾「得之大喜，致饋數百千。」[27]而且劉過一心效法稼軒寫作方式。黃昇《中興以來絕妙詞選》說：

劉過稼軒之客。……其詞多壯語，蓋學稼軒者也。[28]

---

23 李調元：《雨村詞話》，見《詞話叢編》，冊二，卷三，頁 1423。

24 劉熙載：《藝概》，見《詞話叢編》，冊四，頁 3694。

25 見鄧廣銘輯校，辛更儒箋注：《辛稼軒詩文箋注》(上海：上海古籍出版社，1995 年 12 月第 1 版)，頁 122。

26 葉適：《水心集·書龍川詞後》，見《景印文淵閣四庫全書》(臺北：商務印書館，1985 年 9 月出版)，冊一一六四，頁 514。

27 岳珂：〈桯史〉，見《景印文淵閣四庫全書》，冊一〇三九，頁 422。

28 黃昇：《中興以來絕妙詞選》(臺北:文馨出版社，1975 年 1 月初版)，頁 258。

李調元《雨村詞話》說：

余閱劉過龍洲詞集，有學辛稼軒而粗之評。[29]

馮煦《蒿庵詞話》：

龍洲自是稼軒附庸，然得其豪放，未得其宛轉。[30]

陳廷焯《白雨齋詞話》：

劉改之、蔣竹山，皆學稼軒者。（卷一）

又云：

竹山全襲辛、劉之貌。（卷八）

沈雄《古今詞話》云：

樂府紀聞云：「（劉過）其詞多壯語，而學幼安者也。」[31]

張德瀛《詞徵》云：

劉改之詞，如「左執之太行之獿而右搏雕虎」，是善效稼軒者。[32]

謝章鋌《賭棋莊詞話》：

辛、劉之雄放，風氣所競，不可相強。（卷三）

王易《詞曲史》：

後村、龍洲皆稼軒羽翼。[33]

從以上記載可見劉過與稼軒的關係，不僅劉過是稼軒的門客，學稼軒詞甚至兩人並稱。

陳亮劉過也是有往來的，陳亮曾有〈贈劉改之詩〉：

劉郎飲酒如渴虹，一飲澗壑俱成空。胸中壘塊澆不下，時有勁氣噓青紅。劉郎吟詩如飲酒，淋漓醉墨龍蛇走。笑鞭裂缺起豐隆，變化風雷一揮手。吟詩飲酒總餘事，試問劉郎一何有，劉郎才如萬乘器，瓠落輪囷難自制，強親舉子作書生，卻笑書生敗人意。少年追逐曹景宗，弓弦霹靂餓鴟叫，鼻間出火耳生風。安能規行復矩步。斂袂厭厭作新婦？黃金揮盡唯空囊，男兒虎

29 李調元：《雨村詞話》，見《詞話叢編》，冊二，頁 1416。
30 馮煦：《蒿庵詞話》，見《詞話叢編》，冊四，頁 3592。
31 清・沈雄：《古今詞話》，見《詞話叢編》，冊一，頁 1002。
32 清・張德瀛：《詞徵》，見《詞話叢編》，冊五，頁 4160。
33 王易：《詞曲史》（臺北：廣文書局，1979 年 10 月 4 版），頁 202。

變那能量！會須斫取契丹首，金印牙旗歸故鄉。(《龍洲集·附錄一》)
34

劉過並在詩後寫：

故人陳同父未魁天下時，與余皆落魄不振。一日，醉于澹然子樓上，作此詩，相與勞苦。明年，同父唱名為多士第一。嗚呼！同父死又幾年，而劉子尚為書生。每誦此詩，幽明之間，負此良友。劉過改之識。(《龍洲集》附錄一)

辛棄疾、陳亮與劉過因相同的政治理念，情感是密切的。元楊維楨云：「陳亮、陸游、辛棄疾，世稱人豪，皆折氣岸與之（劉過）交。」35《古今詞話》云：

稼軒與朱晦庵、陳同甫、劉改之友善，晦庵嘗云：若朝廷賞罰分明，此等人盡可靠。同甫答辛啟曰：「經綸事業，股肱王室之心。遊戲文章，膾炙士林之口」，改之寄辛詞曰：古豈無人，可以似我，稼軒者誰」。觀諸賢之推服如篤，則稼軒可知矣。」(〈詞評〉上卷)

因為辛棄疾、陳亮與劉過三人密切的關係，所以本文所論僅以三人作品為主，觀歷代詞評不是忽略陳亮與劉過詞的重要性，就是對劉過有誤解，而近代幾乎所有詞選本很少選陳亮詞，以為他是在詞史的地位不受重視，本論文將探討他們的詞作、闡述他們的思想與該有的地位。

## 第三節　研究方法

確立研究南宋三家詞範圍以後，就詞學而言，研究辛棄疾一家是有的，但陳亮與劉過都是簡短論文，但以辛派三人當專題研究未曾見過，因此體例無可依傍。可分以下四種方法：

---

34 見楊明校編：《龍洲集》（上海：上海古籍出版社，1978 年 9 月第 1 次印刷），以下所引用劉過作品，皆使用此版本。

35 同上注，附錄三，頁 143，元楊維楨：〈宋龍洲先生劉公墓表〉。

一、爲了探討辛派三詞人的詞作和他們的生平、交游是否有關，所以根據傳記資料、筆記小說、詞話，各家別集及友人、時人著作，參酌前賢及近人爲三家詞的研究成果，逐一考辨、詳真僞、別是非；即使劉過在《宋史》無傳，一些形蹤、交游，疑不能考者，亦根據所蒐集資料，歸納演繹，提出個人看法。並把劉過生平，收集整理，別立一篇，作爲本文附錄。

二、文學作品的完成，和當時政治環境、社會背景、文學風氣、文人生活，有相互關係，彼此影響。從政治情勢、社會背景的引證，可以探討辛派成立的原因，及他們的詞風特色。

三、對於辛棄疾、陳亮與劉過，三家詞的內容、風格、詞調、詞韻、寫作手法、結構上，採用比較法，比較三家異同及對後世影響。

四、以現代美學的觀念，探討辛棄疾的農村詞，爲何沒有抒發民生疾苦，而是歌頌農村的情趣；並俳諧詞中嬉笑怒罵，和表現對大自然的欣賞。

五、對陳亮詞，爲何不受人憐，劉過的行徑則被誤解，究其原因，分析歸納當時人的觀念、朝廷主政政策、文學思潮及詞人的寫作手法，提出合理說明。透過這些研究方法來研究南宋三家詞，期能使三家詞有更深探討。

# 第二章　辛派三詞人的時代背景

## 第一節　政治背景

辛棄疾、陳亮、劉過所處的時代，正是宋高宗、孝宗、光宗、寧宗的時代。辛棄疾（1140-1207）大陳亮（1143-1194）三歲，大劉過（1154-1205）十四歲，而辛棄疾六十八歲卒，又是三人中最後去世者。所以他們從事詩文歌詞活動的年代，是在一一六一到一二〇七年左右。

自從北宋亡國，宋高宗趙構建立南宋王朝，改元建炎，至紹興八年（1138），定都臨安，宋金對峙成為定局。紹興十年（1640），辛稼軒生於山東歷城之四風閘。

紹興十一年（1141）年，「紹興和議」成，宋金之間，東以淮河、西以大散關為界，每年貢納銀二十五萬兩、絹二十五萬匹，宋向金稱臣。趙構還不打自招的說：「講和之策，斷自朕志，秦檜但能贊朕而已。」[1]陸游〈跋傅給事帖〉云：

> 紹興初，某甫成童，親見當時士大夫相與言及國事，或裂眥嚼齒，或流涕痛哭，人人自期以殺身翊戴王室，雖醜裔方張，視之蔑如也。[2]

士大夫對亡國之事痛心疾首、流淚哭泣，而北方完顏亮又連續不斷對漢族地區徵兵徵餉，將大量的肥田「籍沒入官」、「安置屯田」，強迫漢族人民為之佃種，租佃者又往往為預徵兩三年的租課，致使漢人

---

1 見明・柯維麒：《宋史新編》（臺北：文海書局，1974 年出版），頁 36。
2 陸游：《渭南文集・跋傅給事帖》，見《景印文淵閣四庫全書》，冊一一六三，頁 550。

大量逃亡，土地荒廢。加上太行山東西廣大土地，抗金行動風起雲湧，此後河北、河南、山東等貧苦地區，相繼揭竿起義，更使金佔領區經濟極端蕭條，軍事也窮於應付。

紹興三十一年（1161 年），完顏亮大舉侵宋，為發動戰爭，他下令徵召大量壯丁與馬匹，加強對人民的壓榨與剝削。於是「國內騷然，盜賊蠭起，大者連城邑，小者保山澤。或以十數騎張旗幟而行，官軍未敢近」[3]，本來自趙構實行講和政策後，人民抗金處於低潮，在汪應辰的奏疏就提到將惰兵驕的問題，他說：

> 自講和以來，將士驕惰，兵不閱習，敵未至則望風逃遁，敵既退則謾列戰功，不惟佚罰，且或受賞。方時無事，詔令有所不行，一旦有急，誰能聽命以赴國家之難？[4]

這時北方漢族為女真統治者，已經「怨已深、痛已鉅、而怒已盈」（〈美芹十論〉），百姓是「遺民淚盡胡塵裡，南望王師又一年。」[5]而南方的統治者卻是「朱門沈沈按歌舞，廄馬肥死弓斷弦。」[6]農民負擔本來已是十分慘重，加上金人需索，「輦金書虜庭」，「薄噬何日足」（《劍南詩稿．聞虜亂次前輩韻》）。

因為完顏亮的窮兵瀆武倒行逆施，遂使抗金活動如火山爆發。辛棄疾便率他所聚合的二千人投歸耿京，擔任掌書記。不久奉派為起義軍的代表南歸。洪邁〈稼軒記〉稱：

> 齊魯巧負國，赤手領五十騎，縛取於五萬眾中，如挾毚兔，束馬銜枚，間關西奏淮，至通晝夜不粒食。壯聲英概，懦士為之興起，聖天子一見三嘆息，用是簡深知。[7]

然而南宋政府害怕南歸的北人，辛棄疾南歸後，不久被解除武

---

3 明．陳邦瞻撰：《宋史紀事本末》（上海：上海古籍出版社，1994 年 7 月第 1 次印刷），卷十四，頁 213。

4 元．脫脫撰：《宋史．汪應辰傳》（北京：中華書局，1990 年 12 月第 2 次印刷），冊三四，頁 11878。

5 陸游：《劍南詩稿．秋夜將曉出籬門迎涼有感》，見《景印文淵閣四庫全書》，冊一一六二，頁 1。

6 同上注，〈關山月〉，頁 130。

7 見鄧廣銘輯校，辛更儒箋注：《辛稼軒詩文箋注》（上海：上海古籍出版社，1995 年 12 月第 1 版），頁 267。

裝，派往江陰當簽判。南宋孝宗繼位後，起用張浚，在隆興元年（1163）年，對金發動攻勢，不幸於符離敗北。[8]孝宗對張浚的倚信一落千丈，所以張浚被排斥。孝宗召集朝官商議，居然「主和者半，可否者半」，主和派代表湯思退、史浩用事，朝廷內「抗戰必亡」，「南北之形已成」[9]等投降論調甚囂塵上。

隆興二年（1164），南宋與金訂立「隆興和議」，從此南宋朝廷苟安。如王夫之所言：「符離小衄本無大損於國威，而生事勞民之怨謗已喧囂而起。」[10]隆興三年，辛棄疾上〈美芹十論〉，主張對金採主動戰事，不應以「和戰之權常出於敵。」

當時陳居仁向孝宗說：「立國之要在先定規模」，然而南渡以來卻一直規模未立，即在對金的「合、戰、守三者迄無定論。」孝宗雖然不悅說：「此則隨機而應。」[11]可見南宋的戰略政策舉棋不穩。

乾道二年（1166），陳亮二十四歲纂〈英豪錄序〉云：

> 今天子即位之初，虜再犯邊，君憂臣勞，兵民死之，而財用匱焉。距靖康之禍，於是四十載矣。雖其中間嘗息於和，而養安之患茲大。踵而為之，患猶昔也，起而決之，則又憚乎力之不足。（卷十三）[12]

乾道五年，陳亮上〈中興論〉指出「海內塗炭，四十餘載矣。赤子嗷嗷無告，不可以不拯，國家憑陵之恥，不可以不雪，陵寢不可以不還，輿地不可以不復。」大聲疾呼要收復失土。他又說：

> 南渡已久，中原父老，日以殂謝，生長於戎，豈知有我！昔宋文帝欲取河南故地，魏太武以為「我自生髮未燥，即知河南是我境土，安得為南朝故地」，故文帝既得而復失之。河北諸鎮，終唐之世，以奉賊為忠義，狃於其習，而時被其恩，力與上國

---

8　同注三，頁 223。
9　見清·畢沅：《繼資治通鑑》（臺北：世界書局，1962 年出版），冊七，頁 3676。
10　王夫之：《宋論》（臺北：里仁書局，1981 年 10 月），頁 211。
11　樓鑰：《攻媿集·陳居仁行狀》，見《叢書集成新編》（臺北：新文豐出版公司，1985 年出版），冊六四，卷八十九，頁 1211。
12　見陳亮：《陳亮集》（臺北：漢京文化事業公司，1983 年 2 月初版），卷十三，頁 22。以下凡引用陳亮詞文皆爲本版本，僅夾註卷數，不再出注。

為敵，而不自知其為逆。過此以往而不能恢復，則中原之民烏知我之為誰！縱有倍力，功未必半。……則今日之事，可得而更緩乎。（卷二）

他擔心日子越久，百姓越忘記中原淪陷之恥，建議孝宗抓住北伐時機，否則恢復中原會越來越困難。他力排和議，可惜書上不報。

乾道六年（1170），虞允文當南宋宰相，他曾於紹興三十一年在采石打敗過金兵，辛棄疾認爲他是個較有擔當的人，便在乾道六年（1170）上〈九議〉。但都得不到回應。因爲南宋主和派以爲抗戰是「爲國生事」、「孤注一擲」，陷國家民於不利之地。他們拼命宣揚「南北有定勢，吳楚之脆弱不足以爭衡於中原」（〈九議〉其九）辛棄疾在〈美芹十論・自治〉、〈九議〉反覆批判。他說：

且恢復之事，為祖宗、生民而已，此亦明主所與天下智勇之所共也，故豈吾君吾相之私哉。（〈九議〉其一）

對於中國歷史多次出現南北分裂的局面，不是南北定勢而是：

地方萬里而劫於夷狄一姓，彼其國大而上下交征，政龐而華夷相怨，平居無事，亦規規然摹仿古聖賢太平之事，以誑亂其耳目，是以其國可以言靜而不可以言動，其民可與共安而不可與共危。非如晉末諸戎；四分五裂，若周秦之戰國，唐季之藩鎮，皆家自為國，國自為敵，而貪殘吞噬，剽悍勁鲁之習純用而不雜也。且六朝之君，其祖宗德澤涵養浸漬之難忘、而中原民心眷戀依依而不去者，又非得為今日比。（〈九議〉其九）

他以爲根本沒有南北定勢，指淪陷區民心歸向南宋。

淳熙五年（1178），陳亮上孝宗皇帝三書，淳熙十五年又有〈戊申再上孝宗皇帝書〉。方孝儒〈讀陳同甫上孝宗四書〉云：「宋之不興，天實棄之。始孝宗之志不伸者，史浩沮之於前，湯思退敗之於後。及同甫上書之時，孝宗之初志已衰矣。」[13]〈郭士望舊序〉云：

當孝宗時，天下以恢復為度外曠舉，符離之敗，懲噎忘餐。坐錢塘浮靡之域，即建康猶憚遷之，而豫、冀、幽、并、官、河、

13 同上注，頁 467。

崧、洛之羞至不復念已。同甫胸饒兵略，咄咄懷恢復之想，故及第後謝恩詩有「復讎自是平生志，勿謂儒臣鬢髮蒼」之句。(《陳亮集》附錄三)

總之這是個萎靡的時代，少數愛國之士主戰，然而大多數是主和的。劉後村在〈辛稼軒集序〉說：「辛公文墨議論，尤英偉磊落。乾道紹熙奏篇及所進〈美芹十論〉，上虞雍公〈九議〉，筆勢浩蕩，智略輻輳，有權書論衡之風。」

自從十二世紀末金章宗完顏璟即位之初，金政權內部越多的紛亂，宋光宗紹熙四年（1193）年，金判定武軍節度使鄭王永蹈，以謀反伏誅。牽連甚眾。宋寧宗慶元五年，(1199）金應奉翰林文字陳載言四事：「其一，言邊民苦於寇掠；其二、農民困於軍需……。」[14]

南宋的情況是：外戚韓侂胄當權，他曾經於慶元二年（1196），曾出使金國，對金國內部的混亂情形略有所知。他掌握朝中大權，想借金政權「兵連禍結，國勢日弱」的大好時機北伐，以提高自己威望。因此繼「慶元黨禁」之後，開禧改元，進士毛自知廷對，言當乘機以定中原，侂胄大悅。詔中外諸將密爲行軍之計。[15]辛棄疾雖不滿他的爲人，且已是六十四高齡，仍「不以久閑爲念，不以家事爲懷，單車就道。」[16]在浙東任上，他書奏危害農事六弊；召赴臨安，他又再申〈十論〉、〈九議〉之旨，言金國必敗。

宋寧宗嘉泰三年（1203），辛棄疾有〈六州歌頭〉，[17]頌揚韓侂胄北伐：

西湖萬頃，樓觀矗千門。春風路，紅堆錦，翠連雲。俯層軒。風月都無際，蕩空藹，開絕境，雲夢澤，饒八九，不須吞。翡翠明璫，爭上金堤去，勃窣媻姍。看賢王高會，飛蓋入雲煙。白鷺振振，鼓咽咽。　記風流遠，更休作，嬉遊地，等閑看。

---

14 同注九，頁 4169。
15 同注四，見《宋史．韓侂胄傳》，冊三九，頁 13774。
16 黃榦：《勉齋集．與辛稼軒侍郎書》，見《景印文淵閣四庫全書》，冊一一六八，卷四頁 53。
17 見蔡義江、蔡國黃：《稼軒長短句編年》（濟南：齊魯書社，1987 年 8 月初版），頁 385。

君不見：韓獻子，晉將軍，趙孤存；千載傳忠獻，兩定策，紀元勳。孫又子，方談笑，整乾坤。直使長江如帶，依前是□趙須韓。伴皇家快樂，長在玉津邊，只在南園。（卷五）

上片以韓琦死後被譽為「兩朝顧命定策元勛」的故事，烘托韓侂胄的聲威，下片「孫又子，方談笑，整乾坤」，說明韓侂胄正主持北伐，字裡行間鼓舞民心，充滿對抗金復國的熱切期待。用「南園」是光宗賜給韓侂胄的園名，周密《武林舊事》：「南園，中興以後所創，光宗朝賜平原郡王韓侂胄，陸放翁為記。」[18]點明專為韓侂胄而寫。劉過也寫〈西江月〉賀詞云：

堂上謀臣尊俎，邊頭將士干戈。天時地利與人和。燕可伐歟曰可。　今日樓臺鼎鼐，明年帶礪山河。大家齊唱大風歌。不日四方來賀。（卷十一）

祝賀北伐成功。然而南宋朝廷長期以來奉行主和政策，從上到下既無打仗準備，軍心也不振。黃榦〈與辛稼軒侍郎書〉：

國家以仁厚柔馴天下士大夫之氣，士大夫之論素以寬大長者為風俗，江左人物素號怯懦，秦氏和議又從而消磨之，士大夫至是奄奄然不復有生氣矣；語文章者多虛浮，談道德者多拘滯，求一人焉足以持一道之印，寄百里之命，已不復可得，況敢望其相與冒霜露、犯峰鏑、以利不世之大功乎？[19]

《慶元黨禁》云：「嘉泰四年（1204）甲子，春正月，辛棄疾入見，陳用兵之利，乞付之元老大臣。侂胄大喜，遂決意開邊釁。」[20]

開禧元年（1205），辛棄疾在鎮江府上，他積極備戰，遣諜偵察，更擬募建江上勁旅。曾為宋高宗的〈親征詔草〉跋其後：「使此詔出於紹興之初，可以無事讎之大恥；使此詔行於隆興之後，可以卒不世之大功。今此詔與虜猶俱存也，悲夫。」不久朝廷又改派他做隆興知府，七月未到任，因言者論「好色貪才，淫行聚斂」，便改授「提舉沖佑觀」，

---

18 周密：《武林舊事．西湖遊幸條》，見《景印文淵閣四庫全書》，冊五九〇，頁199。
19 同注十六。
20 宋．滄洲樵叟：《慶元黨禁》，見《景印文淵閣四庫全書》，冊四五一，頁42。

秋回到鉛山。他寫一首〈瑞鷓鴣〉乙丑奉祠歸，舟次餘干賦：

> 江頭日日打頭風，憔悴歸來邴曼容，鄭賈正應求死鼠，葉公豈是好真龍？　　孰居無事陪犀首，未辦求封遇萬松，卻笑千年曹孟德，夢中相對也龍鍾。（卷五）

辛棄疾對自己出山很後悔，以鄭賈、葉公來形容韓侂冑，又重回隱居生活。開禧二年（1206），宋廷下達內批：「北敵世愁，久稽報復，爰遵先志，決策討除。」[21]正式發動北伐，即「開禧北伐」。草率出兵的結果：

> 一出塗地，不可收拾，百年教養之兵一日而潰，百年葺治之器一日而散，百年公私之蓋藏一日而空，百年中原之人心一日而失。[22]

其實辛棄疾早在開禧元年寫〈永遇樂〉京口北固亭懷古：「元嘉草草，封狼居胥，贏得倉皇北顧。」就諷諭韓侂冑不可如宋文帝草草北伐。

開禧二年，南宋政府又下詔，命他知江陵府，並在他任前招赴臨安奏事，奏事後，又有詔命為試兵部侍郎。開禧三年，辛棄疾身體越來越差，又因政見的不合，便堅辭返鉛山，辛棄疾垂危時所言：「侂冑豈能用稼軒以立功名者乎？稼軒豈肯依侂冑以求富貴者乎？」[23]八月卒，臨終時大呼：「殺賊數聲」。[24]不久韓侂冑死於政變。次年「開禧和議」成，倪正甫彈劾辛棄疾「迎合開邊」之罪，「請追削爵秩」。[25]劉過被批評是「觀其詞，即可知其人之不足取。」[26]這些評論對辛劉是不公平的。

---

21 宋·李心傳：《建炎以來朝野雜記乙集》，見《景印文淵閣四庫全書》，冊六〇八，頁 621。

22 程珌：《洺水集·丙子輪對劄子》，見《景印文淵閣四庫全書》，冊一一七一，頁 232。

23 謝枋得：《疊山文集·宋辛稼軒先生墓記》，見《四部叢刊續編》（臺北：商務印書館，1966 年出版），冊一三一，卷七，頁 9。

24 清·王贈芳纂修：《康熙濟南府志·稼軒小傳》，卷三五，見《稼軒詞編年箋注》，頁 784。

25 魏了翁：《鶴山集·倪公墓志銘》，見《景印文淵閣四庫全書》，冊一一七三，卷八十五，頁 296。

26 陳廷焯：《白雨齋詞話》，見《詞話叢編》（臺北：新文豐出版公司，1988 年出版），冊四，頁 3894。

當完顏亮統治後期，北方蒙古草原上興起蒙古族，1206 年成吉思汗建立了蒙古國。宋理宗紹定七年（1234），蒙古攻佔開封後，不久金亡。在金亡前後二十多年，金人保家衛國猶恐不及，故宋又過一段安定日子。直到 1267 年十月，忽必烈發動襄、樊大戰前，蒙、宋之間互有勝負，長達七年之久，最後偏安的南宋終於滅亡。

## 第二節 社會風氣

宋開國之初受晚唐藩鎮割據的影響，強化中央集權。爲防止宿將功臣擁兵自重，皇帝鼓勵大臣「多積金帛田宅以遺子孫，歌兒舞女以終天年」。[27]對文官有優渥的待遇，「恩逮於百官者唯恐其不足，財取於萬民者不留其有餘」。[28]北宋歷經太祖、太宗、真宗、仁宗、至徽宗、欽宗，傳九帝，共一百六十七年，沒有戰事，因爲經濟繁榮、社會安定，「班白之老，不識干戈」，讀書人一旦得功名，就醉心生活享受，歌舞奢豪。即使北宋亡國後，偏安江南，吳越本爲天然沃土，中原商賈、官吏貴族攜大批錢財，紛紛而至，進一步增加南方經濟繁榮，造成高度發達之地，生活也延續著北方的奢華，所以社會風氣是：

### 一、朝廷上下奢華

南宋國土雖三分之一江山淪陷於金，朝廷上下仍過著奢靡的生活，甚至比汴京還奢華。南宋耐得翁《都城紀勝》、西湖老人《西湖老人繁勝錄》、吳自牧《夢粱錄》、周密《武林舊事》都有記載南宋君民生活的情形，如：

> 自高宗皇帝駐蹕於杭，而杭山水明秀，民物康阜，視京師其過十餘倍矣。雖市肆與京師相侔，然中興已百餘年，列聖相承，太平日久，前後經營至矣，輻輳集矣，其與中興時又過十數倍

27 同注四，見《宋史．石守信傳》，冊二五，頁 8810。
28 趙翼：《二十二史札記．宋制祿之厚》（臺北：世界書局，1971 年 4 月 7 版），頁 331。

也。[29]

又如周密《武林舊事》云：

> 西湖天下景，朝昏晴雨，四序總宜。……而都人凡締姻、賽社、會親、送葬、經會、獻神、仕宦恩賞之經營、禁省臺府之囑託，貴璫要地，大賈豪民，買笑千金，呼盧百萬，以至癡兒騃子，密約幽期，無不在焉。日糜金錢，靡有紀極。故杭諺有「銷金鍋兒」之號，此語不為過也。[30]

寫南宋人民遊西湖，買笑千金，賭博百萬，毫無紀律，奢靡的情形，有「銷金鍋兒」之稱。又《夢粱錄．元宵》云：

> 諸酒庫亦點燈毬，喧天鼓吹，設法大賞，妓女群坐喧嘩，勾引風流子弟買笑追歡。……又有深坊小巷，繡額珠簾，巧製新裝，競誇華麗，公子王孫，武陵年少，更以紗籠喝道，將帶佳人美女，遍地遊賞。人都道玉漏頻催，金雞屢唱，興猶未已。甚至飲酒醺醺，倩人扶著，墮翠遺簪，難以枚舉。[31]

從以上的記載可知臨安的繁華，實在不輸給汴京，而君臣的享受，人民的荒淫生活，也有過之，如趙長卿〈寶鼎現〉上元也有同樣記載：

> 囂塵盡掃，碧落輝騰，元宵三五。更漏永、遲遲停鼓。天上人間當此遇，正年少、盡香車寶馬，次第追隨士女。看往來、巷陌連甍，簇起星毬無數。　　政簡物阜清閒處。聽笙歌、鼎沸頻舉。燈焰暖、庭幃高下，紅影相交知幾戶。恣歡笑、到今宵景色，勝前時幾度。細算來、皇都此夕，消得喧傳今古。排備綺席成行，爐噴裊、沈檀輕縷。睹遨遊綵仗，疑是神仙伴侶。欲飛去、恨難留住。漸到蓬瀛步。願永逢、恁時恁節，且與風光為主。[32]

---

29 南宋．耐得翁：《都城紀勝．序》，見《叢書集成續編》（臺北：新文豐出版公司，1987 年出版），冊二四〇，頁 265。

30 周密：《武林舊事．西湖遊幸條》，見《景印文淵閣四庫全書》，冊五九〇，頁 199。

31 吳自牧：《夢粱錄．元宵》，見《景印文淵閣四庫全書》，冊五九〇，頁 17。

32 見唐圭璋編：《全宋詞》（臺北：世界書局，1976 年 3 月出版），冊三，頁 1781。以下所引用《全宋詞》，全是此版本，僅夾注頁碼，不再出注。

與辛棄疾、劉過同時代的京鏜〈絳都春〉元宵：

昇平似舊。正錦里元夕，輕寒時候。十里輪蹄，萬戶簾帷香風透。火城燈市爭輝照。誰撒□、滿空星斗。玉簫聲裏，金蓮影下，月明如晝。　知否。良辰美景，□豐歲樂國，從來希有。坐上兩賢，白玉為山聯翩秀。笙歌一片圍紅袖。切莫遣、銅壺催漏。杯行且與邦人，共開笑口。(《全宋詞》頁1843)

從兩首南宋詞看，他們已忘掉靖康恥，元宵時雕車、寶馬、簫鼓、管弦、巧笑、燈焰、笙歌、綺席、歌兒、舞女、酒肆、茶坊、沈檀，樂在其中。周密《武林舊事》:

翠簾綃幕，絳燭籠紗。遍呈舞陣，密擁歌姬。脆管清吭，新聲交奏，戲劇粉嬰，鬻歌售藝者紛然而集。亦東都遺風也。(卷三)

沈迷歌舞的情形與東都無異。

詞中描寫歌舞的情形，如姜特立〈滿江紅〉:「歌聲動，雲橫闕。舞腰轉，風回雪。正良辰美景，眾賓歡悅。老子中間聊笑傲，酒行莫放觥籌歇。」〈念奴嬌〉:「好是華堂開宴處，歌舞管弦聲奏。」周必大〈點絳脣〉七夜，趙富文出家姬小瓊，再賦丁亥七月己丑:「見了還非，重理霓裳舞。」宋對唐朝的霓裳舞作加工處理有所變化，歌女的舞態是:「看舞霓裳促遍。紅颭翠翻，驚鴻乍拂秋岸。」(晁補之〈鬥百花〉)又有六么舞，如趙長卿〈清平樂〉:「滿酌流霞看舞袖。步步錦裀紅皺。六么舞到虛催。幾多深意徘徊。」寫初夏的宴席表演六么舞流霞般的舞姿，舞到虛催一段令人傾倒。

又如娛樂之地的瓦舍，便有十七處多：

杭城紹興間駐蹕於此，殿巖楊和王因軍士多西北人，是以城內外創立瓦舍，召集妓樂以為軍卒暇日娛戲之地。今貴家子弟郎君，因此蕩游，破壞尤甚於汴都也。其杭州之「瓦舍」就有十七處多。(〈夢粱錄〉卷十九)

其他如「七夕」、「中秋」、「冬至」，都是一派歌舞昇平景象。而皇太后聖節皇帝聖節慶典，鋪張華麗、奢靡無度，都十分驚人。

兩宋時從統治者到士大夫、貴族、民間，從上到下公開合法的去享樂。王明清《玉照新志》所云：

> 愛破眉峰碧，纖手還重執。鎮日相看未足時，便忍使鴛鴦隻。薄暮投村驛，風雨愁通夕。窗外芭蕉窗裡人，分明葉上心頭滴。祐陵（宋徽宗）親書其後云：「此詞甚佳，不知何人作，奏來。」蓋以詔曹組者。今宸翰尚藏其家。（卷一）[33]

此詞雖不如柳、黃淫詞，但「纖手還重執」、「鎮日相看未足時」、「忍使鴛鴦只」，卻爲日理萬機的皇帝所稱讚者，還要大臣去探聽何人所作，可見當時之風氣。

再看武將把抗金入侵作爲托詞，忙著營造家園。抗金名將張俊解兵權，家居「歲收租米六十萬斛」。[34]他的孫子張鎡家宴的情形更是豪奢，周密的《齊東野語》：

> 張鎡功甫，號約齋，循忠烈王（張俊）諸孫。一時名士大夫，莫不交游。其園池、聲伎、服玩之麗甲天下。……王簡卿侍郎嘗赴其牡丹會云：「眾賓既集，坐一虛堂，寂無所有。俄問左右云：『香已發未？』答云：『已發。』命捲簾，則異香自內出，郁然滿坐。群妓以酒肴絲竹，次第而至。別有名妓十輩皆衣白，凡首飾花領皆牡丹；首帶照殿紅一枝，執板奏歌侑觴，歌罷樂作，乃退。復垂簾談論自如，良久香起，捲簾如前。別十妓，易服與花而出。大抵簪白花則衣紫，紫花則衣鵝黃，黃花則衣紅。如是十杯，衣與花凡十易。所謳者皆前輩牡丹名詞。酒竟，歌者、樂者，無慮數百十人，列行送客。燭光香霧，歌吹雜作，客皆恍然如仙游也。[35]

這是張鎡家宴客的奢豪情形，家妓、名花、美酒，紙醉金迷的南宋士大夫生活。另外姜夔也記載在紹熙五年（1194）與張鎡同游西湖情景，姜夔〈鶯聲繞紅樓〉序云：「甲寅春，平甫與予自越來吳，攜家妓觀梅於孤山之西村，命國工吹笛，妓皆以柳黃爲衣。」其奢豪如此。宋朝不僅制祿豐厚，恩賞亦厚，「南渡後吳玠卒，賜錢三十萬。蜀將郭

---

33　王明清：《玉照新志》，見《景印文淵閣四庫全書》，冊一〇三八，頁 626。
34　馬端臨：《文獻通考・市糴考》，見《景印文淵閣四庫全書》，冊六一，卷二十，頁 457。
35　周密：《齊東野語》，見《景印文淵閣四庫全書》，冊八六五，卷二十，頁 846。

浩、楊政各賜田五十頃」。[36]

從士大夫、軍士、貴家子弟的生活享受，「尤甚於東都」，因故有「山外青山樓外樓，西湖歌舞幾時休。暖風薰得遊人醉，直把杭州當汴州」（林昇〈杭州客棧牆上題〉）的嘲諷，正是「一勺西湖水。渡江來、百年歌舞，百年酣醉。」[37]如此沈溺於歌舞酣醉的國家，她的滅亡也就不足爲奇。

## 二、歌妓文化盛行

我國古代的歌妓與樂妓、舞妓都稱爲女樂、或稱爲聲妓、聲樂，在古代宮廷與達官貴族之家皆有。

宋詞的興盛，歌妓眾多，與城市經濟繁榮與市民階層興起有關，宋人所追求刺激是酒、樂、妓、娼四項。晏幾道〈小山詞序〉追憶：「始時沈十二廉叔、陳十君龍家有蓮鴻蘋雲，品清謳娛客。每得一解，即草授諸兒，吾三人持酒聽之，爲一笑樂而已。」兩宋詞人對歌妓愛慕懷念，詞中常常表現對他們的讚美與思念，這類作品在宋詞佔很大的部份。如歐陽修、柳永、張先、晏幾道、秦觀、周邦彥、姜夔等等。詞與歌妓有相依相存的關係，沒有詞則歌妓失去演唱的功能；沒有歌妓則詞不能爲人欣賞。

宋代歌妓名義是「賤民」，沒有獨立的戶口，他們的籍屬於宮廷官署或主人家的戶籍下，宋代的刑法認爲「奴婢賤人，律比畜產」。[38]歌妓是屬於當時高級的奴婢。

宋代的歌妓大致可分官妓、市井藝妓、家妓。[39]而文人、士大夫與妓相依共存的情形可分以下幾種類型：

### （一）士大夫與官妓

宋代官妓多集中在各地方官府或軍鎮所設的「營署」或「樂營」，

---

36 見趙翼：《二十二史劄記》（臺北：世界書局，1971 年 4 月 7 版），冊下，頁 334。
37 同注三十二，文及翁：〈賀新郎〉，見唐圭璋編：《全宋詞》，冊五，頁 3138。
38 見竇儀：《宋刑統》（臺北：文海出版社，1964 年出版），頁 203。
39 見武舟：《中國妓女生活史》（長沙：湖南文藝出版社，1990 年出版），本節對歌妓分類根據此書。

以便平時訓練和隨時傳喚，故稱爲「樂營子女」、「樂營妓女」、「營妓」、「營籍妓」。他們從事音樂、舞蹈、曲藝，以歌舞侍宴最爲普遍。凡官員聚飲或招待賓客，都可傳喚叫「喚官身」，或新官赴任，皆有官妓做先導。如蘇軾〈菩薩蠻〉杭妓往蘇，迓新守楊元素。寄蘇守王規府，蘇軾〈菩薩蠻〉西湖席上代諸妓送陳述古。蘇軾的〈賀新郎〉「乳燕飛華屋」，楊湜《古今詞話》:「蘇子瞻守錢塘，有官妓秀蘭，天性慧黠，善於應對。」[40]官妓唱士大夫所作的詞，士大夫欣賞他們的才藝，如《宋史．唐詢傳》說：他少時尚能「刻勵自修，已而不顧所守，及知湖州，悅官妓，娶以爲妾。」吳曾《能改齋漫錄》云：

> 翰林學士聶冠卿，嘗於李良定公席上賦〈多麗〉詞云:「想人生美景良辰堪惜問期間賞心樂事，就中難是并得。……畫堂迥，玉簪瓊佩，高會盡詞客。清歡久，重燃絳蠟，別就瑤席。有翩若驚鴻體態，暮為行雲標格。慢舞縈回，焦鬟低嚲，腰肢纖細困無力。忍分散，彩雲歸後，何處更尋覓。休詞醉，明月好花，莫漫輕擲。」蔡君謨時知泉州，寄定公書云:「新傳〈多麗〉詞，述宴游之娛，使病夫舉首增嘆耳。[41]

〈多麗〉一詞寫士大夫官僚宴游之樂，官妓歌舞的嬌媚妖麗。宋代的官妓姿色出眾，舞藝超群。士大夫常常陶醉在舞妓的歌舞之中。他們不僅成爲詞人愛情的對象，也是塡詞的靈感，宋詞中充滿對官妓的歌詠。如果遇到才貌互賞者，常情投意合，或因士大夫的獎賞，爲她們塡詞，歌妓身價提高。如宋錢愐《錢氏私志》云：

> 歐文忠任河南推官，親一妓。時先文僖罷政，為西京留守，梅聖俞、謝希深、尹師魯同在幕下；惜歐有才無行，共白於公，屢微諷而不之恤。一日宴於後圃，客集而歐與妓俱不至，移時方來。在坐相視以目。公責妓云:「末至何也？」妓云:「中暑往涼堂睡著，覺而失金釵，猶未見。」公曰:「若得歐陽推官一詞，當為償汝。」歐即席云:「柳外輕雷池上雨，……」坐皆稱

40 楊湜：《古今詞話》，見《詞話叢編》(臺北：新文豐出版公司，1988 年出版)，冊一，頁 27。

41 吳曾：《能改齋漫錄》，見《景印文淵閣四庫全書》，冊八五〇，頁 811。

善，遂命妓滿酌賞歐，而令公庫償其失釵。[42]

因爲歐陽修戀官妓，爲她塡詞而獲償金釵，產生風流佳話。

也有歌妓也因文人的品評或被寫入詩詞而名揚天下。宋周煇《清波雜誌》云：

東坡在黃岡，每用官妓侑觴，群妓持紙乞歌詞，不違其意而予之。有李琦者獨未蒙賜。一日有請，坡乘醉書：「東坡五載黃州住，何事無言贈李琦？」後句未續，移時乃以「卻似城南杜工部，海棠雖好不吟詩」足之，獎飾乃出諸人右。其人自此聲價增重，殆類子美詩中黃四娘。[43]

歌妓因文人的賞識，「自此聲價增重」，被獎賞的喜悅。李之儀〈跋山谷二詞〉云：

當塗僻在一隅，魯直自……章句字畫所不能多，而天下已交口傳誦，……欲到其地想見其真跡。如蘇小、真娘、念奴、阿買輩，偶偕文士，一時筆次賫緣，以至不朽。[44]

官妓以爲「偶偕文士以至不朽」，是人生大幸。又如吳炯《五總志》云：

潭守宴客合江亭，時張才叔在座，令官妓歌〈臨江仙〉。有一妓獨唱兩句云：「微波渾不動，冷浸一天星。」才叔稱嘆，索其全篇。妓以實語告之：「賤妾夜居商人船中，鄰舟一男子，遇夜色明朗，即倚檣而歌，聲極淒怨。但以苦乏性靈不能盡記。但助以一二同列，共往記之。」太守許焉。至夕，乃與同列飲酒以待。果一男子三嘆而歌。有趙瓊者，傾耳而墮淚曰：「此秦七聲度也！」趙善謳，少游南遷，經從一見而悅之。商人乃遣人問訊，即少游靈舟也。其詞曰：……。[45]

這也是士大夫被歌妓欣賞之例。

---

42 錢世昭：《錢氏私志》，見《景印文淵閣四庫全書》，冊一〇三六，頁 661。
43 周煇：《清波雜誌》，見《景印文淵閣四庫全書》，冊一〇三九，頁 34。
44 李之儀：《姑溪居士文集》，見《景印文淵閣四庫全書》，冊一一二〇，卷三九，頁 576。
45 宋吳炯：《五總志》，見《景印文淵閣四庫全書》，冊八六三，頁 812。

也有士大夫因官妓的傳唱詞而獲益。宋王明清《揮麈餘話》云：

> 熙寧中，蔡敏肅挺以樞密直學士帥平涼，初冬至酒郡齋。偶成〈喜遷鶯〉一闋：「……」詞成閒步後園，以示其子，朦朦置之袖中，偶遺墜，為應門老卒得之。老卒不識字，持令筆吏辨之。適郡之娼魁，素與筆吏洽，因授之。會賜衣襖中使至，敏肅開宴，娼尊前執版歌此。敏肅怒，送獄根治。……中使得其本以歸達於禁中，宮女被但見「太平也」三字，爭相傳授。歌聲遍掖庭，遂徹於宸聽，詰其從來，乃知敏肅所製。裕陵即索紙批出云：玉關年老，朕甚念之，樞管有缺，留以待汝。以賜敏肅。未幾，遂拜樞密副使。46

因爲歌妓的傳唱，使得戍守在外的將領，得以調回京師。這真是歌詞、歌妓的力量。

### （二）文人與市妓

宋代歌妓層人數最多的是市妓。包括入籍與不入籍的私妓。他們主要向文人、商人、市民提供聲色服務，有時也要爲官府服務。市妓與士大夫的關係與官妓不同他們要提供性服務。

吳自牧《夢粱錄》云：

> 自景定以來，諸庫設法賣酒，官妓及私名妓女數內，揀擇上中下者，委有娉婷秀媚，桃臉櫻唇，玉指纖纖，秋波滴滴，歌喉婉轉，道得字真韻正，令人側耳聽之不厭。……及私名妓女，如蘇州錢二姐，……後輩雖有歌唱者，比之前輩，終不如也。47

由於市妓的聲色俱佳，影響艷曲內容少不了男歡女愛。辛棄疾亦有〈眼兒媚〉妓：

> 煙花叢裏不宜他。絕似好人家。淡妝嬌面，輕注朱脣，一朵梅花。　　相逢比著年時節，顧意又爭些。來朝去也，莫因別個，忘了人咱。（卷六）

宋人的正常婚姻是大家閨秀，大都不會歌舞、或不識字。而歌妓

---

46 王明清：《揮麈餘話》，見《景印文淵閣四庫全書》，冊一〇三八，頁 583-584。
47 同注三一，頁 168。

雖爲賤民卻具有高度的文化素養，歌妓愛慕文人的才華，文人則因他們體態優美，又懂詩詞，心靈得以溝通，彼此產生愛戀。像柳永、晏幾道、秦觀、周邦彥等等，還是落魄文人時，常常留在歌樓酒榭，他們爲歌妓寫詞。劉過〈浣溪沙〉贈妓徐楚楚：

黃鶴樓前識楚卿，彩雲重疊擁娉婷。席間談笑覺風生。　　性格勝如張好好，情懷濃似薛瓊瓊。半窗花月聽彈箏。（卷十一）

又有〈祝英臺近〉同妓游帥司東園：「對嬌質。爲我歌捧瑤觴，歡聲動阡陌。何似多情，飛上鬢雲碧。」劉過另有贈娼詞，調寄〈賀新郎〉，並自跋：「壬子春，余試牒四明，賦贈老娼，至今天下與禁中皆歌之。江西人來，以爲鄧南秀詞，非也。」因爲這首詞「天下與禁中皆歌之」，可見流傳程度。

## （三）家主與歌妓

貴族及士大夫家皆蓄擅長歌舞的美女，他們既非妾又不同於一般奴婢，被稱爲家妓。宋朝貴族士大夫政暇之餘，往往讓家妓歌詞侑殤。宋仁宗時一宮人說：「兩府（中樞省與樞密院）兩制（翰林學士和知制誥）家中各有歌舞，官職稍如意，往往增置不已。」[48]至於貴族士大夫置妓更普遍。南宋《野懋叢書》說：「今貴公子多蓄姬媵。」根據記載歐陽修家有妙齡歌妓「八九姝」（《韻語陽秋》卷十五）；韓琦「家有女樂二十餘輩」（《宋朝事實類苑》卷十八）；韓絳有「家妓十餘人」（《侯鯖錄》卷四）；蘇軾家「有歌舞妓數人」（《古今圖書集成．藝術典》卷八二四）；駙馬楊震有「十姬」（《堯山堂外紀》卷六十）；韓侂胄有「愛妾十四人」。（清徐士鑾輯《宋豔》）宋代「士大夫欲永保富貴，動有禁忌，尤諱言死；獨溺於聲色，一切無所顧避。」（《清波雜誌》卷三）由於宋代對官吏宿娼開始約束，規定政官「雖得以官妓歌舞佐酒，然不得私侍枕席」，而中央派往各州縣的官員，一般是不帶妻子赴任的。於是地方官員只好自己蓄妓納妾，加上宋代對私人蓄妓並無官品的限制，所以中下層官員，尤其文人士大夫蓄妓風氣普遍。家妓進入某個家庭以後，他們的戶籍便也附編於家長名下，或以妾或以婢而登記入冊，所以家妓常以妾稱

48 朱弁：《曲洧舊聞》，見《景印文淵閣四庫全書》，冊八六三，頁 289。

之。對於家妓的家庭角色與家主的關係：

**1．成為遣興娛賓的工具**

在《東軒筆錄》卷七：

（楊）繪性少慎，無檢操；居荊南，日事游宴，往往與小人接。一日，出家妓筵客夜飲，有選人胡師文預會。師文本鄂州豪民子，及第為荊南府學教授，尤少士檢。半醉，狎侮繪之家妓，無所不至。[49]

可見家妓的地位低落。家妓罕有與家主白頭偕老，相守以終。如《道山清話》云：

（晏殊）新納侍兒，公甚屬意。（張）先字子野，能為詩詞，公雅重之。每張來，即令侍兒出侑觴，往往歌張子野之詞。其後王夫人寖不容，公即出之。

又有《夷堅志》云：

觀察使張淵，紹興中為江東副總管，居建康。每以高價都城，買佳妾列屋二十人，而御之甚嚴，小過必撻。嘗盛具延客，皆環侍執樂，歌舞精妙，一座盡傾。妾兢兢自持，不敢游目窺視，無論及言談也。中席，淵起更衣。坐客葉晦叔之側，一姝最麗，乘間語之曰：「恭人在太尉左右，想大有樂處。」姝慘容不答，但舉手指筵上燭云：「絳蠟分明會得。」[50]

家主的寵妓每日生活就像流淚到天明的蠟燭，生活可想而知。

**2．成為贈與的物品**

家主也可以隨意將家妓送給別人。又如元陸友《研北雜誌》云：

小紅，順陽公（范成大）青衣也，有色藝。順陽公之請老，姜堯章詣之。一日，授簡徵新聲，堯章製〈暗香〉〈疏影〉二曲，公使二妓肄習之，音節清婉。堯章歸吳興，公尋以小紅贈之。其夕，大雪，過垂虹，賦詩曰：「自作新詞韻最嬌，小紅低唱我吹簫。曲終過盡松陵路，回首煙波十四橋。」[51]

---

49 宋・魏泰：《東軒筆錄》，見《景印文淵閣四庫全書》，冊一〇三七，頁452。
50 宋・洪邁：《夷堅志》（臺北：新興書局，1960年出版），頁425。
51 元・陸友：《研北雜誌》，見《景印文淵閣四庫全書》，冊八六六，頁605。

范成大因小紅善歌唱，就把小紅贈給姜夔，把人當作贈品。又如周煇《清波別志》云：

《稼軒樂府》，辛幼安酒邊遊戲之作也。詞與音協，好事者爭傳之。在上饒，屬其室病，呼醫對脈。吹笛婢名整整者侍側，乃指以謂醫曰：老妻平安，以此人為贈。」不數日，果勿藥，乃踐前約。整整既去，因口占〈好事近〉云：醫者索酬勞，即得許多錢物。只有一個整整，也盒盤盛得。……一時戲謔，風調不群。稼軒所編遺此。[52]

辛棄疾因爲醫生治好他妻子的病加上沒錢，就把吹笛妓整整送醫生當酬勞，在宋人的觀念中以贈送歌妓爲平常事，所以辛棄疾以詞記之。

3．是家主同舟共濟的紅粉知己

武舟《中國妓女生活史》說：

家妓不僅色藝兼優，而且文化素養也往往高於一般的妾與婢，因而在家庭往往家妓最能受到家主的賞識和寵愛。家妓往往也要做一些家內服務工作，但多是直接服侍家主的事情，比如說佐酒、陪游、侍寢等，這無疑有利於家妓加深同家主的感情。……作為家妓的職責，則主要是為之提供文化娛樂和精神享受，家妓可以和家長一起欣賞藝術，一起作詩填詞，一起交流思想，一起感嘆人生，正因為如此，家長才有可能同家妓肉體上的結合昇華為精神層次上的融和。如果說在中國古代的家庭生活中，也曾產生過愛情的火花的話，那麼，她很少是出自於丈夫與妻妾之間的團圓，而更多的是出自於家長與家妓之間的撞擊。尤其是有些是大夫宦游在外四海為家時，往往不帶妻眷，只有家妓伴隨而行，這些女子實際上履行了妻妾、家妓、婢女的多重職責。在風波險惡的宦海生涯中，經過了這種風雨同舟考驗之後，雙方的感情會更加真誠和深沈。[53]

52 宋・周煇：《清波別志》，見《景印文淵閣四庫全書》，冊一〇三九，頁 118。
53 同注三九，頁 120-122。

所以宋代士大夫贈與家妓的詞不同於與官妓、市妓的詞。而且家妓與家主在人生旅途、宦海風波中患難與共，所以士大夫在贈詠歌妓上，多表現生命共同體的深厚感情，與歌頌歌女的節操。如蘇軾的〈定風波〉序云：

> 王定國歌兒柔奴姓宇文氏，眉目娟麗，善應對。家住京師，定國南遷歸，余問柔：「廣南風土應是不好？」柔對曰：「此心安處，便是吾鄉。」因是綴詞云。

《蘇軾文集．王定國詩集敘》：「定國以於故得罪，貶海上五年，一子死貶所，一子死於家，定國亦病幾死。」（卷十）柔奴跟著被貶的王定國，到荒僻的南海五年，與主人共患難，歷經艱辛，竟能說：「此心安處，便是吾鄉。」這種堅忍卓絕的情操讓人感動。

東坡家的歌舞妓朝雲，在東坡被貶爲黃州團練時，曾遣去部份歌舞妓，然而朝雲十八歲被納爲妾。東坡貶往嶺南時，「家中數妾，四五年間相繼辭去。」朝雲「忠敬若一」，仍陪伴東坡，且病死在那裡。東坡對她的思念，表達在作品上遠超元配王弗與繼室王閏之，有〈西江月〉詞悼之，比之如梅的堅貞。

辛棄疾與歌妓的情感也是如此，他在宋寧宗慶元二年（1196），作〈水調歌頭〉序中云：「時以病止酒，且遣去歌者」，自從他遣去歌者內心非常思念，寫〈臨江仙〉侍者阿錢將行賦錢字以贈之，〈破陣子〉贈行，〈鵲橋仙〉送粉卿行，〈西江月〉題阿卿影像。有些詞沒有清楚寫明，但觀詞意，可知是思念歌妓之詞，如〈臨江仙〉：「憶得舊時攜手處，如今水遠山長。羅巾浥淚別殘粧。舊歡新夢裏，閒處卻思量。」詞意亦爲追憶遣去之歌妓。[54]

因爲這些歌妓的關係，詞的傳唱更廣遠，也因爲歌妓與士大夫文人或家主的互動關係，詞人塡詞更具靈感。

---

54 見蔡義江、蔡國黃：《稼軒長短句編年》（香港：上海書局，1978 年 4 月），頁 276。

# 第三節 文學風氣

宋人上自君王下自販夫走卒大都喜愛詞，北宋時柳永的〈傾杯樂〉詠上元之詞，「傳禁中，多稱之」。[55]宋祁的〈鷓鴣天〉，「都下傳唱，達於禁中。」[56]可知詞深受大家喜愛。而北宋沿唐制設教坊以掌管朝廷燕樂，而且增加東西兩教坊。北宋後期在宋徽宗的支持下進行一次音樂改革。崇寧四年（1105）九月朝廷建立專門音樂大晟府。其職能爲制訂新樂、頒佈樂律、教習音樂、創作和整理詞譜、制撰歌詞等等。當時周邦彥、万俟永、晁端禮等都先後在大晟府供職。

靖康二年（1127），北宋滅亡。大晟府的器物圖譜無存，然而所定的樂律仍爲南宋所沿用。雖然南宋罷教坊，但宮廷仍採取各種方法獲得音樂歌舞文化享樂，而且更傾向世俗音樂。[57]因爲詞演唱得到宋各階層的喜愛，因此蓬勃發展。然而宋朝卻呈現一種對詞情感的怪現象：

## 一、矛盾的詞學觀念

宋人對詞的喜愛，使詞出現空前的發展。據唐圭璋《全宋詞》輯錄宋詞作者凡一千三百三十多家，詞作一萬九千九百多首。後來孔凡禮編《全宋詞補輯》，又得詞四百三十多首，新增詞人九十餘家。這其中失傳亡佚的詞篇不知有多少。他的作者層包括皇帝、后妃、宮女、宦官、王侯、士大夫、富商、歌妓、武夫、隱士等等，整個宋朝幾乎是人皆能詞，皆能歌。

在這麼熱愛詞的社會環境中，卻呈現一個怪現象。他們的觀念裡，以爲詞只是「詩餘」、「小詞」，表現柔弱婉麗的風格，因爲托體甚卑，不能爲正統文學之列，不像詩、文、賦被當作科舉考試科目而受到鼓舞與提倡。他們的矛盾心態是：

---

55 葉夢得：《避暑錄話》，見《景印文淵閣四庫全書》，冊八六三，頁 674。
56 見黃昇：《唐宋諸賢絕妙好詞選》（臺北：文馨出版社，1975 年出版），頁 55。
57 見謝桃坊：《宋詞概論》（成都：四川文藝出版社，1992 年 8 月），頁 74。

**（一）詞用來歌唱，是娛賓遣興的工具。**

如歐陽炯《花間集序》說：

> 金陵盛時，內外無事，朋僚親舊，多運藻思，為樂府新詞，俾歌者以絲竹而歌之，所以娛賓而遣興也。[58]

宋人陳世脩〈陽春集序〉也同樣以為詞是「助嬌嬈之態」的玩樂手段。在晏幾道〈小山詞後記〉談其作詞的目的是：「病世之歌詞，不足以析醒解慍，試讀南部諸賢緒餘，作五七字語，期以自娛。」胡寅也說：「文章豪放之士，鮮不寄意於此者，隨亦自掃其跡曰：謔浪遊戲而已。」[59]以填詞為「謔浪遊戲而已」。都說明自己年輕時，寫詞只是為喝酒玩世，把填詞當作遣興之作。

**（二）文人只是閒暇時才來填詞。**

當時士人的人生觀念，大致是以建立功業為要，在政事之餘才作文章，文章之餘才作詩，作詩之餘才作詞。強煥〈題周美成詞〉：「文章政事，初非兩途，學之優者發而為政，必有可觀；政有其暇，則游藝于詠歌者，必其才有餘辨者也。」[60]王灼《碧雞漫志》以蘇軾為：「以文章餘事作詩，溢而作詞曲。」（卷二）

這種觀念北宋、南宋仍是一樣。關注〈題石林詞序〉也認為葉夢得：「以經術文章，為世宗儒，翰墨之餘，作為歌詞。」[61]都是以為閒暇之餘才填詞。淳熙十五年（1188），范開為辛棄疾所作《稼軒詞》序云：「果何意於歌詞哉」，「意不在於作詞」，一再強調辛棄疾無意寫歌詞。而且辛棄疾〈水調歌頭〉自道：「說劍論詩餘事，醉舞狂歌欲倒，老子頗堪哀。」〈念奴嬌〉：「酒聖詩豪餘事。」（卷二）然而岳珂《桯史》卻說：「稼軒以詞名，有所作輒數十易稿，累月未竟，其刻意如此。」可見稼軒未將填詞當作「餘事」，在詞中說「餘事」，是受時代的閒暇時才來填詞的觀念所影響。

---

58 歐陽炯：〈花間集序〉，見趙崇祚輯，李冰若評著：《花間集》（北京：人民出版社，1993 年 6 月第 1 次印刷），頁 1。

59 胡寅：《斐然集・酒邊集後序》，見《景印文淵閣四庫全書》，冊一一三七，頁 547。

60 強煥：〈題周美成詞〉，見《景印文淵閣四庫全書》，冊一四八七，頁 339。

61 關注：《石林詞・序》，見毛晉，《宋六十名家詞・石林詞》，冊四，頁 1。

陳亮在〈與鄭景元提幹書〉提到自己寫詞：「閑居無用心處，卻欲爲一世故舊朋友作近拍詞三十闋。」（卷二十一）說明是閑居不用心所寫，這都是時代觀念以詞爲末流小道，所引起矛盾。

**（三）有文人認為填詞是罪過，日後後悔。**

文人填詞自以爲罪過，黃庭堅〈小山詞序〉云：「余少時間作樂府以使酒玩世，道人法秀獨罪余以筆墨勸淫。」宋孝宗淳熙十六年（1189），陸游自題〈長短句序〉云：「予少時汩於世俗，頗有所爲，晚而悔之，然漁歌菱唱，猶不能止。」[62]對自己早年作詞的後悔。又趙以夫〈虛齋樂府自序〉：「奚子偶於故紙中得斷稿，又於黃玉泉處傳錄數十闋，共爲一編。余笑曰：文章小技耳，況長短句哉！今老矣，不能爲也。因書其後，以識吾過。」[63]以爲自己填詞就是罪過。

**（四）宋詞人詞集與文集不收集在一起。**

宋詞人不把詞集與文集收集在一起。原因是當時讀書人肩負格物致知、修身齊家的責任，若有心恢復中原者，專門寫這些給歌女唱的婉約柔媚的「小詞」，真是頹廢。這種觀念到清仍存在，試觀《四庫全書》所收之詞集之少，他們將詞曲列在《四庫總目提要》的最後。朱彝尊《詞綜・發凡》：「唐宋以來作者，長短句每別爲一編，不入集中，以是散佚最易。」[64]因爲這種觀念影響詞集的流傳與保存，所以宋人詞集散佚極多。如《宋史・藝文志》著錄：「陳亮集四十卷又外集詞四卷，張孝祥文集四十卷又詞一卷。」[65]因爲詞不收在集中所以散佚極多，而且作者本身也不甚注意，如陳亮詞，因爲「世遷版毀，書亦散佚，間有存者，復爲當道持去，而原本不概見矣。」[66]認識朱熹後，他幾乎每年都給朱熹寫祝壽詞，然而現僅存三首。他的詞舊刻最多三十首，後人從有關資料輯錄出四十四首，今共有七十四首。如劉過弟劉澥在《龍洲集》原序說劉過：「每有作，輒伸尺紙以爲稿，筆法遒縱，

---

62 陸游：《渭南文集》，見《景印文淵閣四庫全書》，冊一一六三，頁 414。
63 趙以夫：《虛齋樂府・序》，見施蟄存編，《詞籍序跋萃編》（北京：中國社會科學出版社，1994 年 12 月出版），頁 329 引。
64 見朱彝尊：《詞綜・發凡》（臺北：世界書局，1980 年 5 月 4 版），頁 1。
65 同注四，《宋史・藝文志》，冊十六，頁 5385。
66 同注一，〈王世德舊跋〉，頁 471。

隨好事者所拾，故無鈔集。詩章散漫人間，無從會萃。」（《龍洲集》序）現今收在《四庫全書》有四十六首，而經過一九七八上海古籍出版社，楊海明校編《龍洲集》存詞八十七首詞。所以陳亮劉過的詞都一再亡佚，如南宋中期甚流行的〈賀新郎〉贈娼：

老去相如倦，向文君、說似而今，怎生消遣？衣袂京塵曾染處，空有香紅尚軟。料彼此、魂銷腸斷。一枕新涼眠客，舍聽梧桐、疏雨秋風顫。燈暈冷，記初見。　　樓低不放珠簾卷。晚妝殘、翠鈿狼籍，淚痕凝面。人道愁來須殢酒，無奈愁深酒淺。但托興、焦琴紈扇。莫鼓琵琶江上曲，怕荻花、楓葉俱淒怨。雲萬疊，寸心遠。（卷十一）

劉過曾自跋：「壬子春，余試牒四明，賦贈老娼，至今天下與禁中與皆歌之。江西人來，以爲鄧南秀詞，非也。」可見亡佚情形的嚴重。

又如〈西江月〉賀詞云：

堂上謀臣尊俎，邊頭將士干戈。天時地利與人和。燕可伐歟曰可。　　今日樓臺鼎鼐，明年帶礪山河。大家齊唱大風歌。不日四方來賀。（卷十一）

又如〈清平樂〉：

新來塞北，傳到真消息，赤地居民無一粒。更五單于爭立。　　維師尚父鷹揚。熊羆百萬堂堂。看取黃金假鉞，歸來異姓真王。（卷十一）

此詞見於四卷本《稼軒詞》丁集，又見於汲古閣本《龍洲詞》。辛棄疾、陳亮是同時代人又是好友，作品卻相混，真是不可思議。

南宋初尤袤《遂初堂書目》收詞集十六種。南宋後期陳振孫《直齋書錄解題》卷二十一專列「歌詞類」，著錄宋人詞集一百零八種。算是稍保存宋人出版詞籍情形。

**（五）到南宋，詞不僅是抒情，更是言志的功用。**

王灼《碧雞漫志》：「東坡先生非醉心於音律者，偶爾作歌，指出向上一路，新天下耳目，弄筆者始知自振。」[67]指出東坡的詞是指出向上一路，有言志的功用。然而《後村詩話》卻批評：「退之以文為詩，

67 王灼：《碧雞漫志》，見《詞話叢編》，冊一，頁 85。

子瞻以詩爲詞，如教坊雷大使之舞，雖及天下之工，要非本色。」[68]要打破詞爲豔科的觀念，效果在當時是微弱的。

詞學的觀念至南宋逐漸改變，因爲南渡以後國家遭受大難，半壁江山淪陷，有志之士很想統一中原，卻礙於朝廷主和派的阻撓，有些人卻因報國無門內心沈鬱，必須抒發。所以詞已從北宋詞偏重抒情婉約歌唱，變爲言志的功能，「小詞」是繼詩之後，最能表達心志、理想、才能的工具，不能不藉此言志。

宋孝宗乾道年間，士大夫有一部份不服符離戰敗，雖訂「隆興合議」，仍議論以守備戰，輿論如此，論詞者便不再斤斤計較情辭雅正，宋・蔡戡〈蘆川居士詞序〉：

> （張元幹）又喜長短句，其憂國憂君之心，憤世嫉邪之氣，間寓於歌詠，紹興議和，今端明胡公銓志在復仇，上書請劍，欲斬議者，得罪權臣，竄謫嶺海，……公作長短句送之，微而顯，哀而不傷，深得三百篇諷刺之義。非若後世靡靡之詞，狎邪之語，適足勸淫，……因請送別之詞冠諸篇首，庶幾後之人嘗鼎一臠，知公此詞不為無補於世，又豈柳、晏輩爭衡哉？[69]

評論張元幹詞深得詩經諷刺之風，而且他的詞不再局限於娛賓遣興，而是有補於世，不是「柳、晏」所能爭衡的。

陳應行《于湖先生雅詞序》稱讚張孝祥詞有「邁往凌雲之氣」，[70]湯衡〈張紫微雅詞序〉，批評唐末詞人「粉澤之工，反累正氣」，而頌揚東坡等元祐諸公「無一毫浮靡之氣」，張于湖之詞則是「同一關鍵」。[71]朱熹《書張伯和詩詞後》：「讀之使人奮然有擒滅仇虜、掃清中原之意」。[72]

可見這時期士大夫喜愛慷慨激昂的詞。然而因長期的觀念，大部份的詞人仍以爲詞末流小道，好像見不得人，所以他們爲詞的態度是

68 陳師道：《後山集》，見（臺北：中華書局，1985年出版），卷十一，頁2。
69 蔡戡：《定齋集》，見《景印文淵閣四庫全書》，冊一一五七，卷十三，頁702。
70 陳應行：〈于湖先生雅詞序〉，見張孝祥撰，宛敏灝箋校：《張孝祥詞箋校》（合肥：黃山書社，1993年9月印刷），頁3。
71 同上注，頁1。
72 朱熹：《朱文公文集》，《四部叢刊》本，冊二，頁1518。

既愛又貶的矛盾心態。

## 二、文人喜愛用詞酬贈

用詞來酬唱贈答，並表明愛國的心志，是南宋豪放詞人創作的一個明顯的特點。他們在詞中以英雄自許或許人，洋溢恢復中原，重整山河的壯志豪情，或是抒發報國無門的沈鬱、蒼涼或悲憤。如張孝祥〈水調歌頭〉和龐佑父：「雪洗虜塵靜，風約楚雲留，何人爲寫悲壯，吹角古城樓。湖海平生豪氣，關塞如今風景，剪燭看吳鉤。……我欲乘風去，擊楫誓中流。」（《于湖居士文集》卷三十一）

張元幹〈賀新郎〉寄李伯紀丞相：「倚高寒、愁生故國，氣吞驕虜。要斬樓蘭三尺劍。」[73]〈水調歌頭〉追和：「夢中原，揮老淚，遍南州。」又有陸游〈夜游宮〉記夢寄師伯渾：「自許封侯在萬里，有誰知鬢雖殘，心未死。」〈雙頭蓮〉呈范智能待制：「華鬢星星，驚壯志成虛，此身如寄。蕭條病驥。向暗裏、消盡當年豪氣。夢斷故國山川，隔重重煙水。」

毛幷〈水調歌頭〉次韻陸務觀陪太守方務德登多景樓：「登臨無盡，須信詩眼不供愁。恨我相望千里，空想一時高唱，零落幾人收。妙賞頻回首，誰復繼風流。」遺憾抗金之調，無人爲繼。

辛棄疾〈水調歌頭〉：「要挽銀河仙浪，西北洗胡沙。」〈聲聲慢〉滁州旅次登奠枕樓和李清宇韻：「憑欄望，有東南佳氣，西北神州。」〈水調歌頭〉送施樞密聖與帥江西：「賤子親再拜，西北有神州。」〈木蘭花慢〉席上送張仲固率興元：「但山川滿目淚沾衣。落日胡塵未斷，西風塞馬空肥。」在酬贈詞中激勵友人，感嘆國事，充滿愛國情操。

陳亮〈水調歌頭〉送章德茂使虜：「不見南師久，謾說北群空。當場隻手，畢竟還我萬夫雄。」（卷十七）〈賀新郎〉同劉元實、唐與正陪葉丞相飲：「恩未報，恐成辜負。舉目江河休感涕，念有君如此何愁虜！」（卷十七）〈賀新郎〉寄辛幼安和見懷韻：「老去憑誰說，看幾番神奇臭腐，夏裘冬葛。父老長安今餘歲，後死無讎可雪。」（卷十七）劉過〈沁園

---

73 見宋・張元幹著、曹濟平校注：《蘆川詞》（上海：上海古籍出版社，1991 年 11 月出版），頁 1。

春〉送辛幼安弟赴桂林官：「猛士雲飛，狂胡灰滅，機會之來人共知。何為者，望桂林西去，一騎星馳。」（卷十一）又〈水調歌頭〉壽王汝良：「斬樓蘭，擒頡利，志須酬」（卷十一）

從辛棄疾等人詞在南宋豪放詞派詞人手中，已經擺脫花間席上，由女聲演唱的和樂傳統，成爲士大夫之間相交往唱和的言志工具。[74]

## 三、詞與理學的關係

宋朝的理學家對詞體的態度有消極性的影響，如北宋中期的理學家，堅決否定文學特性與功能。理學家主張「滅私欲則天理明」，而小詞滿足人的私欲，故理學家深惡痛絕。劉克莊感嘆：

> 坡（蘇軾）谷（黃庭堅）極稱少游，而伊川（程頤），以為褻瀆，莘（劉摯）以為放潑。半山惜耆卿謬其用心，而范蜀公（范鎮）晚喜柳詞，可至則歌之。余謂坡、谷憐才者也，半山、伊川、莘老衛道者也；蜀公感熙寧、元豐多事，思至和、嘉祐太平者也。今諸公貴人，憐才者少，衛道者多。[75]

因爲大都衛道之士，所以形成一種風氣，以爲「極舞裙之逸樂，非爲違道，適以伐性。」[76]作詞被指責爲「筆墨勸淫」，所以塡詞者就把詞當歌唱娛樂工具，不是教化的力量。

南宋中興時期，受理學影響深。在孝宗以後至寧宗，是理學最昌盛期，這是理學仍爲成官學，從孝宗淳熙五年起，就遭諫官抨擊，要求皇帝加以禁止，到寧宗慶元元年定爲「僞學」，至嘉定二年才除僞學之禁。至於慶元僞學之禁，則是因爲理學家多黨趙汝愚而排韓侂胄，然而當時如辛棄疾、陸游、葉適等都不排斥韓侂胄，且爲其所用或所尊。

這一段理學的發展特點，使理學得到廣泛的傳播，內部出現許多

---

74 見張毅：《宋代文學思想史》（北京：中華書局，1995 年四月第 1 次印刷），頁 196。

75 宋．劉克莊：《後村先生大全集》，見《四部叢刊初編縮》（臺北：商務印書館，1967 年出版），冊二七三，卷一一一。

76 見張侃：《張氏拙軒集》，見《景印文淵閣四庫全書》，冊一一八一，頁 428。

流派，如朱熹的朱學，陸九淵的陸學，呂祖謙的婺學，薛季宣、陳傅良的永嘉之學。如陳亮雖提倡事功，反對空談心性，陳亮雖提倡事功，反對空談心性，然《陳亮集》中如〈伊洛正源書序、〉、〈伊洛禮書補亡序〉、〈三先生論事錄序〉、〈楊龜山中庸解序〉、〈西銘說〉等鼓吹理學之文不一而足，故當時人曾把他當作「道學」家而加以排擠，可見他也非程、張理學的反對者，而是他們的諍臣。[77]

理學家是重道輕文，北宋周敦頤只說「文以載道」，未嘗廢文。程頤強調「作文害道」，也成爲變爲極端了。理學家雖喊輕文，實際是重視文法，如陳亮：「理得而辭順，文章自然出群拔萃。」(〈書作論法後〉卷十六）又說：「文將以載道也，道不在我。……雖有文，當與利口者爭長耳。韓退之〈原道〉無愧孟荀，而不免以文爲本，故程式以爲倒學。」(〈復吳叔異〉卷二十一）葉適也說：「爲文不能關教事，雖工無益也。」陳亮雖是理學卻很愛填詞。

辛棄疾和理學家朱熹是好友，淳熙十五年（1188），辛棄疾閑居上饒帶湖時，曾約陳亮與朱熹前來相會，而朱熹爽約。紹熙三年（1192），辛棄疾被起用爲福建提點刑獄任後，與朱熹交遊頻繁。朱熹也鼓吹駿發踔厲的愛國詞，他在〈書張伯和詩詞後〉曰：

> 右紫微舍人張伯和父所書其父之詩詞以見屬者。讀之使人奮然，有擒滅仇虜，掃清中原之意。淳熙庚子（1180）刻置南康軍之武觀，以示文武吏士。[78]

朱熹論詞無學究氣，他答〈陳同甫〉書，還稱讚陳亮詞「豪宕清婉，各極其趣。」因爲南宋文風有以道德爲本體的文學思想，所以南宋詞無論內容或形式一般都比較雅正。包括辛棄疾的農村詞是受邵雍的影響，詞中清淡自然語言通俗。（詳見第四章第三節）

由於理學家的重道輕文，他們對詩的影響較大，但對詞的影響似不及詩、文的顯著。因爲一般理學家較少填詞。除了魏了翁外，也不常在詞中大談性理，其他詞人更少用詞講道學。但理學對詞仍有影響，

---

77 見馬積高：《宋明理學與文學》(長沙：湖南師範大學出版社，1989 年出版），頁 69。

78 同注七十二，頁 1518。

只是比較間接。如果我們把南北宋詞作一比較，便會發現北宋詞寫男女戀情的較多，而且內容比較放蕩，廣義的抒情詩之作數量不多。常常北宋許多作家詞與詩判若兩人，如歐陽修是古文運動領導者，又富於詩人氣質，然而他的《琴趣外篇》詞有綺語豔詞。只有蘇詞似詩，秦詩似詞。南宋詞則不然，大量廣義的抒情之作（包括大量的應酬詞），寫贈妓作品佔一定的比例。但如劉過的詠美人指甲、美人足等作是少數之作。

歷代詞評不是忽略陳亮與劉過詞的重要性，就是對劉過則有誤解，而近代幾乎所有詞選本很少選陳亮詞，以為他是在詞史的地位不受重視，本論文將探討他們的詞作、闡述他們的思想與該有的地位。

## 第四節　豪放與婉約詞並存

南宋是中國詞史的顛峰期，《南宋詞史》一書把南宋詞分為四個時期，詞壇重建期，詞史高峰期，詞藝深化期與宋詞結獲期。[79]整個南宋詞壇是豪放與婉約詞並存。

第一階段詞壇重建期

北宋的亡國後，驚醒朝廷內外歌舞的美夢。當時詞壇有三種現象：

**（一）一些抗金將領與文臣大夫紛紛發出亡國的哀鳴，或救國的怒吼。**

他們或決策於帷幄，或抗敵於沙場，或奔走呼號，匯成時代之音。主要的詞人有李剛、趙鼎、岳飛、張元幹、胡銓、陳與義等，「壯志飢餐胡虜肉，笑談渴飲匈奴血。」（岳飛〈滿江紅〉）為時代之音。「燕然即須平掃。擁精兵十萬，橫行沙漠，奉迎天表。」（李綱〈蘇武令〉）「武陵蕭瑟，中原渺渺，但有滿襟清淚。」（李綱〈永遇樂〉秋夜有感）又有李光與投降派較量時，曾痛斥秦檜為「盜弄國權，懷奸誤國」，秦檜大怒，李光求去。他在離朝廷過桐江路上經子陵灘，寫心中不滿，「兵氣暗吳

79 陶爾夫、劉敬圻：《南宋詞史》（哈爾濱：黑龍江人民出版社，1992 年 12 月第 1 次印刷），頁 4。

楚，江漢久淒涼。當年俊傑安在？……北望中原板蕩，矯首訊穹蒼。」（〈水調歌頭〉）又有胡世將，曾擊敗金兵，他僅存一首〈酹江月〉：「試看百二山河，奈軍門萬里，六師不發，閫外何人？回首處、鐵騎千群都滅。」說明南宋對人才壓抑摧殘，竟使英雄無用武之地。

張元幹（1091-1161）因反對主和而被抄家，他有著名的〈賀新郎〉及〈石州慢〉詞。〈石州慢〉詞云：「群盜縱橫，逆胡猖獗，欲挽天河，一洗中原膏血」。符離兵敗，孝宗轉為和議，當孝宗詢問十四朝臣對和議看法，只有胡銓反對，他的〈好事近〉：「欲駕巾車歸去，有豺狼當道。」因此被移送吉陽編管。[80]

**（二）詞人因為亡國之恨，嘯傲林泉，放情詩酒，韜光遁世。**

以葉夢得、朱敦儒為代表。葉夢得的詞早年受賀鑄婉麗詞風影響，中年傾向於蘇軾。他因南渡之後，詞由一己之愁轉為家國之感，他的〈水調歌頭〉九月望日與客習射西園，余偶病不能射：「歲將晚，客爭笑，問衰翁。平生豪氣安在，走馬為誰雄？何似當筵虎士，揮手弦聲響處，雙雁落遙空。」如朱敦儒的名士之風，遇到亡國，中年時詞風也流露憂國傷時的悲憤，如〈水龍吟〉：「回首妖氛未掃，問人間、英雄何處？奇謀報國，可憐無用。」

向子諲的詞集名《酒邊詞》，他的詞作分為兩部份，一為南渡前稱《江北舊詞》，繼承、晏、歐、秦、柳之風；一為南渡後稱《江南新詞》，繼承蘇軾超曠遺風。李清照是婉約詞大家，存四十多首，也因亡國的顛沛流離，詞風有改變她〈永遇樂〉，使南宋亡國前夕的劉辰翁「為之涕下」。[81]

**（三）雖然此期詞人以寫家國之思為主，但仍有一些不受時代巨變影響，仍以婉約為主。**

陳克（1081-？）《赤城詞》，陳振孫《直齋書錄解題》說：陳克詞

80 王明清：《揮麈錄．後錄》，見《景印文淵閣四庫全書》，冊一〇三八，卷十，頁522。

81 劉辰翁：《須溪集．永遇樂序》，見《景印文淵閣四庫全書》，冊一一八六，頁615。

「詞格頗高，晏、周之流亞也。」[82]陳廷焯《白雨齋詞話》說：「陳子高詞，婉雅閑麗，暗合溫、韋之旨。晁無咎、毛澤民、万俟雅言等遠不逮也。」（卷一）都是北宋滅亡以後，宋室南渡，陳克仍沿襲花間詞風。呂渭老的《聖求詞》也是刻畫工麗婉媚深窈。呂本中（1084-1145）的《紫微詞》，以婉麗見長，天然渾成。曾季貍《艇齋詩話》：「東萊晚年長短句，由渾然天成，不減唐、《花間》之作。」[83]

黃公度（1109-1156）的《知稼翁》詞，陳廷焯《白雨齋詞話》評其詞說：「氣和音雅，得味外味」，「洵《風》、《雅》之正聲，溫、韋之真脈。」（卷一）

第二階段是詞史高峰期

紹興三年（1133）至紹興六年（1136），南宋雖然保衛川、陝與收復襄楊六郡的勝利，卻自紹興七年派王倫來往宋、金之間，準備和議，紹興十一年達成和議。這時詞壇所表現的不只是抒發抗金豪情，而是捲入和戰之爭。

「國家不幸詩家幸，話到滄桑詩便工。」這時期的詞家有張孝祥、陸游、辛棄疾、陳亮、劉過等。這期的詞人以成熟的藝術手法，發揚豪放的愛國詞風。這並不表示他們不寫婉約詞。

「報國欲死無戰場」悲憤的陸游，也有〈釵頭鳳〉等旖旎風流的情詞。劉克莊說：「陸游長短句，其激昂感慨者，稼軒不能過；飄逸高妙者，與陳簡齋、朱希真相頡頏；流麗綿密者欲出晏叔原、賀方回之上。」[84]

豪放詞大家辛棄疾，也有纏綿悱惻婉約深麗的詞，如〈祝英臺近〉晚春：

> 寶釵分，桃葉渡，煙柳暗南浦。怕上層樓，十日九風雨。斷腸片片飛紅，都無人管；更無勸啼鶯聲住。　鬢邊覷。試把花卜歸期，才簪又重數。羅帳燈昏，哽咽夢中語。是他春帶愁來，

---

82 陳振孫：《直齋書錄解題》，見《景印文淵閣四庫全書》，冊六七四，頁 850。
83 曾季貍：《艇齋詩話》，見《叢書集成新編》（臺北：新文豐出版公司，1986 年 7 月出版），冊七九，頁 20。
84 劉克莊：《後村詩話》，見《景印文淵閣四庫全書》，冊一四八一，頁 388。

春歸何處，卻不解、帶將愁去。（卷一）

又如〈鷓鴣天〉:「一夜清霜變鬢絲」，都是婉約的愛情詞。有含蓄深厚，音韻婉轉，如〈臨江仙〉:「金谷無煙宮樹綠」。陳廷焯讚此詞下片爲「婉雅芊麗，稼軒亦能爲此種筆路，真令人心折。」（卷一）

劉過也有婉約的一面，他的小令清新婉轉、深邃沈摯。如〈醉太平〉閨情:「情高意真，眉長鬢青。」又如〈糖多令〉:「蘆葉滿汀洲，寒沙帶淺流。」都是清麗的作品。

第三階段詞藝深化期

南宋經歷了半個世紀，豪放詞到達顛峰，這時南宋已習於偏安，「直把杭州當汴州」。婉約詞再度興起。至姜夔（1155-1221），婉約詞進入另一個階段。姜夔文學活動，主要在孝宗、光宗、寧宗三朝，其實他幾乎與劉過（1154-1206）同時期人，可是兩人風格迥異。張炎評白石詞曰:「如野雲孤飛，去留無跡。」他又說:「白石詞如〈疏影〉、〈暗香〉、〈揚州慢〉、〈一萼紅〉〈琵琶仙〉、〈探春〉、〈八歸〉、〈淡黃柳〉等曲，不惟清空，又且騷雅，讀之使人神觀飛越。」[85]劉熙載曰:「詞家稱白石曰白石老仙，或問畢竟與何仙相似，曰:藐姑冰雪，蓋爲近之。」[86]

周濟《宋四家詞選目錄序論》曰:「白石脫胎稼軒，變雅健爲清剛，變馳驟爲疏宕。」陳銳《褭碧齋詞話》曰:「白石似稼軒之豪快，而結體於虛。」稼軒早白石十五年，早已成一詞派，白石又成一格律派，此時兩大詞派自會互相影響。白石曾和稼軒詞有〈永遇樂〉次稼軒北固樓韻：

雲鬲迷樓，苔封很石，人向何處。數騎秋煙，一篙寒汐，千古空來去。使君心在，蒼崖綠嶂，苦被北門留住。有尊中酒差可飲，大旗盡繡熊虎。　前身諸葛，來游此地，數語便酬三顧。樓外冥冥，江皋隱隱，認得征西路。中原生聚，神京耆老，南望長淮金鼓。問當時依依種柳，至今在否？[87]

---

85 張炎:《詞源》，見《詞話叢編》，冊一，頁 259。
86 劉熙載:《藝概．詞曲概》，見《詞話叢編》，冊四，頁 3694。
87 見姜夔撰，唐圭璋箋校:《姜白石詞編年箋校》（臺北：中華書局，1984 年 10 月臺 2 版），頁 91。

又有〈漢宮春〉次韻稼軒蓬萊閣，〈漢宮春〉次韻稼軒。劉熙載曾云：「不知稼軒之體白石嘗效矣。集中如〈永遇樂〉、〈漢宮春〉諸闋，均次稼軒韻。其吐屬氣味，皆若秘響相通。」[88]

姜夔之後，有吳文英、史達祖，都是屬格律派，他們的年代已稍後，尹煥云：「求詞於吾宋者前有清真，後有夢窗此非煥之言，四海之公言也。」[89]

此期的作品是以講究格律爲主。

第四階段宋詞結獲期

這也是南宋最後的結局，包括宋理宗元年（1234）至宋趙昺祥興二年（1279），南宋最後滅亡，又包括元世祖至元十六（1279）年至元仁宗延祐七年（1320）前後所有遺民去世止。

在南宋滅亡前，蒙古軍不斷南征，朝廷仍文恬武嬉，清醒的士大夫感到亡國在即，便繼承辛棄疾詞風，以天下爲己任慷慨呼號，有劉克莊、吳潛等人屬於此類。

從咸淳五年（1269）蒙古侵襲襄陽，到咸淳九年（1273），襄陽淪陷，三年後攻陷最後攻陷臨安，詞人經歷巨大變動，這時期作家有周密、王沂孫、張炎等，他們繼承姜夔的詞風，感時憤世，詞旨隱晦，寄託遙深。以後還有劉辰翁、蔣捷等。

總之，南宋詞壇，豪放與婉約派並駕齊驅，在南宋初五、六十年間，詞人傷痛於北宋淪亡，作品多關注愛國抗金抒發報國無門上，詞壇籠罩在慷慨激昂的悲歌中，這中間仍有少數不受時代環境影響，繼續承續著北宋婉約之風。直到姜白石出，朝廷上下宴酣歌舞，「直把杭州當汴州」，婉約詞又達到另一個境界，在語言、風格、藝術手法上更進步，婉約詞更趨近典麗，所以整個南宋詞壇是豪放婉約並存，正如陳洵所言：「南渡而後，稼軒崛起，「斜陽煙柳」與「故國月明」相望於二百年間，詞之流變，至此止矣。[90]

---

88 同注八六。
89 黃昇：《中興以來絕妙詞選》，卷十，頁 354 引。
90 陳洵：《海綃說詞》，見《詞話叢編》，冊五，頁 4837。

# 小　結

以上四節所述，可知南宋政治背景是符離之戰後，朝廷大傷元氣，群臣偏安江南，只想以和避戰，主和派甚至宣揚「南北有定勢」，雖以爲抗戰是「爲國生事」、「孤注一擲」。有志之士如辛棄疾、陳亮、劉過，一再上書，大聲疾呼，要求恢復中原，統一天下，不是書上不報，就是被視爲狂怪。直到慶元年間，韓侂胄掌握朝中大權，想借金政權「兵連禍結，國勢日弱」的大好時機北伐，以提高自己威望。因此繼「慶元黨禁」之後，開禧改元，不久便派兵北伐，然準備不當，開禧北伐，終於失敗。

這時期的社會風氣是承續北宋宴樂，權貴粉飾太平，朝廷上下奢華，文人詞客沈迷於聲色犬馬之中，狎妓、蓄妓觀念極重。士大夫赴任，妻子不相隨，官員只好蓄妓納妾。宋歌妓分官妓、市井歌妓、家妓，歌妓本身有高度的文化修養能歌善舞，又是身份低賤的賤民，籍屬主人的戶籍。

詞與歌妓有相依相存的關係，沒有詞則歌妓失去演唱的功能；沒有歌妓則詞不能爲人欣賞。所以歌妓唱士大夫的詞，使士大夫詞更爲流傳，士大夫愛慕歌妓，又從歌妓身上得到靈感。辛棄疾、劉過都有許多贈妓詞。辛棄疾與家妓間的情感與遣去家妓的詞，佔他情詞的大部份。

整個南宋的文學風氣，呈現出宋人對詞的喜愛，使詞出現空前的發展。作者層包括皇帝、后妃、宮女、宦官、王侯、士大夫、富商、歌妓、武夫、隱士等等，整個宋朝幾乎是人皆能詞，皆能歌。詞作二萬多首。在這麼熱愛詞的社會環境中，卻呈現一個怪現象。在他們的觀念裡，以爲詞只是「詩餘」、「小詞」，表現柔弱婉麗的風格，因爲托體甚卑，不能爲正統文學之列，不像詩、文、賦被當作科舉考試科目而受到鼓舞與提倡。他們的矛盾心態是：

1．詞用來歌唱，是娛賓遣興的工具；

2．文人只是閒暇時才來塡詞。士人的人生觀念，大致是以建立功業爲要，在政事之餘才作文章，文章之餘才作詩，作詩之餘才作詞。

3．有文人認爲塡詞是罪過，日後後悔。

4．宋代官方書目不著錄詞集。有的宋詞人不把詞集與文集收集在一起。原因是當時讀書人肩負格物致知、修身齊家的責任，若有心恢復中原者，專門寫給歌女唱的婉約柔媚的「小詞」，才是頹廢，造成作品相混、及大量亡佚。

5．到南宋，詞不僅是抒情，更是言志的功用。因爲南渡以後國家遭受大難，半壁江山淪陷，有志之士很想統一中原，卻礙於朝廷主和派的阻撓，有些人卻因報國無門內心沈鬱，必須抒發。所以詞已從北宋詞偏重抒情婉約歌唱，變爲言志的功能，「小詞」是繼詩之後，最能表達心志、理想、才能的工具，不能不藉此言志。

所以詞從抒情拓展爲言志的功用，成爲文人用來酬唱贈答，並表明愛國的心志，是南宋豪放詞人創作的一個明顯的特點。他們在詞中以英雄自許或許人，洋溢恢復中原，重整山河的壯志豪情，或是抒發報國無門的沈鬱、蒼涼或悲憤。如辛棄疾與陳亮三首〈賀新郎〉，同調、同韻，抒發愛國鬱悶的酬贈詞。

南宋辛派三詞人的時代也是理學最興盛期，陳亮本身就是理學家，然而理學對詩的影響遠大過於詞。

南宋整個詞壇是豪放與婉約詞並存，在第一階段：

1．有些抗金將領與士大夫發出亡國的哀鳴，或救國的怒吼。他們或決策於帷幄，或抗敵於沙場，或奔走呼號，匯成時代之音。如李剛岳飛、張元幹、胡銓、陳與義等，

2．也有詞人因爲亡國之恨，嘯傲林泉，放情詩酒，韜光遁世。以葉夢得、朱敦儒爲代表。

3．另一些不受時代巨變影響，仍以婉約爲主，如呂本中、呂渭老刻畫工麗婉媚深窈，以婉麗見長，不減唐、《花間》之作。

第二階段時，偏安已成定局，這時期的詞家有張孝祥、陸游、辛

棄疾、陳亮、劉過等。這期的詞人發揚豪放的愛國詞風。這並不表示他們不寫婉約詞。如豪放詞大家辛棄疾、劉過也有纏綿悱惻婉約深麗的詞。

第三階段，南宋偏安甚久，「直把杭州當汴州」。婉約詞再度興起，以姜夔（1155-1221），婉約詞進入另一個階段。姜夔文學活動，主要在孝宗、光宗、寧宗三朝，其實他幾乎與劉過（1154-1206）同時期人，可是兩人風格迥異。

第四階段，這也是南宋最後的結局。在南宋滅亡前，蒙古軍不斷南征，朝廷仍文恬武嬉，清醒的士大夫感到亡國在即，便繼承辛棄疾詞風，以天下爲己任慷慨呼號，有劉克莊、吳潛等人屬於此類。

總之，南宋詞壇，與「豪放惟幼安稱首」的豪放並駕齊驅，另有婉約派並存，在南宋初五、六十年間，詞人傷痛於北宋淪亡，作品多關注愛國抗金抒發報國無門上，詞壇籠罩在慷慨激昂的悲歌中，這中間仍有少數不受時代環境影響，繼續承續著北宋婉約之風。直到姜白石出，朝廷上下宴酣歌舞，婉約詞又達到另一個境界，在語言、風格、藝術手法上更進步，婉約詞更趨近典麗，所以整個南宋詞壇是豪放婉約並存。

# 第三章　辛棄疾與陳亮、劉過交游考

## 第一節　辛棄疾與陳亮交游考

辛棄疾「豪爽尚氣節，識拔英俊，所交多海內知名士。」[1]。鄧廣銘在《辛稼軒年譜》[2]中記載他交往可考者有四十一人。雖然沒列陳亮之名，但他在《辛棄疾傳》有稍論及兩人交往。陳亮在〈辛稼軒畫像贊〉曾稱他爲：

> 眼光有稜，足以映照一世之豪；背胛有負，足以荷載四國之重。出其豪末，翻然震動。不知鬚鬢之既斑，庶幾膽量之無恐。呼而來，麾而去，無所逃天地之間。撓弗濁，澄弗清，豈自為將相之種。故曰：真鼠枉用，真虎可以不用，而用也者，所以為天寵也。[3]

陳亮瞭解辛棄疾，也爲他的不被重用而惋惜。

陳亮（1143-1194）字同甫，號龍川。婺州永康人。小辛棄疾三歲，是個「百折不回，饒有銅肝鐵膽」（《陳亮集．姬肇燕序》）的主戰派人物。他爲人豪邁，一生交遊廣闊。他說：

> 余行天下，竊有志於當世，其道德純明可為師表者，執贄進見，獲聽微言於下風。退而從磊瑰不羈之士接杯酒之歡，笑歌起舞，

---

1 見元．脫脫撰：《宋史．辛棄疾傳》（北京：中華書局，1990 年 12 月第 2 次印刷），冊三五，頁 12165。

2 鄧廣銘：《辛稼軒年譜》，見鄧廣銘：《稼軒詞編年箋注》（臺北：華正書局，2003 年 9 月 2 版 1 刷），頁 645-648。以下引用辛棄疾詞，皆是此版本，僅夾注不再出注。

3 見陳亮：《陳亮集．辛稼軒畫像贊》（臺北：漢京文化事業公司，1983 年 2 月初版），卷十，頁 111。以下引陳亮詞文，皆用此版本，僅夾注不再出注。

往往自以為一世之雄。(〈祭薛士隆知府文〉卷二十二)

陳亮喜歡和當代學人談學問，也喜歡和豪傑之士交往，他雖再三科舉，至五十歲仍是個布衣。辛棄疾南渡後做的官，都無法讓他完成統一的心願，當他遇到「人中之龍，文中之虎」(〈自贊〉卷十)的陳亮，同是積極主戰，一生都屢經挫折，備受排擠，便惺惺相惜。兩人愛國的精神感人，兩人的情誼是一段佳話。劉熙載《藝概》說:「陳同甫與稼軒爲友，其人才相若，詞亦相似。」又說:「觀此(指陳亮〈賀新郎〉寄幼安見懷韻)則兩公之氣誼懷抱，俱可知矣。」[4]

辛棄疾是豪放派大詞人，有詞六百多首。陳亮詞舊刻三十首，後人從有關資料輯錄出四十四首，今共有七十四首，他的詞慷慨激昂，讀之使人熱血沸騰，確是一時之豪，文學史上推崇他是辛派重要詞人。辛詞探討者極多，然而很少人討論陳亮的詞。本節所要探討的是辛棄疾與陳亮何時交往、傳爲佳話的鵝湖之會、兩人互相欣賞之因。

## 一、兩人的交往

### (一)乾道六年(1170)，兩人定交臨安

辛棄疾與陳亮到底在那年定交，兩人詩文集都無明確記載。只有趙溍《養痾漫筆》說:

陳同甫名亮，號龍川，始聞辛稼軒名，訪之，過小橋，三躍而馬三卻，同甫怒，拔劍斬馬首，推馬仆地，徒步而進。稼軒適倚樓，望見之，大驚，遣人詢之，則已及門，遂定交。稼軒帥淮時，同甫訪於治所，相與談天下事。……飲罷，宿同甫於齋中，同甫夜思稼軒沈重寡言，醒必思其誤，將殺我以滅口，遂盜其駿馬而逃。月餘，同甫致書稼軒，假十萬緡以濟貧，稼軒如數與之。[5]

---

4 劉熙載:《藝概》，見《詞話叢編》(臺北:新文豐出版公司，1988 年出版)，冊四，頁 3694。

5 宋·趙溍:《養痾漫筆》，見《叢書集成新編》(臺北:新文豐出版公司，1985 年出版)，冊八七，頁 17。

後來《嘐囈集》據此故事，吟成一首詩云：「斫馬徒行氣不群，定交十載酒邊文，醉中失口江南事，聊贈先生十萬緡。」[6]這事《鉛山縣志》有同樣的記載，此橋因此取名爲斬馬橋。[7]然而這段記載已經被學者推翻爲穿鑿附會無根據之言。到底兩人何年定交？定交於何處？

辛棄疾與陳亮初次定交，有以下三種說法：

1. 兩人定交年月不可考。夏承燾《龍川詞校箋》：「兩人早年即締交于都城。年月今不可考。」[8]
2. 定交於淳熙五年（1178），何格恩據《龍川集．與辛幼安殿撰書〉中，「亮空閒沒可做時，每念臨安相聚之適」一句，引陳思《稼軒年譜》所云：「淳熙五年爲大理少卿，與陳亮有臨安之聚。」以爲事在淳熙五年。[9]大陸學者目前也都採用「定交淳熙五年」的說法。[10]
3. 定交於乾道六年（1170），據姜林洙《辛棄疾傳》推考，辛陳相識，關鍵人物是呂東萊。乾道六年，東萊在臨安爲太學博士兼國史編修官及實錄院檢討官，時稼軒爲臨安司農主簿，而同甫在臨安爲太學生，辛、呂時相過從，而陳、呂又爲知交，辛陳認識當在此時。[11]

三種說法，都推定是在臨安定交。陳亮第一次客居臨安，是在紹興三十二年（1162 年）。當紹興三十一年時，陳亮曾發表〈酌古論〉四篇，以爲「文非鉛槧也，必有處世之才；武非劍楯也，必有料敵之智。才智所在，一焉而已。」序中說他的志向云：

獨好伯王大略，兵機利害，頗若有自得於心者，故能於前史間，

---

6　見元宋无：《嘐囈集》，明嘉靖五年趙章刊本，頁 45。
7　見清．連柱等纂修：《鉛山縣志》（臺北：成文出版社，1989 年 3 月），據清乾隆四十九年刊本，卷三。頁 208。
8　見夏承燾校箋，牟家寬注：《龍川詞校箋》（香港：中華書局，1977 年 4 月港 1 版），頁 14。
9　何格恩：《辛棄疾年譜》，東北叢刊第七期，見童振福：《陳亮年譜》（臺北：商務印書館，1182 年 10 月），頁 64，註二十五引。
10　見劉乃昌：〈辛棄疾與陳亮的鵝湖之會〉《山東師院學報》（1978 年 4 期），頁 19。
11　見姜林洙：《辛棄疾傳》（臺北：中國學術著作獎助委員會出版，1964 年 10 月初版），頁 167。

竊虧英雄知所未及。……大者興王，小則臨敵。（卷五）

當時郡守周葵，見酌古論，奇之，相與論難，曰：「他日國士也。」請爲上客。[12]周葵接著調任兵部侍郎，陳亮同往臨安。《續資治通鑑》云：

隆興元年，夏六月，周葵參知政事，先生在幕下，朝士白事，葵必指令揖同甫，因得交一時豪俊，盡其議論。[13]

根據《宋陳龍川先生亮年譜》：

紹興三十二年壬午，二十歲。客臨安。……孝宗乾道元年乙酉（1165）二十三歲。是歲如義烏就姻。[14]

陳亮在〈劉夫人何氏墓誌銘〉亦云：

紹興之季，余客臨安凡三歲，父母顧其有室而命之歸也。（卷三十）

可知陳亮自紹興三十二年居臨安三年，因父母之命才返義烏完婚。

這年辛棄疾戎馬倥傯，先是奉耿京命到建康晉見宋高宗，旋即渡江北上，兩人是不可能見面。

乾道四年，陳亮曾「易名曰亮，而首貢於鄉」（《陳亮集·告祖考文》卷二十二），補爲太學生。乾道五年上〈葉丞相書之二〉：

忽去秋偶為有司所錄，俾填成均生員之數。未能高飛遠舉，聊復爾耳。（卷二十一）

陳亮第二次赴臨安是乾道五年，他二十七歲，以婺州解元，應試禮部。斯時宋金和議初成，朝野忻然，慶得蘇息。獨先生以爲不可，上〈中興五論〉。但上書後沒有回應。

這年夏六月，陳亮的友人呂祖謙除太常博士，陳亮也在太學。乾道六年（一一七〇）年，呂祖謙復召爲太學博士。〈呂東萊年譜〉云：

乾道五年五月初七除太學博士，十二月十九日兼國史院編修官、實錄院檢討官。公之召也，張公栻亦自嚴陵召歸為郎，兼講官，與公同巷居。吳興芮公燁為國子司業與公共修學政，明

---

12 同注一，《宋史·陳亮傳》，冊三十七，頁 12929。
13 見清·畢沅：《續資治通鑑》（臺北：世界書局，1962 年出版），頁 3670。
14 見顏虛心：《宋陳龍川先生亮年譜》（臺北：商務印書館，1980 年 6 月初版），頁 15-17。

年春芮公為祭酒，劉公焞為司業。[15]

《陳亮年譜》云：

乾道六年，友人呂祖謙復召為太學博士。先生之師芮燁為國子司業。友人陳傅良入太學。[16]

《宋元學案》云：

陳傅良、陳亮、……皆在太學，先生（芮燁）陶鑄之甚至，時東萊為學官，摳衣講學，昌明斯道，先生以女妻之。[17]

顏虛心《陳龍川先生年譜》云：

乾道六年庚寅，歲首，在太學。秋去臨安。[18]

可見乾道六年，陳亮仍在臨安與陳傅良同為太學生。秋天才打算返回故鄉。

就在乾道六年，辛棄疾三十一歲，召對延和殿。《宋史．辛棄疾傳》云：「六年，孝宗召對延和殿。時虞允文當國，帝銳意恢復，棄疾因論南北形勢及三國、晉、漢人才，持論勁直，不為迎合。作九議並應問三篇、美芹十論獻於朝。言逆順之理，消長之勢，技之長短，地之要害甚備。以講和方定，議不行。」[19]據梁啓超《辛稼軒年譜》考證，「十論作於元年乙酉，……九議當從傳文定為本年作。」[20]辛棄疾的應問三篇已經亡佚。檢視〈美芹十論〉是辛棄疾對金主戰的全部戰爭理論或收復中原的全盤計畫，獻給虞允文的〈九議〉是以備戰為急務，極言戰爭不可輕廢。這些與陳亮的〈中興五論〉，一、中興論，二、論開誠之道，三、論執要之道，四、論勵臣之道，五、論正體之道，有極類似的地方。相信辛棄疾一定已聽過上〈中興五論〉的陳亮。

這年辛棄疾被召為司農寺主簿。《稼軒年譜》云：「是年（乾道六年），

---

15 呂祖儉：《呂東萊年譜》，見呂祖謙：《東萊呂太史集》，《叢書集成續編》（臺北：新文豐出版公司，1989 年 7 月出版），冊一二八，頁 722。

16 見童振福撰：《陳亮年譜》（臺北：商務印書館，1982 年 10 月），頁 10。

17 見黃宗羲撰，陳叔諒，李心莊重編：《宋元學案．龍川學案》（臺北：正中書局，1987 年 5 月臺第 6 次印行），頁 465。

18 同注十四，頁 29。

19 同注一，頁 12162。

20 見梁啓超：《辛稼軒年譜》（臺北：中華書局，1960 年 1 月出版），頁 10。

張敬夫（栻）、呂伯恭（祖謙）均在朝中任職，稼軒時與游從。」辛棄疾與呂東萊有交情，當呂東萊死時，辛棄疾〈祭東萊先生文〉：「棄疾半世傾風，同朝託契。嘗從游於南軒，蓋於公而敬畏。」[21]可見辛、呂時相過從，而呂祖謙與陳亮既爲遠婭，陳亮〈祭東萊（呂祖謙）文〉有：「從表弟永康陳亮奔哭其柩」，[22]又爲知己，辛陳相識當在此時。

**（二）淳熙五年兩人再度相會**

淳熙五年，辛棄疾三十九歲。在江西安撫使任。春二月，奏劾知興國軍黃茂材，《宋會要》云：

> 淳熙五年二月二十五日，知興國軍黃茂材特降兩官，以江西安撫辛棄疾言茂材過數收納苗米，致人戶陳訴故也。[23]

鄧廣銘《稼軒詞年譜箋注》云：「是稼軒彈章當上於黃氏已被放罷之後，故復有降兩官之命也。」這年又奏請申嚴沿邊州縣耕牛戰馬出疆之禁。[24]並被召爲大理少卿。詞〈水調歌頭〉題云：

> 淳熙丁酉，自江陵移帥隆興。到官之三月被召，司馬監、趙卿、王漕餞別。司馬賦〈水調歌頭〉，席間次韻。時王公明樞密薨，坐客終夕為興門戶之歎，故前章及之。（卷一）

又〈鷓鴣天〉題云：「離豫章，別司馬漢章大監。」詞云：

> 聚散匆匆不偶然，二年歷遍楚山川。但將痛飲酬風月，莫放離歌入管弦。　縈綠帶，點青錢，東湖春水碧連天。明朝放我東歸去，後夜相思月滿船。（卷一）

淳熙四年，陳亮三十五歲，參加禮部考試，不中。《四朝聞見錄》云：

> 是年，因不滿考試官，去太學，先是亮試南宮，何澹校其文而黜之，亮不能平，遍語朝之故舊曰：「亮老矣！反為小子所辱！」

21 同注十五。〈呂太史外集附錄祭文．辛殿撰幼安〉，頁 729。
22 同注十五。〈呂太史外集附錄祭文．陳同甫〉，頁 730。《陳亮集》有祭呂東萊文兩篇，連此篇共三篇。
23 見清．徐松纂輯：《宋會要輯稿》（臺北：新文豐出版公司，1976 年出版），冊一〇一，職官八。
24 同前注。冊一六六。禁約。頁 6541。

澮聞而銜之。[25]

在科舉取士的時代，讀書人常要藉科舉進階。這條路陳亮似乎走不通，然而他有滿腔的抱負。剛好南宋初年國家極需人才，孝宗有志恢復，廣開獻言之路。[26]淳熙二年五月，孝宗「諭宰相，以朝廷闕失，士民皆得獻言。」[27]陳亮只得走這條獻言之路。

淳熙五年，春正月，陳亮至臨安，更名同，[28]因爲那時「猶用秦檜禁，不許上書言事」，[29]陳亮曾在太學，故更名。他上孝宗三書，近萬言。書奏，孝宗赫然震動，大臣惡其直言，極力攔阻。以後他寫信給何叔厚說：

> 亮寓臨安，卻都無事，但既絕意於科舉，頗念其平生所學，不可不一泄之以應機會。前日遂極論國家社稷大計，以徹上聽。忽蒙非常特達之知，欲引之面對，乃先令召赴都堂審察。亮一時率爾應答，遂觸趙同知之怒。亮書原不降出，諸公力請出之。書中又重諸公之怒，內外合力沮遏之，不得使面對。今乃議與一官，以塞上意。亮雖無恥，寧忍至此。（卷十九）

書中說明自己上書，不得面對，實在是出於人力的沮遏，大臣想給他一官，以塞上意。

因爲他在朝庭上書轟轟烈烈，這時辛棄疾也在大理寺，所以他們在臨安又可再度見面。陳亮〈與呂伯恭正字書〉：「辛幼安、王仲衡俱招還，張靜江無別命否？元晦亦有來理乎？」（卷十九）〈與石天民書〉：「辛幼安、王仲衡諸人俱被招還，新揆頗留意善類，老兄及伯恭、君舉皆應有美除。」（卷二十一）

這次兩人的「臨安相聚」，使陳亮常常懷念。陳亮上書未遇，憤而離開臨安，回家後「以與世不合，甘自放棄于田夫樵子之間」（〈劉夫人

---

25 宋·葉紹翁撰：《四朝聞見錄》，見《景印文淵閣四庫全書》（臺北：商務印書館，1985年），冊一〇三九，頁660。
26 同注十三，頁3707。
27 同注十三，頁3854。
28 葉適：《水心集·陳同甫王道甫墓誌銘》，見《景印文淵閣四庫全書》（臺北：商務印書館，1985年出版），冊一一六四，頁434。
29 同注二十五，頁673。

陳氏墓誌銘〉卷三十)，不久竟因「置藥殺人」，被囚入獄。辛棄疾先是宦游各地，接著退隱上饒，兩人無緣再見。所以他〈與辛幼安殿撰書〉，所說：「亮空閒沒可做時，每念臨安相聚之適，而一別遽如許，雲泥異路又如許。」(卷二十一)

**(三)淳熙十年，陳亮約秋後訪稼軒，未果。**

淳熙八年，辛棄疾在江西安撫使任上，他的帶湖新居將落成，他很高興，賦〈沁園春〉：

> 三徑初成，鶴怨猿驚，稼軒未來。甚雲山自許，平生意氣，衣冠人笑，抵死塵埃。意倦須還，身閒貴早，豈為蓴羹鱸鱠哉。秋江上，看驚絃雁避，駭浪船回。　東岡更葺茅齋，好都把、軒窗臨水開。要小舟行釣，先應種柳，疏籬護竹，莫礙觀梅。秋菊堪餐，春蘭可佩，留待先生手自栽。沈吟久，怕君恩未許，此意徘徊。(卷一)

可是到了淳熙八年冬，辛棄疾被臺臣王藺參劾罷職，便回到上饒的帶湖隱居。帶湖的規模形勢，洪邁〈稼軒記〉云：

> 郡治之北可里所，故有曠土存，三面傅城，前枕澄湖如寶帶，其從千有二百三十尺，其衡八百有三十尺。截然砥平，可廬以居。而前乎相攸者皆莫識其處。天作地藏，擇然後予。濟南辛侯幼安最後至，一旦獨得之，既築室百楹，度財佔地什四。乃荒左偏以立圃，稻田泱泱，居然衍十弓。意他日釋位而歸，必躬耕於是，故憑高作屋下臨之，是為稼軒。而命田邊立亭曰植杖，若將真秉耒耨之為者。東岡西阜，北墅南麓，以青徑款竹扉，錦路行海棠，集山有樓，婆娑有室，信步有亭，滌硯有渚。皆約略位置，規歲月緒成之，而主人初未之識也。繪圖畀予曰：「吾甚愛吾軒，為我記。」[30]

辛棄疾也寫〈新居上梁文〉，[31]淳熙九年，朱熹也過信上相會。淳熙十年，陳亮有書來，約秋後來訪，〈與辛幼安殿撰書〉：

---

30 見鄧廣銘輯校，辛更儒箋注：《辛稼軒詩文箋注》(上海：上海古籍出版社，1995年12月第1版)，頁267。

31 同上注，頁102。

……去年東陽一宗子來自玉山，具說辱見問甚詳，且言欲幸臨教之，孤陋日久，聞此不覺起立，雖未必真行，然此意亦非今之君子所能發也。感甚不可言。……亮頑鈍，浸已老矣，面目稜層，氣象彫落，平生所謂學者，又皆掃蕩無餘，但時見故舊則能大笑而已。其為無足賴，曉然甚明，真不足置齒牙者。獨念世道日以艱難，識此香氣者，不但人摧敗之，天亦僵仆之殆盡。四海所係望者，東序惟元晦，西序惟公與子師耳。又覺戛戛然若不相入，甚思無個伯恭在中間撋就也，天地陰陽之運，闔闢往來之機，患人無毒眼精硬肩胛頭耳。長江大河一瀉千里，不足多怪也。

前年曾訪子師於和平山間，今亦甚念，走上饒，因入崇安。但既作百姓，當此田蠶時節，只得那過秋杪。始聞作室甚宏麗，傳到〈上梁文〉，可想而知也。見元晦曾入去看，以為耳目所未曾睹，此老言必不妄。去年亮亦起數間，大有鷦鷯肖鯤鵬之意，較短量長，未堪奴僕命也。又聞往往寄詞與錢仲耕，豈不能以一紙見分乎？（卷二十一）

陳亮信中提到辛棄疾曾向人打聽他的近況，甚至想來拜訪，雖未成行，但陳亮很感動。也提到朱熹在淳熙九年訪辛棄疾後，告訴陳亮，辛棄疾「作室甚宏麗」。陳亮約定秋後專程去江西拜訪。可惜陳亮並沒有來訪。

### （四）淳熙十五年兩人有鵝湖之會

淳熙十五年，「高宗崩，金遣使來弔，簡慢，而光宗由潛邸判臨安府，亮感孝宗之知，至金陵，視形勢，復上書。」（《宋史・陳亮傳》）。自從宋金「隆興和議」二十五年以來，文恬武嬉，加上孝宗即將退位，庸懦的光宗即將即位，主戰派的前景十分黯淡。陳亮對此很不滿意，他親自上建康勘察地形，這年四月赴臨安，〈戊申再上孝宗書〉，期望孝宗能復祖先之仇，力圖恢復，並「用其喜怒哀樂愛怨之權以鼓動天下」，以民族大義激勵民心，實際採抗金舉動。無奈孝宗已失恢復心志。只想內禪，陳亮的建議不僅不聽，反而引起「在廷交怒，以爲怪狂。」（《宋史・陳亮傳》）他在臨安留了二十多日，只得返回故鄉。

淳熙十四年，朝廷命隱居江西的辛棄疾主管沖佑觀[32]，顯示有再度起用之意。張端義《貴耳集》云：

王丞相欲進擬辛幼安除一帥，周益公堅不肯，王問益公曰：「幼安帥材，何不用之？」益公云：「不然，凡幼安所殺人命，在我輩執筆者當之。」王遂不復言。[33]

〈宋故少師大觀左丞相魯國王公神道碑〉云：

辛棄疾有功，而人多言其難駕御。公言此等緩急有用。上即畀祠官。[34]

左相王淮想起用辛棄疾，但周必大反對，所以改主管沖佑觀。淳熙十五年，奏邸又傳出稼軒以病掛冠，所以稼軒詞〈沁園春〉題云：戊申歲，奏邸忽騰報，謂余以病掛冠，因賦此。

老子平生，笑盡人間，兒女怨恩。況白頭能幾，定應獨往；清雲得意，見說長存。抖擻衣冠，憐渠無恙，合掛當年神武門。都如夢；算能爭幾許，雞曉鐘昏。　此心無有親冤，況抱甕、年來自灌園。但淒涼顧影，頻悲往事；殷勤對佛，欲問前因。卻怕青山，也妨賢路，休鬥尊前見在身。山中友，試高吟楚些，重與招魂。（卷二）

鄭騫先生解釋：

奏邸騰報，蓋出於嫉視者之中傷，其意實願稼軒辭職為快，此稼軒之所以終難曠達，而有淒涼顧影數句。[35]

隱居在上饒的辛棄疾，因嫉妒者的中傷，對仕途很灰心。剛好秋天，陳亮從東陽來訪辛棄疾，並停留十天。

辛棄疾罷官以後，先在上饒帶湖營造住家，四、五年後，他「訪泉於奇師村，得周氏泉」，他喜歡這一帶的「飛流萬壑，共千巖爭秀」的景致，故「便此地，結吾廬」（〈洞仙歌〉卷二）《鉛山縣志》云：「瓢

---

32 見鄭騫：《辛稼軒先生年譜》（臺北：華世出版社，1977 年 1 月補訂 1 版），頁 86。

33 宋．張端義撰：《貴耳集》，見《景印文淵閣四庫全書》，冊八六五，頁 454。

34 楊萬里：《誠齋集》，見《景印文淵閣四庫全書》，冊一一六一，頁 546。

35 鄭騫：《稼軒詞校注》（北京：燕京大學中文系，1940 年出版），卷四。

泉在縣東二十五里，其一規圓如臼，其一直規如瓢，……其水澄渟清澈可鑒。」（卷三）辛棄疾在這裡蓋了一新居，並改周氏泉爲瓢泉，作〈水龍吟〉：

稼軒何必長貧，放泉簷外瓊珠瀉。樂天知命，古來誰會，行藏用舍。人不堪憂，一瓢自樂，賢哉回也。料當年曾問：『飯蔬飲水，何為是、栖栖者？』（卷二）

距瓢泉西北方有一座山，名鵝湖山，山上有湖，山麓有鵝湖寺，寺前長松夾道，蒼翠十里。辛棄疾有〈鷓鴣天〉鵝湖寺道中：

一榻清風殿影涼，涓涓流水響迴廊，千章雲木鉤輈叫，十里溪風穲稏香。（卷二）

辛棄疾與陳亮此次見面的目的是共商抗金北伐之事，他們也邀朱熹前往贛閩交界的紫溪，談論恢復大計。朱熹曾說：「今日所當爲者，非戰無以復仇，非守無以制勝。」[36]但他又寫信說：「奉告老兄：且莫相攛掇……古往今來，多少聖賢豪傑，韞經綸事業不得做，只恁麼死了底何限。」[37]與辛、陳的意向不同，終未能前來。

辛棄疾與陳亮同游十日，兩位豪傑促膝長談，「憩鵝湖之清陰，酌瓢泉而共飲。長歌相答，極論世事。」[38]等陳亮走後十日，辛棄疾又追蹤而去，想再度挽留，然而受阻於雪，只好投宿於吳氏泉湖四望樓，耳中聽到悲鳴的笛聲，寫下〈賀新郎〉陳同甫自東陽來過余，留十日，與之同遊鵝湖，且會朱晦庵於紫溪，不至，飄然東歸。既別之明日，余意中殊戀戀，復欲追路，至鷺鷥林，則雪深泥滑，不得前矣。獨飲方村，悵然久之，頗恨挽留之不遂也。夜半投宿吳氏泉湖四望樓，聞鄰笛悲甚，為賦〈乳燕飛〉以見意。又五日，同甫書來索詞，心所同然者如此，可發千里一笑：

把酒長亭說。看淵明、風流酷似，臥龍諸葛。何處飛來林間鵲，蹙踏松梢殘雪。要破帽、多添華髮。剩水殘山無態度，被疏梅、

---

36 明．陳邦瞻增輯：《宋史記事本末．陳亮恢復之議條末》（上海：上海古籍出版社，1994 年 7 月第 1 次印刷），頁 238。

37 朱熹：《朱子文集》，見《叢書集成新編》（臺北：新文豐出版公司，1985 年初版），冊七四，頁 236。

38 同注三十，〈祭陳同父文〉，頁 123。

料理成風月。兩三鴈，也蕭瑟。　　佳人重約還輕別。悵清江、天寒不渡，水深冰合。路斷車輪生四角，此地行人銷骨。問誰使、君來愁絕。鑄就而今相思錯，料當初、費盡人間鐵。長夜笛，莫吹裂。（卷二）

辛棄疾已經罷職歸田七個年頭了，起先生活是「醉舞狂歌欲倒」（〈水調歌頭〉湯朝美司諫見和，用韻為謝。卷二），投閒置散的生活令人苦悶，加上生活磨練使他正視現實，「百煉都成繞指」（〈水調歌頭〉再用韻答李子永提幹，卷二），但愛國的情操仍是不變。「平生塞北江南，歸來華髮蒼顏。布被秋宵夢覺，眼前萬里江山。」（〈清平樂〉獨宿博山王氏庵。卷二）現在陳亮來訪，陳亮雖幾經挫折，卻雄心依舊，壯志如昔，他的身世像陶潛，抱負更像以「世事爲己任」的諸葛亮。辛棄疾認爲把陳亮比喻爲入世的諸葛亮更恰當。因爲陳亮的拜訪，讓他重新思考人生方向。他贊美只有像陳亮這壯士在，才能使「剩水殘山無態度，被疏梅、料理成風月。」破碎山河能重建，恢復生氣。可惜的人是這種人太少了。「兩三鴈，也蕭瑟。」

下片寫陳亮走後，自己依依的心情，「天寒不渡」、「行人銷骨」，都是懷念的意緒。最後寫對當權者偷安誤國的痛心。

陳亮見到詞後，隨即步原韻和一首〈賀新郎〉寄辛幼安和見懷韻：

老去憑誰說，看幾番神奇臭腐，夏裘冬葛。父老長安今餘歲，後死無讎可雪。猶未燥當時生髮。二十五弦多少恨，算世間那有平分月。胡婦弄，漢宮瑟。　　樹猶如此堪重別。只使君從來與我，話頭多合。行矣置之無足問，誰換妍皮癡古。但莫使伯牙弦絕。九轉丹砂牢拾取，管精金只是尋常鐵。龍共虎，應聲裂。（卷十七）

陳亮在詞中直接指責世事，南渡來老一輩的父老越來越少，抗金不能再拖下去，年輕一輩的，以爲「無讎可雪」。他深憂偏安局勢。下片寫明兩人襟懷一致，情感相投。自己「癡人」的意志，誰也不能改變。

辛棄疾得到詞後，又塡一首〈賀新郎〉同父見和再用韻答之：

老大那堪說。似而今、元龍臭味，孟公瓜葛。我病君來高歌飲，驚散樓頭飛雪。笑富貴千鈞如髮。硬語盤空誰來聽。記當時、只有西窗月。重進酒，換鳴瑟。　事無兩樣人心別。問渠儂：神州畢竟，幾番離合？汗血鹽車無人顧，千里空收駿骨。正目斷、關河路絕。我最憐君中宵舞，道男兒、到死心如鐵。看試手，補天裂。（卷二）

陳亮的信點燃辛棄疾隱居消沈的心，這首詞情調比前一首激昂，他回應陳亮的情感，「似而今、元龍臭味，孟公瓜葛。」再強調彼此之間的情感，共同的理念，抗金統一的目標。

陳亮和同韻寫〈賀新郎〉酬辛幼安再用韻見寄云：

離亂從頭說。愛吾民，金繒不愛，蔓藤纍葛。壯氣盡消人脆好，冠蓋陰山觀雪。虧殺我，一星星髮。涕出女吳成倒轉，問魯為齊若何年月。丘也幸，由之瑟。　斬新換出旗麾別，把當時，一椿大義，拆開收合，據地一呼吾往矣，萬底搖肢動骨。這話欛，只成癡絕。天地洪爐誰鞴？算於中安得長堅鐵。淝水破，關東裂。（卷十七）

這首詞是批評時局，他期望南宋應該「據地一呼」，大顯神威，就能成就如東晉淝水破敵的雄威氣勢。

淳熙十六年[39]，陳亮曾感慨的再用〈賀新郎〉懷辛幼安，用前韻。

話殺渾閑說，不成教，齊民也解，為伊為葛。尊酒相逢成二老，卻憶去年風雪。新著了幾莖華髮。百世尋人猶接踵，嘆只今、兩地三人月。寫舊恨，向誰瑟。　男兒何用傷離別。況古來，幾番際會，風從雲合。千里情親長晤對，妙體本心次骨。臥百尺高樓斗絕。天下適安耕且老，看買犁賣劍平家鐵。壯士淚，肺肝裂。（卷十七）

陳亮感嘆兩人情誼，「百世尋人猶接踵，嘆只今，兩地三人月。」雖然兩人分離，但精神互相支持，「千里情親長晤對，妙體本心次骨」充分表現雖遠隔千里，但天涯若比鄰，相知相慕之深。

辛、陳唱和的詞，既是同一詞調、同一韻腳、同樣豪情壯志、思

39 見姜書閣：《陳龍川詞箋注》（北京：人民出版社，1980年9月初版），頁57。

想內容。雖然鵝湖之會沒有達成預期的效果，但在詞史確是壯舉，兩人的友情感人，而且日益增加。

之後辛棄疾也寫〈破陣子〉為陳同甫賦壯詞以記之：

醉裏挑燈看劍，夢回吹角連營。八百里分麾下炙，五十弦翻塞外聲。沙場秋點兵。　馬作的盧飛快，弓如霹靂弦驚。了卻君王天下事，贏得生前身後名。可憐白髮生。（卷二）

情感激烈而轉折，理想與現實的掙扎，結句是憂國傷時不盡的悲涼。

## （五）閩浙相望，音問未絕

陳亮和辛棄及分別以後，紹熙二年，陳亮〈與章德茂侍郎書〉：「朱元晦、辛幼安相念甚至，無時不相聞。」（卷十九）紹熙三年，辛棄疾赴福建提點刑獄任。兩人仍有密切的往來，辛棄疾云：「閩浙相望，音問未絕」。[40]

紹熙四年，辛棄疾曾會晤陳亮於浙東。在陳亮〈信州永豐縣社壇記〉云：

吾友潘友文文叔之作永豐也，稼軒辛幼安以為文叔愛其民如古循吏，而諸公猶詰其驗，幼安以為「以為役法之弊，民不可受役，至破家而不顧。永豐之民往往乞及今令在時就役，是孰使之然哉。」（卷十六）

《澗泉集・送陳同甫赴省詩》：

四海平生幾過從，晚向閩山訪晦翁。又見稼軒趨召節，卻隨舉子赴南宮。[41]

據鄧撰辛譜：韓氏詩題下原注云：「癸丑正月十六日。」據知稼軒於此次應召途中，必曾於浙東與陳氏相會晤。其向陳氏盛稱潘友文政績，亦必此時事。[42]

這年陳亮舉進士第一，授建康軍節度判官廳公事。次年未至官，

40 同注三十，〈祭陳同父文〉，頁 123。
41 宋・韓淲：《澗泉集》，見《景印文淵閣四庫全書》，冊一一八〇，頁 763。
42 同注二，頁 751。

秋前即卒，[43]葬於家側龍窟馬舖山。[44]辛棄疾仍在福建安撫使任上，有〈祭陳同父文〉：

> 閩、浙相望，音問未絕，子胡一病遽與我訣。嗚呼同甫，而止是耶。而今而後，欲與同甫憩鵝湖之清陰，濯瓢泉而共飲，長歌相答，極論世事，可復得耶。千里寓詞，知悲之無益而涕不能已，嗚呼同父，尚或臨監之否。[45]

又〈祭陳同甫文〉：「行年五十，猶一布衣。……人皆欲殺，我獨憐才。……蓋至是而世未知同甫者，亦信為天下之偉人。」(《陳亮集》附錄）兩人深厚的情誼是一段佳話。

## 二、構成兩人深厚情誼之因素

辛棄疾有將相之才，有英雄之慨，有豪情，有壯志，卻遇到昏君佞臣，還有萎靡的時代風氣。他請纓無門，報國無由，「卻將萬字平戎策，換得東家種樹書。」(〈鷓鴣天〉有客慨然談功名，因追念少時事戲作卷一）他的無奈，有志不得申，一遇到「人中之龍，文中之虎。」(〈自贊〉卷十）一生布衣的陳亮「六達帝廷，上恢復中原之策；兩譏宰相，無輔佐上聖之能。」(卷十八）可謂志同道合，同病相憐，因此對陳亮懷有深厚感情。構成兩人交誼的因素：

### （一）兩人個性相似

#### 1. 辛棄疾勇猛果敢、陳亮豪邁

《宋史·辛棄疾傳》說：「棄疾豪爽，尙氣節，識拔英俊。」黃榦讚他為：「果毅之姿，剛大之氣，真一世之雄也。」[46]他英勇的事跡為：

（甲）勇擒義端：將義端頭、印帶回繳命，並奉耿京命到建康進謁勞軍的宋高宗，授天平節度掌書記。

（乙）怒斬張安國：辛棄疾返回北方獲悉張安國殺耿京降金，便

---

43 同注二，頁 754。
44 同注二十八，頁 434。
45 同注三十，頁 122。
46 黃榦：《勉齋集》，見《景印文淵閣四庫全書》，冊一一六八，卷四，頁 53。

親擒張安國，直逃回南宋，將他斬首示眾。

（丙）平劇盜賴文政：宋孝宗接受葉衡的建議，要辛棄疾「節制諸軍，討捕茶寇。」（孝宗本紀）辛棄疾便在三個月內，平定茶亂。

（丁）創飛虎營：雷厲風行的作風和超群絕倫的才幹機智，引起「樞府有不樂之者，數阻撓之。」（《宋史·辛棄疾傳》）並由樞密院降「御前金字牌」，命令他停止興建工程。但他如期完成。

（戊）隆興賑災：下令「閉糴者配，搶糴者斬」。並把官錢無息借貸給可靠的人到外地購糧，限月內運到境內販賣，繳回欠賬。因此一月內糧價大跌。

（己）在福建任內「厲威嚴，以法治下」，起浙東時，奏請對貪官要「嚴加察劾，必罰無赦。」

陳亮的個性是「爲人才氣豪邁，喜談兵，議論風生。」（《宋史·陳亮傳》）「不自愛重，猖狂妄行，鄉里所不齒。口有嘮噪，見人說得不切事情，便喊一聲。」（〈甲辰答朱元晦書〉卷二十）辛棄疾稱他「平蓋萬夫」，[47]「慨然有經略四方之志。酒酣，語及陳元龍周公瑾故事，則抵掌叫呼以爲樂。」（〈中興五論後記〉卷二）他主張廢除和議，批評當日學士大夫「養安如故，無趨事赴功之念，復讎報恥之心。」（〈中興論〉卷二）

陳亮豪放的個性，他最尊敬李白，「寥寥數百年間，揚鞭獨步，無所起敬起慕者，有太白一人而已。」（〈謫仙歌序〉卷十七）所以他寫〈謫仙歌〉：

> 豈特文章為足法，懍懍氣節安可移，金鑾殿上一篇頌，沈香亭裏行樂詞，此特太白細事耳，他人所知吾亦知。脫靴奴使高力士，辭官妾視楊貴妃，此真太白大節處，他人不知吾亦知。（卷十七）

讚揚李白奔放的天才，他不拘小節處。所以他對南宋理學家「克己復禮」，無法接受。「平時杯酒之戲，親舊聚首，開口一笑，故聖人所不禁，率以爲常。」（〈復喻謙父〉卷二一）他主張恢復，南宋的政界，

---

47 同注三十，頁 122。

不喜歡他。他與辛棄疾個性相同、聲氣相通。

**2．兩人都重氣節**

《稼軒詞》甲集范開序：

公一世之豪以氣節自負，以功業自許，方將斂藏其用以事清曠，果何意於歌詞哉，直陶寫之具耳。48

辛棄疾南歸，終生主戰，都能表現他的氣節。韓侂胄嚴禁僞學時，在慶元六年（1200年）朱熹去世，消息傳到鉛山，辛棄疾極爲哀傷，寫〈感皇恩〉讀莊子，聞朱晦庵即世：

案上數編書，非莊即老。會說忘言始知道，萬言千句，不自能忘堪笑。今朝梅雨霽，青天好。　　一壑一丘，輕衫短帽，白髮多時故人少。子雲何在，應有玄經遺草。江河流日夜，何時了。（卷四）

由於當時僞學禁方嚴，門生故舊至無送葬者　，但辛棄疾親自祭弔有祭文曰：「所不朽者，垂萬世名。孰謂公死，凜凜如生。」（《宋史・辛棄疾傳》）可見辛棄疾不畏權勢的氣節。

陳亮一生幾乎活在窮困中，他二十三歲結婚，那年生母過世，死時僅三十七歲。陳亮因貧無法爲母舉行喪禮，遂將靈柩停在一邊，其父又因事在獄，其祖父母此時都已逾六十多歲，因憂思成疾，在乾道三年（1167），相繼亡故。妻子何氏只好被接回娘家，他四出營救其父，家裡只剩其小妹及一名婢女守三具待葬的靈柩。多年後他在〈祭妹文〉49曾回憶此事，倍覺淒涼。

陳亮又在〈錢叔因墓誌銘〉說：「壬辰（乾道八年1172）癸巳（乾道九年）之間，而貧日甚。」（卷二十八）孝宗乾道九年，陳亮父卒，陳亮在〈先考移靈文〉：「葬不克自力，乃從人貸錢以葬。……求錢以償其負，因得竊衣食以苟旦暮之活，至避宅以舍之。」（卷二十三）父死不

48 同注二，頁596。

49 同注三，見《陳亮集・祭妹文》，「比我年二十有，而我母以盛年棄諸孤而去，未終喪而吾父以罥罣困於囚繫，我王父王母憂思成疾，相次遂皆不起。三喪在殯而我奔走以救生者，我妻生長富室，罹此奇禍，其家竟取以歸，……，歸獨汝（妹）與一婢守此三喪。」頁385。

能舉葬，從人借貸，墳墓未乾又得移靈他處，以供教學之用。淳熙十二年，陳亮四十三歲，〈與王季海丞相淮〉書云：「入春以來，貧病交攻，更無一日好況。」（卷十九）

雖然陳亮窮困，淳熙五年陳亮曾上皇帝三書，上第一書書奏，孝宗赫然震動，欲榜朝堂，以勵群臣。用種放故事，召令上殿，將擢用之。左右大臣，莫知所爲。惟曾覿知之。將見亮；亮恥之，踰垣而逃。這是他不攀權貴的氣節。使得曾覿不悅。大臣也厭惡他的直言無諱，交沮之。再詣闕上第三書，帝想給他官做，陳亮說：「吾欲爲社稷開數百年之基，寧用以博一官乎？」亟渡江而歸。（《宋史·陳亮傳》）充分的表現他的氣節，他雖然窮困至極，但上書關心國事，並非謀一官半職。

呂祖謙講學明招，陳亮與之過從，廣漢張栻，亦常相往來，互究所學。獨於朱熹，因其炙手可熱，反而不願趨附。他在〈錢叔因墓誌銘〉：

> 新安朱熹元晦講之武夷，而強立不反，其說遂以行而不可遏止。齒牙所至，嘘哭吹生，天下之學士大夫賢不肖往往繫其意之向背。雖心誠不樂，而亦陽相應和。若余非不願附，而第其品級，不能高也。（卷二十八）

陳亮的氣節，是「雖屢遭刑獄，而百折不回饒有銅肝鐵膽、唾手成功之志，所謂真英雄、真豪傑、真義士、真理學者，非其人耶？」[50]

### （二）遭遇相似

#### 1．兩人都由祖父撫養與引導

辛棄疾出生在仕宦家庭，始祖維業當過大理評事，高祖師古官至儒林郎；曾祖寂曾任賓州司戶參軍，祖父贊官金人朝散大夫，父親文郁贈中散大夫。他祖父當宋室南渡時，因爲族眾，未能脫身，遂仕於金。所以〈美芹十論劄子〉有「臣之家世，受廛濟南，代膺閫寄，荷國厚恩。大父臣贊以族眾拙於脫身，被汙虜官，留京師」，但「每退食，輒引臣輩登高望遠，指畫江山，思投釁而起，以紓君父不共戴天之憤。」

---

50 同注三，頁 474。

[51]辛棄疾的民族意識是受到祖父的啓示與引導。

陳亮出生於一個抗金陣亡的家庭。他的曾祖父陳知元，在汴京保衛戰中，「隨大將劉延慶死於固子門外」，(〈告高曾祖文〉卷二十二)因爲他母親生他時方十四歲，撫養教育均賴祖父母。祖父母從小「鞠我而教以學，冀其必有立於斯世。」(〈告祖考文〉卷二十二)因此期望他能如狀元童汝能，所以少則名亮以「汝能」，而字以同甫。他的祖父「蓋嘗一躓於科舉，終其身以爲不足復事。」(〈送叔祖主筠州高安簿序〉卷十五)因此更是寄託所有希望在他身上。他家附近有座普明寺，他「少長往往多讀書山中」，(〈普明寺置田記〉卷十六)也曾從何子剛讀書，(〈祭何子剛文〉卷二十三)。所以辛棄疾、陳亮都經由祖父撫養並寄託厚望。

**2．兩人歷經科舉，卻未達報國途徑**

金人統治的北方，仍實行科舉考試。紹興二十三年，辛棄疾十四歲，領鄉薦。在紹興二十四年，二十七年，辛棄疾兩次有燕山之行，「嘗令臣兩隨計吏抵燕山，諦觀形勢。」一面觀察形勢，一方面參加科考。在紹興三十年，辛棄疾考中進士。[52]本可鴻圖大展，求得顯達，但是國仇家恨，又受到祖父的影響，決心到南方貢獻自己。

陳亮參加過五次科舉，可謂吃盡苦頭。紹興三十二年，客臨安，與呂伯恭同試漕臺。(〈甲辰答朱元晦〉卷二十)乾道五年，試禮部，未中。在〈祭妻叔文〉：

> 及冒薦於鄉，公喜特甚；翼折而歸，則以為事終在耳。(卷二十二)

又〈中興五論序〉：

> 今年春，隨試禮部，僥倖一中，庶幾俯伏殿陛，畢寫區區之忠，以徹天聽。有司以為不肖，竟從黜落，不得望清光以遂昔願。(卷二)

淳熙四年，陳亮三十五歲。又上禮部，不中。《林下偶談》云：

> 金華唐仲友字與正，博學工文，熟於度數。居與陳同甫為鄰，同甫雖工文，而以強辯使氣自負，度數非其所長。唐意輕之，而忌齊名盛。一日，唐為太學公試，故出禮記度數題以困之，

---

51 同注三十，頁1。
52 宋・徐夢莘：《三朝北盟會編》，見《景印文淵閣四庫全書》，冊三五二，頁472。

同甫技窮見黜。既揭榜，唐取陳卷示諸考官，咸笑其空疏，同甫深恨。[53]

陳亮〈戊戌上孝宗皇帝第三書〉也提到此事：

去年一發其狂論於小試之間，滿學之士，口語紛然，至騰謗以動朝路，數月而未已。而為之學官者，迄今進退未有據也。（卷一）

陳亮的好友呂東萊寫信來安慰：

試闈得失，本無足論，但深察得考官卻是無意，其間猶有誤認監魁卷子為吾兄者，亦可一笑。[54]

淳熙十四年春，陳亮四十五歲，因在太學的年資，升爲上舍。[55]當時太學有三舍考試，又外舍升爲內舍，內舍升入優、平二等，便可升爲上舍，上舍考試若爲上等，便授與官職，資格與進士同。[56]他參加上舍考試時，差點病死。〈與周丞相必大〉書云：

臨試一病狼狽，拖強魂入院，僅而不死，倉皇渡江，兄弟接之江頭，攜持抵家，更一月始能噉飯，一庶弟竟染病以死。更以妻孥番病，意緒惘惘。……蹉跎遂入晚景，技成無用，重以多病，度非久於人世者。（卷二十一）

書中表達個人遭遇禍患無窮，有懷才不遇之歎。可是這回不僅生病僅差不死，實狼狽已極，考試更遑論了。

直到光宗紹熙四年，陳亮五十一歲，這年才中進士。《林下偶談》云：

陳龍川自大理獄出赴省試。試出，過陳止齋，舉第一場義破，止齋曰：又休了。舉第二場勉強行道有大功論破云，天下豈有道外之功哉？止齋笑曰，出門便見哉。然此句卻有理。又第三場策起云，天下大事之所趨，天地鬼神不能易，而易之者人也。止齋曰，此番得了，既而果中選。[57]

---

53 見宋・吳氏：《林下偶談》，見《叢書集成新編》（臺北：新文豐出版公司，1985年初版），冊十二，頁 529。

54 同注十五，頁 712。

55 同注三，〈與周丞相必大〉，頁 319。

56 見陳青之：《中國教育史》（上海：上海書店，1991 年出版），頁 219。

57 同注五十二，頁 528。

陳亮在〈告高曾祖文〉：

紹熙癸丑之夏，天子親閱禮部進士於庭，拔一卷子於眾中，許以淵源而置之選首。折其號則亮也。（卷二十二）

當時光宗不朝重華宮，群臣進諫都不聽，甚至還想要「誅宦者，近習皆懼遂謀離間三宮。帝疑之，不能自解，……遂不朝壽皇。」[58]陳亮對策中有云：

陛下之於壽皇，蒞政二十有八年之間，寧有一政一事之不在聖懷，而問安視寢之餘，所以察詞而觀色，因此而得彼者，其端甚眾，亦既得其機要而見諸施行矣。豈徒一月四朝，而以為京邑之美觀也哉。（卷十一）

光宗得陳亮策大喜，「以爲善處父子之間，奏名第三，御筆親擢第一。既知爲亮，則大喜曰：「朕擢果不謬。」陳亮中狀元，洋溢歡欣，作家書：「我第一，滕昶第二，朱質第三，喬行簡第五。」並言：「數十年窮居畎畝，未諧豹變之懷，五千言上徹冕旒，誤中龍頭之選。」（卷十七）葉適〈龍川文集序〉云：

使同甫晚不登進士第，則世終以為狼疾人矣。[59]

陳亮是歷經科舉的慘敗者，他在〈戊戌上孝宗皇帝第二書〉，敘述當時科舉之氾濫：

場屋之士以十萬數，而文墨稍異，以足稱雄於其間矣。（卷一）

然而自己要借一第施行抱負，卻要等數十年，「行年五十，仍一布衣。」竟壯志未酬身先死，艱辛的考取進士，派官未上任便因病亡，沒有施展抱負，中進士，只是遮掩一身曾令人誤解的的行徑。

辛棄疾在金中進士，卻拋棄了大好前途，南渡期望投入南宋收復失土的行列，卻受主和派的排擠。他們都是滿懷壯志，卻懷才不遇，時不我與的悲劇人物。

**3．辛棄疾屢遭被彈劾，陳亮兩次入獄**

辛棄疾一生最大的挫折是不被重用。紹興三十二年江陰簽判，乾

---

58 同注十三，頁 4079。
59 同注二十八，頁 237。

道四年從七品的司農寺主簿，司農寺是掌管糧倉儲存和發放官吏祿米的官署，主簿是主管文書簿籍的小官吏。淳熙元年的倉部郎官，淳熙二年的江西提刑，淳熙三年的江西轉運判官，淳熙五年召爲大理少卿，從六品官，掌折獄、詳刑。不久出爲湖北轉運副使，六年的湖南轉運副使，掌一路財富並刺舉官吏。淳熙七年的江西安撫使等等。都與抗金沒有直接的關係。

他一生一共被彈劾七次，罪名不外是「姦貪兇暴」「用錢如泥沙，殺人如草芥」。第二次被彈劾是紹熙五年，「殘酷貪饕，姦贓狼藉」，第三次是紹熙五年七月，「敢爲貪酷，雖以黜責，未快公論。」第四第五次也不外是「酷虐裒斂」第六次被彈劾是「坐謬舉」，第七次是「好色貪財，淫行聚斂。」[60]

辛棄疾的一再被彈劾是跟整個大環境有關，南宋國勢衰頹，文人主政，不懂戰爭也不敢戰爭，只求活一天算一天的苟安。有誰想抗金掀起戰爭，必爲皇帝所壓抑，朝廷群起而攻之，終至罷官被貶，抑鬱而終。辛棄疾北方的個性使他寧鳴而死，不默而生。二十年的歸隱，七次的彈劾都是因他逆時代潮流，而不被見容。梁啓超說：

> 蓋歸正北人，驟躋通顯，已不為眾人所喜，而先生以磊落英多之姿，好談天下大略，又遇事負責任，與南朝士大夫泄沓柔靡風習，尤不相容。[61]

陳亮一生沒有做過官，卻有兩次下獄。他第一次下獄是在淳熙十一年春，因爲：

> 鄉人為讌會，末胡椒，特置同甫羹胾中，蓋村俚敬待異禮也。同坐者歸而暴死，疑食異味而有毒，已入大理獄矣。[62]

陳亮在〈陳春坊墓碑銘〉云：「因藥人之誣，就逮棘寺，更七八十日不得脫獄。」（卷二十八）「五月二十五日，亮方得離棘寺而歸。」這次災禍幸由辛棄疾「解援之甚至，亮遂得不死。」[63]

---

60 同注二十三，冊一〇三，黜降官十、十一、十二。
61 同注二十，頁 20。
62 同注二十八。
63 同注二十五，頁 661。

紹熙二年八月，陳亮二次入獄，他在〈喻夏卿墓誌銘〉云：

紹熙辛亥八月十有九日，余猶繫三衢獄中。（卷二十八）

又在〈與章德茂侍郎書〉云：

最是八月二十三日，因囚繫囹圄中。（卷十九）

這次牢獄之災，「眾意必死，少卿鄭汝諧閱其單詞，大意曰：『此天下奇才國家若無罪而殺士，上干天和，下傷國脈矣。』力言於光宗，遂得免。」（《宋史・陳亮傳》）淳、紹之間的獄事，拖了近十年，「甲辰之春，余亦顛倒於禍患，凡十年，而世亦無察其始末者。」（〈錢叔因墓碣銘〉卷二十八）他完全脫罪是在紹熙三年二月。[64]

陳亮出獄後有〈謝葛知院啓〉：「醞在當時，合成奇禍。重以當塗之立意，加之眾怨之鑿空。……遂煩詔獄之興。」（卷十八）又在〈謝陳同知啓〉：「至遭毒手，蓋坐客盡知其爲冤。第以當路之見憎，況復旁觀之共謗。怨家白撰於其外，獄吏文致於其中。」（卷十八）

可見這次下獄是「第以當路之見憎，況復旁觀之共謗」，跟政治有關。他曾說：「亮之生於斯世也，如木出於嵌岩嶔崎之間，奇蹇艱澀，蓋未以常理論。而人力又從而掩蓋磨滅之。」因爲他的主張恢復抗金，政治界的人討厭他；因他反理學，學界的人也厭惡他。葉適所言：「竟用空言羅織其罪。」[65]

辛棄疾與陳亮都是屢經挫折，故同病相憐。因此陳亮兩次下獄，雖辛棄疾雖已經隱居上饒，仍不遺餘力拯救之。[66]

### （三）兩人政治觀念相同

南宋自從宋金和議後，每年向金進貢二十五萬兩銀和二十五萬匹絹。並以叔侄相稱。朝廷中大都是苟且偷生，貪圖逸樂。辛棄疾與陳亮都是積極主戰派。陳亮曾在太學，當時的太學生「具有強烈的政治意識，包括公開議論朝政，臧否高級官員，罷課等等，不一而足。」[67]

---

64 同注三，〈喻夏卿墓誌銘〉，頁 419。
65 同注二十八，頁 237。
66 同注十六，頁 71。童振福《陳亮年譜》：「此可見紹熙之獄，辛棄疾曾力援之也。」
67 見李弘棋：《宋代官學教育與科舉》（臺北：聯經出版事業公司，1994 年 6 月初版），頁 73。

陳亮「自少有驅馳四方之志，常欲求天下豪傑之士，而與之論今日之計。」(卷一)到五十一歲〈及第謝恩詩〉仍高唱:「復讎自是平生志，勿謂儒臣鬢髮蒼。」(卷十七)遇到辛棄疾以復仇爲職志者，政治理念相同當然一拍即合。他們共通的是：

**1.把統一天下的希望寄託在皇帝身上：**

在隆興元年辛棄疾受北伐的鼓舞，進「論阻江危險須藉兩淮疏」，又接著上「議練民兵守淮疏」以補前疏未盡之言。從這疏文可見辛棄疾爲南宋政府策畫以柔克剛，以弱擊強的游擊戰。但因隆興和議，被擱置。乾道元年上〈美芹十論〉，前三論審勢、察情、觀釁，剖析金人的弱點，後三論建議朝廷對準備工作的作法與步驟。這時辛棄疾是江陰簽判，三年任滿，以後三年他的行蹤無記錄。可見也不是太受重視。

紹熙四年，辛棄疾被召入朝，論奏〈荊襄上流爲東南重地〉：

> 自江以北，取襄陽諸郡，合荊南為一路，置一大帥以居之，使壤地相接，形勢不分，首尾相應，專任荊襄之責；自江以南，取辰、沅、靖、澧、常德合鄂州一路，置一大帥以居之，使上屬江陵，下連江州，樓艦相望，東西聯亙。68

他還說「願陛下居安思危，任賢使能，修車馬，備器械，使國家有屹然金湯萬里之固，天下幸甚，社稷幸甚。」這些主張與南宋那些因循苟安的政策相悖，官員們認爲多一事不如少一事，當然不會接納。

陳亮在乾道五年，獻中興五論，批評當日士大夫「養安如故，無趨事赴功之念，復讎報恥之心。……玩故習常，勢流於此而不自知也。」(卷一)，建議「徙都建業，築行宮於武昌。」(卷一)然而書上不報。

淳熙五年(1178)陳亮〈上孝宗皇帝第一書〉批評主和派的人：

> 備百司庶府以講禮樂於其中，其風俗固以華靡；士大夫又從而治園囿臺榭以樂其生於干戈之餘，上下宴安，而錢塘為樂國矣。(卷一)

他積極的主張戰爭收復失土，重申復仇大志又云：

> 南師之不出，於今幾年矣。河洛腥羶，而天地之正氣抑鬱而不

---

68 同注三十，頁56。

得泄，豈以堂堂中國，而五十年之間無一豪傑之能自奮哉！陛下厲志復讎，足以對天命；篤於仁愛，足以結民心。……今乃驅委庸人，籠絡小儒，以遷延大有為之歲月，臣不勝憤悱。（卷一）

陳亮上皇帝第一書因大臣交沮之，他待命未有聞也，又再〈上孝宗皇帝第二書〉，批判「江南不可保」的誤國謬論，激勵鼓吹進取中原的勇氣。又有都堂審察之命，宰相臨以上旨，問所欲言，皆落落不少貶。又不合。同時還待命十日，再上第三書：

國家維持之具，至今日而窮，而藝祖皇帝經畫天下之大指，猶可恃以長久，苟推原其意而變通之，則恢復不足為矣。然而變通之道有三，有可以遷延數十年之策，有可以為百五六十年之計，也有可以復開數百年之基。（卷一）

陳亮上三書，洋洋近萬言，指出當日學界與政界的萎靡之風，無以統一天下，謀國圖強的決心。他的慷慨陳詞卻因朝廷大臣的阻撓，徒勞無功。淳熙十五年，歲在戊申，他又再次上書，反覆論述：

江南之不必憂，和議之不必守，虜人之不足畏，而書生之論不足憑。……臣嘗疑書冊不足憑，故嘗一到京口、建業，登高四望，深識天地設險之意，而古今之論為未盡也。京口連岡三面，而大江橫陳，江傍極目千里，其勢大略如虎之出穴，而若非穴之藏虎也。……天豈使南方自限於一江之表，而不使與中國而為一哉？（卷一）

他再三分析，以爲恢復大業，「如長江大河，一瀉千里，得非常之人以共之，則電掃六合，非難至之事。」雖然孝宗見了他的上書，赫然震動，但爲大臣所沮，又是徒然無功。

辛棄疾和陳亮的上書都得不到該有的回應。

**2．把抗金統一寄託在朝臣上：**

辛棄疾以〈美芹十論〉獻給皇帝沒有立時的效用，乾道五年（1169），再上〈九議〉、〈應問〉三篇給丞相虞允文，其中〈應問〉失傳。除重申以前的主張，還要他延攬人才，共商恢復大計。爲戰應有通盤計畫，等候時機，復國強兵，待大軍渡淮後再遷都建業，以鼓舞民心。

凡戰之道主乎勝而勝敗之數不可必。……故曰一勝一負，兵家之常。……不能忍則不足以任敗，不任敗則不足以成事，故曰能任敗。

辛棄疾進十論距符離之敗才二年，上九議才七年。執政者對失敗的恐懼猶在，所以他的建議都被擱置。辛棄疾〈洞仙歌〉壽葉丞相：

遙知宣勸處，東閣華燈，別賜仙韶接元夜。問天上，幾多春，只似人間，但長見、精神如畫。好都取山河獻君王，看父子貂蟬，玉京迎駕。（卷一）

鼓勵葉衡利用職權，招天下賢士，收復河山，然後在汴京迎接皇帝。他鼓勵史致道〈滿江紅〉建康史帥致道席上賦：「袖裏珍奇光五色，他年要補天西北。且歸來，談笑護長江，波澄碧。」（卷一）藉女媧補天故事，勉史致道驅逐敵人，收復失土。在〈水龍吟〉甲辰壽韓南澗尚書：

渡江天馬南來，幾人真是經綸手。長安父老，新亭風景，可憐依舊。夷甫諸人，神州沈陸，幾曾回首。算平戎萬里，功名本是，真儒事，公知否。（卷二）

嚴加指責投降主和派的罪行，把他們比作晉朝「神州沈陸」也不回首一顧的王夷甫，致使國家滅亡。

陳亮也寫信朝中大臣，力挽狂瀾，如寫給葉衡，說出他對時局的期望：

大概國家之勢未張而庸人之論方勝，五十載痛憤之仇未報而二十年為備之說方出。文士既不識兵，武夫又怯於臨敵，大概皆欲委之而為說以濟其妄而已。此功名之事，儒者以為難而有志者所同歎也。以今日堂堂中國之大，聖天子之明，若能與協力整齊五年，使民力稍蘇。（卷二十一）

在淳熙十三年（1186），章森奉命使金賀金世宗完顏雍生辰，陳亮寫〈水調歌頭〉送章德茂大卿使虜：

不見南師久，謾說北群空。當場隻手，畢竟還我萬夫雄。自笑堂堂漢使，得似洋洋河水，依舊只流東。且復穹廬拜，會向藁街逢。　堯之都，舜之壤，禹之風。於中應有，一個半個恥臣戎。萬里腥羶如許，千古英靈安在？磅礴幾時通！胡運何須問，赫日自當中。(卷十七)

無恥小人只知苟安，不以向金人屈膝求和爲恥。再也不見北伐的南師，所以「萬里腥羶如許，千古英靈安在」。又〈與章德茂侍郎書〉云：

主上有北向爭天下之志，而群臣不足以望清光。使此恨磊塊而未釋，庸非天下士之恥乎！世之知此恥者少矣。願侍郎為君父自厚，為四海自振。(卷十九)

又在〈賀新郎〉同劉元實，唐與正陪葉丞相飲云：「舉目江河休感涕，念有君如此何愁虜。」(卷十七)對抗金名將韓世宗之子，陳亮也說：「曾洗乾坤，問何事雄圖頓屈？試著眼階除當下，又添英物。」期望他扛起抗金重任：「諸老盡，郎君出。恩未報，家何恤。」(卷十七)又對出使金的丘宗卿說：「對遺民，有如皎日，行萬里，依然故物。入奏幾策，天下裏，終定于一。」(〈三部樂〉卷十七)期許他出使後入朝，當向皇帝獻策，力陳恢復之議，天下將能統一。對呂祖謙、王道甫等人，同樣「心肝吐盡無餘事」(〈鷓鴣天〉卷十七)，也多次用詞激勵他們。就是連志同道不合的朱熹，現在有存留三首爲朱熹寫的壽詞，如〈洞仙歌〉丁未壽朱元晦：

秋容一洗，不受凡塵涴，許大乾坤這回大。向上頭些子，是鵰鶚搏空，籬底下，只有黃花幾朵。(卷十七)

期望朱熹到抗金的廣闊天地裏，「向上頭些子」，不要只著眼在籬笆下的幾朵菊花。

**3．兩人的詠物、寫景詞也是有政治思想：**

辛棄疾有名的〈水龍吟〉登建康賞心亭：「遙岑遠目，獻愁供恨，玉簪螺髻。落日樓頭，斷鴻聲裏，江南遊子。把吳鉤看了，欄杆拍遍，無人會，登臨意。」(卷一)江山淪陷，觸景傷情，然而這樣的心情，不是主和派所能瞭解的。〈菩薩蠻〉江西造口壁：

鬱孤臺下清江水，中間多少行人淚。西北望長安，可憐無數山。　青山遮不住，畢竟東流去。江晚正愁余，山深聞鷓鴣。(卷一)

眼見鬱孤臺下的贛江水，想到金人追隆祐太后的往事，江中可能仍有逃難者的淚水，淪陷區仍未收復心情何等沈痛。又有〈永遇樂〉京口北固亭懷古，及〈南鄉子〉登京口北固亭有懷：

何處望神州？滿眼風光北固樓。千古興亡多少事，悠悠。不盡長江滾滾流。　　年少萬兜鍪，坐斷東南戰未休。天下英雄誰敵手，曹劉。生子當如孫仲謀。（卷五）

登北固樓想神州何處，回想歷史故事，真該生子如孫權少年英俊，而非劉琮懦弱無能。心中遺憾南宋竟沒有像孫權這般能打倒侵略者的英雄。

又〈生查子〉題京口郡治塵表亭：

悠悠萬事功，矻矻當年苦。魚自入深淵，人自居平土。　　紅日又西沈，白浪長東去。不是望金山，我自思量禹。（卷五）

辛棄疾在簡短幾筆中，鉤出他嚮往的世界。渴望有大禹這樣的明主來重整河山，解民之苦。使魚歸淵，人居土的安定局面。

陳亮也常在登臨、寫景中表達自己的政治理念，如〈念奴嬌〉登多景樓：

危樓還望，歎此意，今古幾人曾會。鬼設神施，渾認作，天限南疆北界，一水橫陳，連岡三面，做出爭雄勢，六朝何事。只成門戶私計。　　因笑王謝諸人，登高懷遠，也學英雄涕。憑卻江山管不到，河洛腥羶無際，正好長驅，不須反顧，尋取中流誓。小兒破賊，勢成寧問彊對。（卷十七）

宋詞寫多景樓作品極多，但極少以戰略進攻來填詞的。此詞勁氣直達，大開大闔，強調京口、建業一帶，形勢險峻足以與金人對抗。然而朝廷大臣只會牛衣對泣，陳亮嘲諷投降派的苟且偷安，只會登高流淚，沒有實際的反金行動。

陳亮也把上皇帝書中的內容融入〈念奴嬌〉至金陵：

江南春色，算來是，多少勝遊清賞。妖冶廉纖，只做得，飛鳥向人偎傍。地闢天開，精神朗慧，到底還京樣。人家小語，一聲聲近清唱。　　因念舊日山城，個人如畫，已作中州想。鄧禹笑人無限也，冷落不堪惆悵。秋水雙明，高山一弄，著我些

悲壯。南徐好住，片帆有分來往。（卷十七）

又如〈水龍吟〉春恨：「恨芳菲世界，游人未賞，都付與，鶯和燕。」借春恨來表明國仇家恨，劉熙載云：「言近旨遠，直有宗留守渡河之意。」[69]把陳亮的渡江與宗澤的「渡江」相比，可見陳亮的慷慨熱誠。又如〈一叢花〉溪堂玩月作：「風露浩然，山河影轉，今古照淒涼。」雖然是寫景玩月，但寄託面對殘山剩水的悲哀。

基本上辛棄疾與陳亮都是主戰派，然而在詞中陳亮所表達的更是慷慨激昂。

### （四）豪放詞風相似

辛棄疾的詞「慷慨縱橫，有不可一世之概。」[70]南歸之後，把一腔悲憤全傾注在詞中，「盤空硬語誰來聽」。徐釚《詞苑叢談》引黃梨莊語：

> 辛棄疾當弱宋末造，負管、樂之才，不能盡展其用，一腔忠憤，無處發洩。觀其與陳同甫抵掌談論，是何等人物。故其悲歌慷慨，抑鬱無聊之氣，一寄之於其詞。[71]

劉克莊說：「公所作，大聲鏜鞳，小聲鏗鍧。橫絕六合，掃空萬古。自古蒼生以來所無。」[72]所以辛棄疾的詞以「悲壯激烈」（《宋史．辛棄疾傳》）「激昂措宕，不可一世。」爲主。[73]

陳亮是個雄辯的政論家，也是個豪放詞家。在世時他的作品，已廣爲流傳。「學士爭誦唯恐後」，[74]但「世遷版毀，書亦散佚，間有存者，復爲當道持去，而原本不概見。」[75]他現在的存詞共有七十四首，雖然比起辛棄疾六百多首數量差許多，但他的詞風都辛一樣都是豪放

---

69 同注四。
70 見清．永瑢、紀昀：《四庫全書總目提要》（臺北：商務印書館，1983 年 10 月初版），冊五，頁 302。
71 見徐釚編著，王百里校箋：《詞苑叢談校箋》（北京：北京人民出版社，1998 年 2 月第 1 次印刷），頁 250。
72 劉克莊：《後村先生大全集》，見《四部叢刊初編縮》（臺北：商務印書館，1967 年出版），冊二七三，頁 846。
73 彭孫遹：《金粟詞話》，見《詞話叢編》，冊一，頁 724。
74 同注二十八，頁 434。
75 同注三，〈王世德舊跋〉，頁 471。

的。雖然他曾在〈與鄭景元提幹書〉，論及自己寫的詞：

> 閒居無用心處，卻欲唯一世故舊朋友作近拍詞三十闋，以創見於後來，本之以方言俚語，雜之以街談巷論，博搦義理，劫剝經傳，而卒歸之曲子之律，可以奉百世英豪一笑。顧於今未能有為我擊節者耳。（卷二一）

這些是指著那些應酬祝壽之作，他真正有價值的詞是慷慨悲歌，抗金統一的作品。辛棄疾曾稱讚陳亮，「同父之才，落筆千言，俊麗雄偉，珠明玉堅，文方窘步，我獨沛然。」[76]（陳亮）每一章就，輒自嘆曰：「平生經濟，略已陳矣！」陳振孫《直齋書錄解題》云，陳亮詞「自負以經濟之意具在。」[77]都有他的政治抱負。陳亮詞是一種創新也是突破。這也是辛棄疾欣賞他「推倒一世之智勇，開拓萬古之心胸」（《陳亮集》卷二十一），「人皆欲殺，我獨憐才」的原因。

## 第二節　辛棄疾與劉過交游考

劉過（1154-1206），字改之，南宋吉州太和人。號龍洲道人，有《龍洲集》[78]存詞八十七首。辛棄疾大他十四歲，是個「天下奇男子，平生以氣義撼當世。」[79]王安撫詩稱他是：「天下烈丈夫。」[80]

劉過既是辛棄疾之客，又學習辛的詞。王士禎論豪放詞言：「語其變，則眉山導其源，至稼軒、放翁而盡變，陳、劉其餘波也。」[81]馮煦《蒿庵論詞》言：「龍洲自是稼軒附庸。」[82]李調元《雨村詞話》：「其

---

76 同注三十，頁 57。
77 宋．陳振齋撰：《直齋書錄解題》，見《景印文淵閣四庫全書》，冊六七四，頁 850。
78 見劉過：《龍洲集》（上海古籍出版社，1978 年 9 月新校本），以下所引劉過作品，皆見此版本，不再另註。
79 劉過：《龍洲詞》跋引宋子虛語。見毛晉：《宋六十名家詞》（臺北：復華書局，1973 年 6 月 10 日出版）
80 劉過：《龍洲集》，見《景印文淵閣四庫全書》（臺北：商務印書館，1983 年初版），冊一一七二，頁 72。此版本因避諱關係竄改極多。
81 田同之：《西圃詞說》，見《詞話叢編》，冊二，頁 1451。
82 馮煦：《蒿庵論詞》，見《詞話叢編》，冊四，頁 3593。

時爲稼軒客如龍洲劉過，每學其法。」[83]王易《詞曲史》:「後村、龍洲皆稼軒羽翼。」[84]元楊維楨云:「陳亮、陸游、辛棄疾，世稱人豪，皆折氣岸與之（劉過）交。」[85]

劉過既然被稱爲辛棄疾的羽翼，兩人關係必是極密切。可惜辛棄疾的詩文及六百多首詞中，都沒有留下一首贈答劉過的詞。而劉過「每有作，輒伸尺紙以爲稿，筆法遒縱，隨好事者所拾，故無鈔集。詩章散漫人間，無從會萃。」（《龍洲集》劉澥序）雖劉過作品散佚，幸好留下五首贈辛的詩，三首詞及一首〈沁園春〉送辛幼安弟赴桂林官（另有〈呈徐侍郎兼寄辛幼安〉二首，然而此二首又見杜旃《癖齋小集》，題作上徐子宜侍郎），可以略知兩人關係。劉過與辛棄疾交往關係爲何？辛棄疾的詩、詞、文，既無一字提及劉過，而劉過一生布衣，宋史無傳，兩人交往情形，說法紛紜，本節所探討爲兩人交游情形，及交往的基礎。

## 一、兩人的交游

### （一）辛棄疾與劉過何年定交？

辛棄疾與劉過到底在那年定交，兩人詩文集都無明確記載。據胡敦倫〈試析劉過與辛棄疾交往之因由〉研究指出，目前有三種說法：

1．宋寧宗嘉泰三年（1203 年），辛棄疾知紹興府兼浙東安撫使時。（據岳珂《桯史》）
2．辛棄疾帥淮時。（據郭宵鳳《江湖紀聞》）
3．宋寧宗開禧元年（1205）辛棄疾守京口時。（據鄧廣銘《辛稼軒年譜》）

根據以上說法參照有關資料，我們認爲岳珂《桯史》說法最爲準確。[86]

胡氏據鄧廣銘《辛棄疾年譜》所說的第三種說法，查鄧廣銘《辛

83 李調元:《雨村詞話》，見《詞話叢編》，冊二，頁 1420。
84 王易:《詞曲史》（臺北:廣文書局，1979 年 10 月 4 版），頁 202。
85 同註七八，附錄三，頁一四三，元楊維楨:〈宋龍洲先生劉公墓表〉。
86 見胡敦倫:〈試析劉過與辛棄疾交往之因由〉（江西社會科學，1991，第 1 期），頁 88。

棄疾年譜》，在嘉泰三年條下，引《桯史》云：「……招劉改之（過）、趙明翁（汝鐩）至幕府。」並在開禧元年（1205）條下，寫「稼軒六十六歲，在鎮江守任，劉改之（過）至京口訪晤。」下有按語：「稼軒與劉改之締交，不始於本年。」可見鄧廣銘並不認為辛、劉兩人締交始於開禧元年。所以第三種說法不成立，只剩兩種說法，就是《桯史》所言兩人結交於宋寧宗嘉泰三年（1203）與《江湖紀聞》所言締交於辛棄疾帥淮時。在這兩種說法中，胡氏認為辛、劉定交應在嘉泰三年（1203）。

余以為這兩種說法都不正確。

從郭霄鳳的《江湖紀聞》記載云：

> 劉過字改之，吉州太和人也。性疏豪好施，辛稼軒客之。改之以母病告歸，囊橐蕭然。是夕，稼軒與改之微服縱登倡樓，適一都吏命樂飲酒，不知為稼軒也，命左右逐之。二公大笑而歸，即以為有機密文書，喚某都吏，其夜不至，稼軒欲籍其產而流之，言者數十，皆不能解，遂以五千緡為改之母壽，請言於稼軒，稼軒曰：「未也，令倍之。」都吏如數增作萬緡。稼軒為買舟於岸，戒曰：「可即行，無如常日輕用也。」改之作〈念奴嬌〉為別云：「知音者少，算乾坤許大，著身無處。[87]

郭霄鳳《江湖紀聞》，元代志怪小說集。今存元刻本及抄本《新刊分類江湖紀聞》，均為殘本。藏北京圖書館、大連圖書館。[88]

這則筆記小說把辛、劉會面定在辛帥淮時。鄧廣銘《辛稼軒年譜》中卻云：

> 稼軒一生未曾帥淮，其識拔改之，事在晚年帥浙東時。改之〈念奴嬌〉詞全文今尚具存《龍洲詞》中，題云：『回李侍郎大異。』與稼軒亦至全不相涉也。[89]

---

87 同注 2，引自鄧廣銘：《辛稼軒年譜》，頁 769。

88 見劉世德主編：《中國古代小說百科全書》（北京：中國百科全書出版社，1993 年 4 月第一版），頁 208。《江湖紀聞》均為殘本，藏北京圖書館、大連圖書館。此書輯集神怪異聞，多出前人記載。

89 同注二，頁 769。

查鄧廣銘《辛稼軒年譜》：

1．辛稼軒於乾道八年（1172）至乾道九年，三十三至三十四歲，曾在滁州任。屬淮南東路，帥淮可能指此。然而劉過這年才十九歲，正在家鄉讀書，兩年後才首次赴省考試，實在不可能與辛在滁州相見。

2．這首〈念奴嬌〉，僅四庫本、彊本題作「回李侍郎大異。」《全宋詞》《龍洲集》皆題「留別辛稼軒」。而且劉過與李大異沒有任何交往的記錄。

3．這首〈念奴嬌〉詞云：

知音者少，算乾坤許大，著身何處？直待功成方肯退，何日可尋歸路？多景樓前，垂虹亭下，一枕眠秋雨。虛名相誤，十年枉費辛苦。　不是奏賦明光，上書北闕，無驚人之語。我自匆忙天未許，贏得衣裾塵土。白璧追歡，黃金買笑，付與君為主。蓴鱸江上，浩然明日歸去。（卷十一）

「上書北闕」，是指劉過曾經「伏闕上書請光宗過宮」，[90]是記載光宗年的事，「十年枉費辛苦」，指多次在科舉挫敗，功名無望，絕不是《江湖紀聞》所言辛棄疾帥淮時，劉過才十九歲。兩人不可能此時相交所寫之詞。

根據以上析論，辛、劉不可能在辛帥淮時相識。

**（二）辛、劉兩人結交，應早於寧宗紹熙四年（1193）前。**

辛劉的結交，因爲沒有正史及兩人詩文明確的記載。所以正確時日不詳，但應早於紹熙四年前（1193）。

**1．根據張端義《貴耳集》云：**

盧陵劉過，字改之，……上周相詩：「太平宰相不收拾，老死山林無奈何。」送王簡卿詩：……有劉仙倫，亦以詩名。淳熙間有盧陵二劉。[91]

《桯史》亦云：「盧陵劉改之過以詩名江西。」可見早在淳熙年

90 宋．周密：《齊東野語．紹熙內禪》，見《景印文淵閣四庫全書》，冊八六五，頁659。

91 宋．張端義：《貴耳集》，見《景印文淵閣四庫全書》，冊八六五，頁426。

間，劉過就以詩聞名於江西。辛棄疾自淳熙二年（1175）秋七月，離臨安，至江西贛州就提刑任，甚至度過長近二十年的閑居，中間只有淳熙五、六年任湖北、湖南安撫使，所有歲月都在江西度過。他在嘉泰三年（1203）前，沒聽聞這位江西詩人劉過似乎不太可能。

**2．根據沈雄《古今詞話》云：**

李濂曰：稼軒與晦庵、同甫、改之交善。晦庵曰：若朝廷賞罰明，此等人儘可用。同甫答辛啟曰：「經綸事業，股肱王室之心。遊戲文章，膾炙士林之口。」改之氣雄一世寄辛詞曰：「古豈無人，可以似我稼軒者誰。」[92]

文中指出稼軒與晦庵、同甫、改之感情深厚，朱熹還說：「若朝廷賞罰明，此等人儘可用」。可見朱熹也早認識劉過，朱熹卒於慶元六年（1200），陳亮卒於紹熙五年（1194）。朱熹與辛棄疾、陳亮是好友，辛棄疾與陳亮是反金同志，如果辛稼軒與劉過相交於嘉泰三年（1203），則劉過要在陳亮與朱熹死後才認識辛稼軒，似乎不可能。

**3．根據《龍洲集》中，有〈呈稼軒五首〉：**

精神此老健于虎，紅頰白鬚雙眼青。未可瓢泉便歸去，要將九鼎重朝廷。

其二

閉門翹足觀山睡，松檜鬱然雲氣高。說夢向人應不信，碧油幢下有旌旄。

其三

書來賜以蘭溪酒，下視潘葑奴僕之。吾老尚能三百盞，一杯水不值吾詩。

其四

臥廬人昔如龍起，鼎足魏吳如等閒。若結梅花為保社，林逋只合住孤山。

其五

書生不願黃金印，十萬提兵去戰場。只欲稼軒一題品，春風侯

92 清．沈雄：《古今詞話》，見《詞話叢編》，冊一，頁1000。

骨死猶香。（卷八）

第一首詩「未可瓢泉便歸去」，是勸阻稼軒，不要馬上回瓢泉歸隱。到底劉過是何年、何背景，寫這首勸阻的詩？

辛棄疾是從淳熙八年（1181）歸隱江西帶湖，並在這一年自號「稼軒居士」。淳熙十二、三年，訪泉於期思而發現瓢泉之勝，而常來往帶湖與瓢泉之間。淳熙十五年（1188）陳亮來訪，相與鵝湖同憩，瓢泉共酌，極論世事。

光宗紹熙三年壬子（1192），稼軒五十三歲，春赴福建提點刑獄任。有〈浣溪紗〉詞：題云「壬子春，赴閩憲，別瓢泉。」曾上論經界鈔鹽事。不久被召赴行在，歲杪由三山啓行。

辛棄疾到杭州後，萌發再隱居之意。寫信回瓢泉老家，要回家歸隱，不久兒子來信以沒有辦置田產來阻止，他很生氣，寫〈最高樓〉吾擬乞歸，犬子以田產未置止我，賦此罵之：

> 吾衰矣，須富貴何時。富貴是危機。暫忘設醴抽身去，未曾得米棄官歸。穆先生，陶縣令，是吾師。　　待葺個、園兒名佚老，更作個、亭兒名亦好，閑飲酒、醉吟詩。千年田換八百主，一人口插幾張匙。便休休，更說甚，是和非。（卷三）

梁啓超《辛稼軒年譜》列此詞於閩中之後，並附考證：

> 此詞題中雖無三山等字樣，細推當為閩中作。蓋先生之去湖南乃調任，其去江西乃被劾，皆非乞歸也。若帥越時有又老，其子不應不解事乃爾。故以附閩詞之末。[93]

鄧廣銘《辛稼軒年譜》云：

> 稼軒之帥閩，亦由被劾去職，此詞當作被劾之前。梁氏所持理由，大體均是，茲從之。

梁啓超與鄧廣銘都認定這首〈最高樓〉作於紹熙五年（1194）。然而蔡義江、蔡國黃《稼軒長短句編年》卻認爲是紹熙四年（1193）之作。云：

> 宋光宗趙惇紹熙四年在臨安作。題語「擬起歸」，只是擬想之詞，

---

93 見梁啓超：《辛稼軒先生年譜》（臺北：中華書局，1960 年 1 月出版），頁 57。

不必有此事，甚至不必定有此想，作者藉此發發牢騷，並以為自己並未置產，對政治上攻擊為貪贓的輿論作辯解。作者於紹熙三年作閩憲，並攝帥事，頗思進取。次年秋帥閩，又積鏹糴粟，幹得很起勁，都看不出有乞歸之意。有每次被調任冷官時，作品多灰暗牢騷。前面三山被召時之〈水調歌頭〉結尾亦表露此種心情，故認定此詞作於充太尉少卿時。[94]

又在蔡義江、蔡國黃所編《辛稼軒年譜》云：

辛棄疾雄才大略，對清閑之京官生涯歷來不感興趣，故于每年奉召內調，均有怨恨牢騷。上年歲杪奉召離閩時所賦兩詞，見其心情。本年初過建安詞中亦有「玉殿何須儂去」之句。……又辛在攝帥時曾上疏言經界事，經界乃劃清田地界址，于大地主豪戶不利。據《宋史·朱熹傳》載，當時宰相留正反對經界，故辛之內調可能與留正有關。[95]

根據蔡義江等的說法，這首〈最高樓〉寫於紹熙四年，是較正確的。據鄧廣銘《辛稼軒年譜》云：「紹熙四年癸丑（1193），途訪諸晦庵於建陽，晤陳同甫於浙東。」而就在這一年，陳亮曾與劉過在澹然子樓喝酒。根據《龍洲集·陳狀元同父詩》：

劉郎飲酒如渴虹，一飲澗壑俱成空。胸中壘塊澆不下，時有勁氣噓長風。劉郎吟詩如飲酒，淋漓醉墨濡其首。笑鞭裂缺起豐隆。變化風雷一揮手，吟詩飲酒總餘事，試問劉郎一何有。劉郎才如萬乘器，落濩輪囷難自致。強親舉子作書生，卻笑書生敗人意。

劉過在陳亮詩後加按語說：

故人陳同父未魁天下時與余皆落魄不振，一日醉於澹然子樓上作此詩相與勞苦。明年，同父唱名為多士第一。嗚呼！同父死又幾年，而劉子尚為書生，每誦此詩，幽明之間，負此良友。劉過改之識。（《龍洲集》附錄一）

---

94 見蔡義江，蔡國黃編：《稼軒長短句編年》（香港：上海書局，1978 出版），頁218。

95 見蔡義江，蔡國黃編：《辛棄疾年譜》（濟南：1987 年 8 月第一次印刷），頁 207。

說明兩人相識時皆「落魄不振」，但「明年，同父唱名爲多士第一」。陳亮是在紹熙四年中進士，則此詩寫於紹熙三年（1193 年），劉過四十歲。這年劉過、陳亮皆在浙東（紹興），陳亮與辛棄疾早定交於乾道六年（1170）（見前一節）。辛棄疾與陳亮又於淳熙十五年（1188），有傳爲佳話的鵝湖之會。陳亮可能在辛棄疾這次來訪時，或更早前，把同是抗金的同志介紹給辛棄疾。

辛棄疾到臨安後，寫〈最高樓〉想歸隱，劉過便寫詩：「未可瓢泉便歸去，要將九鼎重朝廷」，極力勸阻稼軒，不要馬上回瓢泉歸隱，要輔佐朝廷完成統一大業，莫失報國良機。

劉過的第三首詩，「書來賜以蘭溪酒」，「吾老尙能三百盞」，辛棄疾在慶元二年（1196），就寫〈水調歌頭〉「我亦卜居者」〈沁園春〉「杯汝來前」，表明因病戒酒之事，不再喝酒，這必在慶元二年以前事，否則劉過詩中不會寫「吾老尙能三百盞」。

第五首詩，「書生不願黃金印，十萬提兵去戰場。只欲稼軒一題品，春風侯骨死猶香。」如果兩人相交在嘉泰三年（1203），劉過已經五十歲，想要上戰場，是否稍老些，再比較嘉泰三年，劉過〈念奴嬌〉留別辛稼軒[96]：「知音者少，算乾坤許大，著身何處？直待功成方肯退，何日可尋歸路？……蓴鱸江上，浩然明日歸去。」（卷十一）表明一事無成，要歸隱之心，同一個人的思想，同時間不可能要「十萬提兵上戰場」、又要「蓴鱸江上，浩然明日歸去。」自相矛盾。

而且嘉泰三年歲杪（1203），辛稼軒召赴行在，言鹽法並言金國必亂必亡，加寶謨閣待制，提舉佑神觀，差知鎭江府，賜金帶。鎭江更靠近前線，好像北伐大有希望，統一中原有望，至少開禧元年，辛六十六歲時前，他並沒有退隱的跡象。所以這五首詩，應在紹熙四年（1193）左右，劉過在浙東所寫，也可證明兩人相識應在紹熙四年左右或以前。

---

96 劉過詞並沒有編年，此詞根據薛祥生賞析，見張淑瓊主編：《唐宋詞欣賞》（臺北：地球出版社，1990 年元月出版），冊十二，頁 223。

### （三）寧宗嘉泰三年，辛棄疾招劉過至幕府

岳珂《桯史》的記載：

> 嘉泰癸亥歲（1203），改之在中都。時辛稼軒棄疾帥越，聞其名，遣介招之。適以事不及行，作書曰輅者，因效辛體〈沁園春〉一詞並緘往，下筆便逼真。其詞曰：……辛得知大喜，致餽數百千，竟邀之去，館燕彌月，酬唱亹亹，皆似之，逾喜。垂別，賙之千緡，曰：「以是求為田資。」改之歸，竟蕩于酒，不問也。[97]

根據鄧廣銘《辛稼軒年譜》，寧宗嘉泰三年（1203），辛稼軒被啓用知紹興府兼浙東安撫使。《會稽續志》：「辛棄疾以朝請大夫集英殿修撰知，嘉泰三年六月十一日到任。」[98]查劉過《龍洲集》確有此〈沁園春〉詞，題「寄辛承旨，時承旨招，不赴」（卷十一）辛承旨是指辛棄疾，他是在開禧三年（1207）被任為樞密院都承旨。[99]然而他並未受命，並於本年九月十日卒。不過這年劉過已卒，「承旨」兩字可能後人所加。

《桯史》云：「改之在中都。」這年劉過是否在中都（杭州）？根據《龍洲集》有〈雨寒寄姜堯章〉詩：

> 一冬無此寒，十日不得出。閉門坐如釣，老去萬感入。冶游亦餘事，況乃燈火華。獨憐鏡湖春，一一各秀發。……東城有佳士，詞筆最華逸。持此往問之，雨濺袍褲濕。（卷三）

姜夔居杭始於慶元二、三年（1196-1197）在杭州，時四十二、三歲。有「丁巳作鷓鴣天詞及丁巳七月望湖上事詩」[100]，而且姜白石有〈漢宮春〉次韻稼軒，又次韻稼軒蓬萊閣，〈洞仙歌〉黃木香贈辛稼軒，及嘉泰四年，〈永遇樂〉次韻稼軒北固樓詞韻。這也是辛、姜交誼可考者始於此，都是居杭州時代。

劉過在《雨寒寄姜堯章》：「獨憐鏡湖春，一一各秀發。」鏡湖指鑑湖在浙江紹興縣南。正是辛棄疾帥浙時。「東城有佳士，詞筆最華逸。」

---

97 岳珂：《桯史》，見《景印四庫全書》，冊一〇三九，頁 422。

98 宋．張淏：《會稽續志》，見《景印文淵閣四庫全書》，冊四六八，頁 452。

99 不著撰人：《兩朝綱目備要》，見《景印文淵閣四庫全書》，冊三二九，頁 854。

100 見夏承燾：《姜白石編年箋校》（臺北：中華書局 1984 年 10 月臺 2 版），頁 232。

東青城即今杭州東門之慶春門。[101]而且詩中:「老去萬感入」,這年劉過五十歲,與詩所言相同。

在嘉泰初,劉過因事繫於建康獄,向吳居父求救。嘉泰二年,劉過四十九歲,在臨安,與殿岩郭季端同游,有詩〈嘉泰開樂日,殿岩郭季端邀游鳳山,自來美堂而上湖亭、海觀、梅坡、臺林、無不歷覽,最後登沖天樓,下介亭。觀騎射胡舞,賦詩而歸〉(詳見第五章第一節),皆可佐證「改之在中都」。

《桯史》云:「館燕彌月,酬唱亹亹,皆似之,逾喜。垂別,賙之千緡,曰:『以是求為田資。』改之歸,竟蕩于酒,不問也。」

是年辛、劉確有相聚。

**(四)開禧元年,劉過至京口,可能拜訪辛棄疾。**

岳珂《桯史》云:

> 盧陵劉改之過,……開禧乙丑過京口,余為餉幕庾吏,因識焉。……暇日相與摭奇吊古,多見於詩。一郡勝處皆有之,不能盡懷,獨錄改之〈多景樓〉一篇曰:金焦兩山相對起,不盡中流大江水。一樓坐斷天中央,收拾淮南數千里。西風把酒閑來游,木葉盡脫人間秋。關河景物異南北,神京不見雙淚流。(卷二)

岳珂《桯史》只寫劉過來京口,卻沒有提到與辛會面之事,據改之之詩寫秋景,辛棄疾當時尚未離京口,或曾見面。蔣正子〈山房隨筆〉:

> 稼軒守京口,時大雪,帥僚佐登多景樓,改之敝衣曳履而前,辛令賦雪,以難字為韻,即吟曰:「功名有分平吳易,貧賤無交訪戴難。」自此莫逆云。[102]

鄧廣銘云:「改之來訪必在春夏之交,更不得有詠雪之事。蔣氏所記,蓋難憑信。」而且這詩在《龍洲集》題為:「襄陽雪中寄江西諸友」。因此劉過是否與辛棄疾相會,無確實資料。

---

101 同上注,頁235。
102 元·蔣正子:《山房隨筆》,見《景印文淵閣四庫全書》,冊一〇四〇,頁333。

## 二、兩人交友的基礎

辛棄疾劉過會成爲好友原因有以下幾點：

### （一）個性相似

#### 1.辛棄疾尚武任俠，劉過好談兵事

辛棄疾膚碩體胖，「目光有稜，背胛有負」(《陳亮集·辛棄疾畫像贊》)，「紅頰青眼」、「精神健於虎」，(《龍洲集·呈稼軒之一》)被僧義端稱爲「力能殺人」的「青兕」(《宋史·辛棄疾傳》)，是愛國人士心中「真虎」。朱熹都曾贊他「辛棄疾頗諳曉兵事」[103]。

在〈美芹十論·致勇第七〉中，他曾提到：「今之天下，其弊在於儒臣不知兵而武臣有以要其上。」[104]並建議孝宗有計畫的派遣文臣隨軍，以便「因之識行陣、諳戰守，緩急均可以備邊城之寄」。他的奏書劄子，都系統提出練兵備邊與北伐的意見，但都不被採用。他曾在〈美芹十論〉說：

> 粵辛巳歲（1161），逆亮南寇，中原之民，屯聚風起，臣嘗鳩眾二千，隸耿京為掌書記，與圖恢復，共籍兵二十五萬。

這是一個當年才二十一歲的掌書記，就勸耿京決策南向。朱熹《朱子語類》：

> 辛幼安……方銜命來此致歸朝之義，則（耿）京以為安國所殺，幼安歸後，挾安國馬上還朝以正典刑。（卷一三二）

這是辛棄疾最光榮的一段經歷，也成爲他日後閑居時最好的回憶。

劉過自幼「負不羈之才」，自謂「少而桑蓬，有志四方」，是個「讀書論兵，好言今古治亂盛衰之變」[105]的義士。殷奎說他：「博學經、史百氏之書，通知古今治亂之略，至於論兵，尤善陳利害。辛幼安、

---

103　朱熹：《朱子語類》〈論兵〉，見《景印文淵閣四庫全書》，冊七〇二，卷一一一，頁 281。

104　同注三十，頁 1。

105　同注七八，附錄一，許從道〈東陽遊戲序〉，頁 125。

陳同甫皆深敬畏之。」[106]陳亮稱劉過爲「少年追逐曹景宗，弓弦霹靂臥鴟叫，鼻間出火耳生風。安能規行復矩步。……」[107]可見劉過年輕時，像曹景宗一類的人物，喜歡論兵挽弓弦。劉過的〈從軍樂〉更是表達殺敵的決心：

芙蓉寶劍鷺鵜刀，黃金絡馬花盤袍。臂弓腰矢出門去，百戰未怕臯蘭鏖。（卷一）

他厭惡書生只是不離書冊，卻不顧國家分裂，生靈塗炭，期望馬革裹屍，死得其所。

**2．辛棄疾勇猛果敢，劉過有壯志**

前一章節已述及辛棄疾勇猛果敢，如勇擒義端。怒斬張安國，平劇盜賴文政，在湖南爲打擊和限制地主惡勢力，堅決整頓欺壓百姓的「鄉社」，並排除萬難創飛虎營。在隆興賑災，下令「閉糶者配，搶糴者斬」。因爲辛棄疾任事果決，敢作敢爲，剛正不阿，雖受百姓歡迎，卻招惹地主及朝廷頑固份子的忌恨與不滿。他們揑造罪名，對他極盡打擊能事。陸九淵攻擊他：「自用之果，反害正理，正士見疑，忠言不入。」[108]中書舍人崔敦詩草落職致命也污衊他「肆厥貪求，指公財爲囊橐，敢於誅艾，視赤子猶草菅。」辛棄疾不畏強權仍繼續他的飛虎營，被指責爲「憑陵上司」。[109]在福建任內「厲威嚴，以法治下」，起浙東時，奏請對貪官要「嚴加察劾，必罰無赦」。他自稱「不畏強御」，「剛拙自信年來不爲眾人所容」。（〈淳熙己亥論盜賊劄子〉）可真豪爽勇猛。

劉過有壯志，他說：「不隨舉子紙上學六韜，不學腐儒穿鑿註五經。」（〈獨醒賦〉卷十二）他參加科舉是爲報國，〈寄程鵬飛〉詩云：「科舉未爲暮年計」（卷五）。他討厭胸中狹窄的人，〈題鳳凰臺〉云：「平生自厭胸中窄，萬里霜天一日開。」（卷六）他眼中處處是國家的收復與統一，真正的心願是「丈夫生有四方志，東欲入海西入秦，安能齷齪守一隅，

---

106　明・殷奎：《強齋集・崑山復劉改之先生墓事狀》，見《景印文淵閣四庫全書》，冊一二三二，頁 418。
107　同注七八，頁 132。
108　陸九淵：《陸九淵集・與徐子宜書》（臺北：里仁書局，1981 年出版），頁 68。
109　崔敦詩：《崔舍人西堂類稿・辛棄疾落職罷新任制》，見《叢書集成新編》，冊六四，卷二，頁 2。

白頭章句浙與閩。」(〈多景樓醉歌〉卷一)他有豪情，從不放棄報效國家的希望。又說:「何不夜投將軍扉，勸上征鞍鞭四夷？滄海可填山可移，男兒志氣當如斯。」(〈盱眙行〉卷一)〈謁郭馬帥〉詩:「過也淪落久，狂名諸公知。然亦壯心膽，志慕鞭四夸。」(卷三)「十年南北走東西，豪氣崢嶸老不衰」(〈掛搭松寓〉卷六)。

劉過力主恢復中原的壯志，他所接觸的人全是主戰派，如辛棄疾、陸游、周必大、陳亮、吳獵、岳珂等，因此顧湄〈弔劉龍洲先生墓並序〉說:「嘗歎先生當杭州偏安之日，雖在草莽，殷憂君國，而不見用，迺寄情於詩酒，豈先生之心哉。」而且他至死，仍堅持立場，這是他可貴的一貫性。

**3．兩人皆好酒**

辛棄疾好酒，他的詞中有許多關於喝酒、戒酒之事，如〈卜算子〉飲酒成病，「仙飲千杯醉似泥」，又〈沁園春〉將止酒，戒酒杯使勿近:「甚長年抱渴，咽如焦釜」，已經喝酒成疾，想戒酒的戲作。又有〈沁園春〉:城中諸公載酒入山，余不得以止酒為解，遂破戒一醉，再用韻。「細數從前，不堪餘恨，歲月都將麴糵埋。」又有〈水調歌頭〉即席和金華杜仲高韻，並壽諸友，為釂乃佳耳。「萬事一杯酒，長歎復長歌」，釂是指乾杯的意思，詞中指年來心事無人知，要歡樂唯有喝酒。杜叔高走後即來書信勸止酒，〈玉蝴蝶〉叔高書來戒酒，用韻。「算從來人生行樂，休更說、日飲亡何。」(卷四)在瓢泉寫的〈定風波〉大醉自諸葛溪亭歸，窗間有題字令戒飲者醉中戲作。「昨夜山公倒載歸，兒童應笑醉如泥。」又有〈水調歌頭〉醉吟:「四座且勿語，聽我醉中吟。」〈一枝花〉醉中戲作:「怕有人來，但只道:今朝有酒。」(卷五)他也有〈止酒〉詩:「淵明愛酒得之天，歲晚還吟酒止篇。日醉得非促齡具。只今病渴已三年。」[110]

劉過終生布衣，科舉仕途皆不如意，陸游在七十多歲遇到他時，說他:

> 君居古荊州，醉膽天宇小。……胸中九淵蛟龍盤，筆底六月冰

110 同注三十，頁198。

霓寒。111

陳亮也說他：

劉郎飲酒如渴虹，一飲澗壑俱成空。胸中壘塊澆不下，時有勁氣噓長風。劉郎吟詩如飲酒，淋漓醉墨龍蛇走。112

蘇紹叟〈雨中花〉稱他：「人間酒戶詩流」113，《桯史》說劉過嗜酒，連辛棄疾送買田之資，全花在買酒事上是可信的。我們再看他的詞八十七首中，有三十四首提到酒，如〈沁園春〉盧蒲江上時有新第宗室：「將百萬年事，付三兩杯。」〈沁園春〉游湖：「痛飲何妨三百杯」，〈水調歌頭〉晚春：「人生行樂，且須痛飲莫辭杯。」（卷十一）劉過的醉酒，不是貪杯，而是內心痛苦，藉酒裝狂，有所逃避。他曾說：

某本非放縱曠達之士，垂老無所成立，故一切取窮達貴賤死生之變，寄之酒杯，浩歌痛飲，旁若無人，意將有所逃者。於是禮法之徒始以狂名歸之，某亦受而不辭。（〈與許從道書〉卷十二）

他在〈獨醒賦〉中有更多表白：

半生江湖，流落齟齬。追前修兮不逮，途益遠而日暮。始寄於酒以自適，終能酕醄而涉其趣。操卮執瓢，拍浮酒船。痛飲而談離騷，白眼仰臥而看天。（卷十二）

「痛飲自適」，實在是一生潦倒、知音難覓、懷才不遇的悲劇。辛棄疾給他錢，他拿去喝酒，辛並不過問，因爲他知道英雄的寂寞、無奈，與才不爲世用的悲哀。唯有借酒澆愁。又在〈水調歌頭〉：「酒須飲、詩可作、鋏休彈。」

**4．兩人都是悲劇性格**

劉過一生的悲劇是，無法藉科舉達到報效國家之路。屢次參加科考都落第。他說「十年無計離場屋，說著功名氣拂胸。」（〈上袁文昌知平江〉卷四）抱怨他人「讀書句讀猶未通」，考科舉卻如囊中取物。而他自己則「姓名上禮部輒報罷。」（〈與許從道書〉卷十二）他傷感的說：「桃李被笙歌，松柏遭傕傷。」（〈懷古四首為知己魏倅元長賦兼呈王永叔宗

111 陸游：《劍南詩稿》，見《景印文淵閣四庫全書》，冊一一六二，頁 443

112 同注七八。頁 133。

113 同上注。

丞戴少望〉卷三）在〈上吳居父〉又說：

> 廟堂陶鑄人才盡，流落江淮老病身。尚踏槐花隨舉子，不知鄧禹是何人。（卷八）

他抱怨朝廷遺賢說：「世間別有人才任，臺閣招徠恐未多。」（〈官舍阻雨十日不能出悶成五絕呈徐判部之五〉卷八），使他到年老流落衰病，竟還在上京趕考。他又說：「虛名相誤，十年枉費辛苦。」（〈念奴嬌〉留別辛稼軒卷十一）在〈明州觀大閱〉亦云：「十年文窮坐百拙。」（卷二）

劉過對自己的一再落第耿耿於懷，他說：「只今覺衰甚，四海游已倦。所餘習氣在，未了一第欠。」（〈湖學別蘇召叟〉卷三）「漸老一第猶未叨，自嗟賦命薄如紙。」（〈從軍樂〉卷一）因爲他屢試不第，他抱怨讀書無用，有志不得伸，「平生讀書徒苦辛，遭逢喪亂未得志，長策短稿無由伸。」（〈村墅〉卷二）在〈讀書〉詩云：「世途風波惡，躬履見險側，敢云賣文活，一錢知不值。」（卷三）讀書滿腹，卻一文不值。他還向科舉制度提出質疑說：

> 懶看齷齪隨時士，誰是艱難濟世才？韋布豈無堪將相，廟堂未易賤蒿萊。（〈謁易司諫〉卷四）

他參加科舉是爲取得報效國家的途徑，但他的「詩雄賦老不入世俗眼」，[114]他的〈下第〉詩呼喊：

> 蕩蕩天門叫不應，起尋歸路歎南行。新亭未必非周顗，宣室終須召賈生。振海潮聲風洶湧，插天劍氣夜崢嶸。傷心故國三千里，纔是餘杭第一程。（卷六）

科舉彷如登天一般難，真是坎坷。他又在盧蒲江席上，時有新第宗室，寫〈沁園春〉說自己：「四舉無成，十年不調。大宋神仙劉秀才。……盜號書生，強名舉子，未老雪從頭上催。誰羨汝，擁三千珠履，十二金釵。」（卷十二）明白的表示不屑。

他在〈與許從道書〉說：「倒指記之，自戊申（1188）及今己未（1199），日月逾邁，動經一紀。君猶書生，我爲布衣。……某亦自借湖南之次，寂寞無聞。」（卷十二）長達十二年，幾番應試皆被黜，多

---

114 同注七九，見李大防：〈以改之下第賦詩贈之〉，頁 73。

年奔跑不得一官，是何等難堪，因此一生「厄於韋布，放浪荆楚，客食諸侯間。」[115]

## （二）政治立場相同

南宋是個萎靡的時代，文恬武嬉。辛棄疾和劉過可謂志同道合的主戰派。他們把統一復國的希望：

### 1．主張收復失土

辛棄疾自稱「負抱愚忠，填鬱腸肺」(〈美芹十論〉)憂國憂時者，他「秉承祖訓，志切國讎」，嘗「兩隨計吏抵燕山，諦觀形勢。」[116]並且乘機舉義，率眾南歸。一生的努力全是為統一中原而戰。

他一生只擔心國家命運，他向皇帝說：

> 典冠舉衣以復韓侯，雖越職之罪難逃；野人美芹而獻於君，亦愛主之誠可取。[117]

他統一中原之心，永不動搖，上書直言不怕得罪當權。登高望遠時，因為國土淪陷，「遙岑遠目，獻愁供恨」(〈水龍吟〉登建康賞心亭卷一)，「西北望長安，可憐無數山」(〈菩薩蠻〉書江西造口壁卷一)。想到南宋的偏安而憂心，國運已如「斜陽正在煙柳斷腸處」(〈摸魚兒〉卷一)，寄居僧社也想「布被秋宵夢覺，眼前萬里江山」(〈清平樂〉獨宿博山王氏庵卷一)。他期望「神京再復」(〈水調歌頭〉卷六)，憂患國家的未統一，在〈論荆襄上流為東南重地〉：

> 然則已離者不必合，豈非盛衰相乘，萬物必然之理乎？厥今夷狄，物夥地大，德不足，力有餘，過盛必衰，一失其御，必將為豪傑並起，四分五裂，然後有英雄者出，鞭笞天下，號令海內，為之驅馳。當此之時，豈非天下方離方合之際乎？以古准今，盛衰相乘，物理變化，聖人處之，豈非慄慄危懼，不敢自暇之時乎？故臣敢以私憂過計之切，願陛下居安慮危，任賢使能，修馬車，備器械，使國家有屹然金湯萬里之故，天下幸甚，

---

115 同注九七，頁 421。。
116 同注三十，頁 1。
117 同上注，頁 1。

社稷幸甚。[118]

再三提醒將來「鞭笞天下」主宰中原者，不是南宋，而是新起的英雄，所以請皇上居安思危，整治兵備，使國家有屹然金湯萬里。他的思想、作品，無一不是愛國爲出發點，是個「精忠自許，白首不衰」[119]的愛國者。

開禧元年（1205）春夏之交，劉過在鎭江和岳珂等人相聚一段時間，他登上多景樓，看見金、焦兩山，長江滾滾，而國土的破碎，深感痛心。他說：「煙塵茫茫路渺渺，神京不見雙淚流。」（〈題潤洲多景樓〉卷二）又在〈登多景樓〉詩云：

> 壯觀東南二百州，景于多處最多愁。江流千古英雄淚，山掩諸公富貴羞。北固懷人頻對酒，中原在望莫登樓。西風戰艦成何事，空送年年使客舟。（卷六）

斥責南宋屈膝求和的政策。他志在統一，勸只顧雕琢文字的儒士，「與生生死蠹文字，土田官耳村夫子，不如左彎右挾弓，肉食封侯差快耳。」（〈贈許從道之子祖孫〉卷二）他期望「四海皆安眠」（〈王農丞舟中〉卷二）因此大膽的批評沈醉於湖光山色的國君，「西湖真水真山好。吾君豈亦忘中原。」（〈望幸金陵〉卷一）他對時局的看法是「去國夢魂愁切切，感時滴淚血斑斑。」（〈上金陵章侍郎〉卷四）「更欲杖藜窮望眼，眼中何處認神州。」（〈登凌雲高處〉卷六）又云：「臣心畢竟終憂國，不敢瞻烏涕泫然」（〈南康邂逅江西吳運判〉卷五）自負「胸中自有平戎策」（〈蘄州道中〉卷九）都說明他恢復中原的政治主張。

**2．皆曾上書諍諫**

在隆興元年，辛棄疾受北伐的鼓舞，進「論阻江危險須藉兩淮疏」，又接著上「議練民兵守淮疏」以補前疏未盡之言。又在乾道元年上〈美芹十論〉。

紹熙四年（1193），辛棄疾被召入朝，論奏〈荊襄上流爲東南重地〉，他還說「願陛下居安思危，任賢使能，修車馬，備器械，使國家有屹

118 同上注，頁 120。
119 衛涇：《後樂集》〈辛棄疾辭免除兵部侍郎不允詔〉卷三，見《景印文淵閣四庫全書》，冊一一六九，頁 4980。

然金湯萬里之固，天下幸甚，社稷幸甚。」這些主張與南宋那些因循苟安的政策相悖，官員們認爲多一事不如少一事，當然不會接納。

嘉泰四年（1204），正月，辛棄疾六十五歲，《宋史．本傳》：「寧宗召見，言鹽法。」並言金國必亂必亡之事。而且辛棄疾屢次遣諜至金，偵察其兵騎之數，屯戍之地，將帥之姓名，帑廩之位置等，並欲於沿邊招募士丁以應敵。

劉過也曾到臨安，上書皇帝，以尋求報國機會。在光宗紹熙二年（1192）春，錢塘布衣余古曾上書，指責當時「將帥皆貪刻，軍士不無飢寒，兵器朽鈍，士馬羸瘠」，而光宗卻宴游無度，聲樂無絕，晝之不足，繼之以夜。余古提醒光宗以漢文帝爲法，唐莊宗爲戒，不要蹈其覆轍。帝覽書大怒，始擬編管，……乃送往筠州學聽讀。」[120]劉過與余古會於姑蘇並寫詩稱讚他：「氣焰九霄紅，磊落萬玉貨」（〈俞太古嘗扣閽上書，有名天下，予甚敬之，相會於姑蘇，將歸洞庭讀書，賦詩以壯其行〉卷三）。

劉過親至臨安，此時孝宗病危，光宗不予過問。劉過「伏闕上書請光宗過宫」，[121]當其扣閽上書，請光宗過宮，「頗得抗直聲」。[122]盧公武曾有詩贊他：「發憤美陳平虜策，匡君曾上過宮書。」[123]書中他極陳「生靈塗炭，社稷丘墟」[124]之語，並「陳恢復中原方略，謂中原可一戰而取」，[125]可惜他的上書已經亡佚。結果是：「書生豈無一奇策，扣閽擊鼓天不知。」（〈憶鄂渚〉卷二）所得到的是「奉旨還鄉。」（〈初伏闕上書得旨還鄉上楊守秘書〉卷七）他記當時事云：

> 憶昨痛哭麗正門，白袍黑帽如遊魂，中書堂留草茅疏，不賜誅戮光宗恩。（〈呈陳總領之四〉卷二）

---

120 見畢沅：《續資治通鑑》（北京：中華書局，1979年6月第4次印刷），頁4072。咸淳臨安志所引朝野雜志謂「送秀州聽讀」。

121 同注九十，頁659。

122 見清．永瑢、紀昀：《四庫全書總目提要．龍洲集提要》（臺北：商務印書館，1983年十月初版）冊四，頁286。

123 見劉過：《龍洲道人詩集．附錄》，舊抄本，藏國家圖書館。

124 同注一二二。

125 清．謝旻監修，陶成編纂：《江西通志》，見《景印文淵閣四庫全書》，冊五一五，頁600。

又在〈六合道中〉云:「十年曾記此來游,有策中原一戰收。」(卷六)因這次上書,不僅摒棄不用,並使他罹禍。他說:「有書爲患,幾不容於天地之間,無家可歸,但落魄於江湖之上。」(〈賀盧帥程徽猷鵬舉〉卷十二)

元楊維楨〈弔劉龍洲墓詩〉云:「讀君舊日伏闕疏,喚起開禧無限悲。」[126]明范天與有詩贊他:「曾有封章投闕下,尚餘詩句在人間。」盧公武也有詩贊他:「發憤每陳平虜策,匡君曾上過宮書。」[127]他愛國忠君是有目共睹的。

**3.把抗金統一寄託在朝臣上:**

辛棄疾以〈美芹十論〉獻給皇帝沒有立時的效用,把希望寄託在朝臣上。

劉過也把復國的志向,寄託在賢相良臣身上,他曾先後奔走於宰相周必大、殿帥郭杲、皇親吳琚、浙東轉運使辛棄疾、甚至韓陀胄的門下,他在詩中寫「江南遊子斷腸句,漢殿逐臣流涕書。」(〈謁江華曾百里〉卷四)他期望北征,又云:「磨崖已辦中興頌,洗眼西湖看北征。」(〈謁金陵武帥李爽時叩殿帥為易憲章求書碑〉卷四)他在〈上金陵章侍郎〉詩中,鼓勵握兵權者「便當擊楫中流誓,莫使鞭爲祖逖先。」(卷四)應像祖逖一般,爲國盡忠,不勝不還。

**4.以襄陽爲軍事要地**

辛棄疾曾在紹熙四年上〈論荊襄上流爲東南重地〉:

> 自江以北,取襄陽諸郡,合荊南為一路,置一大帥以居之,使壤地相接,形勢不分,首尾相應,專任荊襄之責;自江以南,取辰、沅、靖、澧、常德合鄂州一路,置一大帥以居之,使上屬江陵,下連江州,樓艦相望,東西聯亙。[128]

這些主張與南宋那些因循苟安的政策相悖,官員們認爲多一事不如少一事,當然不會接納。

劉過對襄陽的看法和辛棄疾略同,所以他在〈襄陽歌〉說:

---

126 同注一二三。《龍洲道人詩集·附錄》
127 同上注。《龍洲道人詩集·附錄》
128 同注三十,頁120。

襄陽真是用武國，上下吳蜀天中央。銅鞮坊裏弓作市，八邑田熟麥當糧，一條路入秦隴去，落日彷彿見太行。土風沈渾士奇傑，烏烏酒後歌聲發。歌曰人定兮勝天，半壁久無胡日月。（卷一）

又在〈憶鄂渚〉云：

我離鄂渚已十年吳兒越女空華鮮。不如上游古形勢，四十餘萬兵籌邊。中原地與荊襄近，烈士列兮猛士猛。澤連雲夢寒打圍，城皆武昌曉排陣。（卷一）

兩人都以襄陽爲戰略要地。

## （三）豪放詞風相似

### 1．稼軒詞悲壯、劉過詞悲憤

徐釚《詞苑叢談》引黃梨莊語：

辛棄疾當弱宋末造，負管、樂之才，不能盡展其用，一腔忠憤，無處發洩。觀其與陳同甫抵掌談論，是何等人物。故其悲歌慷慨，抑鬱無聊之氣，一寄之於其詞。[129]

劉克莊說：「公所作，大聲鏜鞳，小聲鏗鍧。橫絕六合，掃空萬古。自古蒼生以來所無。」[130]所以辛棄疾的詞以「悲壯激烈」（《宋史・辛棄疾傳》）「激昂措宕，不可一世」爲主。[131]

辛棄疾是個愛國者，當他看到南宋「南共北，正分裂」（〈賀新郎〉卷二）的局面，而官員卻對「剩河殘山無態度」（〈賀新郎〉卷二）感到痛心，當他登高望遠時，想到「西北有神州」（〈水調歌頭〉卷二），然而「遙岑遠目，獻愁供恨」（〈水龍吟〉卷一），因爲「落日胡塵未斷，西風塞馬空肥。」（〈木蘭花慢〉卷一）內心許多感慨，國運像「斜陽正在煙柳斷腸中」（〈摸魚兒〉卷一）怎不悲痛，他期望「馬革裹屍當自誓」（〈滿江紅〉卷一），「看試手，補天裂」（〈賀新郎〉卷二）。他的〈念奴嬌〉登建康賞心亭呈史留守致道：

---

129　見徐釚編著，王百里校箋：《詞苑叢談校箋》（北京：人民出版社，1998 年 2 月第 1 次印刷），卷四，頁 250。

130　宋・劉克莊：《後村先生大全集》，見《四部叢刊初編縮》（臺北：商務印書館，1967 年出版），冊二七三，頁 846。

131　彭孫遹：《金粟詞話》，見《詞話叢編》，冊一，頁 724。

我來弔古，上危樓、贏得閒愁千斛。虎踞龍盤何處是？只有興亡滿目。柳外斜陽、水邊歸鳥，隴上吹喬木。片帆西去，一聲誰噴霜竹？　卻憶安石風流、東山歲晚，淚落哀箏曲。兒輩功名都付今與，長日惟消棋局。寶鏡難尋、碧雲將暮，誰勸杯中綠？江頭風怒，朝來波浪翻屋。（卷一）

這首弔古傷今詞，他看到「虎踞龍盤」的石頭城，只不過是敗亡的歷史陳跡。所看到的是「興亡滿目」，而自己卻有志不得申，整日下棋消磨歲月。並以「寶鏡難尋」，說明自己忠心無人鑒察。最後兩句江上風濤險惡，暗喻對時局的擔心。辛詞有許多是憂憤悲壯。

劉過期盼「敬須洗眼候河清，讀公浯水中興頌。」（〈呈陳總領〉卷二）的愛國思想，自始至終不改變，然而他卻沒有報國的道路與舞臺，他的詞充滿悲憤。他寫「人生萬事成痴，算世上久無公是非。」（〈沁園春〉卷十一）國土的分裂「舊江山，渾是新愁」（〈糖多令〉安遠樓小集）「依舊塵沙萬里，河落滿腥羶。」（〈八聲甘州〉卷十一），主和派卻是苟且偷安，他感嘆「乾坤誰望，六百里路中原，空老盡英雄，腸斷劍鋒冷。」（〈西吳曲〉卷十一）蘇紹叟稱他：「因懷改之每聚首，愛歌〈雨中花〉，悲壯激烈，令人鼓舞。」他的〈六州歌頭〉：「鎮長淮，一都會，古揚州。」（卷十一）歌詠揚州是繁華古都，因金兵兩次南下，古城成爲一片廢墟。劉過多次赴杭應試，均未錄取。下第之後，有「臂弓秣馬長淮去」（〈西湖別舍弟潤之〉卷五）在揚州一帶遊歷。他目睹揚州兵後的破敗，寫統治者的腐朽無能，並表達報國無門的悲憤。

下片寫興亡之恨。金陵，丹陽指現今的鎮江，都是恢復中原最佳基地，然而南宋不知利用，讓人空「悵望」。再看揚州城內一片蕭索，自己卻不能投筆從戎，反淹留在這空城，真是「書生無用」，求富貴不能，看來只有諷刺的騎鶴遊揚州，成仙去了。

詞中憂心國事，惆悵失意、悲憤的情思，洋溢詞中。

**2．辛棄疾喜愛劉過的硬語盤空**

辛棄疾的詞「慷慨縱橫，有不可一世之概。」[132]南歸之後，把一

---

132 注一二二，見《四庫全書總目提要》，冊五，頁 302。

腔悲憤全傾注在詞中，「硬語盤空誰來聽」(〈賀新郎〉同父見和，再用韻答卷二)。辛稱自己的詞盤空硬語，有回他寫給劉過書，

> 夜來見示〈送王簡卿書〉，偉甚！真所謂「橫空盤硬語，妥貼力排奡」者也。健羨！健羨！[133]

他也喜歡劉過的橫空硬語。

**3．劉過蓄意學辛棄疾的詞，詞風更相似。**

黃昇《花庵詞選》云：「改之，稼軒之客。……其詞多壯語，蓋學稼軒者也。」李調元《雨村詞話》云：「其時爲稼軒客如龍洲劉過，每學其法，時人都稱之然失之粗劣。」很多人都認爲劉過學辛棄疾的詞，岳珂《桯史》云，辛棄疾曾召劉過，劉過有事不克前來：

> 因效辛體〈沁園春〉一詞並緘往，下筆便逼真。其詞曰：「斗酒彘肩，醉渡浙江，豈不快哉！被香山居士，約林和靖，與蘇公等，駕勒吾回，坡謂西湖，正如西子，濃抹淡妝臨照臺。諸人者都掉頭不顧，只管傳杯。白云天竺去來。畫圖裏、崢嶸樓觀開。看縱橫一澗，東西水繞，兩山南北，高下雲堆。逋曰不然，暗香疏影。只可孤山先探梅。蓬萊閣，訪稼軒未晚，且此徘徊。」辛得知大喜，致餽數百千，竟邀之去，館燕彌月，酬唱亹亹，皆似之，逾喜。(卷二)

這首詞藉蘇軾、林和靖、白居易給留住了，蘇軾要他欣賞西湖濃抹淡妝的景致，白居易要他 賞東、西兩澗和南、北高峰，林和靖邀他去孤山探梅。打破上下片的承接關係，一氣呵成。俞文豹《吹劍錄》評云：

> 此詞雖粗刺而局段高，與三賢游，固可眇視稼軒。視林、白之清致，則東坡所謂淡粧濃抹已不足道，稼軒富貴，焉能浣我哉。[134]

這是讚揚劉過的襟抱，劉過故意效辛體，下筆便逼真。辛棄疾讀後大喜，「致餽數百千」，並招至幕府，「館燕彌月」，酬唱亹亹，「皆似之」，更加高興，臨走還送許多錢。可見連辛棄疾也同意並喜歡劉過詞

---

133　同注三十，頁 128。

134　俞文豹：《吹劍錄》，見《叢書集成新編》(臺北：新文豐書局，1985 年出版)冊九七，頁 197。

很像他的詞，所以李調元《雨村詞話》云：「頗有稼軒氣味。」[135]

劉過又有〈沁園春〉寄辛稼軒：

> 古豈無人，可以似吾、稼軒者誰？擁七州都督，雖然陶侃，機明神鑒，未必能詩。常袞何如？羊公聊爾，千騎東方侯會稽。中原事，縱匈奴未滅，畢竟男兒。　平生出處天知，算整頓乾坤終有時。問湖南賓客，侵尋老矣，江西戶口，流落何之？盡日樓臺，四邊屏障，目斷江山魂欲飛。長安道，奈世無劉表，王粲疇依。（卷十一）

劉過認爲歷史中的英雄輩出，卻無人可以稼軒相比擬。詞中舉三位人物，陶侃雖然神機妙算，卻無詩才。唐名相常袞，重用文人，堵住賣官鬻爵之路。羊祜鎮守襄陽，是風流儒將。兩人也比不上稼軒。千騎雍容的鎮守會稽。「中原事，縱匈奴未滅，畢竟男兒。」讚美稼軒一生爲抗金復國而努力，是個堂堂男兒。總有一天整頓乾坤，然而自己已年老，「目斷江山魂欲飛」，焦慮江山未收復，自己的淪落，把一切希望寄託在辛棄疾身上。

劉過又有〈念奴嬌〉留別辛稼軒：

> 知音者少，算乾坤許大，著身何處？直待功成方肯退，何日可尋歸路。多景樓前，垂虹亭下，一枕眠秋雨。虛名相誤，十年枉費辛苦。　不是奏賦明光，上書北闕，無驚人之語。我自匆忙天未許，贏得衣裾塵土。白璧追歡，黃金買笑，付與君為主。蒓鱸江上，浩然明日歸去。（卷十一）

劉過是個有血性的「天下奇男子」，曾「上皇帝之書，客諸侯之門」（〈獨醒賦〉卷十二）東上會稽，南窺衡湘，西登岷峨，北游荊揚。卻得不到朝廷的重視與任用。如果真要等到功成名就，何年才能歸隱。十年辛苦求名，白費苦心。他曾盡了心力上明光殿奏賦，卻是「贏得衣裾塵土」，說明自己失意、窘迫，提早歸隱的原因。幸好有知音辛棄疾慷慨大度，對他的款待。現在他要歸去，即使有「蓴鱸江上」的生活，也難忘卻「白璧追歡」的賞識。

---

135　李調元：《雨村詞話》，見《詞話叢編》，冊二，頁 1240。

辛、劉兩人詞風相似，以至於〈清平樂〉、〈西江月〉兩詞，都收入兩人的詞集，很難考證到底是誰的作品。

## 小　結

從辛棄疾、陳亮與劉過的個性，遭遇、政治觀念、詞風看，兩人會成爲好友因爲他們的同質性很高。他們雖是二南人、一北人，但都是堅決主戰，都懷抱一腔熱血，上書皇帝，宰臣，登山臨水時，腦中所思想的是希望達到統一救國的目的，雖主和派當權，而且時代的風氣是畏金恐戰，他們一再的受挫失望。辛棄疾期望馬革裹屍，效死疆場，朝廷卻是給他做些無足輕重的官，又一再受彈劾來摧沮他的信心，被迫前後兩次隱居共二十年，仍不灰心，期望再起。陳亮六達帝庭，上恢復中原之策。淳熙三年，葉衡罷相，他仍寫信向他說明自己上書的懷抱與苦心，他在〈與葉丞相衡〉書云：

> 功名之事，儒者以為難而有志者所同歎也。以今日堂堂中國之大，天子之明，若能相與協力整齊五年，使民力稍蘇，國計可倚，豪傑動心，中原知向，紛紛之論便可以不顧矣，奈之何其度日悠悠也！（卷二十一）

他二譏宰相，無輔佐上聖之能。所以朝廷大臣厭惡他，他反對理學的空談性命於事無補，常常與人論戰，學者厭惡他。他一生遭遇坎坷，二次入獄，纏訟十年方休，五次參加科舉，死前一年，五十一歲才中進士，期循仕途報效國家，結果未上任就身死。

劉過一生貧困，屢次科舉受挫，雖然以詩文干謁權貴重臣，絕不是江湖無賴，而是功名不成，有志難申。他的個性是「鼓行之老氣不衰，嫉惡之剛腸猶在。」（卷十二）所以一再佯狂，他的詞大開大闔，對時弊毫無顧忌的批評，對百姓的困苦十分關心，心中念念不忘統一。所以他的作品有兩極性的痕跡，「便平生豪氣，消磨酒裡，依然此樂，兒輩爭知」（〈沁園春〉贈豐城王禹錫卷十一）的豪氣，也有「多病劉郎疲。最傷心，天寒歲晚，寄他鄉久」（〈賀新郎〉贈鄰人朱唐卿卷十一）的感嘆。

黃昇《花庵詞選》云：「改之，稼軒之客，詞多壯語，蓋學稼軒者也。」雖然陳廷焯《白雨齋詞話》曾批評劉過詞：「改之學稼軒皮毛」「既不沈鬱又多支蔓」但他也說：「劉改之〈沁園春〉，……慷慨激烈，髮欲上指」「足以使懦夫有立志。」（卷六）

三人雖都是臨死不屈，堅決主戰，詞風也都是豪放，但同中仍有一些相異，陳亮詞更是怒吼直斥，比辛棄疾的鬱怒不平更直接，他的以政論入詞，是一種壯舉，雖歷年來文學史給他的地位不高，其實他不屈不撓的精神，抗金統一的精神是可佩的，他的遭遇也是可悲的。

辛棄疾與陳亮兩人的友誼是一段佳話，兩人高潔的人品，愛國之心更是可敬，兩人的詞風雄奇，拓展詞境。在詞史上値得記載。

辛劉兩人的相遇相知，實在是政治理念，個性、詞風相同，劉過又喜愛效辛體寫詞，更贏得辛的歡心。然而劉過在豪放愛國詞中，更多一些潦倒、淪落的身世悲歌。

# 第四章　金戈鐵馬辛棄疾

## 第一節　辛棄疾生平與詞集

### 一、辛棄疾生平

辛棄疾（1140-1207），原字坦夫，後改字幼安，號稼軒，歷城（今山東濟南）人。歷經高宗、孝宗、光宗、寧宗四朝。稼軒出生時，山東已淪陷金。二十二歲時，集二千之眾，加入耿京之抗金義軍，並任掌書記。不久歸南宋，歷任湖北、江西、湖南、福建、浙東安撫使等職。任職期間，採取積極措施，招集流亡，訓練軍隊，獎勵耕戰，打擊貪汙豪強，注意安定民生，一生堅決主張抗金。曾上〈美芹十論〉、〈九議〉等奏疏中，陳述其恢復主張，論析當時的政治軍事形勢，極力駁斥主和派的投降謬論；要求加強戰備，鼓勵士氣，以恢復中原。然均未被採納，並遭到主和派的打擊，曾長期落職閒居江西上饒、鉛山一帶。寧宗嘉泰三年（1203），韓侂胄當政，辛棄疾以「主戰派元老」被起用。次年入朝陛見，改鎮江知府，與韓侂胄的躁進不合，又被藉故罷退，後韓侂胄倉卒用兵，一敗塗地，寧宗爲穩定政局，不得已再起用，然辛棄疾已染重病，未及上任，就賫志以歿。據《濟南府志》載，臨死前還大呼「殺賊！殺賊！」抗金決心至死不渝。

### 二、辛棄疾的詞集

辛稼軒詞歷代刻本所見不多，辛棄疾的弟子范開是第一個爲稼軒收集詞的人。他於淳熙十五年（1188）年編成《稼軒詞甲集》。至於南宋有關稼軒詞版本，只能從其他文人著作所提及，獲蜘絲馬跡。

南宋岳珂（1183-1234）所著《桯史》中有《稼軒論詞》一條云：

> 待制詞句脫去古今軫轍，每見集中「解道此句，真宰上訴，天應嗔耳」之〈序〉，嘗以為其言不誣。[1]

所引序文不見現行各本中，這可能是當時稼軒詞的一種版本。[2]

南宋劉克莊（1187-1264），曾受辛棄疾之孫囑託，爲《稼軒集》寫序，在他的著作《後村大全集》卷九十八中，有〈辛稼軒集序〉。序中對稼軒詞極爲稱讚，並說他愛稼軒詞「余幼皆成誦」。從劉克莊序中得知此集包括詞即在內，這也可能是稼軒詞的另一版本。

宋末元初王惲（1227-1304），在他著作的《玉堂嘉話》卷五說：

> 徒單侍講與孟解元駕之亦善誦記，取新刊本《稼軒樂府》吳子音〈前序〉，一閱即誦，亦一字不遺。

吳序不見於其他版本，此《稼軒樂府》當是稼軒詞的又一版本。

宋末元初劉辰翁（1232-1297），在他的著作《須溪集・辛稼軒詞序》卷六：

> 宜春張清則取《稼軒詞》刻之。

《稼軒詞》當又是另一版本。

以上四版本都不傳。南宋陳振孫《直齋書錄解題》，載有《稼軒詞》四卷題要，又云：「信州本十二卷，視長沙本爲多。」

看來稼軒詞在南宋有三刻：一爲長沙一卷本；二爲信州十卷本；三爲四卷本。一卷本今不傳。四卷本及十二卷本傳傳至今。

### （一）四卷本

**1．范開所編的四卷本，又稱稼軒詞甲集乙集丙集丁集。**

辛棄疾的弟子范開於淳熙十五年（1188）年編成《稼軒詞甲集》。

甲集所收的詞爲辛棄疾四十八歲以前的作品。范開在序中還講到他編此集的經過與原因。

乙集不知何人所編，按梁啓超說法，乙集於辛棄疾宦閩時一首未見收錄，推定乙集當在紹熙二年（1191）編成。所收詞大部分是甲集

---

1 宋・岳珂：《桯史》，見《景印文淵閣四庫全書》，冊一〇三九，頁 431。

2 本節辛稼軒詞刻本，參考辛棄疾撰，徐漢明校刊：《辛棄疾全集・稼軒詞版本簡介》（成都：四川文藝出版社，1996 年元月第 2 次印刷），頁 476。

編成以後四年之內的作品，其中也有少數補收甲集編成以前甲集未收之作品。

丙集也不知何人所編，按梁啓超的說法，丙集所收的詞，是辛棄疾宦閩到辛丑生日（1192-1201），這十年間的作品，集辛棄疾五十三歲到六十二歲作品。大都是落職家居所寫，也有少數是這以前寫的，而甲集乙集未收。丁集的編者也不知是何人。按梁啓超所說說，丁集所收的詞，似是補前甲乙丙三集未收之詞，各篇具體年代、時間，難以考辨。丁集的編成略與丙集同時，兩集都無稼軒晚年帥越、帥鎮江以後的作品，推知丙丁兩集當編成於嘉泰元年（1201）。

從以上可知稼軒詞甲乙丙丁集，似乎是辛棄疾在世時編成。

**2．吳訥輯《百家詞》，內收稼軒詞甲集、乙集、丙集、丁集各一卷，共收稼軒詞四百二十七首**

《百家詞》當時未刻，只有少數傳抄本，現有傳抄本藏北京圖書館和上海商務印書館排印本。

**3．毛抄本稼軒詞甲乙丙丁四集**

明毛晉（1599-1659），藏書豐富，建汲古閣。毛氏精寫稼軒詞甲乙丙丁四集，以詞的撰作先後爲序。

**4．稼軒詞四卷**

商務印書館影印毛氏汲古閣稼軒詞甲乙丙丁四卷抄本（唐圭璋：《全宋詞》引用書目著錄）。

**5．稼軒詞甲集一卷乙集一卷丙集一卷**

《影印宋金元明本詞》收稼軒詞甲集乙集丙集各一卷，1961 年由北京中華書局出版。由吳昌綬於 1917 年刻成十七種，後由武進陶湘續刻二十三種，合爲四十種。抗日前，曾少量印行，稱《雙照樓正續編》。其後陶湘又輯補三家，刻成後未正式印行，1961 年北京中華書局，整理舊版一起印刷出版。

**（二）十二卷本**

稼軒詞十二卷又曰稼軒長短句，收有辛棄疾「丁卯八月病中作」之〈洞仙歌〉。這首詞爲辛棄疾絕筆之作，寫後不滿一月，九月十日他便帶幽憤離開人世。推知稼軒長短句十二卷，必在辛棄疾逝世之後編成。

**1．宋刻本信州十二卷本**

宋《直齋書錄解題》及《宋史·藝文志》著錄，謂稼軒詞南宋有信州十二卷本。此刻本現不傳。

**2．元大德廣信書院十二卷本**

元大德己亥（1299），廣信書院孫粹然、張公俊依十二卷本重新刻印。現藏北京圖書館。該書爲辛棄疾身後所刊，其中所收詞比四卷本多，共收五百七十二首，字句也比四卷本多所改定，而題語也較詳明。

**3．稼軒長短句十二卷**

中華書局影印元大德信州本。唐圭璋《全宋詞》引用書目著錄。

**4．李濂批點稼軒長短句十二卷**

明嘉靖王詔，依元大德己亥廣信書院本在開封校刊重刻，由李濂批點。李濂還在嘉慶丙申（1536）二月於碧雲精舍寫序言。

**5．毛氏汲古閣稼軒詞**

明毛晉將王詔本長短句十二卷刪去李濂的序文與批點，把十二卷改爲四卷，收入《宋六十名家詞》。編次與王詔《稼軒長短句》十二卷本同。

**6．四印齋刻稼軒長短句**

清光緒年間，王鵬運所輯《四印齋所刻詞》，選輯五代、宋、金、元諸家別集、總集及《詞林正韻》等二十四種，後附《四印齋匯刻宋元三十一家詞》，其中宋詞二十四家，校刊精審。

**7．稼軒長短句十二卷**

清代吳重熹輯《吳氏石蓮庵刻山左人詞》，收錄稼軒長短句十二卷，清光緒二十七年（1901）金陵刊本。

**8．稼軒長短句**

民國十二年（1923）出版，鉛印本，共四冊。

**9．稼軒稼軒長短句**

線裝本。1957年上海古籍出版社根據北京圖書館藏元大德刊本影印。

**10．小草齋抄本稼軒長短句**

1961年7月北京中華書局出版《影印宋金元明詞》收有《小草齋

抄本稼軒長短句》。

**11．辛棄疾全集**

由徐漢明編錄，1994 年 8 月在成都由四川文藝出版社出版。以元大德廣信書院十二卷本爲底本，同他本校對，又收十二卷中失收的詞 56 首，爲補遺一卷，共十三卷，記收詞629首，較《全宋詞》多三首。收詩 141 首，校鄧廣銘《稼軒詩文鈔存》多 17 首。收 17 篇文。

**（三）編年本**

**1．稼軒詞證疏**

本書由梁啓超、梁啓勛合輯，梁啓勛疏正。

**2．稼軒詞編年箋注**

本書由鄧廣銘箋注。書中排列辛棄疾六百多首詞的寫作年代，每首詞正文後有「校」、「箋注」、「編年」。此書 1978 年上海古籍曾重印。出版時由鄧廣銘作部分修改和補充。書前有〈重印說明〉，還保留〈略論辛稼軒及其詞〉、〈增訂再版題記〉、〈題記〉、〈例言〉，書後附錄〈舊本稼軒詞集跋文〉、〈箋注補正〉、〈稼軒詞索引〉。

## 第二節　辛棄疾的愛國詞

稼軒之成爲愛國詞人，乃在他有深沈的民族憂患。他自幼出生於淪陷區，他祖父當宋室南渡時，因爲族眾，未能脫身，遂仕於金，但「每退食，輒引臣輩登高望遠，指畫江山，思投釁而起，以紓君父不共戴天之憤。」[3]辛棄疾的民族意識是受祖父的啓導。

稼軒是個勇健男兒，在紹興三十一年（1162），他二十二歲，率部眾二千投耿京，並於次年奉表南歸。洪邁《稼軒記》稱他：「齊虜巧負國，赤手領五十騎，縛取於五萬眾中，如夾毚兔，束馬銜枚，間關西奏淮，至通晝夜不粒食。」[4]

---

3 見辛棄疾撰、鄧廣銘輯校，辛更儒箋注：《辛稼軒詩文箋注．美芹十論》（上海：上海古籍出版社，1995，12 月第 1 版），頁 1。

4 同上注，頁 267。

他自己回憶道：「壯歲旌旗擁萬夫，錦襜突騎渡江初。燕兵夜娖銀，漢箭朝飛金僕姑。」(〈鷓鴣天〉有客慨然談功名，因追念少年時事，戲作。卷四)又言：「記少年，駿馬走韓盧，掀東郭。」(〈滿江紅〉和廓之雪卷二)在〈鶴鳴亭絕句〉云：「飯飽閑游遶小溪，卻將往事細尋思。有時思到難思處，拍碎闌干人不知。」[5]想到以前的英勇，卻兩次落職，閑居在江西。他仍不改愛國心。劉過曾寄言：「平生出處天知，算整頓乾坤終有時。」[6](〈沁園春〉寄辛稼軒)這兩句話正道出他一生的情懷、理想與目標。本節所探討的是他愛國思想的形成，及動人的愛國詞章。

## 一、愛國思想的形成

### (一)出身背景與祖父影響

辛棄疾出生在仕宦家庭，始祖維業當過大理評事，高祖師古官至儒林郎；曾祖寂曾任賓州司戶參軍，祖父贊官金人朝散大夫，父親文郁贈中散大夫，早卒。稼軒由祖父撫養長大。他祖父當宋室南渡時，因爲族眾，未能脫身，「被汙虜官」，遂仕於金。所以把希望寄託在稼軒稼軒身上。紹興二十四年(1154)和紹興二十七年(1157)，辛棄疾受祖父命，兩次有燕山之行，「嘗令臣兩隨計吏抵燕山，諦觀形勢。」(〈美芹十論〉)一面觀察形勢，一方面參加科考。在紹興三十年，辛棄疾考中進士。[7]本可鴻圖大展，求得顯達，但是國仇家恨，又受到祖父的影響，決心到南方貢獻自己。他在〈美芹十論〉中云：「虜人憑陵中夏，臣子思酬國恥，普天率土，此心未嘗一日忘。」他在〈念奴嬌〉雙陸，和陳仁和韻：「少年橫槊，氣憑陵、酒聖詩豪餘事。」他不熱衷功名，不愛詩酒，只是密切注意戰爭，準備隨時投入統一行列。

南歸後，辛稼軒娶范邦彥之女爲妻。根據劉宰《漫塘文集．故公安范大夫及夫人張氏行述》云：

> 公諱如山，字南伯，邢臺人，……字諱邦彥，宣政、間入太學，

---

5 同上注，頁 256。
6 見劉過：《龍洲集》(上海：上海古籍出版社，1978 年 9 月第 1 次印刷)，頁 87。
7 宋．徐夢莘：《三朝北盟會編》，見《景印文淵閣四庫全書》，冊三五二，頁 472。

其後陷虜，念惟仕可以行志，乃舉進士。以蔡近邊，求為新息令。歲辛巳，率豪傑開蔡城以迎王師，因盡室而南。……女弟歸稼軒先生辛公棄疾。辛與公皆中州之豪，相得甚。[8]

又宋末元初牟巘的《陵陽集．書范雷卿家譜》：

（范邦彥）由進士出身，為蔡州之新息縣。紹興辛巳已十月，以其縣來歸。……公與辛公棄疾先後來歸，忠義相知，辛公遂婿於公。[9]

從以上可知范邦彥與辛贊一樣，曾在金政權做官，同辛棄疾一樣，都先後率眾起義，先後來到南宋。淳熙五年（1178），范南伯五十歲生日，辛棄疾作〈破陣子〉詞祝壽，勉勵他爲收復失土而努力：

擲地劉郎玉斗，掛帆西子扁舟。千古風流今在此，萬里功名莫放休，君王三百州。　燕雀豈知鴻鵠，貂蟬原出兜鍪。卻笑盧溪如斗大，肯把牛刀試手不？壽君雙玉甌。（卷一）

可見他們的志趣都是相同的。

從稼軒的作品中，他尙有二族弟，只知是祐之和茂嘉。詞題「寄祐之弟」「送祐之弟」有七首，「送茂嘉十二弟」有二首，從這些詞看來他們也都是有抗金思想有民族意識的人。

## （二）金對漢民族歧視壓迫

金攻陷汴京，對廣大的漢民族實行殘酷的種族歧視與壓榨。辛棄疾眼見金人的壓榨，他在〈美芹十論．觀釁〉云：

方今中原之民，其心果何如哉？……一染腥羶，彼視吾民如晚妾之御嫡子，愛憎自殊，不復顧惜。……分布州縣，半是胡奴，分朋植黨，仇滅中華。民有不平，訟之於官，則胡人勝，而華民則飲氣以茹屈。田疇相鄰，胡人則強而奪之；孳畜相雜，胡人則盜而有之；民之至愛者子孫，簽軍之令下，則貧富不問而丁壯必行；民之所惜者財力，營築饋餉之役興，則空室以往而休息無期；有常產者困窶，無置錐者凍餒。

8 劉宰：《漫塘文集》，見《景印文淵閣四庫全書》，冊一一七〇，卷三四，頁 69。
9 牟巘：《陵陽集》，見《景印文淵閣四庫全書》，冊一一八八，頁 136-137。

根據辛棄疾所寫「簽軍之令下，則貧富不問而丁壯必行」，「有常產者困窶」等語，可見女真對漢民族的日漸壓迫。

紹興三十一年（1161），漢民族對女真族的「怨已深、痛已鉅、而怒已盈」（〈美芹十論・觀釁〉第三）便趁著完顏亮率軍而侵時，相互聚集，爆發了大規模的武裝起義。耿京領導的農民義軍是其中著名的一支。〈美芹十論・審勢〉第一云：

> 辛巳之變，蕭鷓巴反於遼，開趙反於密，魏勝反於海，王友直反於魏，耿京反於齊、魯，親而葛王又反於燕，其餘紛紛所在而是……。

《金史・海陵本紀》也有相同記載：

> 大名府賊王九據城叛，眾至數萬，所至盜賊蜂起，大者連城邑，小者保山澤，或以十數騎張旗幟而行，官軍莫敢近。[10]

辛棄疾也在此時率二千部眾加入耿京所領導的義軍並任「掌書記」。他的〈美芹十論〉劄子：

> 粵辛巳歲，逆亮南寇，中原之民，屯聚蜂起，臣嘗鳩眾二千，隸耿京，為掌書記，與圖恢復。

從這段文字可知他目睹金的壓迫，一腔爲民除害的熱血，並率農民軍歸附耿京。

### （三）南宋朝廷的苟且偷安

辛棄疾南下初年，即紹興三十二年。這年六月，傳位孝宗。並於次年四月主動北伐。起初宋軍取得勝利，但不久便在符離一戰大潰。又次年十二月，宋、金簽訂「隆興和議」。

稼軒處的時代，政治無能，「黑白染糅，賢不肖混淆，佞諛滿前」[11]。因爲統治者的怯懦腐敗，獻金帛以苟安，追聲色而圖享樂，投降主義甚囂塵上。小人以爲主戰是「爲國生事」、「孤注一擲」。他說：

> 恢復豈為難哉？上之人持之堅，下之人應之同，君子曰「不事

---

10 見元・脫脫：《金史・海陵本紀》（臺北：鼎文書局，1978 年出版），冊一，頁 115。

11 黃幹：《勉齋集・與辛侍郎書》，見《景印文淵閣四庫全書》，冊一一六八，卷四，頁 53。

仇讎」，小人曰「脫有富貴」，如是而恢復之功立矣。(〈九議〉)

然而不管是〈美芹十論〉、〈九議〉等，力陳抗金戰略，都被束之高閣，主和派大大抬頭，民心日萎靡。黃震在《黃氏日鈔》卷六十九：「民日以窮，兵日以弱，財日以匱，士大夫日以無恥。」[12]這是指宋末即將滅亡情形，但南宋初期、中期何嘗不是。

**（四）愛國的情操**

稼軒是北人南來，個性剛直，最可貴的精神是，無論在朝在野，得時不得時，他的所有思想都是中原的統一。他曾說：「負抱愚忠，填鬱腸肺」，(〈美芹十論〉) 憂國憂時者。他不顧己身年老，「精忠自許，白首不衰」[13]。他只擔心國家命運，他的心態是「馬革裹屍當自誓」(〈滿江紅〉)，所恨的是主和派爲「剩水殘山無態度」，(〈賀新郎〉) 為要「了卻君王天下事」(〈破陣子〉為陳同甫賦壯詞)，從中年的登建康賞心亭，到年紀老邁，登北固亭之作，仍是以統一爲志業。

他日夜想的是「西北有神州」，「看試手，補天裂」，(〈賀新郎〉同父見和再用韻答之) 期盼「好都取山河獻君王，看父子貂蟬，玉京迎駕。」(〈洞仙歌〉壽葉丞相) 又期許「他年要補西北。」(〈滿江紅〉建康史帥致道席上賦)

他心中是「都將古今無窮事，放在愁邊。」(〈醜奴兒〉)「吾道悠悠，憂心悄悄，……長憶商山四老，塵埃也走咸陽道。爲誰書道便幡然，至今此意無人曉。」(〈踏莎行〉)

所以他痛恨南宋小人阻撓，如「江左沈酣求名者，豈識濁醪妙理。」(〈賀新郎〉) 他的作品充滿國愁與恨，如「而今識盡愁滋味」(〈醜奴兒〉)，除了國仇家恨，「不信人間別有愁」(〈醜奴兒〉)「長恨復長恨，裁成短歌行」(〈水調歌頭〉壬子三山被召，陳端仁給事餞席上作)。

他的愛國詞中豪放、沈鬱、悲壯是他的主要風格，源於他豐富的愛國情懷，以天下爲己任。因此譚獻評點他的〈念奴嬌〉書東流村壁：「大步踏來與眉山異曲同工，然東坡是衣冠偉人，稼軒則弓刀游俠。」

---

12 黃震：《黃氏日鈔》，見《景印文淵閣四庫全書》，冊七〇八，卷六九，頁 671。
13 衛涇：《後樂集·辛棄疾辭免兵部侍郎不允詔》，見《景印文淵閣四庫全書》，冊一一六九，頁 498。

真是寫明稼軒的軍人本色。

陳廷焯《雲韶集》中評:「詞至稼軒,縱橫博大痛快淋漓,風雨紛飛,魚龍百變,真詞壇飛將軍。」[14]他的詞都是表達他愛國家民族之心。

## 二、稼軒愛國詞內容

辛棄疾愛國詞的內容可分:

### (一)神州沈陸、國土分裂

辛棄疾詞的愛國思想,常感嘆國土分裂,如「起望衣冠神州路,白日消殘戰骨。嘆夷甫諸人清絕!夜半狂歌悲風起,聽錚錚、陣馬檐間鐵。南共北,正分裂。」(〈賀新郎〉用前韻送杜叔高)對南北分裂的情形,夜深難寐。期望友人放眼時局,爲國效命。又有〈念奴嬌〉登建康賞心亭,呈留守史致道:

> 我來弔古,上危樓贏得、閒愁千斛。虎踞龍盤何處是?只有興亡滿目。柳外斜陽,水邊歸鳥,隴上吹喬木。片帆西去,一聲誰噴霜竹? 卻憶安石風流,東山歲晚,淚落哀箏曲。兒輩功名都付與,常日惟消棋局。寶鏡難尋,碧雲將暮,誰勸杯中綠?江頭風怒,朝來波浪翻屋。(卷一)

這詞作於乾道四年(1168),稼軒在建康通判任上。金陵是六朝繁華之地,歷來登臨者多有吟詠,但不少僅流於發思古幽情。此詞借古諷今。上危樓卻贏得閒愁,雖然金陵有「龍蟠虎踞」之勢,但在此建都的幾個朝代,卻都是偏安一隅,結果內亂亡國,或被北方的統治者消滅了。暗喻朝廷遷都臨安,無心北伐,有負金陵形勢,愧對古人。

下片弔金陵的遺跡中,以謝安喻史致道,史致道原曾向宋高宗上過《恢復要覽》五篇,建議高宗「無事則都錢塘,有事則幸建康。」力圖進取。這和謝安在淝水之戰指揮若定,有些相似。李白就曾歌詠:「但用東山謝安石,爲君談笑靜胡沙。」謝安是抵禦北敵的大功者,

---

14 陳廷焯:《雲韶集》,見劉揚忠:《辛稼軒詞心探微》(濟南:齊魯出版社,1990年2月出版)引。

晚年卻遭皇帝猜忌，落到「淚落哀箏曲」的尷尬境地，只能不問政事。下片五句是借古喻今，對史致道的同情，更含括了大批愛國志士的不幸遭遇。寶鏡以下自抒懷抱，感嘆壯志難酬，爲磋跎歲月而已。持酒對江，激憤之情，如波濤洶湧，久久難平。

又如〈水龍吟〉登建康賞心亭：

楚天千里清秋，水隨天去秋無際。遙岑遠目，獻愁供恨，玉簪螺髻。落日樓頭，斷鴻聲裏，江南遊子。把吳鉤看了，欄干拍遍，無人會，登臨意。　　休說鱸魚堪鱠，儘西風，季鷹歸未？求田問舍，怕應羞見，劉郎才氣。可惜流年，憂愁風雨，樹猶如此！倩何人、喚取紅巾翠袖，搵英雄淚。（卷一）

這首詞與前一首都是登建康賞心亭，十多年來他只當一些地方官。淳熙元年（1174），他應葉衡之聘在建康任江東安撫司參議官，登上建康樓上的賞心亭，眺望祖國河山。（也有人認為是乾道三年作品）起頭便是一派水天無際、秋高氣爽疾爲雄闊的氣象，然而見山看水，引來「獻愁供恨」，凸顯一個愛國者，在落日、斷鴻聲裏，把吳鉤看遍的孤寂。

下片直抒壯志難酬之悲。只好「喚取紅巾翠袖，搵英雄淚」，時代的英雄卻要找不懂亡國恨的歌女來擦淚，突出一個英雄的悲劇。《海綃說詞》謂：「稼軒之縱橫，而不流於悍疾，則能留故也。」[15]譚獻《復堂詞話》：「裂竹之聲，何嘗不潛氣內轉。」[16]如送詩人杜叔高時，除了讚美他詩學才華橫溢，也惋惜他才多命蹇，接著感嘆國運，「起望衣冠神州路，白日銷殘戰骨。……南北共、正分裂。」（〈賀新郎〉用前韻送杜叔高）大好河山正處分裂狀態，然而朝廷當權派小人還視若無睹。

又如〈水龍吟〉甲辰歲壽韓南澗尚書：

渡江天馬南來，幾人真是經綸手？長安父老，新亭風景，可憐依舊。夷甫諸人，神州沈陸，幾曾回首！算平戎萬里，功名本是，真儒事，公知否。　　況有文章山斗，對桐陰、滿庭清晝。當年墮地，而今試看，風雲奔走。綠野風煙，平泉草木，東山

---

15 陳洵：《海綃說詞》，見《詞話叢編》，（臺北：新文豐出版公司，1988 年 2 月臺一版），冊五，頁 4840。

16 譚獻：《復堂詞話》，見《詞話叢編》，冊四，頁 3994。

歌酒。待他年整頓，乾坤事了，為先生壽。（卷二）

甲辰是孝宗淳熙十一年（1184），辛棄疾四十五歲，從江西安撫使任上被彈劾落職，在落職前，他以開始營建帶湖新居。韓元吉字無咎，號南澗，是北宋名臣韓維的元孫。他是力主恢復中原者。乾道末年，他奉命出使金國時，曾多方探察金國形勢，歸來上奏：

敵之強盛五十年矣，人心不附，必不能久，宜合謀定算。養威蓄力，以伺可幾之釁。[17]

辛棄疾與韓元吉相識甚早，辛退居帶湖時，韓元吉已致仕歸上饒和辛棄疾詩詞唱和，來往頻繁，是志同道合者。

韓元吉比稼軒生日只早一天，[18]他對稼軒深寄厚望，曾有一首同調、同韻的〈水龍吟〉壽辛侍郎：「使君莫袖平戎手」。期望他重新出來做官。

辛棄疾爲韓南澗六十七歲祝壽和詞時，通篇沒有祝壽的話，界古論今，一再激勵勸勉韓元吉。詞中痛斥「夷甫諸人，神州沈陸，幾曾回首」。南宋朝廷對恢復是漠不關心，提出平戎的功名，才是真正儒者的事業。正說明他雖隱居並不忘記北伐的事。

「幾人真是經綸手？」感嘆國家缺乏經邦濟世之人。接下三句對南宋偏安的局勢久不改變，感到焦急。「可憐依舊」概括南宋偏安六十年，令人喪氣沈悶的局面。「夷甫諸人」，是借古諷今，指著當權者對國家前途漠不關心。那還能指望誰呢？稼軒自答：「算平戎萬里，功名本是，真儒事。」只能由真正愛國之人來承擔，實在是豪情四溢。以下一段歌頌文句，比他爲韓愈，稱頌他的家世，人品，從政的作爲等等。

結句「待他年整頓，乾坤事了，爲先生壽。」說明等到恢復中原，完成統一大業，再爲韓氏大大祝壽。充分表現愛國志士身居山林，心

17　見陸心源：《宋史翼》（北京：中華書局，1994 年出版），卷十四，頁 146。

18　劉文忠：〈讀水龍吟．爲韓南澗尚書壽，甲辰歲〉，見劉文忠：《辛棄疾詞鑑賞》（濟南：齊魯書社，1988 年 1 月第 2 次印刷），頁 91。他認爲韓作篇末自注：「僕賤生後一日也，故有分我蟠桃之戲。」這說明辛、韓生日只差一天，辛詞是步韓詞之韻的和作。

懷天下的廣闊胸懷。

### （二）朝廷政爭，志士被斥

主和派得勢，有爲之士被排擠，稼軒以自己懷才不遇和被排擠爲出發點，來控訴愛國者受挫之心。如〈水調歌頭〉淳熙丁酉，自江陵宜帥隆興，到官之三月被召，司馬監、趙卿、王漕餞別。司馬賦〈水調歌頭〉，席間次韻。時王公明樞密薨，坐客終夕為興門戶之嘆，故前章及之：

> 我飲不須勸，正怕酒尊空。別離亦復何恨，此別恨匆匆。頭上貂蟬貴客，苑外麒麟高塚，人世竟何雄。一笑出門去，千里落花風。　孫劉輩，能使我，不為公。余髮種種如此，此事付渠儂。但覺平生湖海，除了醉吟風月，此外百無功。毫髮皆帝力，更乞鑑湖東。（卷一）

詞作於淳熙五年（1178），稼軒三十九歲，在江西隆興安撫使任上。根據詞序，稼軒去年冬，由江陵知府改調隆興知府兼江西隆興安撫使。僅三月，又詔命入京。友人餞別所寫之詞。

從詞序可知，稼軒所氣的是要一、調任頻繁。二、朝廷內部門戶之爭。宦跡無定，「兩分帥閫，三駕使軺。」（〈新居上梁文〉）「二年歷遍楚山川」，（〈鷓鴣天〉離豫章，別司馬漢章大監）「二年魚鳥江上，笑我往來忙。」（〈水調歌頭〉淳熙己亥（1179）自湖北漕移湖南，周總領、王漕、趙守置酒南樓，席上留別。）「笑塵勞、三十九年非，長爲客。」（〈滿江紅〉江行，簡楊濟翁、周顯先。）忙忙碌碌，都因一年三調，又因朝廷門戶黨派，使稼軒壯志難酬。

序中所說王公明，即王炎（1112-1178），乾道元年（1165），以參知政事之職出任四川宣撫史，在任合利州東西兩路爲一，宣撫司治所疑南鄭（今陝西漢中），物色人才，訓練軍隊，積極備戰，伺機收復。乾道八年（1172），被招回京任樞密使，九年正月被罷，與祠。淳熙元年出之潭州，二年以湯邦彥論其欺君之罪落職，三年以赦復職自便，當仍居豫章，五年卒。這樣一位人物，何以使辛棄疾及其同僚們「終夕爲興門戶之嘆」呢？據王質〈上王參政啓〉云：「祖宗有訓，宰相當用北人；周、漢以來，太平多從四起。惟桑梓知名邦曰相，兒袞繡之先達有韓。載生我公，益懋其美。實河朔英豪之彥，有雍梁形勢之區。

人與地以相當，古至今而莫并。」[19]這位被王質稱爲「河朔英豪之彥」的宰相，在蜀三年銳意恢復的宣撫大臣，他最終被排斥，可能與南北人士之間不相容，或朝廷內部派別之爭有關。

詞中上片便點出「恨別匆匆」，隨即指出人生如夢，轉眼成煙。大可一笑置之，不用計較，何恨之有？借古諷今，抨擊世態庸俗，「余髮種種如此」，並說明自己耿介不阿的思想人格。「毫髮皆帝力，更乞鑑湖東」，是反諷、悲憤手法，既然難挽狂瀾，只好隱居山林罷了，免得被猜忌陷害。

又如〈沁園春〉戊申歲，奏邸忽騰報謂余以病挂冠，因賦此：

> 老子平生，笑盡人生，兒女怨恩。況白頭能幾，定應獨往；青雲得意，見説長存。抖擻衣冠，憐渠無恙，和挂當年神武門。都如夢；算能爭幾許，雞曉鐘昏。　此心無有親冤，況抱甕、年來自灌園。但淒涼顧影，頻悲往事；慇懃對佛，欲問前因。卻怕青山，也妨賢路，休鬥尊前見在身。山中友，試高吟楚些，重與招魂。（卷二）

淳熙十五年（1188），稼軒閒居上饒。離淳熙八年被罷官，已有七年。此時朝廷次他奉詞身份表示，有意起用。政敵開始緊張，謠傳他「以病挂冠」，真令人憤慨。梁啓超先生曾解釋此詞，謂：

> 先生落職，本緣被劾，而邸報誤為引疾，詞中「笑盡兒女怨恩」，「此心無有親怨」，謂胸中絕無芥蒂，被劾與引退原可是同一律也。「白頭能己，定應獨往」，「衣冠無恙，合挂當年神武」，言早當勇退，不必待劾。「都如夢，算能爭幾許，雞曉鐘昏」，言邸奏竟為我延長若干年做官生涯，然所差能幾，不足較也。……「卻怕青山，也妨賢路」，極言憂讒畏譏，恐雖山居猶不免物議也。「山友重與招魂」，言本已罷官，邸奏又為我再罷一次，山友不妨再賦招隱也。[20]

此詞既憤慨邸報之不實，又自甘田園終老。對「兒女怨恩」、「此

---

19 王質：《雪山集》，見《景印文淵閣四庫全書》（臺北：商務印書館，1985 年出版），冊一一四九，頁 433。

20 見梁啓超：《辛稼軒先生年譜》（臺北：中華書局，1960 年 1 月出版），頁 57。

心無有親冤」，他一笑置之。他「頻悲往事，慇懃對佛」，是憤世嫉俗又憂饞畏譏。他氣憤那些小人捏造他生病，把他當陶宏景，爲他辭官。他這幾年已杜門不出，閉門思過，過的日子是抱甕取水，「年來自灌園」，不與政治發生關係，無奈小人仍不放過他。

「卻怕青山，也妨賢路，休鬥尊前見在身」，唯恐閒居山中，仍不免遭議論。極度的憂饞畏譏，志士被斥，怪不得他要大喊：「長劍倚天誰問？」(〈水調歌頭〉)，「人間萬事，毫髮常重泰山輕」，(〈水調歌頭〉)「蘭佩芳菲無人問」。(〈賀新郎〉)，對小人壓迫人才很不滿。

### （三）志士被斥英雄空老

〈水調歌頭〉湯朝美司諫見和，用韻為謝：

> 白日射金闕，虎豹九關開。見君諫疏頻上，談笑挽天回。千古忠肝義膽，萬里蠻煙瘴雨，萬事莫驚猜。政恐不免耳，消息日邊來。　　笑吾廬，門掩草，徑封苔。未應兩手無用，要把蟹螯杯。說劍論詩餘事，醉舞狂歌欲倒，老子頗堪哀。白髮寧有種，一一醒時栽。(卷二)

本篇作於淳熙九年(1182)，辛棄疾四十三歲。他自淳熙七年冬任江西安撫使，次年十一月改任兩浙西路提典刑獄，剛一個月就被臺臣論列而罷官。湯邦彥字朝美。《京口耆舊傳》卷八說：

> 時孝宗銳意遠略，邦彥自負功名，議論英發。上(孝宗)心傾向之，擢左思諫侍讀。論事風生，權幸側目。21

不久因被論列貶謫到新州編管，又量移信州居住，與辛棄疾交游。

此詞是借他人酒杯澆自己塊壘。上片是羨慕湯朝美能回朝廷，「千古忠肝義膽」與「萬里蠻煙瘴雨」，成強烈的對比，強調從今不用再擔驚受怕，湯朝美即將被起用。

下片完全是發牢騷，想到自己投閒置散。「白日射金闕，虎豹九關開」，指湯朝美要去的金殿多壯麗。然而他自己是「笑吾廬，門掩草，徑封苔」，兩相對照。湯朝美要「諫疏頻上，談笑挽天回」，重新施展抱負，而他自己卻仍在「把蟹螯杯」，前途未卜。實在是「老子頗堪哀」。

---

21 宋．不著撰人：《京口耆舊傳》，見《景印文淵閣四庫全書》，冊四五一，頁204。

湯朝美被貶新州是因爲使金受辱，受到責罰而不是受迫害的。這次貶謫後重新起用，讓稼軒感受到都什麼時候機會才輪到自己。

此詞正是感慨志士被斥，英雄空老。

又如〈漢宮春〉會稽秋風亭懷古：

亭上秋風，記去年嫋嫋，曾到吾廬。山河舉目雖異，風景非殊。功成者去，覺團扇、便與人疏。吹不斷、斜陽依舊，茫茫禹跡都無。　千古茂陵詞在，甚風流章句，解擬相如。只今木落江冷，眇眇愁余。故人書報：『莫因循、望卻蓴鱸。』誰念我、新涼燈火，一編太史公書。（卷五）

辛棄疾在瓢泉閑居八九年後，寧宗嘉泰三年（1203），他出任浙東安撫使。全詞用魚模韻，讀之嗚嗚然。「凡用魚、虞、模韻的韻語都含有日暮途窮，極端失意的情感。」[22]這首詞辛棄疾表現極端失意，「只今木落江冷，眇眇愁余」，只能在燈下讀太史公書，其情懷也只有太史公能知，賢人不被重用的孤寂。

這首詞與辛棄疾同時的丘宗卿、姜夔和張鎡三人均有唱和。其中張鎡的詞題作：「稼軒帥浙東，作秋風亭成，以長短句寄余，欲和久之。偶霜晴小樓登眺，因次來韻，代書奉酬。」[23]《會稽續志》云：

秋風亭在觀風堂之側，其廢已久，嘉定十五年汪綱即舊址再建。綱自記於柱云：秋風亭辛稼軒曾賦詞，膾炙人口，今廢矣。余即舊基面東為亭，復創數椽於後，以為賓客往來館寓之地，當必有高人盛士如宋玉、張翰來游其間，游目騁懷，幸為我留，其毋遽起悲吟思歸興云。[24]

根據以上兩點資料可見稼軒建秋風亭。

上片先從亭上秋風起興，想到瓢泉的秋風，略寄思鄉之情。「山河」兩字語意雙關，從思鄉到中原。

「功成者去，覺團扇、便與人疏。」用《戰國策．秦策》：蔡澤謂應侯曰：「四時之序，成功者去。」及《漢書．外戚傳》：所載班婕好

22 見謝雲飛：《文學與聲律》（臺北：東大圖書公司，1978 年 11 月初版），頁 63。
23 見唐圭璋輯：《全宋詞》（臺北：世界書局，1984 年 3 月再版），冊三，頁 2136。
24 宋．張昊：《會稽續志》，見《景印文淵閣四庫全書》，冊四八六，頁 450。

〈怨歌行〉:「新裂齊紈素，皎潔如霜雪。裁成合歡扇，團團似明月。出入君懷秀，動搖微風發。常恐秋節至，涼風奪炎熱。棄捐篋笥中，恩情中道絕。」這裡用時序的更替與宮女如團扇見捐的典故,表示對前途的擔憂,借喻身世之感,主戰名將賢臣命運莫不如此。「斜陽依舊」,指斜陽與過去相同，但收復河山、統一中原，卻沒有希望。

下片以對比手法,〈秋風辭〉是漢武帝在晚年巡行河東,祭祀后土，泛舟汾河，在舟中與群臣宴飲，借楚辭體作此辭，抒發感秋，嘆老與期望獲得賢才的心情。稼軒在此，緬懷英主，勝讚昔日江山統一，國勢昌盛，而且漢武帝對司馬相如，不僅仿他的辭賦，重要的是「懷佳人兮不能忘」,求才若渴之心，賞識賢人之心。而現在是國勢日衰，偏安江左，有如「木落江冷」,卻無賞識者，賢者也只能嘆老。

結論是故人寫信來勸他形勢若有可爲便爲，否則便回來，勿忘故鄉，他用《晉書・張翰傳》典故，他曾在淳熙八年（1181），任江西安撫使上寫〈沁園春〉:「意倦須還，身閑貴早，豈爲蓴羹鱸鱠哉。……沈吟久，怕君恩未許，此意徘徊。」都指明他心中的思量，不會輕易放棄施展報復的機會。

「誰念我、新涼燈火，一編太史公書」,太史公書有許多牢騷，大概只有太史公知道他心情，局勢黯淡的悲傷，英雄空老的無奈。

又如〈永遇樂〉京口北固亭懷古：

> 千古江山，英雄無覓，孫仲謀處。舞謝歌臺，風流總被，雨打風吹去。斜陽草樹，尋常巷陌，人道寄奴曾住。想當年：金戈鐵馬，氣吞如虎。　　元嘉草草，封狼居胥，贏得倉皇北顧。四十三年，望中猶記，烽火揚州路。可堪回首，佛狸祠下，一片神鴉社鼓。憑誰問：廉頗老矣，尚能飯否。（卷五）

此詞是開禧元年（1205），稼軒在鎮江府上，稼軒從三月上任時，已經積極備戰。寧宗嘉泰四年（1204），宰相韓侂冑決定對金用兵，追封岳飛，起用稼軒。辛稼軒此時的心情很複雜，他知道韓侂冑的北伐，是「元嘉草草」的魯莽，卻又是符合他南渡四十三年來，一直希望的收復中原。

他看到「佛狸祠下，一片神鴉社鼓」，感受更深。原來北魏太武帝在擊敗王玄謨的軍隊後，一直追到京口對江的瓜步山，並在山上建行宮。到後世便被百姓誤爲佛狸祠，以爲是保佑人的廟。所以有「神鴉社鼓」的熱鬧。時代已經沖刷民族羞恥的意義。他深怕再過幾年，南宋恐怕在歷史中消失。

詞的後三句，「憑誰問：廉頗老矣，尚能飯否？」廉頗在趙王心中尙是英雄，還遣人相問。他內心感受到，有誰能起用我帶兵去殺敵，收復中原？英雄不爲所用得悲憤。此詞亦用魚、虞、模韻，詞情是悲憤的。

### （四）感懷身世臨別寄恨

孝宗淳熙八年（1181）秋，稼軒友人張仲固赴興元任知府，在餞別宴會上稼軒寫〈木蘭花慢〉席上送張仲固帥興元：

> 漢中開漢業，問此地、是耶非？想劍指三秦，君王得意，一戰東歸。追亡事，今不見；但山川滿目淚沾衣。落日胡塵未斷，西風塞馬空肥。　　一編書是帝王師。小試去征西。更草草離筵，匆匆去路，愁滿旌旗。君思我、回首處，正江涵秋影雁初飛。安得車輪四角，不堪帶減腰圍。（卷一）

孝宗淳熙八年（1181），辛棄疾擔任江西安撫使，是年張仲固要西帥奉調興元府（陝西漢中）。漢中當時是抗金前哨，地理形勢極重要。所以從漢中著手。從歷史角度看，漢中是劉邦建帝業之根基。與項羽進行楚漢之爭時，劉邦雖處劣勢，卻奮發圖強，憑藉漢中一地東進打倒三秦，完成統一大業。而南宋偏安江南，無心復國。「追亡事，今不見」，指當初蕭何，爲統一大業看中人才，夜追韓信。今朝廷不重人才，如何復國統一。以致愛國志士面對破碎山河，「山川滿目淚沾衣」。「落日胡塵未斷，西風塞馬空肥」，北方努力練兵，而南方塞馬空肥，強烈的對比，透露內心的憤慨。

下片從張良輔佐劉邦爲喻，希望朋友在前線漢中有所建樹。接著寫兩人深厚的情誼。又如〈水調歌頭〉送楊民瞻：

> 日月如磨蟻，萬事且浮休。君看簷外江水，滾滾自東流。風雨瓢泉夜半，花草雪樓春到，老子已菟裘。歲晚問無恙，歸計橘千頭。　　夢連環，歌彈鋏，賦登樓。黃雞白酒，君去村社一

番秋。長劍倚天誰問，夷甫諸人堪笑，西北有神州。此事君自了，千古一扁舟。（卷二）

此詞作約作於紹熙初（1189 或 1190），時稼軒閑居帶湖。詞是贈友人返鄉。因爲遭遇與友人略同，所以是有感而發。先從日月更替，萬物消長，大江東去等處寫起，說明宇宙無限，人生有窮，時不我與，隱寄身世之恨，壯志難酬。

下片前五句說明同情友人的遭遇。馮諼彈鋏、王粲登樓的遭遇，正是友人想歸家的原因，過歸隱山林，「黃雞白酒」的生活。但是詞後「長劍倚天誰問，夷甫諸人堪笑，西北有神州」，他怒斥群小，只懂清談誤國，使愛國之士請纓報國無門，以致投閒空老。結論是勉友人先以國家爲重，再效法范蠡泛舟五湖之事。充分有強烈的愛國熱忱。

## 三、稼軒愛國詞內容技巧之演變

稼軒愛國詞可以分爲幾個階段，在感情上、寫作方式有所不同：

### （一）江、淮、兩湖時期（1168-1181）

這期是稼軒剛南渡時，身份是個官卑人微的「歸正」人，非但沒有進言國家大事的機會，就連對地方政務也沒有決斷權。處在這種地位，他痛感「天下有恢復之理，難爲恢復之言。」（〈九議〉之九）但他仍「位卑未感忘憂國」，他上書對孝宗說：「臣孤危一身久矣，荷陛下保全事有可爲，殺身不顧。」（〈論盜賊劄子〉）這一期作品根據鄧廣銘《稼軒詞編年箋注》，可編年有七十一首，他的寫作是：

1. 稼軒在乾道年間時，還是佐貳之官，他的政治理想，「大都利用上司舉行宴席的場合，或是利用向上司祝壽的機會，通過酬唱的歌詞，將恢復中原整頓乾坤的大任，寄託於對方從而表達自己強烈的愛國熱情。」[25]所以他這期的作品壽詞很多，如「要挽銀河仙浪，西北洗胡沙」（〈水調歌頭〉壽趙漕介菴）「好都取山河獻君王，看父子貂蟬，玉京迎駕。」（〈洞仙歌〉壽葉丞相）「從

---

25 見常國武：《辛稼軒詞集導讀》（成都：巴蜀書社，1988 年 9 月第 1 次印刷），頁 25。

容帷幄去，整頓乾坤了。」(〈千秋歲〉金陵壽史帥致道)

2. 職務的調動，他常有羈旅行役和送別詞的傳統題材，或寫山水風光詞。這些詞他以豪放雄渾的長調或婉約的小令抒發。而且常藉恨山怨水來表達國仇家恨。「西北有神州」，(〈水調歌頭〉送楊民瞻)，「西北望長安，可憐無數山。」(〈菩薩蠻〉書江西造口壁)「征衫便好去朝天，玉殿正思賢。」(〈木蘭花慢〉滁州送范倅)

3. 因爲朝廷的苟安，主和派小人的把政，志士被斥，他的職務的調動頻繁，他上的〈美芹十論〉、〈九議〉，都被束之高閣，他對朝廷有些失望，對黑暗勢力的厭惡。「直下看山河，斫去桂婆娑，人道是清光更多。」(〈太常引〉)感嘆「如今憔悴賦招魂，儒冠多誤身。」(〈阮郎歸〉耒陽道中為張處父推官賦)

4. 淳熙三、四年時，他的政治處境比較孤危，他說「年來不爲眾人所容，願恐言未脫口，而禍不旋踵。」(〈淳熙己亥論盜賊劄子〉)所以他的作法採比較曲折、比興的手法，作品中是豪中帶婉，如屈原憂讒畏譏的幽咽。如淳熙六年的〈摸魚兒〉：「更能消幾番風雨」，用象徵比興手法，說明自己報國無門的傷痛，與國家局勢如夕陽般衰頹。

基本上這時期的詞，對統一充滿盼望，然而本身無法作主，所以都借長官做壽獻詞，或是友人遠行，或比興宛轉手法，寄託統一的抱負。

### （二）被迫歸隱投閒置散的中晚年期（1181-1203，四十二歲到六十四歲）

辛棄疾從兩浙西提點刑獄，被王藺彈劾其「用錢如泥沙，殺人如草芥」(《宋史・辛棄疾傳》)，罷去官職，到寧宗嘉泰三年（1203），起知紹興府兼浙東安撫使的二十年間，除了紹熙三年（1191）至五年間，曾到福建當官以外，二十年時間幾乎是投閒置散。

這一期的作品，可編年的共有五五〇首，數量遠超前期作品，內容更豐富，藝術性更高。這一期的心態，也呈現最矛盾、複雜，不甘被埋沒，想既壓復起報效國家的強烈企圖心，又受老莊、陶淵明等避世觀念影響。所以這期的愛國詞：

**1．回想黑暗的官場生活，心有餘悸**

辛棄疾想到自己被黜，「心似傷弓寒雁，身如喘月吳牛。」（〈雨中花慢〉吳子似見和，再用韻為別）連兒輩就是不肯相信他已望卻塵俗，「恨兒曹抵死，謂我心憂。」（〈滿庭芳〉和章泉趙昌父）「淒涼顧影，頻悲往事。」（〈沁園春〉戊申歲，奏邸忽騰報謂余以病挂冠，因賦此。）夜讀李廣傳，感嘆李廣的失志，也融入被黜的不平，「漢開邊，功名萬里，甚當時、健者也曾閒？」（〈八聲甘州〉）以自己慘痛經驗，提醒友人，「江頭未是風波惡，別有人間行路難。」感嘆自己不爲人所容，官場黑暗遠勝江水風波。

**2．雖然被黜，依舊主張統一**

這一期雖已在山中閑居近二十年，不管送別祝壽酬唱，依舊熱雪沸騰，不望國恥。如送信守鄭舜舉被召，寫「此老自當兵十萬，長安正在天西北。（〈滿江紅〉）勉勵他爲國報國。想到「南北共、正分裂。」（〈賀新郎〉用前韻送杜叔高）鼓勵陳亮也鞭策自己，要像女媧補天一樣，整頓破碎山河，完成統一大業。「看試手，補天裂。」（〈賀新郎〉同父見和再用韻答之）又爲陳亮賦壯詞：「醉裏挑燈看劍，夢回吹角連營。」（〈破陣子〉為陳同甫賦壯詞以寄之）又要「平戎破虜」。[26]（〈念奴嬌〉三友同飲，借赤壁韻）

過南劍雙溪樓時，想到「西北浮雲」，金人佔據北方，要長劍來消除。「千古興亡，百年悲笑，一時登覽」，（〈水龍吟〉過南劍雙溪樓）詞非常沈鬱。慶元四年（1198）當他被起復秘閣修撰時，避世觀念一掃而空，如「此身忘世渾容易，使世相望卻自難」，用是之心洋溢。「男兒事業，看一日、須有致君時」。（〈婆羅門引〉用韻答傅先之，時傅宰龍泉歸）他期望機會一來，要致君舜之意。

**3．想到國勢、前途，心情消沈**

他要報效國家之心事與願違，主和派的從中作梗，他得到的是「盤空硬語誰來聽」，「寫盡胸中、塊磊未全平」（〈江神子〉和人韻）「不是離

---

26 見朱德才選注：《辛棄疾詞選》，（北京：人民出版社，1993 年 2 月天津第一次印刷出版），頁 122，本詞在鄧廣銘：《稼軒詞編年箋注》，編在卷七補遺，但朱德才認定作期與〈念奴嬌〉瓢泉酒酣，和東坡韻，相同。

愁難整頓，被他引惹其他恨」(〈蝶戀花〉送祐之弟）慶元六年，有客人慨然談功名，激起他無限感慨，「壯歲旌旗擁萬夫，錦襜突騎渡江初。燕兵夜娖銀胡䩮，漢箭朝飛金僕姑」，而今「卻將萬字平戎策，換得東家種樹書。」(〈鷓鴣天〉有客慨然談功名，因追念少年時事，戲作。）

**4.這段期間因為閑居山林接觸農村，也受莊老陶淵明的影響**

他的作品除了愛國詞，也有許多清新自然的農村詞。因為較少接觸正在當朝的重要政治人物，他只能寄託愛國思緒，在詠物詞、或情詞、俳諧詞中，基本上這期的愛國詞，大都憤世嫉俗、埋怨的程度提高，正面批判的詞也不少。

**（三）東山再起卻壯志未酬身先死的晚年期**

這一期是寧宗嘉泰三年（1203）夏天，到寧宗開禧三年（1207）九月，辛棄疾去世，共有四年。這期作品可考詞有二十四首。

因為韓侂胄要建立功業北伐，借辛棄疾一些主戰派的元老，來壯大聲勢，其實並不給兵權。又誇大兵力，辛棄疾經過勘察地形，周密的計畫，客觀的分析，認為不能匆促行事。袁桷〈跋朱文公與辛稼軒手書〉云：

> 稼軒開禧之際亦曰「更須二十年」，閱歷之深，老少議論自有不同焉者矣。[27]

韓侂胄聽不進辛棄疾的勸告，認為勝利垂手可得，便在開禧元年三月（1205)，藉口辛棄疾舉薦的張謨不法，辛棄疾降兩官。[28]接著又在那年的夏六月，將他從國防第二線鎮江改知隆興府。不久又說他「好色貪財，淫行聚斂。」他只好又回鉛山。

這期作品大都呈現老驥伏櫪、壯心未已，朝廷不會用人的感嘆。在他心靈的深處，始終交織著希望與失望、熱情與冷漠、出與處的矛盾與複雜。他剛復出不久就嘆息，「膠膠擾擾幾時休，一出山來不自由。」「過分功名不強求。」(〈瑞鷓鴣〉) 他在會稽秋風亭觀雨時，也感嘆「功成者去，覺團扇、便與人疏。」(〈漢宮春〉會稽秋風亭懷古)，人才

---

27 袁桷：《清容居士集．跋朱文公與辛稼軒手書》，見《景印文淵閣四庫全書》，冊一二〇三，頁603。

28 見清．徐松纂輯：《宋會要輯稿》，冊一三〇，職官，黜降官十一。

被黜的感嘆。但詞後又說「故人書報，莫因循、望卻蓴鱸。」又有欲歸不能的矛盾。

他一腔熱血，登上北固亭，感嘆「何處望神州，滿眼風光北固樓。千古興亡多少事，……生子當如孫仲謀」(〈南鄉子〉登京口北固亭有懷)然而意見和韓侂冑不合，眼見北伐沒有充分準備時，寫下「元嘉草草，封狼居胥。」「佛貍下，一片神鴉社鼓。憑誰問：廉頗老矣，尚能飯否。」(〈永遇樂〉京口北固亭懷古)想要有孫仲謀的豪情，建立東吳，又慨嘆朝廷無法用人的無奈，接著在〈瑞鷓鴣〉乙丑奉祠歸，舟次餘干賦。寫下：

> 江頭日日打頭風，憔悴歸來邴曼谷。鄭賈正應求死鼠，葉公豈是真好龍。　　孰居無事陪犀首，未辦求封遇萬松。卻笑千年曹孟德，夢中相對也龍鍾。(卷五)

詞中消失英雄之氣與豪邁之音，有的只是憔悴與落寞，為政治的失望與事業的成空而悵然。兩年後詞人就與世長辭。這最後兩年間作品不再出現豪邁的濟世之作。所以這段期間的作品大多抑鬱、悲慨或淒涼哽咽的詞篇。

## 第三節　辛棄疾的農村詞

辛棄疾存詞有六百多首，內容豐富變化，門人范開在〈稼軒詞序〉云：

> 其詞之為體，如張樂洞庭之野，無首無尾，不主故常；又如春雲浮空，卷舒起滅，隨所變態，無非可觀。[29]

范開稱稼軒詞「如張樂洞庭之野，無首無尾，不主故常」，除了指他的寫作方式，變化多端，也包括題材豐富，內容廣泛，如愛國詞、農村詞、愛情詞、俳諧詞等，各有各的內容與生命。同樣的劉宰《漫塘集》也稱辛詞的豐富：「馳騁百家，搜羅豐富。」[30]鄧廣銘評稼軒詞

---

29 鄧廣銘：《稼軒詞編年箋注‧附錄》(臺北：華正書局，2003 年 9 月 2 版 1 刷)，頁 596。以下引用辛棄疾詞，皆是此版本，僅夾注不再出注。

30 宋劉宰：《漫塘集》，見《景印文淵閣四庫全書》(臺北：商務印書館，1985 年 9

爲:「其題材的廣闊，體裁的多種多樣，用以抒情，用以詠物，用以鋪陳事實或講說道理，……其豐富多彩，也是兩宋其他詞人的作品所不能比擬。」[31]稼軒詞的多樣化，實在令人大開眼界。他那些「大聲鏜鞳，小聲鏗鍧」，[32]具有時代特色的愛國詞，是作品中的瑰寶，然而他的農村詞，也具有另一面清新純樸的風貌。所謂農村詞，即描寫農村人物與風光，農民的生活與風土民情，詞人的鄉居生活與農民之交往，以及由此而生的感發。

稼軒有二十六首的農村詞，[33]他雖非出身農家，但閒居江西信州上饒與鉛山瓢泉達十八年，他帶湖新居落成，名「稼軒」，並自號稼軒居士，一隱居帶湖就寫〈踏莎行〉賦稼軒，集經句:「小人請學樊須稼。」打算躬耕上饒，在〈卜算子〉云:「萬一朝廷舉力田，舍我其誰也。」（卷四）自覺爲種田能手。

閒居江西對稼軒而言是不得已的，於是一腔幽憤以詞抒發。他在兩次隱居中，所寫的農村詞，與慷慨激昂、大聲疾呼，運用典故，統一中原的愛國詞風格迥異。他的農村詞，都是純樸清麗的作品，以白

---

月出版），冊一一七〇，頁 468。

31 同注二九。鄧廣銘:〈略論辛稼軒及詞〉，見《稼軒詞編年箋注》，頁 1。

32 劉克莊:《後村先生大全集·辛稼軒集序》，見《四部叢刊初編》（臺北：商務印書館，1967 年出版），冊二七三，頁 846。

33 顧之京:〈辛棄疾農村詞篇什探究〉，見孫崇恩主編:《辛棄疾研究論文集》（北京：中國文聯出版社，1993 年 2 月第 1 次印刷），頁 106。顧先生認定的二十五首農村詞，是〈清平樂〉「茅檐低小」、「松雲連竹」、〈鷓鴣天〉「春入平原野薺花」、「陌上柔桑破嫩芽」、〈滿江紅〉「幾個輕鷗」、〈南歌子〉「世事從頭減」、〈卜算子〉「千古李將軍」、「夜雨醉瓜廬」、〈臨江仙〉即席和韓南澗韻「風雨催寒食近」、〈醜奴兒近〉書博山道中壁「煙迷露麥荒池柳」、〈清平樂〉書博山道中即事「柳邊飛鞚」、〈鷓鴣天〉鵝湖寺道中「一榻清風殿影涼」、〈鷓鴣天〉鵝湖歸，病起作「著意尋春懶便回」、〈鵲橋仙〉己酉山行書所見「松岡避暑」、〈行香子〉雲巖道中「雲岫如簪」、〈浣溪沙〉黃沙嶺「寸步人間百尺樓」、〈鷓鴣天〉黃沙道中即事「句裏春風正剪裁」、〈西江月〉夜行黃沙道中「明月別枝驚鵲」、〈鷓鴣天〉寄葉仲洽「是處移花是處開」、〈鷓鴣天〉「石壁虛雲積漸高」、〈浣溪沙〉「父老爭言雨水勻」、〈臨江仙〉戲爲期思詹老壽「手種門前烏桕樹」、〈玉樓春〉「三三兩兩誰家女」、〈鷓鴣天〉戲題村舍「雞鴨成群晚未收」、〈浣溪沙〉常山道中即事「北隴田高踏水車」，三首待商榷另有〈江神子〉博山道中書王氏壁「一川松竹任橫斜」，〈鷓鴣天〉「不向長安路上行」、〈朝中措〉崇福道中歸寄祐之弟「籃輿嫋嫋破重岡」三首待商榷。本論文除顧先生所認定二十五首爲主，尙有〈水調歌頭〉和信守鄭舜舉蔗菴韻「萬事到白髮」共二十六首。

描口語的手法，來寫農村的美好，閒適的生活。本節主要探討的是稼軒農村詞的特色，以及為何詞中只有農村美好的一面，卻沒有反映農民生活受剝削的黑暗面。

## 一、稼軒農村詞的內容

詩中描寫農村之作，除了單純景色風光外，大概可分為兩類：

（一）陶淵明式的田園詩，充滿恬靜閒適的意態。如唐朝的王維、孟浩然的田園詩都屬於這類。然而陶淵明的農村詩是與山水融合為一體，而王維把自己放在主人位置，將山水當娛樂品歌詠。儲光羲〈田家雜興八首〉寫農民生活平和快樂的一面。劉長卿表現的農家詩是閑與淡的境界，韋應物田園詩以淡遠清雅著稱。

（二）新樂府式的農家詩，悲憫農人生活，如張籍的〈山農詞〉、王建的〈田家行〉，白居易的〈新樂府詩〉，這一類的詩都是以描寫農民的痛苦為主。南宋范成大〈四時田園雜興〉六十首詩，也是有系統的農村詩。

早期描寫農村生活的詞，如〈采蓮子〉、〈拾麥子〉、〈麥秀兩歧〉，見於唐崔令欽《教坊記》，[34]大約敘述中原地區農村生活。唐、五代描寫農村生活的詞，如劉禹錫的〈竹枝〉及孫光憲的〈風流子〉。〈風流子〉云：

> 茅舍槿籬西曲。雞犬自南自北。菰葉長，水葒開。門外春波漲淥。聽織。聲促。軋軋鳴梭穿屋。[35]

在綺羅香澤，典麗化的花間派詞中，顯得格外質樸淡雅，歌詠農家耕織之詞。北宋初期，詞的功用漸成為歌筵酒席「娛賓遣興」[36]或「析酲解慍」[37]的功用，作品大多吟詠風花雪月，農家生活很少提及，

---

34 唐崔令欽：《教坊記》，見《景印文淵閣四庫全書》（臺北：商務印書館，1985年9月出版），冊一〇三五，頁545-547。

35 見趙崇祚集，李冰若評注：《花間集評注》（北京：人民出版社，1993年6月第1次印刷），頁192。

36 見陳世脩撰，《陽春集・序》（臺北：世界書局，1985年出版），頁2。

37 見晏幾道：《小山集・序》（臺北：世界書局，1985年出版），頁2。

直到蘇軾五首〈浣溪沙〉，才詠及農村風光。南渡以後豪放詞家，如范成大、程垓等，雖然有歌詠農家生活之作，但數量很少。陸游、陳亮、劉過的作品，愛國詞雖多，但沒有農村詞。

稼軒的農村詞，大都成於閑居帶湖與瓢泉時，他罷官歸家後，有機會接觸田園生活，雖然他的農村詞佔詞的總數不多，但他筆下的農村生活是具有情趣、意趣的恬淡美，但他和第一類詩人稍有不同，稼軒農村詞中有他的看法，也把農人、農家生活當主要角色來抒寫。其農村詞主要描寫分以下幾類：

**1．農村人物與風光**

稼軒透過自然的美感，描寫農村人物，如：

「西風梨棗山園，兒童偷把長竿」，(〈清平樂〉檢校山園，書所見) 寫村野兒童的頑皮形象。〈清平樂〉村居中有「醉裏吳音相媚好」的老媼，「鋤豆溪東」的勤快大兒，「織雞籠」的中兒，「溪頭臥剝蓮蓬」的無賴小兒。

描寫農村風光如：

「花飛蝴蝶亂，桑嫩野蠶生」(〈臨江仙〉即席和韓南澗韻) 描寫嫵媚的農村春景，又有「煙蕪露麥荒池柳，洗雨烘晴，洗雨烘晴，一樣春風幾樣青」，(〈醜奴兒〉書博山道中壁) 描繪煙霧籠罩著荒草，露珠晶瑩，池旁柳絲吐嫩芽的自然風光。「千章雲木鉤輈叫，十里溪風　稏香。」(〈鷓鴣天〉鵝湖寺道中) 寫稻香處處的農村。一片「朱朱粉粉野蒿開」(〈鷓鴣天〉鵝湖歸，病起作) 寫繁花繽紛的農村。「雞鴨成群晚未收，桑麻長過屋山頭」(〈鷓鴣天〉戲題村舍) 寫豐樂富饒的農家。「春入平原薺菜花，新耕雨後落群鴉」(〈鷓鴣天〉遊鵝湖，醉書酒家壁) 表現雨後的春景。「輕鷗自趁虛船去，荒犬還迎野婦回。」(〈鷓鴣天〉黃沙道中即事)「石壁虛雲積漸高，溪聲繞屋幾周遭」(〈鷓鴣天〉) 的瓢泉雲影溪聲。「明月別枝驚鵲，清風半夜鳴蟬。稻花香裏說豐年。聽取蛙聲一片。」〈西江月〉的黃沙道夜色。又有〈清平樂〉博山道中即事：

> 一川明月疏星，浣紗人影娉婷。笑背行人歸去，門前稚子啼聲。（卷二）

農村的夜景，溪山沐浴在疏星明月中，浣紗婦人的身影，門前稚子的啼聲，遇到陌生路人的羞怯，表現農村的純樸。又有〈鷓鴣天〉代人賦：

陌上柔桑破嫩芽，東鄰蠶種已生些。平岡細草鳴黃犢，斜日寒林點暮鴉。　　山遠近，路橫斜，青旗沽酒有人家。城中桃李愁風雨，春在溪頭薺菜花。（卷二）

描寫田園初春之景，有嫩桑、有蠶、牛犢、暮鴉、遠山、青旗，桃李、薺菜，交織成樸素活力之鄉土氣息，呈現清新疏淡之情。〈滿江紅〉山居即事：

春雨滿，秧新穀。閒日永，眠黃犢。看雲連麥隴，雪堆蠶簇。（卷四）

這首詞鄧廣銘《稼軒詞編年箋注》增訂本，改編入卷四，可知是第二次閑退鉛山作品。他以清新明麗、自然生動的文筆，描寫春雨、新秧、日光、黃犢、麥田、蠶堆，是祥和的農村景致。

**2．農村生活、風俗民情**

辛棄疾用簡單的線條，寫出有趣味的鄉村嫁娶情況。如〈鵲橋仙〉：

松岡避暑，茅檐避雨，閒去閒來幾度。醉扶怪石聽飛泉，又卻是、前回醒處。　　東家娶婦，西家歸女。燈火門前笑語。釀成千頃稻花香，夜夜費、一天風露。（卷二）

淳熙十六年（1189）夏天，辛棄疾入山避暑，看到「東家娶婦，西家歸女」，鄉間男婚女嫁，燈火通明，一片和樂，熱鬧非凡的生活。走出村口，農村裏千頃稻花飄香，呈現豐收景象。

〈鷓鴣天〉戲題村舍：

新柳樹，舊沙洲，去年溪打那邊流。自言此地生兒女，不嫁余家即聘周。（卷二）

寫農村生活，因爲鄉村的僻遠，鄰里通親，「不嫁余家即聘周」，娶親嫁女非余則周。

〈鷓鴣天〉遊鵝湖，醉書酒家壁：

閒意態、細生涯，牛欄西畔有桑麻。青裙縞袂誰家女，去趁蠶生看外家。（卷二）

農村男耕女織的生活。「青裙」兩句，寫村女趁寒食節前，蠶兒生前，回娘家走動的風俗民情。又如「誰家寒食歸寧女，笑語柔桑陌上來。」（〈鷓鴣天〉鵝湖歸病起作卷二）也記載相同風俗習慣。〈清平樂〉檢校山園，書所見：

連雲松竹，萬事從今足。拄杖東家分社肉，白酒床頭初熟。（卷二）

隱居帶湖最初幾年，「拄杖東家分社肉，白酒床頭初熟。」拄著枴杖到東邊鄰里領取社日分得的祭肉，把剛釀熟的白酒置放床頭。勾勒成儉樸的農村生活。

**3. 描寫農人期望**

稼軒在農村詞裏也提到農人的期望，如〈浣溪沙〉：

父老爭言雨水勻，眉頭不似去年顰。殷勤謝卻甑中塵。　啼鳥有時能勸客，小桃無賴已撩人，梨花也做白頭新。（卷四）

慶元五年，信州鬧飢荒。到六年初，甘霖普降，父老爭相告知。「殷勤謝卻甑中塵」，指去年災荒，農家窮得甑中生塵，今年父老不再愁眉不展，顯見當時南宋農民經常飢寒交迫的貧苦生活。他們的期盼是風調雨順說豐年。

**4. 與農人的交往**

稼軒隱居山園，與農人建立良好關係，他的〈鷓鴣天〉：

呼玉友、荐溪毛。殷勤野老苦相邀。杖藜忽避行人去，認是翁來卻過橋。（卷四）

玉友是白酒的代稱，荐溪毛是獻出溪沼間生長的野菜。野老準備了美食殷勤來邀宴。在橋邊看到行人突然避開，認出是自己邀請的稼軒，便趕快過橋迎接。從「杖藜」到「忽避」到「認」到「過橋」，可見野老的熱情。

另一首〈水調歌頭〉和信守鄭舜舉蔗菴韻：

萬事到白髮，日月幾西東。羊腸九折歧路，老我慣經從。竹樹前溪風月，雞酒東家父老，一笑偶相逢。此樂竟誰覺，天外有冥鴻。（卷二）

親身體驗農村生活，和父老偶相逢的樂趣，「此樂竟誰覺，天外有冥鴻」。

〈滿江紅〉山村即事：

被野老、相扶入東園，枇杷熟。（卷四）

鄉村父老們純樸的一面，自己受邀的情形。又如〈漢宮春〉：

夜來歸夢江上，父老歡予。荻花深處，喚兒童、吹火蒸鱸。（卷五）

夜夢過去受農村父老招待情形。

**5．抒發置身農村的感受**

稼軒雖然在農村詞裏，沒有直接提到農民生活被剝削的痛苦，但他的〈南歌子〉云：

世事從頭減，秋懷徹底清。夜深猶送枕邊聲。試問清溪底事未能平？　月到愁邊白，雞先遠處鳴。是中無有利和名。因甚山前未曉有人行？（卷二）

詞中指出夜深人靜，枕邊傳來溪水潺潺聲，彷彿訴說種種人間不平，在慘白的夜色下，第一聲雞鳴時，已經有人在山路上為生活奔波忙碌，這些人非為名、為利，他們為何如此辛苦？這首詞很含蓄的由山間早行人，發出一些讓人深思的問題。但他並無更深入探討。

## 二、稼軒農村詞特色

稼軒的農村詞數量雖不算多，但它在詞史上有重要的地位。他不僅繼承蘇軾的農村詞並且開拓詞境。稼軒與蘇軾的時代、學養、經歷都不相同，蘇軾出身農家，在〈題淵明詩二首〉中自稱「世農」，[38]然而蘇軾農村詞只有五首。稼軒的農村詞數目較多，內容也寬廣。試舉蘇軾三首〈浣溪沙〉詞與稼軒同調的農村詞相較。

蘇軾的〈浣溪沙〉徐門石潭謝雨道上作五首。潭在城東二十里，常與泗水增減，清濁相應：

之一

38 見孔凡禮點校：《蘇軾文集．題陶淵明詩二首》云：「陶靖節云：『平疇反遠風，良苗亦懷新。』非古之偶耕植杖者，不能道此語，非余之世農，亦不能識此語之妙也。」（卷六七）（北京：中華書局，1987 年 10 月，第一版第二次印刷）。

旋抹紅妝看使君，三三五五棘籬門。相排踏破蒨羅裙。　老幼扶攜收麥社，烏鳶翔舞賽神村，道逢醉叟臥黃昏。

之三

麻葉層層苘葉光，誰家煮繭一村香。隔籬嬌語絡絲娘。　垂白杖藜抬醉眼，捋青擣麨軟肌腸，問言豆葉幾時黃。

之四

簌簌衣巾落棗花，村南村北響繅車。牛衣古柳賣黃瓜。　酒困路長惟欲睡，日高早人渴漫思茶，敲門試問野人家。[39]

熙寧年間，乾旱嚴重，朝廷決議改元「元豐」，然現象並未改進。元豐元年（1078）徐州發生春旱，蘇軾曾往石潭祈雨，得雨後，又往謝雨，回程途中見農村景色，便寫下〈浣溪沙〉五首農村詞，這是其中三首。

第二首寫村姑形象「旋抹紅妝」，趕緊抹臉弄妝，而且只能聚在門前觀看「使君」。下片寫村民扶老攜幼到打麥子的土地廟，備酒食以酬神，剩餘的祭品引起烏鴉的覬覦盤旋不去。結句是老頭醉臥在道旁。交織成忙與閑的畫面。

第三首寫雨後的莊稼茂盛，也是春蠶已老，豐收的季節，煮繭的氣味香溢全村，下片寫白髮老翁柱著杖，採下新麥充飢，便殷勤的問「豆類幾時成熟？」

第四首寫到農村風物，當棗花飄落時，正是繅車忙碌紡織時，而且路旁還有穿著粗布衣者在賣瓜。下片寫口渴了，就到「野人家」去要水喝。

辛棄疾的〈浣溪沙〉常山道中即事：

北隴田高踏水頻，西溪禾早已嘗新，隔牆沽酒煮纖鱗。　忽有微涼何處雨，更無留影霎時雲。賣瓜人過竹邊村。（卷五）

在宋寧宗嘉泰三年（1203），被朝廷起用，任紹興知府兼浙江東路安撫使，他赴任時在常山途中所見。以清新的筆調，描寫農村的夏景。

---

39 見石聲淮、唐玲玲箋注：《東坡樂府編年箋注》（臺北：華正書局，1993 年 8 月初版），頁 125-126。

收割的喜悅收割的喜悅。稼軒寫北邊高地，正頻頻踏水車灌溉的情形，溪旁的早稻已經成熟收割，隔牆有沽酒煮魚之樂。下片「忽有」「更無」以虛字的相對，栩栩欲動。驀地絲雨拂面，霎時雲散天青。只見挑擔的賣瓜人，穿過竹林來到村邊，一片田園恬靜的景色。他所描寫的不僅是靜態無聲的農村景色，而是「踏水」、「嘗新」、「沽酒」、「煮纖鱗」，充滿活力的生活動態，彷彿自己也融入農民辛苦的生活與豐收的歡愉中。既有自然景色，也有農民的辛勞及心理狀態。

稼軒的手法明顯繼承蘇軾的農村詞「麻葉層層苘葉光」，「簌簌衣巾落棗花」的影響，而且開拓。基本上稼軒二十多首農村詞的內容比蘇軾寬廣，有四季田園風光、農忙辛苦、男婚女嫁、民俗風情、養家禽副業，在與農人的關係上，東坡因爲在徐州知府的任上，詞中表現的是未經政治大風暴——「烏臺詩案」前，村姑仰慕爭睹的「使君」。稼軒與農民則成爲好友，有「夜來歸夢江上，父老觀余。荻花深處，喚兒童，吹火蒸鱸。」(〈漢宮春〉)「被野老、相扶入東園，枇杷熟。」(〈滿江紅〉山村即事卷四)「父老爭言雨水勻，眉頭不似去年顰。」農人不再是觀賞的對象，而是相交的朋友。

稼軒農村詞的特色：

### (一) 不用典故，純為白描

辛棄疾的詞許多都運用典故，如〈賀新郎〉送茂嘉十二弟，用了五個典故，〈永遇樂〉京口北固亭懷古運用許多歷史典故。因爲詞人滿腔熱血，想要統一中原，無奈朝廷中文恬武嬉，而且「士大夫皆厭厭無氣」。[40]連宋孝宗都說：「士大夫諱言恢復」，「好爲高論而不務實。」[41]在這樣一個萎靡的時代，辛棄滿腹牢騷，詞中慷慨激昂，議論橫生，因此論者譏爲：「詞論」、「掉書袋」。然而在他的農村詞中，純爲白描，用清新的文筆，表現農家勤勞恬靜歡樂的一面。如〈清平樂〉村居：

> 茅檐低小，溪上青青草，醉裏吳音相媚好。白髮誰家翁媼。　大兒鋤豆溪東，中兒正織雞籠，最喜小兒亡賴，溪頭臥剝蓮蓬。(卷

---

40 見邵晉涵：《龍洲道人詩集・序》，舊抄本。
41 李心傳：《建炎以來朝野雜記》，見《景印文淵閣四庫全書》，冊六〇八，頁477。

二）

詞中沒有用較多的形容詞、比喻語、誇張語、比擬語、借代等手法，完全白描手法表現鄉居生活。

**（二）用詞貼切，擅用口語、雙關語表達**

**1．用詞貼切**

稼軒擅選用貼切的詞語，描寫事物，並形容詞其形態、風貌、神韻，表現其生動的感情，個性與意境。如〈西江月〉：

明月別枝驚鵲，半夜清風鳴蟬。稻花香裏說豐年，聽取蛙聲一片。　七八個星天外，兩三點雨山前。舊時茅店社林邊，路轉溪橋忽見。（卷二）

這首詞是寫他閑居帶湖有一個夜裡過黃沙嶺，所欣賞的夜景。風、月、蟬、鵲都是極平常景物，用「驚」、「鳴」、「說」、「聽」來表達。下片的茅店、社林、路轉、溪橋勾勒出靜與動的形象。

**2．稼軒善於用通俗的口語，來表達農村的樸實與清新。**

如〈西江月〉夜行黃沙道中：

七八個星天外，兩三點雨山前。

「七八個」、「兩三點」，又有「最喜小兒亡賴，溪頭臥撥蓮蓬。」（〈清平樂〉村居）中的「亡賴」，「小桃無賴已撩人」的「無賴」指逗人可愛，[42]是口語。「有何不可吾方羨，要底都無飽便休」「底」是疑問代詞，意即什麼。[43]「衝急雨，趁斜陽。山園細路轉微茫。倦途卻被行人笑，只爲林泉有底忙。」（〈鷓鴣天〉鵝湖寺道中卷二）的「底」是口語，「如許」的意思。[44]「陌上柔桑破嫩芽，東鄰蠶種已生些。」（〈鷓鴣天〉代人賦）的「些」句末語助詞。[45]

「醉扶怪石聽飛泉，又卻是前回醒處」（〈鵲橋仙〉）的「又卻是」是口語。「新柳數樹，舊沙洲。去年溪打那邊流」（〈鷓鴣天〉戲題村舍）

---

42 見王洪：《唐宋詞大辭典》（北京：學苑出版社，1990 年 9 月第 1 版），頁 204。
43 見劉揚忠：《稼軒詞百首譯析》（北京：花山文藝出版社，1983 年 11 月第 1 次印刷），頁 341。
44 同注二九，頁 187。
45 同注四十二，頁 219。

的「打」，是從、由之意，[46]宋方言。

**3．運用雙關語：**

稼軒巧妙的使用鳥名與鳥鳴，雙關妙合。如〈玉樓春〉：

> 三三兩兩誰家女，聽取鳴禽枝上語。提壺沽酒已多時，婆餅焦時須早去。　醉中忘卻來時路，借問行人家住處。只尋古廟那邊行，更過溪南烏桕樹。（卷四）

「提壺」既可解為提著壺到市集沽酒，又是鳥鳴聲。「婆餅焦」，王質《林泉結契》云：

> 婆餅焦，身褐，聲焦急，微清，無調，作三語，初如云「婆餅焦」，次云：「不與吃」，末云：「歸家無消息」，後兩聲若微於初聲。[47]

婆餅焦是鳥聲也是鳥名。宋梅堯臣曾以鳥聲比附人事，作〈四禽言〉詩：「婆餅焦，兒不食。爾父向何之？爾母山頭化為石。」其下註，婆餅焦，提胡盧也，杜鵑也。

又如〈醜奴兒〉書博山道中壁：

> 提壺脫褲催歸去，萬恨千情。萬恨千情，各自無聊各自鳴。（卷二）

「提壺」、「脫褲」，因鳥鳴叫聲而得名。蘇軾謫居黃州時，效梅堯臣作〈五禽言〉詩：「昨夜南山雨，西溪不可渡。西邊布穀兒，勸我脫破褲。」自注：「土人謂布穀為脫卻破褲。」[48]「催歸」亦鳥名，及子規，一名杜鵑，叫聲「不如歸去」。辛棄疾在詞中，將禽言寫入詞中，寫實與禽言，又是雙關妙合。

**（三）善於運用色彩**

稼軒在農村詞中，善用色彩的美感，呈現大地的生機，以及農村的純樸與恬靜。如〈行香子〉雲巖道中：

---

46 同注四十二，頁 29。
47 見王質：《林泉結契》，見《叢書集成新編》（臺北：新文豐出版公司，1985 年出版），冊七四，頁 645。
48 見王文誥輯註、孔凡禮點校：《蘇軾詩集》（北京：中華書局，1987 年 10 月第 1 版第 2 次印刷）冊四，頁 1046-1047。

雲岫如簪，野漲挼藍。向春闌，綠醒紅酣。青裙縞袂，兩兩三三。把麴生禪，玉版局一時參。　　拄杖彎環。過眼嵌巖。岸輕烏，白髮鬖鬖。他年來種，萬桂千杉。聽小綿蠻，新格磔，舊呢喃。(卷四)

這首詞以「野漲挼藍」的藍，「綠醒紅酣。青裙縞袂」的綠、紅、青、縞(白)，「岸輕烏，白髮鬖鬖」的「烏」、「白」，萬紫千紅的大地，有白衣青群的農村女，與白髮蒼蒼的老人。用色彩的美感，使春天的雲巖道一片生意盎然，以及農村純樸的祥和之氣。〈浣溪沙〉：

小桃無賴已撩人，梨花也做白頭新。

桃花紅，梨花白，用紅白的對比色。「背人翠羽偷魚去，抱樂黃鬚趁蝶來」(〈鷓鴣天〉寄葉仲洽卷四)黃鬚是黃蜂，用翠羽與黃鬚，黃、綠的色彩，表現春天的美感。

〈鷓鴣天〉：

春入平原薺菜花，新耕雨後落群鴉。多情白髮春無奈，晚日青帘酒易賒。　　閒意態、細生涯，牛欄西畔有桑麻。青裙縞袂誰家女，去趁蠶生看外家。(卷二)

詞中以「青帘」、「青裙」的青色，「薺菜花」、「白髮」、「縞袂」的白色，黑色的「群鴉」，表現農村的景致。

〈鷓鴣天〉代人賦：

陌上柔桑破嫩芽，東鄰蠶種已生些。平岡細草鳴黃犢，斜日寒林點暮鴉。　　山遠近，路橫斜，青旗沽酒有人家。城中桃李愁風雨，春在溪頭薺菜花。(卷二)

以「黃犢」、「 青旗」、「細草」(青)、「暮鴉」(黑)「桃李」(紅白)「薺菜花」(白)，表現農村鮮明的色彩，交織成農村美麗的圖畫。

**(四)、內容複雜，有閒適，也有愁思**

稼軒農村詞常傳達美好的人生、情趣悠閒的農家生活。如〈清平樂〉檢校山園，書所見：

連雲松竹，萬事從今足。拄杖東家分社肉，白酒床頭初熟。　　西風梨棗山園，兒童偷把長竿。莫遣旁人驚去，老夫靜處閒看。(卷二)

據鄧廣銘《稼軒詞編年箋注》:「當作於隱居帶湖最初之三數年內」。他「寫連雲松竹」，景色優美。「拄杖東家分社肉，白酒床頭初熟。」勾勒悠閒自適的村居圖。山裏的景物是梨棗都成熟了，小孩拿長竿去偷取，花白老翁卻「靜處閒看」。杜甫的〈又呈吳郎〉:「堂前撲棗任西鄰，無食無兒一婦人。不爲窮困寧有此？只緣恐懼轉須親。……」杜甫寫的是窮老的婦人，而辛棄疾寫頑童，在悠閒中展示一種包容的胸襟。又如〈鵲橋仙〉己酉山行書所見：

松岡避暑，茅檐避雨，閒去閒來幾度。醉扶怪石聽飛泉，又卻是前回醒處。（卷二）

詞中的農村像一幅圖畫，松柏蔭翳的山崗，棘籬茅舍的村落，是乘涼避雨的幽境，「閒去閒來」足見生活的悠閒。詞人手扶怪石，觀賞飛瀑。待酒意全消，才發現是上次醒酒歇腳處。寫的是悠閒的生活，充滿生機的農村。

稼軒農家詞，雖有閒適、平和的一面，也有報國不成的愁思。如〈鷓鴣天〉游鵝湖醉書酒家壁：

春入平原薺菜花，新耕雨後落群鴉。多情白髮春無奈，晚日青帘酒易賒。　閒意態、細生涯，牛欄西畔有桑麻。青裙縞袂誰家女，去趁蠶生看外家。（卷二）

詞中寫春景濃郁，「閒意態、細生涯」，指農民悠閒怡然自得的生活，養牛、種麻、養桑，男耕女織平凡的農村生活。對這種生活稼軒是羨慕的，所以三四句寫「多情」，這情不是兒女私情，也非閒情逸致，而是家國之情，愧對平生報國志的愁情。春風對多情白髮無可奈何，如「春風不染白髭鬚」，只好借酒解愁。又有〈卜算子〉漫興：

夜雨醉瓜廬，春水行秧馬，點檢田間快活人，未有如翁者。　掃禿兔毫錐，磨透銅臺瓦。誰伴揚雄作解嘲，烏有先生也。（卷四）

寫春雨霏霏，夜醉瓜廬，閑看秧馬在春水中，一派悠閒自適之態。並以田中快活人自命，寫出自己的悠閒。然而下片寫到清苦辛勞的筆耕生涯，慨嘆揚雄作解嘲，何等寂寞孤獨，借古喻今，上片的「田間快活人」，無非是自我解嘲，稼軒胸中有一股鬱悶之氣。

## 三、稼軒農村詞為何沒有反映民生疾苦

稼軒農村詞爲何沒有反映民生疾苦？稼軒並非不關心農民生活。乾道元年（1165），他二十六歲時，進《美芹十論》，第六篇〈屯田〉，就提出「用兵制勝，以糧爲先」，使得「植桑麻，畜雞豚，以爲歲時伏臘婚嫁之資」，[49]軍人之家，耕稼所得全部歸己，一般民家則繳納十一之稅。

淳熙六年（1179），稼軒到湖南轉運副使上任時，見百姓遮道，哭訴嗷嗷困苦的情形，他以爲這是賦役繁重。所以寫成〈淳熙己亥論盜賊劄子〉說明官逼民反，有以「賤價抑買、貴價抑賣百姓之物，使之破蕩家業、自縊而死者；有二三月便催夏稅錢者，其他暴征苛斂，不可勝數。」並引唐太宗與群臣論「盜賊」云：「民之爲盜者，由賦繁役重，官吏貪求飢寒切身，故不暇廉恥爾。」稼軒的看法是站在農民方面：「臣以謂民無所愬，不去爲盜，將安之乎？」他「欲望陛下深思致盜之由，講求弭盜之術，無恃其有平盜之兵也。」[50]

淳熙七年（1180），在湖南安撫使任上，他又奏請以官米募工，濬築陂塘。《宋會要》：「淳熙七年二月四日，知潭州辛棄疾言，……一則使官米遍及細民，二則興修水利。」[51]他又建議從前任太守王佐聚斂的樁積米，取出五萬石賑給廣大農民。[52]紹熙三年，主張重劃經界，上書論經界鈔鹽事，使耕者有其田。[53]看出他體恤農民之心。

他第一次罷官後，在帶湖築居，名「稼軒」有躬耕之意。《宋史・辛棄疾傳》云：「嘗謂人生在勤，當以力田爲先。北方之人，養生之具不求於人，是以無甚富甚貧之家；……故以稼名軒。」[54]他的九個兒子，除了早殤的𪇆外，其餘八子名稹、秬、秸、穮、穰、穟、秸、褒

49 同注三，頁 36。
50 同注三，〈淳熙己亥論盜賊劄子〉，頁 107。
51 見清・徐松纂輯：《宋會要輯稿》（臺北：新文豐出版公司，1976 年出版），冊一五二，水利四。
52 同上注，冊一六〇，賑貸二。
53 同注二九，頁 747。
54 見元・脫脫撰：《宋史・辛棄疾傳》（北京：中華書局，1990 年 12 月第 2 次印刷），冊三五，卷四〇一，頁 12165。

皆從「禾」[55]。洪邁《稼軒記》說，辛棄疾至江西時，即築室百楹：「意他日釋位而歸，必躬耕於是。」[56]可見稼軒是關心農政。

稼軒如此關心南宋國土與百姓生活，而農民生活的痛苦，也是他深知道，然而稼軒的農村詞，都是悠閒的、快樂的、恬靜的一面，絕少反映人們痛苦的一面，在〈鷓鴣天〉過硤石，用韻答吳子似：「嘆息頻年倉廩未高，新詞空賀此丘遭。」（卷四）輕描淡寫嘆息農民的糧食收入未豐，倉廩未高，卻沒有進一步的描寫痛苦，〈浣溪沙〉：「父老爭言雨水足，眉頭不似去年顰。」這是慶元六年的詞，慶元五年確實有旱災，然而他的農村詞卻沒有表現深度悲憫的一面，這是值得探討的。

近代學者研究歸納為以下四點：（一）他以大官退隱農村，生活優裕，妨礙他深入瞭解下情。（二）江西本來富裕，如果遇到適宜氣候，農民過得比較平靜安適。（三）他一貫抱有重農思想，大力提倡農業，以致把自己的書齋取名「稼軒」，為了宣傳務農好處，他為什麼不去歌誦農村詞光明面？（四）他寫農村詞是作為和污濁官場的對比。一心把農村詞當成自己避難的桃花源，不免要將他寫得近於理想[57]。

這些論點上有商榷之必要。

### （一）稼軒生活並非真的富裕

宋朝百官的俸祿五花八門，差距甚大，大致對進士級的京官，待遇優厚。有 1.官俸和服飾，2.職錢，3.祿粟，4.公用錢，5.供給及食料錢，6.添支料錢，7.廚食錢，8.折食錢，9.添支錢及添支米，10.茶湯錢，11.隨身之衣糧，12.傔人之餐錢等。南渡以後，內外官有添支料，職事官有廚房錢，職纂修者有折食錢，在京釐務官有添支錢、添支米，選人使臣職田不及者，有茶湯錢，而隨身傔人又有衣錢。除此之外尚有制祿錢（養老金）。宋代對士大夫可謂厚矣，惟其給賜優裕，故入仕者不復以身家為慮。[58]

---

55 同注二九。頁 637。見鄧廣銘：《辛稼軒年譜》，引自辛啓泰：《稼軒年譜》。
56 同注三，頁 267。
57 見鄭臨川：《稼軒詞縱橫談》第三章之二「樸素清新的農村詞」，（成都：巴蜀書社，1987 年第 1 次印刷），頁 96-97。
58 見趙翼：《二十二史劄記》（臺北：世界書局，1971 年 4 月 7 版），頁 331。

宋朝對士大夫既然如此禮遇，所以學子努力科舉，以達仕宦途徑。而且宋代官吏一般都以致仕的形式棄官，都有半俸。[59]因此官吏隱居生活比較優越，魏野〈贈華山致仕韓見素〉：「繡衣脫下寧妨貴，錦帳眠來不稱貧。」[60]他們不必為生活奔波。而稼軒自四十二歲罷官前，曾在上饒帶湖邊購地築居，洪邁〈稼軒記〉云：

其從千有二百三十尺，其衡八百有三十尺。截然砥平，可廬以居。而前乎相攸者皆莫識其處。天作地藏，擇然後予。濟南辛侯幼安最後至，一旦獨得之，既築室百楹，……東岡西阜，北墅南麓，以青徑款竹扉，錦路行海棠，集山有樓，婆娑有室，信步有亭，滌硯有渚。[61]

陳亮的〈與辛幼安殿撰〉云：

始聞作室甚宏麗，傳到〈上梁文〉，可想而知也。見元晦曾入去看，以為耳目所未曾睹，此老言必不妄。去年亮亦起數間，大有鷦鷯肖鯤鵬之意。[62]

辛棄疾在鉛山的別墅「甚宏麗」，築屋百間，有集山樓、婆娑室、信步亭、滌硯渚連朱熹看後都認為「耳目所未曾睹」，陳亮自覺比起自己的房子如「鷦鷯肖鯤鵬」，辛棄疾隱居上饒的帶湖、鉛山瓢泉共十八年，所靠的就是薪俸與祠祿，[63]才能安心填詞，他的〈浣溪紗〉瓢泉偶作：

新葺茆簷次第成，青山恰對小窗橫。去年曾共燕經營。　病怯杯盤甘止酒，老依香火苦翻經。夜來依舊管弦聲。(卷四)

可見他的新房子陸續蓋成，晚上抱病看經書，還有管弦樂彈奏。又結交富農者，如詹老一類，他的〈臨江仙〉戲為期思詹老壽：

手種門前烏柏柏，而今千尺蒼蒼。田園只是舊耕桑，杯盤風月夜，簫鼓子孫忙。　七十五年無事客，不妨兩鬢如霜。綠窗

59 同注五四，見《宋史・職官志》，頁 4090。
60 魏野：《東觀集》，見《景印文淵閣四庫全書》，冊一〇八七，頁 352。
61 同注三，頁 267。
62 見陳亮：《陳亮集》（臺北：漢京文化事業公司，1983 年 2 月初版），頁 321。
63 同注五四，《宋史・職官志》，頁 4080。

地調紅妝。更從今日醉，三萬六千場。（卷四）

一些學者都以為稼軒隱居時，因有退休俸生活良好，有管弦有歌妓，交往的都是失意文人，即使是農夫，也與像詹老般的富農來往，所以他不可能瞭解農民的困苦。這不是主要原因。

在稼軒隱居帶湖時，他並不指望兒子們耕田。他在〈清平樂〉為兒鐵柱作：

從今日日聰明，更宜潭妹嵩兄。看取辛家鐵柱，無災無難公卿。（卷二）

他期望兒子成為公卿，又因兒子努力讀書大喜，寫〈第四子學春秋，發憤不輟，書以勉之〉：「……身是歸休客，心如入定僧。西園曾到不，要學仲舒能。」期盼兒子學董仲舒。又有〈聞科詔勉諸子〉：

秋舉無多日，天書已十行。絕編能自苦，下筆定成章。不見三公後，空長七尺強。明年吏部選，梅福更仇香。64

根據《辛棄疾詩文箋注》：「紹熙三年(1192)為解試之年，稼軒於是年春起為福建提刑。以上諸詩，自當作於此年初，稼軒居家之時。」65

稼軒家中人口龐大，他要養十多個兒女，還有妾整整、錢錢、田田、香香、卿卿、飛卿六人。在帶湖末年，他曾寫〈好事近〉：「醫者索酬勞，那得許多錢物？只有一個整整，也合盤盛得。」（卷二）在周煇《清波別志》云：

《稼軒樂府》，辛幼安酒邊遊戲之作也。詞與音協，好事者爭傳之。在上饒，屬其室病，呼醫對脈。吹笛婢名整整者侍側，乃指以謂醫曰：老妻平安，以此人為贈。」不數日，果勿藥，乃踐前約。整整既去，因口占〈好事近〉云：……。一時戲謔，風調不群。稼軒所編遺此。66

「醫者索酬勞，那得許多錢物？」這裡很難確知他是戲謔或是真窮，才贈送侍者整整。

---

64 同注三。頁 175。
65 同注三，頁 176。
66 周煇：《清波別志》，見《景印文淵閣四庫全書》，冊一〇三九，頁 118。

他在淳熙五年到期思卜築，不久帶湖的房子燬於火。慶元二年夏，想遷居瓢泉不成，寫〈水調歌頭〉將遷居不成，有感，戲作。時以病止酒，且遣去歌者，末章及之：「莫問家徒四壁，往日置錐無。借車載家具，家具少於車。」（卷四）

雖曰戲作，只是誇大的指「窮無立錐」。雖不至於窮無立錐，仍指明他蓋好瓢泉新居，經濟情況欠佳，又因生病，只好戒酒，連一些歌女都遣去。有如白居易在〈不能忘情吟〉並序云：

> 樂天既老，又病風，乃錄家事，會經費，去長物。妓有樊素者，年二十餘，綽綽有歌舞態，善唱楊枝，人多以曲名名之，由是名聞洛下，籍在經費中，將放之。將放之馬，……噫！予非聖達，不能忘情，又不至於不及情者。事來攪情，情動不可柅，因自哂，題其篇曰〈不能忘情吟〉。[67]

樂天因爲年老（六十八歲），家道中傾，[68]又中風，只好算計家中的開銷，爲減縮開支，無法再負擔歌妓的開銷，被迫要遣走擅長唱〈楊柳〉的樊素，連騎坐多年的馬都要賣掉，分離之際情動難忍，懷念歌女寫〈不能忘情吟〉。

稼軒情形也是如此，經濟不佳，要遣走侍者，日後也是不能忘情。在〈臨江仙〉一詞中小序也寫明「侍者阿錢將行，賦錢字以贈之。」《書史會要》云：「田田、阿錢，辛棄疾二妾也。」又有〈鷓鴣天〉：

> 一夜清霜變鬢絲，怕愁剛把酒禁持。玉人今夜相思不？想見頻將翠枕移。　真個恨，未多時。也應香雪減些兒。菱花照面須頻記：曾道偏宜淺畫眉。（卷四）

這首詞編年在慶元二年，遣去阿錢之後，多少相思，遣去歌女，實非得已。又有〈鵲橋仙〉送粉卿行：

> 轎兒排了，擔兒裝了，杜宇一聲催起。從今一步一回頭，怎睚得一千餘里。　舊時行處，舊時歌處，空有燕泥香墜。莫嫌白髮不思量，也須有思量去裏。（卷四）

---

67 見白居易：《白香山詩集》（臺北：世界書局，1961年1月出版），頁460。
68 見施鳩堂：《白居易研究》（臺北：天華出版社，1982年10月1日出版），頁110。

粉卿是稼軒女侍名，自謂白髮仍是多情，粉卿離去後的思念。〈西江月〉題阿卿影像：

人道偏宜歌舞，天教只入丹青。喧天畫鼓要他聽，把著花枝不應。　何處嬌魂瘦影，向來軟語柔情。有時醉裏喚卿卿，卻被傍人笑問。（卷四）

這都表明因為經濟因素，不得不遣去歌女，事後卻非常懷念。所以他搬到瓢泉經濟情況並未真的富裕，而且他逝世後，《乾隆鉛山縣志・稼軒小志》說他：「家無餘財，僅遺詩詞、奏議、雜物書集。」[69]故說他「生活富裕，妨礙他深入瞭解下情」是不通的。

**（二）江西確是經濟比較發達的地區，距首都臨安比較近。**

南宋初期移民甚多，時人稱「東北流移之人，佈滿江西。」[70]這樣並不表示農民生活，就過得安適平靜。南宋時期農民的辛苦是眾所皆知。宋以汴京為都，北方藩籬盡失，只能靠養兵以為屏障。龐大的國防預算，當然靠稅收，宋林勳云：「本朝二稅之數是唐增至七倍。」[71]宋的賦稅有以下五種：1.公田之賦，2.民田之賦，3.城廓之賦，4.丁口之賦，5.雜變之賦。[72]除此之外，尚有臨時捐等等。南宋除了另加總制錢、月樁錢外，還有板帳錢及折帛錢。這些都是巧立名目，詐取民財。楊萬里〈輪對劄子〉說：

民輸粟于官者謂之苗，舊以一斛輸一斛也，今則以二斛輸一斛矣。……今歲則增其額而不知所止矣。……而又有月樁錢、板帳錢，不知幾倍於祖宗之舊，又幾倍於漢唐之制乎？[73]

葉適也在〈財總論〉提到南宋的苛捐雜稅云：

祖宗盛時，收入之財比於漢唐之盛時一再倍。於熙寧、元豐以後，隨處之封樁，役錢之寬剩，青苗之倍息，比治平以前數倍，

69 同注二九，頁 784。引自《乾隆鉛山縣志・稼軒小傳》。
70 宋李綱：《梁谿集・條具冬防利害事件奏狀》，見《景印文淵閣四庫全書》，冊一一二六，頁 257。
71 同注五四。見《宋史・食貨志》，頁 4170。
72 馬端臨：《文獻通考》，見《景印文淵閣四庫全書》，冊六一〇，頁 127。
73 楊萬里：《誠齋集・輪對劄子》，見《景印文淵閣四庫全書》，冊一一六〇，頁 706。

而蔡京變鈔法以後，比熙寧又再倍矣。……渡江以至於今，其所入財賦，視宣和又再倍矣。[74]

南宋渡江以後，南宋領土僅及北宋三分之二，而收入財賦倍於徽宗宣和時雜稅最多時，可見苛收情形。農民的生活可以想像的艱辛，幾乎掙扎在飢餓的邊緣。小的自耕農、佃農……即使是豐收的年頭，也難得溫飽。一遇到荒歉則債務與飢餓隨之接踵而來。將土地出售或出租，抑或將兒女賣給他人爲僕傭。離開了農村，則淪爲盜賊，甚至自殺等等，都是由於極端貧困，不得已出此下策。[75]

當時茶課的收入，也是政府重要財源，因而對茶葉貿易嚴格控制，引起茶販結隊攜武器，與官軍抵抗，產生「茶寇」，淳熙二年，「茶寇賴文政反於湖北，轉入湖南江西，侵犯廣東，官軍數爲所敗；辛棄疾時爲江西提刑，督諸軍討捕……」[76]可見江西仍有大的暴動。黃榦《勉齋集・申江西提行辭兼差節幹》：

農事方興，青黃未接，三月、四月之間，最細民艱食之時。[77]

陳著《本堂集・嵊縣勸農文》：

農家不是不勤，入冬便無飯吃。[78]

真德秀《大學衍義・田里戚休之實》：

刈穫而歸，婦子咸喜，舂揄簸蹂，競敏其事，若可樂矣。而一飽之懽，曾無旬月，穀入主家之廩，利歸質貸之人，則室又垂罄矣。[79]

農家收成不能維持至次年農事開始，甚至農事結束後一二個月就食用不繼。黃榦特別指明江西農民的青黃不接。江西經濟發達，並不表示農民生活安適沒有痛苦，而使稼軒看不見生活黑暗被剝削的一面。

稼軒的農村詞沒有寫農村的黑暗是事實，也是不足。爲何他只寫

---

74 葉適：《水心集・財總論》，見《景印文淵閣四庫全書》，冊一一六四，頁 100。
75 見馬德程譯：《南宋社會生活史》（臺北：中國文化大學出版部，1982 年 3 月出版），頁 78。
76 同注四十一，卷十四。
77 宋・黃榦：《勉齋集》，見《景印文淵閣四庫全書》，冊一一六八，頁 291。
78 宋・陳著：《本堂集》，見《景印文淵閣四庫全書》，冊一一八五，頁 257。
79 宋・真德秀：《大學衍義》，見《景印文淵閣四庫全書》，冊七〇四，頁 760。

光明面，有以下之因：

## （一）受到陶淵明的影響

辛棄疾閑居江西十八年，離陶淵明的家鄉九江不遠，地理上的接近，加上南宋與東晉背景相似，陶淵明是棄官歸隱，稼軒是不容於當權，只好歸隱。因此陶淵明成爲他的精神支柱，最景仰的古人。六百二十多首的辛詞，提到陶淵明事及詩的就有六十首，佔全詞十分之一。在帶湖時可編年的詞有一七六首，涉及陶淵明有十四首，占十三分之一。瓢泉之什一七三首，涉及陶有三二首，占五分之一。作品不編年及補遺共一五三首，提到陶淵明者八首，可見稼軒對陶淵明之崇拜，此類作品主要寫在帶湖、瓢泉隱居時[80]，以瓢泉最多。

辛棄疾是屬於主戰派，想要統一中原，然而才不爲世用，從帶湖到瓢泉，一再被迫歸隱。他內心的痛苦與矛盾，無人知曉，怪不得他要說：「誰識稼軒心事？」（〈水龍吟〉用瓢泉韻戲陳仁和，兼簡諸葛元亮，且督和詞）「寫盡胸中、磈磊未全平」（〈江神子〉和人韻）他在慶元五年，遷居瓢泉寫〈滿庭芳〉和章泉趙昌父：「無窮身外事，百年能幾，一醉都休。恨兒曹抵死，謂我心憂。」他的心仍是有許多憂愁，這是他隱居時複雜的心態。當他發現陶淵明有「悠然見南山」靜穆的一面，也有「猛志固常在」，並慷慨激昂的寫〈詠荊軻〉詩，[81]他決定學淵明，以隱爲樂，求樂忘憂，也唯有看見田園自然的一面才能忘憂。他與陶氏的異同如下：

### 1．學習淵明的清真

稼軒喜愛淵明，曾築停雲堂，闢停雲竹徑，皆取自淵明〈停雲詩〉的意境。並「細和陶詩」，（〈婆羅門引〉用韻別郭逢道）也曾「和得陶詩數首」，（〈瑞鷓鴣〉京口有懷山中故人）詞中有多次提到淵明，淳熙九年（1182），他有「今日復何日，黃菊爲誰開。淵明謾愛重九，胸次正崔嵬。」（〈水調歌頭〉九日遊雲洞，和韓南澗尚書韻）他又有「萬事紛紛一笑

---

80 袁行霈：〈辛詞與陶詩〉見《文學遺產》，（1992 年第一期），頁 73。
81 李華主編：《陶淵明年譜》，見李華：《陶淵明詩文賞析集》（成都：巴蜀書社，1988 年出版），頁 273。記載宋武帝永初三年壬戌（422）五十八歲有《詠荊軻》詩。

中。淵明把菊對秋風。細看爽氣今猶在，唯有南山一似翁。」(〈鷓鴣天〉和章泉趙昌父)「問淵明歲晚，欣賞何如？政自不餓，曾有詩無？」(〈漢宮春〉即事)

淳熙十年，他明白表示「待學淵明」。在〈洞仙歌〉開南溪初成賦云：「東籬多種菊，待學淵明」，淳熙十二、三年，他在尋得瓢泉，有「便此地，結吾廬，待學淵明，更手種門前五柳。」(〈洞仙歌〉訪泉於奇師村，得周氏泉，為賦。卷二)「穆先生，陶縣令，是吾師」。(〈最高樓〉吾擬乞歸，犬子以田產未置止我，賦此罵之。卷三)

他對淵明的評價極高，「往日曾論，淵明似勝臥龍些。」(〈玉蝴蝶〉叔高書來戒酒，用韻卷四)「把酒長亭說。看淵明、風流酷似，臥龍諸葛。」(〈賀新郎〉)他說：「須信采菊東籬，高情千載，只有陶彭澤。」(〈念奴嬌〉重九席上卷四)

稼軒一心學淵明，有「我愧淵明久矣，猶藉此翁湔洗，素壁寫歸來。」(〈水調歌頭〉再用韻答李子永提幹)又有「試尋殘菊處，中路候淵明。」(〈臨江仙〉醉宿崇福寺，寄祐之弟。祐之以僕醉先歸)又有(〈聲聲慢〉檃括淵明停雲詩)「一尊暇想，剩有淵明趣。」(〈蓦山溪〉停雲竹徑初成卷四)慶元五年（1199），他寫〈哨遍〉全檃括陶淵明事跡而成。

淵明成爲稼軒的理想人物，代表遺世獨立、瀟灑風流、認真自得的人生態度。他在閒居期間受陶淵明「復得返自然」的影響。他的精神境界從怨憤，慢慢走上超脫。他學習陶淵明的種菊南山，飲酒作樂精神，不以失意爲念。所以他在隱居帶湖時，從「了卻君王天下事，贏得生前身後名，可憐白髮生」的功利矛盾中，走到「眾鳥欣有託，吾亦愛吾廬。」(〈水調歌頭〉卷四)的曠達沖淡。

他在〈鷓鴣天〉云：

> 戲馬臺前秋雁飛，管絃歌舞更旌旗。要知黃菊清高處，不入當年二謝詩。　傾白酒，繞東籬，只有陶令有心期。明朝九日渾瀟灑，莫使尊前欠一枝。(卷二)

謝靈運的雕琢章句，有佳句無佳篇，山水詩往往爲寫景而寫景。陶淵明的長處在清真，「只有陶令有心期」。施補華《峴傭說詩》：「陶公詩一往真氣，自胸中流出，字字雅淡，字字沈痛。」[82]元好問評陶詩：「一語天然萬古新，豪華落盡見真淳。」稼軒喜愛陶淵明的清真、真淳之風，他在〈鷓鴣天〉讀淵明詩不能去手，戲作小詞以送之：

> 晚歲躬耕不怨貧，隻雞斗酒聚比鄰。都無晉宋之間事，自是羲皇以上人。　千載後，百篇存。更無一字不清真。若教王謝諸郎在，未抵柴桑陌上塵。（卷四）

這首是頌陶之作，既頌其詩品，更頌其人品。論人則推崇淵明不恥躬耕，安貧樂道，清廉自守。「千載後，百篇存。更無一字不清真」，論詩拈出「清真」二字，「清」者，言其詩風清新淡遠；「真」者，言其詩情純樸真摯。稼軒以為此為陶詩千載不朽的精神。這更可證明「清真」兩字給稼軒農村詞的影響。稼軒兩次歸隱，正是汲取淵明詩品、人品的精神力量。最能表達他心意的詞〈滿江紅〉：

> 幾個輕鷗，來點破、一泓澄綠。更何處、一雙鸂鶒，故來爭浴。細讀離騷還痛飲，飽看修竹何妨肉。有飛泉、日日供明珠，五千斛。　春雨滿，秧新穀。閒日永，眠黃犢。看雲連麥隴，雪堆蠶簇。若要足時今足矣；以為未足何時足？被野老、相扶入東園，枇杷熟。（卷四）

上片的面對鷗鳥，置身竹林，細讀離騷痛飲美酒，產生了「飽看修竹何妨肉」之念，完全是歸隱後的隱士生活。下片「若要足時今足矣；以爲未足何時足？」他的心態是知足常樂，他在〈鷓鴣天〉也說：「君自不歸歸甚易，今猶未足足何時。」（卷四）所以他心境的滿足，寫農村風光鄉土人情，農村風調雨順，麥桑豐收的美好，因此看不到黑暗社會的一面。所以稼軒的農村會只有寫光明和樂閑適的一面，主要原因是受到陶淵明的影響。

**2．稼軒與淵明仍不相似**

稼軒學陶淵明，但是與陶仍不相同。淳熙十年，「東籬多種菊，待學淵明，酒性詩情不相似。」（〈洞仙歌〉開南溪初成賦）正是自已的說明

---

82　施補華：《峴傭說詩》，見丁福保輯，《清詩話》（臺北：藝文印書館，出版日不詳），頁4。

詩情酒性與淵明不同。所以他隱居詞中，同時有慷慨激昂的愛國詞，也有清新樸實，不用典故的農村詞。〈水龍吟〉：

> 老來曾識淵明，夢中一見參差是。覺來幽恨，停觴不御，欲歌還止。白髮西風，折腰五斗，不應堪此。問北窗高臥，東籬自醉，應別有，歸來意。　須信此翁未死，到如今凜然生氣。吾儕心事，古今長在，高山流水。富貴他年直饒未免，也應無味。甚東山何事，當時也道，為蒼生起。（卷四）

稼軒詠陶作品極多，而以此詞評價最高。體驗最深。「老來曾識淵明」，飽經人生滄桑，非此不足以言淵明，並瞭解陶詩的真諦。「問北窗高臥，東離自醉，應別有，歸來意。」指淵明的隱居生活，稼軒認爲淵明的棄官，一定別有深的用意，這正是稼軒與淵明有相似處。只是夢中未曾請教明白。「稼軒是認識淵明的生命力，所以他以淵明比諸葛亮，所以他說淵明到如今還是生氣凜然。」[83]指陶雖死猶生，引爲異代知音。接著引謝安東山再起事，是在抒懷明志，如果有一天自己再爲朝廷做事，非貪圖個人榮華富貴，但求南北統一的實現。他一顆報國之心仍是鮮活。

## （二）受白樂天、邵堯夫的影響

稼軒農村詞，受白居易、邵堯夫的影響。 開禧年間，他有〈鶴鳴偶作〉詩：

> 朝陽照屋小窗低，百鳥呼簷起更遲。飯飽且尋三益友，淵明康節樂天詩。[84]

他的三益友是淵明、邵康節與白居易。稼軒是邵雍與白樂天的影響，如〈玉樓春〉效白樂天體：

> 少年才把笙歌盞，夏日非長秋夜短。因他老並不相饒，把好心情都做懶。　故人別後書來勸，乍可停杯強吃飯。云何相見酒邊時，卻到達人須飲滿。（卷二）

白樂天體在此是指白居易晚年閒適的風格。通過詩中平易通曉的

83 鄭騫：〈辛稼軒與陶淵明〉，見《景午叢編》（臺北：中華書局，1972 年 1 月出版），上編，頁 139。

84 同注三，頁 255。

語言，使人感到自然的美感，對人生懷抱樂觀和純潔的態度。稼軒受白居易的影響，他的農村詞不用典故，以自然的口語，呈現清新通俗。如〈鷓鴣天〉鵝湖寺道中：

一榻清風殿影涼，涓涓流水響迴廊。千章雲木鉤輈叫，十里溪風䆉稏香。　　急衝雨，趁斜陽，山園細雨路轉茫。倦途卻被行人笑，只為林泉有底忙。（卷二）

也有閒適一面，如〈鷓鴣天〉游鵝湖醉書酒家壁：

閒意態、細生涯，牛欄西畔有桑麻。青裙縞袂誰家女，去趁蠶生看外家。（卷二）

如〈清平樂〉檢校山園，書所見：

西風梨棗山園，兒童偷把長竿。莫遣旁人驚去，老夫靜處閒看。（卷二）

稼軒也受邵雍的影響，農村詞呈現閒適的一面。邵雍的《伊川擊壤集．序》說他的詩：「非唯自樂，又能樂時與萬物之自得也。」觀物時要「以物觀物」，這樣「雖死生榮辱轉戰于前，曾未入于胸中，則何異四時風花雪月，一時過乎眼也。誠爲能以物觀物，而兩不相傷者焉，蓋其間情累都忘去爾，所未忘者獨有詩在焉。」[85]所以邵雍的心境都是閒觀靜看。稼軒有〈書停雲壁〉：

學作堯夫自在詩，何曾因物說天機。斜陽草舍迷歸路，卻與牛羊作伴歸。[86]

邵雍〈自在吟〉：

心不過一寸，兩手何拘拘。身不過數尺，兩足何區區。何人不飲酒，何人不讀書，奈何天地間，自在獨堯夫。[87]

另有〈心安吟〉：

心安身自安，身安室自寬。心與身自安，何事能相干。

稼軒受其自在心安的影響，在〈讀邵堯夫詩〉：「飲酒已輸陶靖節，

---

85 邵雍：《伊川擊壤集．序》，見《四庫叢刊初編縮印》（臺北：商務印書館，1967年出版），冊一九二，頁2。
86 同注三，頁204。
87 同注八五，頁84。

作詩猶愛邵堯夫。若論老子胸中事，除卻溪山一事無。」[88]稼軒的農村詞就常流露，「除卻溪山一事無」的自在心境。有「閒意態、細生涯」，表現閒適的農村生活。

稼軒受白樂天、邵雍的影響，農村詞呈現白話口語與閒適的一面。

**（三）受莊子的影響**

稼軒在閒居受莊子影響，爲了學莊子，他蓋「秋水觀」，並寫〈哨遍〉秋水觀。他的案頭都是莊子書。〈感皇恩〉讀莊子：「案上數編書，非莊即老。」又有〈哨遍〉爲趙昌父題魚記亭，詞中常引用莊子的話，如「一以我爲牛，一以我爲馬。」（〈卜算子〉用莊語）「野馬塵埃，扶搖下視，蒼然如許。」（〈水龍吟〉）「古來賢者，進亦樂，退亦樂。」（〈蘭陵王〉）「有鹿從渠求鹿夢，非於定未知魚樂。」（〈滿江紅〉）「怎得身似莊周，夢中蝴蝶，花底人間事。」（〈念奴嬌〉賀趙興國知錄韻卷四）

稼軒在營造帶湖新居時，他吸收莊子的「物外逍遙之趣」，來觀賞外務自然的美好。所以他的農村詞都寫美好的一面。

## 第四節　辛棄疾的俳諧詞

辛棄疾是個關心國家前途和民族命運的人，他的作品中充滿摯熱的愛國情操，呈現「一腔忠憤」、「悲歌慷慨」並有沈鬱之氣。[89]以「悲壯激烈」，[90]「激昂措宕，不可一世」爲主，[91]當我們讀到他慷慨激昂「大聲鏜鞳」，[92]又有「清而麗、婉而嫵媚」[93]的作品，很難想到他另一面詼諧的特質。他的詞，表現不同風格的面貌，特別是以戲謔、隱

---

88 同注三，頁 196。
89 見徐釚編著，王百里校箋：《詞苑叢談校箋》（北京：人民出版社，1998 年 2 月第 1 次印刷），頁 250。
90 見元．脫脫撰：《宋史．辛棄疾傳》（北京：中華書局，1990 年 12 月第二次印刷），冊三五，頁 12165。
91 彭孫遹：《金粟詞話》，見《詞話叢編》，冊一，頁 724。
92 劉克莊：《後村先生大全集》，見《四部叢刊初編縮印本》（臺北：商務印書館，1967 年出版），冊二七三，頁 846。
93 同注二十九，范開：〈稼軒詞序〉，頁 596。

喻手法寫成的俳諧詞。這類詞具有純遊戲、寄託、詼諧的性質。

在《稼軒長短句》中，標有嘲、戲之作，可稱爲俳諧詞者約有六十多首，佔全詞的百分之十。[94]范開〈稼軒詞序〉云：

> 坡公嘗自言與其弟子由為文，多未嘗敢有作文之意，且以為得於談笑之間而非勉強之所為。公之於詞亦然：苟不得之於嬉笑，則得之於行樂；不得之於行樂，則得之於醉墨淋漓之際。[95]

范開指出稼軒非有意爲詞，乃「得之嬉笑」、「得之行樂」、「得之於醉墨淋漓之際」，情之所動則填詞。

歷來論詞者極少注意稼軒的俳諧詞，[96]並思考到是何種因素、環境背景，促使稼軒寫俳諧詞，故本節所要探討的是：俳諧詞的淵源，稼軒寫俳諧詞的環境背景，以及俳諧詞的內容。

## 一、俳諧詞的淵源

辛棄疾寫俳諧詞不是獨創。我國的古文與詩歌中，早就有俳諧體出現。如古文方面，宋玉〈登徒子好色賦〉，司馬遷《史記·滑稽列傳》，劉義慶《世說新語．排調》，邯鄲《笑林》。其他如王褒的〈僮約〉、揚雄〈解嘲〉、班固〈答賓戲〉、隋侯白《啓顏錄》、唐朱揆《諧噱錄》、韓愈〈進學解〉、〈送窮文〉等等都是有意運用俳諧手法寫成。甚至到唐末的皮日休、陸龜蒙等人作品中，亦有不少膾炙人口的俳諧文。

至於最早的詩歌 ──《詩經》，就曾運用戲謔、嘲諷等手法寫成的

---

94 見劉揚忠：《詞學．唐宋俳諧詞敘論》（上海：華東師範大學出版社，1992 年 12 月第一版），第 10 輯，頁 53-71。鄧魁英：〈稼軒的俳諧詞〉（中國文聯出版公司，1993 年 2 月出版）頁 119-135。統計是四十多首。有的詞沒有標嘲、戲，但內容是嘲、戲之詞。

95 同注二十九。

96 關於稼軒的俳諧詞，近代學者有鄧魁英：〈稼軒的俳諧詞〉專篇論及。另《詞學．唐宋俳諧詞敘論》（上海：華東師範大學出版社，1992 年 12 月第 1 版），第 10 輯，頁 53-71，部份論及。另根據林玫儀：《詞學論著總目》（中央研究院中國文哲所籌備處，1995 年出版），頁 1316，著錄有孫蘭廷：〈論辛棄疾的詼諧詞〉，《第二屆辛棄疾研究國際會議論文》，（江西，1990 年 11 月初版）。慶振軒：〈論辛棄疾的詼諧詞〉，《第二屆辛棄疾研究國際會議論文》（江西，1990 年 11 月初版）等兩篇，然而無法看到資料。

滑稽幽默之作。虞摯《文章流別論》，其中論及詩之俳諧，其云：

古之詩有三言、四言、五言、六言、七言、九言。……五言者『誰謂雀無角，何以穿我屋』之屬也，於俳諧倡樂多用之。[97]

陶淵明的〈責子〉詩云：「阿舒已二八，懶惰故無匹。阿宣行志學，而不愛文術；雍端年十三，不識六與七。」[98]雖沒有明白書寫戲謔之作，但內容是戲謔。唐詩聖杜甫就有〈戲作俳諧體遣悶二首〉等作，白居易〈題靈隱寺紅辛夷花戲酬光上人〉：「芳情相思知多少，惱得山僧悔出家。」晚唐李商隱的〈俳諧〉「短顧何由遂」等詩，唐末還有專寫俳諧詩的作者，如《新唐書．鄭綮傳》云：「綮本善詩，其詩多俳諧故使落調，世共號鄭五歇後體。」[99]到宋楊萬里的詩也充滿詼諧幽默。

據孟棨《本事詩．嘲戲第七》云：

中宗朝，御史大夫裴談崇奉釋氏。妻悍妒，談畏之如嚴君。嘗謂人：「妻有可畏者三：少妙之時，視之如菩薩。及男女滿前，視之如九子魔母，安有人不畏九子母耶？及五十六十，薄施粧粉或黑，視之如鳩盤茶，安有不畏鳩盤茶？」時韋庶人頗襲武氏之風軌，中宗漸畏之。內宴唱〈回波詞〉，有優人詞曰：「回波爾時栲栳，怕婦也是大好。外邊祇有裴談，內裡無過李老。」韋后意色自得，以束帛賜之。[100]

這是根據裴談和唐中宗以「怕老婆」爲題的戲謔之作。清．馮金伯《詞苑粹編．諧謔》：

沈佺期回波詞云：『回波爾時佺期。流向嶺外生歸。身名已蒙齒錄，袍笏未復牙緋。』裴談回波詞云：『回波爾時栲栳，怕婦也是大好。外邊祇有裴談，內裏無過李老。』」……乃俳詞之祖。[101]

---

97 摯虞：《文章流別志論》，見《百部叢書集成》（臺北：藝文印書館，1971 年出版）第十六部，頁 1。

98 見陶淵明：《陶淵明詩》（臺北：中庸出版社，1956 年 1 月出版），頁 38。

99 宋．歐陽修、宋祁撰：《新唐書．鄭綮傳》（臺北：鼎文書局，1978 年出版），卷一八三，冊七，頁 5384。

100 孟棨：《本事詩》，見《景印文淵閣四庫全書》（臺北：商務物印書館，1985 年 2 月出版），冊一四七八，頁 245。

101 馮金伯：《詞苑粹編》，見《詞話叢編》，冊三，頁 2214。

從以上記載可見在「載道言志」的正統詩文中，仍有一條俳諧詩文的支流。然而此種文體，「見視如倡」，[102]不被重視。作俳諧詞當然也不被重視，王灼《碧雞漫志》云：

> 長短句中，作滑稽無賴語，起於至和。嘉祐之前。猶未盛也。熙豐、元祐間，兗州張山人以詼諧獨步京師，時出一兩解。澤州孔三傳者，首創諸宮調古傳，士大夫皆能誦之。元祐間，王齊叟彥齡，政和間，曹祖元寵，皆能文，每出長短句，膾炙人口。彥齡以滑稽語譟河朔。組潦倒無成，作《紅窗迥》及雜曲數百解，聞者絕倒，滑稽無賴之魁也。夤緣遭遇，官至防禦使。同時有張袞臣者，組之流，亦供奉禁中，號曲子張觀察。其後祖述者益眾，嫚戲汙賤，古所未有。[103]

從這記載可知時人對俳諧詞的看法仍心存貶抑，以爲「滑稽無賴」「嫚戲汙濺」。

然而劉勰論〈諧隱〉云：「內怨爲俳。」[104]內心的怨怒情懷，發而爲譏諷的謳歌。「諧之言皆也；辭淺會俗，皆悅笑也。」[105]以諧趣的態度，意味著以遊戲爲詞。其實俳諧的主旨，意在諷諭，所以譎辭飾說，抑止昏暴。所以劉勰認爲「苟有可箴戒，載于禮典，故之諧辭隱言，亦無可棄矣。」

既然所謂的俳諧詩詞文，「無可棄矣」，必有存在的價值與目的。北宋吳處厚介紹真宗時「滑稽之雄」──陳亞，他用藥名寫成的〈生查子〉等作時，曾云「此雖一時俳諧之詞，然有所寄興，亦有深意。」[106]也就如劉勰所謂「有可箴戒」的正面意義。王國維《人間詞話刪稿》：「詩人視一切外物，皆遊戲之材料也。然其遊戲，則以熱心爲之。故

---

102 班固撰，顏師古注：〈枚乘傳〉云：「爲賦乃俳，見視如淐，自悔類倡也。」見《漢書．賈鄒枚路傳》（臺北：藝文印書館，據乾隆武英殿刊本影印），頁 1117。

103 宋王灼：《碧雞漫志》，見《詞話叢編》（臺北：新文豐出版公司，1985 年），卷二，頁 84。

104 見劉勰注、王更生注譯：《文心雕龍讀本》（臺北：文史哲出版社，1991 年 9 月初版 4 刷），頁 257。

105 同上注，頁 256。

106 宋．吳處厚撰：《青箱雜記》，見《景印文淵閣四庫全書》，冊一〇三六，頁 613。

詼諧與嚴重二性質，亦不可缺一也。」[107]他指出作品除了戲謔、玩笑外，也要有所寄興，乃是俳諧的目的與功用。

## 二、寫俳諧詞的時代因素

詞原本是民間之物，從敦煌曲子詞的俚俗，到柳永的以俚俗語入詞。清宋翔鳳《樂府餘論》云：「耆卿失意無俚，流連坊曲，遂盡收俚俗語言，編入詞中，以便伎人傳習。一時動聽，散播四方。」[108]民間的詞多俚俗，有的俏皮風趣，有的滑稽嬉笑。宋朝是個好戲謔的時代，上自國君、士大夫、平民百姓，都好戲謔。任二北所輯《優語錄》，[109]其中所收優人的滑稽笑談，自周至唐五代共六十八條，而宋朝就有八十條多。優語是伶人在酒席上，陪皇帝貴戚以及士大夫們歡樂時，所說的笑話。從宋代優語之多，可見宋文人好以戲謔取樂。稼軒寫俳諧詞，是受以下六個因素的影響：

### （一）受宋雜劇影響

宋雜劇原本在唐的參軍戲劇發展，內容都是滑稽諷刺為主。雖然宋雜劇未有完整傳本，但我們從詩話片段的記載可窺端倪：

**1．劉邠的《中山詩話》云：**

祥符、天禧中，楊大年、錢文僖、晏元獻、劉子儀以文章立朝，為詩皆宗尚李義山，號西崑體。後進多竊義山語句。賜宴，優人有為義山者，衣服敗敝，告人曰：「我為諸館職撏撦至此。」聞者歡笑。[110]

從這詩話可見優人嘲笑文人偷竊李義山的詩句，所表現急功好利的社會意識，不只在說幾個笑話以供樂而已。

**2．李廌《師友談記》寫：**

東坡先生迫令門人作〈人不易物賦〉。或戲作一聯曰：「伏其几

---

107 王國維：《人間詞話》，見《詞話叢編》，冊五，頁 4267。
108 清・宋翔鳳：《樂府餘論》，見《詞話叢編》，冊三，頁 2498。
109 任二北輯：《優語錄》，楊海明：《唐宋風格學》（臺北：木鐸出版社，1987 年 6 月出版），頁 181。
110 劉邠：《中山詩話》，見《景印文淵閣四庫全書》，冊一四七八，頁 268-269。

而襲其堂，豈為孔子？學其書而戴其帽未是蘇公。（原注：士大夫近年仿東坡桶高檐短帽，名曰「子瞻樣」，）因言之。公笑曰，近扈從醴泉，觀優人以相與自誇文章為戲者。」一優丁仙現曰：「吾之文章，汝輩不可及也。」眾優曰：「何也？」曰：「汝不見吾頭上子瞻乎？」上為解頤，顧公久之。111

優人對文人流露仰慕之情，並詩人與優人之間的相互影響。

**3．宋楊萬里《誠齋集》：**

東坡常宴客，排優者作技萬方。坡終不笑。一優突出，用棒痛打作技者：「內翰不笑，汝稱良優乎？」對曰：「非不笑也，不笑者所以深笑之也。」坡遂大笑。蓋優人用東坡「王者不治夷狄論」云，非不治也，以不治治者，乃所以深治之也。112

**4．宋洪邁《夷堅志》云：**

壬戌（紹興十二年，1142）省試，秦檜之子、致昌、時齡，皆奏名，公議籍籍，而無敢輒語。至乙丑（1145）春首，優者即戲場，設為士子，赴南宮。相與推輪，知舉官為誰。或指侍從從某尚書、某侍郎，當主文柄。優長曰：「非也，今年必差彭越。」問者曰：「朝廷之士，不聞有此官員。」曰：「漢梁王也。」曰：「彼是古人，死已千年，如何來得？」曰：「前舉是楚王韓信、彭越一等，人所以知，今為彭王。」問者嗤其妄，且扣厥指，笑曰：「若不是韓信，如何取得他三秦！」四座不敢領略，一鬨而出。秦亦不敢明行遣罰法云。113

**5．岳珂《桯史》卷五云：**

韓平原在慶元初（寧宗1195），其弟仰胄，為知閤門事，頗與密議。時人謂之：「大小韓」，求捷徑者爭趨之。一日，內燕，優人有為衣冠到選者，自敘履歷材藝，應得美官，而留滯銓曹，自春徂冬，未有所擬，方徘徊浩嘆。又為日者，弊帽，持扇，過其旁。遂邀使談庚假，問以得祿之期。日者厲聲曰：「君命甚高，

---

111 李廌：《師友談紀》，見《景印文淵閣四庫全書》，冊八六三，頁172。
112 宋・楊萬里：《誠齋集》，見《景印文淵閣四庫全書》，冊一一六一，頁453。
113 見宋・洪邁：《夷堅志》（臺北：新興書局，1960年6月初版），卷七，頁305。

> 但於五星局中，財帛宮若有所礙。目下若欲亨達，先見小寒；更望成事，必見大寒，可也。」優蓋以「寒」為「韓」。侍宴者皆縮頸匿笑。[114]

以上所舉不是內廷，就是官府的優戲，而且都是以問答見義，寓諷刺於滑稽詼諧之中。第 3 則以「不治者所以深治也」，第 4 則「取三秦」等都有撲擊動作，曾永義教授認爲「應當是記載宋雜記演出的片段。」[115]

宋代勃興的市民俗文學，充滿滑稽戲謔之風，勾欄瓦舍盛行的雜劇，就以滑稽作爲主要特色，宋度宗咸淳十年（1274），吳自牧的《夢粱錄》云,「妓樂」謂雜劇「大抵全以故事，務在滑稽，唱念應對通遍。此本是鑒戒，有隱於諫諍，……一時取聖顏笑。凡有諫官陳事，上不從，則此輩妝作故事，隱其情而諫之，於上顏亦無怒也。」[116]

蘇軾曾爲集英殿宴撰有《教坊致語》等樂語，其〈勾雜劇〉詞云：

> 朱弦玉琯，屢進清音；華翟文竿，少停逸綴。宜進詼諧之技，少資色笑之歡。上悅天顏，雜劇來歟。[117]

岳珂《桯史》卷十三云：「蜀伶多能文俳語，率雜以經史。凡制帥幕府之燕集，多用之。」[118]

當時雜劇的特質「務在滑稽」，作用「隱於諫諍」。《童蒙訓》云：「如作雜劇打猛諢入卻打猛諢出」，又曾慥《類說》卷五引王直方《詩話》云：

> 山谷云：「作詩如作雜劇，初時布置，臨了須打諢，方是出場。」蓋是讀秦少游詩，恐其終篇無所歸也。[119]

可證明雜劇務在滑稽，但能博聖君一笑，若隱其情而諫之，於上

---

114 同注一，頁 445。
115 見曾永義：《參軍戲與元雜劇．參軍戲及其演化的探討》（臺北：聯經出版事業公司，1992 年 4 月出版），頁 43。
116 吳自牧：《夢粱錄》，見《景印文淵閣四庫全書》，冊五九〇，卷二十，頁 167。
117 蘇軾撰、孔凡禮點校：《蘇軾文集》（北京：中華書局 1990 年 4 月，第 1 版第 2 次印刷），冊三，頁 1311。
118 同注一，頁 507。
119 曾慥：《類說》，見《景印文淵閣四庫全書》，冊八七三，頁 993。

顏亦無怒也。趙萬里《校輯宋金元人詞．箕穎詞》云：

> 詼詞見於小說平話者居多，當時與雅詞相對稱。宋世諸帝如徽宗、高宗均喜其體。《宣和遺事》、《歲時廣記》載之。此外尚有俳詞，亦兩宋詞體之一，與當時戲劇時相互為用。此談藝者所當知也。[120]

根據曾永義教授《參軍戲與其演化之探討》云：

> （唐五代）參軍戲固有不少是寓諷諫於滑稽，但不乏純為笑樂者；宋雜劇則幾乎合於洪邁所云「因戲語而箴諷時政」之旨，……。[121]

因爲宋雜劇參軍戲盛行的影響，有純爲笑樂者；有「因戲語而箴諷時政」之旨。辛棄疾的俳諧詞，可明顯看出是一部份是純笑樂的，另有寓諷刺、不滿於詞。

### （二）受筆記小說影響

兩宋之際出現大量的文人筆記，這些小說包容了當時名人軼事趣聞，民間講唱俗文學的內容，歷來被論爲不登大雅之堂的小說、戲曲，進入文人的視野，在筆記和詩話中，出現簡單的小說批評和戲曲批評，爲文學思想增添新的內容。

宋筆記的內容很廣泛，有嚴肅的史實典故考證，名物制度辯證，也有輕鬆活潑的詩話詞話、文人軼事等等，很難加以歸類。但有一點可以肯定的是，文人筆記的撰寫增廣見聞，助閒談的消遣性質。歐陽修的《六一詩話》序云：

> 居士退居汝陰，而集以資閒談也。[122]

歐陽修這邊的閒談指什麼？他在評韓愈的詩歌時，說：「然其資談笑，助諧謔，敘人情，狀物態，一寓於詩，而曲進其妙。」[123]當然是有助諧謔的笑談。

《石林燕語》是葉夢得避居山谷，窮谷無事以談笑爲娛樂。葉夢

---

120 見趙萬里：《校輯宋金元詞．箕穎詞》（臺北：臺聯國風出版社，1972年出版）。
121 同注一一五，頁33。
122 歐陽修：《六一詩話．序》，見《景印文淵閣四庫全書》，冊一四七八，頁248。
123 同上注，頁254。

得《石林燕語》序云：

無以為娛，縱談所及多故實舊聞，或古今嘉言善行。……與夫滑稽戲謔之辭，時以抵掌一笑。窮谷無事，偶遇筆札，隨輒書之。[124]

在文人高雅的談興中，難免加入一些趣味，因此有一類的文人筆記，偏重寫現實社會中的人物軼事和朝野遺聞，如曾慥《高齋漫錄》記載蘇軾與錢穆父的「皛飯」與「毳飯」的趣事。[125]這一類的軼事趣聞亦見之於莊綽《雞肋集》、龐元英的《談藪》、孔平仲的《續世說》、何遠《春渚紀聞》、曾敏行的《獨醒雜志》等筆記，作者往往以趣談軼事襯托其性情。另有南宋初年的呂本中所著《軒渠錄》，是有意收集當朝人物軼聞趣事匯成一編，所記的人物，有名人大官，也有平民百姓。

辛棄疾在寫俳諧詞中就引用《苕溪漁隱叢話》前集四十二：

宋真宗既東封，訪天下隱者杞人楊朴能為詩，召對，自言不能。上問「臨行有人作詩送卿否」朴曰：唯有妻一首「更休落魄耽杯酒，且莫猖狂愛詠詩。今日捉將官裏去，這回斷送老頭皮。」上大笑，放還山。

稼軒的〈永遇樂〉戲賦辛字，送茂嘉十二弟赴調中「但贏得、靴紋縐面」，「靴紋縐面」，就是根據歐陽修的《歸田錄》云：

京師諸司庫務皆由三司舉官監當，而權貴之家子弟親戚，因緣請託，不可勝數，為三司使者常以為患。田元均為人寬厚長者，其在三司深厭于請者，雖不肯從，然不欲峻拒之，每溫言強笑以遣之。嘗謂人曰：「作三司使數年強笑多矣，直笑得面似靴皮。」士大夫傳以為笑，然皆服其德量也。[126]

可見當朝的筆記資料，稼軒在詞中已經引用。

### （三）受戲謔詩的影響

王灼《碧雞漫志》云：

長短句中，作滑稽無賴語，起於至和、嘉祐之前，猶未盛也。

124 葉夢得：《石林燕語．序》，見《景印文淵閣四庫全書》，冊八六三，頁 537。
125 曾慥：《高齋漫錄》，見《景印文淵閣四庫全書》，冊一〇三八，頁 318。
126 歐陽修：《歸田錄》，見《景印文淵閣四庫全書》，冊一〇三六，頁 546。

熙豐、元祐間，兗州張山人以詼諧獨步京師，時出一兩解。

照王灼的說法，戲謔詞起於至和、嘉祐之前，不過不興盛。檢視《全宋詩》，宋最早寫戲謔詩的是宋太祖時人宋溫「戲周默」詩。宋《文酒清話》：

東京周默未嘗作東道。一日請客，時久旱，忽風雨交作，宋溫以詩戲之云云。蓋諺有「慳值風，嗇值雨」之說也。127

王禹偁也寫五首戲謔詩，包括戲謔朋友未婚。(〈戲贈嘉興朱宰同年〉自注：時朱未婚)。到了蘇軾（1037-1101）也寫許多戲謔詩，蘇軾以後的詩家更是以寫戲謔爲能事，無論是朋友間嬉笑怒罵，或生活上的玩笑事，如張耒（1054-1114）有〈二三日晨欲飲求酒無所得戲作〉，程俱（1078-1144）因爲自笑窮，有〈園居荒蕪春至草生日尋野蔬以供匕箸今日枯卉間得蒸菌四五亦取食之自笑窮甚作此詩一首〉。韓駒（1080-1135）有〈世爲七夕後雨爲洗車雨有七夕去頂毛落俗謂架橋致然戲作二絕〉、〈嘲蚊〉、〈嘲蟬〉、〈嘲螢〉、〈嘲蠅〉等等，這些都是北宋人，雖然有些作家沒什麼名氣，但他們的戲謔詩在所寫詩中，佔的比例不輕，有的詩序很長，記載朋友間或生活上的戲謔事，或是彼此間的酬贈，內容豐富並有趣詼諧。黃山谷說「作詩如作雜劇，臨了須打諢，方是出場。」宋詩的諧趣到楊萬里臻於頂峰、陸游也有戲謔詩，辛棄疾在這種環境下當然受感染。

**（四）士人多戲謔作風**

宋朝不僅是民間雜劇戲謔演出，筆記小說的流傳，士大夫都喜愛戲謔。日常生活中也愛以戲謔、輕鬆來表達。如在劉攽的《中山詩話》云：

王丞相嗜諧謔，一日，論沙門道，因曰：「投老欲依僧」，客遽對：「急則抱佛腳」。王曰：「投老欲依僧，是古詩一句。」客亦曰：「急則抱佛腳是俗諺全語，上去投下去腳，豈不的對也。王大笑。」128

---

127 見北京大學古文獻研究所編：《全宋詩》(北京：北京大學出版社，1991 年 2 月第 1 次印刷)，冊一，頁 37。

128 劉攽：《中山詩話》，見《景印文淵閣四庫全書》，冊一四七八，頁 271。

這資料說明王安石作詩用典故作對，而且說明濃厚的用典雕琢中，充滿戲謔巧思。蘇軾也有許多戲謔詞，據惠洪的《冷齋夜話》[129]，及胡仔《苕溪漁隱叢話》云：

《冷齋夜話》云：東坡鎮錢塘，無日不在西湖。嘗攜妓謁大通禪師，師慍形於色。東坡作長短句，令妓歌之，曰：「師唱誰家曲，宗風嗣阿誰？借君拍板與門槌。我也逢場作戲，莫相疑。溪女方偷眼，山僧莫皺眉。卻嫌彌勒下生遲。不見阿婆三五、少年時。」[130]

又東坡詞〈減字木蘭花〉「惟熊惟夢」，小序云：

秘閣《古笑林》云：「晉元帝生子，宴百官，刺東帛。殷羨謝曰：『臣等無功受賞。』帝曰：『此事豈容卿有功乎？』同舍每以為笑。余過吳興。而李公擇適生子，三日會客求歌辭。乃為作此戲之。舉座皆絕倒。[131]

又據《捫虱新話》卷八云：

東坡集中有〈減字木蘭花〉詞云：「鄭莊好客，容我樽前時墮幘。落筆生風，籍甚聲名不負公。高山白早，瑩雪肌膚那解老。從此南徐，良夜清風月滿湖。」人多不曉其意。或云：坡昔寓京口，官妓鄭容、高瑩二人侍宴，坡喜之。二妓間請於坡，欲為脫籍，坡許之，而終不為言。及別，二妓之船所懇之。坡曰：「爾但持我此詞以往，太守一見便知其意。」蓋見「鄭容落籍，高瑩從良八字也。」此老真爾狡獪耶。[132]

因爲蘇軾的一首戲謔詞，「鄭容落籍，高瑩從良八字也。」使歌妓鄭容、高瑩多年追求從良的願望在玩笑中實現。這也是戲謔的正面功

---

129 見惠洪：《冷齋夜話》，「有村校書，年已七十。方買妾饌客。東坡杖黎相過。村校喜，延坐其東。起爲壽，且乞詩。東坡問所買妾年幾何，曰：「三十。」乃戲爲詩。其略曰：「侍者方當而立歲，先生已是古稀年。」此老滑稽故文章亦如此。見《景印文淵閣四庫全書》，冊八六三，頁 260。

130 胡仔：《苕溪漁隱叢話前集》，見《叢書集成新編》（臺北：新文豐出版公司，1985 年出版），冊七八，卷五十七，頁 496。

131 見石聲淮、唐玲玲箋注：《東坡樂府編年箋注》（臺北：華正書局，1993 年出版），頁 52。

132 陳善：《捫蝨新話》，見《叢書集成新編》，冊十二，頁 265。

用。除了東坡，其門人黃庭堅、秦觀等也都有戲謔之詞。

稼軒在這種寫戲謔詞的環境下深受影響，他寫的〈千年調〉蔗菴小閣名曰卮言，作此詞以嘲之，是受當時曹組的影響。王灼《碧雞漫志》云：

> 元祐間王齊叟彥齡，政和間曹組元寵，皆能文，每出長短句，膾炙人口。彥齡以滑稽語噪河朔。組潦捯無成，作《紅窗迥》及雜曲數百解，聞者絕倒，滑稽無賴之魁也。……組潦倒無成，作《紅窗迥》及雜曲數百解，聞者絕倒，滑稽無賴之魁也。[133]

《全宋詞》今僅存曹組的三十幾首詞，〈千年調〉的詞牌是取自「曹組詞，名〈相思會〉，因詞有剛作千年調句，辛棄疾改名〈千年調〉。」[134]可見稼軒是受曹組的而影響而填寫〈千年調〉詞。

### （五）民間多戲謔詞

宋時百姓會以詼諧的詞，反應內心的不滿。如徽宗即位時，下詔求直言，當時上書及廷試直言者俱得罪。京師有〈滴滴金〉謔詞云：

> 當初親下求言詔。引得都來胡道。人人招是駱賓王，並洛陽年少。　　自訟監宮並岳廟，都一時閑了。誤人多是誤人多，誤了人多少。[135]

這諷刺詞反映時事，嘲笑皇帝，抨擊制度，精神可嘉。《夷堅志》記當初窮苦士人赴考，監司者如臨大敵，有人作戲謔詞〈青玉案〉：

> 釘鞋踏破祥符路。似白鷺。紛紛去。試盞幞頭誰與度。八厢貌事，兩員直殿，懷挾無藏處。　　時辰報盡天將暮。把筆胡填備員句。試問閒愁知幾許？兩條脂燭，半盂餿飯，一陣黃昏雨。[136]

此詞韻全依賀鑄〈青玉案〉：「凌波不過橫塘路」，活活刻畫出士人進京趕考的窮酸可憐模樣，監考官如臨大敵的模樣。

---

133 同上注，頁 84。
134 見聞汝賢：《詞牌彙釋》（臺北：自印本，1963 年 5 月出版），頁 49。
135 龔明之：《中吳紀聞》，見《叢書集成簡篇》（臺北：新文豐出版公司，1965 年出版），冊七八七，頁 68
136 同注一一三，卷二九，頁 393。

理宗時想丈量全國土地，增加稅收，因朝臣不同意見而反對。賈似道掌握國政，借「經量」之名行搜刮之實，鬧得民間喧擾，有人寫詩：

> 三分天下二分亡，猶把山河寸寸量。縱使一丘添一畝，也應不似舊封疆。[137]

又有湖南醴陵士人作〈一剪梅〉：

> 宰相巍巍坐廟堂，說著經量。便要經量。那個臣僚上一章。頭說經量。尾說經量。　輕狂太守在吾邦。聞說經量。星夜經量。山東湖北久拋荒。好去經量。胡不經量。[138]

詞中諷刺賈似道的仗勢搜刮，臣僚阿諛附和，太守努力實行，百姓受的暴虐。又如雲間地方，奸商賣酒滲假，物價暗漲。有人做謔詞〈行香子〉：

> 浙右華亭。物價廉平。一道會，買個三升。打開瓶後，滑辣光馨。教君霎時飲，霎時醉，霎時醒。　聽得淵明。說與劉伶：這一瓶。約迭三斤。君還不信，把秤來秤。有一斤酒，一斤水，一斤瓶。[139]

舉凡社會、經濟、政治問題，民間人士藉著詞來表達內心的感受。

## 三、寫俳諧詞的個人因素

### （一）個性關係

閱讀所有辛棄疾的資料，都指出他的個性豪爽，尚氣節，識拔英俊，有「果毅之姿，剛大之氣」，黃榦又說：「辛幼安之才世不常有。」朱熹也說：「今日如此人物豈易可得」等等，從這些話可見他的氣質屬陽剛。雖然沒有提及他有幽默詼諧的個性，但看他的詞，有戲友人、戲同僚，對人生他都用幽默的眼光面對，甚至連吹笛婢整整，都能在

---

137 元．劉一清：《錢塘遺事》，見《景印文淵閣四庫全書》，冊四〇八，頁 993。
138 見唐圭璋輯：《全宋詞》（臺北：世界書局，1984 年出版），冊五，頁 3419。
139 陳世崇：《隨隱漫錄》，見《叢書集成新編》（臺北：新文豐出版公司，1985 年出版），冊八七，225。

老妻病好後，送給醫生，還開玩笑寫下〈好事近〉:「醫者索酬勞，那得許多錢物？只有一個整整，也合盤盛得。」（卷二）

稼軒本身又受儒家「積極用世」的思想所影響，卻生活在苟安的朝廷，又被迫要退隱閒居，長達二十年，內心何等矛盾痛苦。閒居期間他最愛看《莊子》、《楚辭》、《史記》、《陶淵明》等書。其中《史記》的磅礴氣勢和抒情筆鋒，書中的倡優、滑稽列傳中的記載，東方朔、淳于髡的引喻，孫叔敖的衣冠，都是用巧妙的文字來諷諫，由諧趣而發生忠諫的作用。辛棄疾顯著的受此影響，希望用俳諧詞來達成諷諫的作用。

### （二）寄託抑鬱心情

沈祥龍《論詞隨筆》云：

> 蓋心中幽約怨悱，不能直言，必低徊要眇以出之，而後可以感人。140

王國維《人間詞話》云：

> 詞之為體，要眇宜修。能言詩之所不能言，而不能盡言詩之所能言。詩之境闊，詞之言長。141

稼軒是個南渡的政治人物，有個性、有才氣、有雄心、有韜略。雖有一腔報國熱忱卻壯志難酬，一生多遭讒謗，兩度被迫閑居。滿腹牢騷，滿腹辛酸和一肚子不合時宜。這些憤慨不吐不快。《疊山先生文集·宋稼軒先生墓記》云:「大仇不復,大恥不雪,平生志願百無一酬。」142周濟評：「稼軒不平之鳴，隨處輒發，有英雄語，無學問語，故往往鋒穎太露。」143稼軒借歌詞表達心中的怨恨不滿，不管是詠物、應酬、送別懷古等等，戲謔詞除了解頤，當然也可排遣內心的抑鬱。因此他的俳諧詞中都要有寄託。稼軒在痛苦之餘寫：「不妨舊事從頭記，要寫行藏入笑林。」（〈鷓鴣天〉不寐卷四）

---

140 沈祥龍：《論詞隨筆》，見《詞話叢編》，冊五，頁 4048。
141 同注一〇七，頁 4258。
142 謝枋得：《疊山文集．宋辛稼軒先生墓記》，見《四部叢刊續編》（臺北：商務印書館，1966 年出版），冊一三一，頁 10。
143 周濟：《介存齋論詞雜著》，見《詞話叢編》，冊二，頁 1633。

## 四、俳諧詞的內容

稼軒在閑居帶湖、瓢泉期間，大量創作俳諧詞。他與東坡寫俳諧詞大不相同，東坡寫俳諧詞「多半是為了和朋友、同僚、門生及其他親愛者嘻笑打趣取樂而寫的。」[144]稼軒寫俳諧詞除了嬉笑怒罵，大半是抒發報國無門的鬱悶、諷刺小人、藉以明志、寄託愛國思想、或寫大自然的美感。所以他拓展俳偕詞的內容、同時也提昇俳諧詞的地位。他所選的詞調如〈品令〉、〈好事近〉、〈清平樂〉、〈感皇恩〉、〈減字木蘭花〉、〈鵲橋仙〉、〈千年調〉、〈臨江仙〉等調。其中〈品令〉，《詞譜》云：「宋人填品令者，類作俳語。」[145]稼軒的俳偕詞可分為以下幾類：

### （一）嬉笑怒罵

稼軒是個幽默的人，任何生活題材，他都能以有趣味的眼光、生動的筆來表達。他有些詞是純嬉笑戲謔：

#### 1．與友人的輕鬆玩笑

稼軒與同事中的玩笑、戲謔，如〈江城子〉戲同官、〈惜奴嬌〉戲同官、他也戲謔朋友懷念妻子，如〈尋芳草〉調陳莘叟憶內：

> 有得許多淚，更閒卻、許多鴛被。枕頭兒、放處都不是，舊家時、怎生睡。　更也沒書來，那堪被、雁兒調戲。道無書、卻有意中人，排幾個、人人字。（卷二）

他也有戲作贈人詞，戲贈友人，〈烏夜啼〉戲贈籍中人，也曾因請醫生看妻子的病，寫〈好事近〉：「醫者索酬勞，那得許多錢物？只有一個整整，也合盤盛得。」（卷二）在周煇《清波別志》云：

> 《稼軒樂府》，辛幼安酒邊遊戲之作也。詞與音協，好事者爭傳之。在上饒，屬其室病，呼醫對脈。稼軒吹笛婢名整整者侍側，乃指以謂醫曰：「老妻平安，以此人為贈。」不數日，果勿藥，乃踐前約。整整既去，因口占〈好事近〉云：……。一時戲謔，風調不群。稼軒所編遺此。[146]

---

144 同注九四，見劉揚忠：《詞學．唐宋俳諧詞敘論》，頁 53-71。
145 見清．康熙御製：《詞譜》（臺北：洪氏出版社，1980 年 11 月出版），頁 650。
146 周煇：《清波別志》，見《景印文淵閣四庫全書》，冊一〇三九，頁 118。

這首詞真如周煇所言「一時戲謔，風調不群」。雖然這些詞都是遊戲之作，但很親切、清新，不是典雅之作，但也給詞開了一條新路。詞中親切有趣。

**2．用戲謔語爲壽詞：**

稼軒擺脱時人求名、求利、祝長壽的寫法寫壽詞。壽詞興盛是北宋後期的事，花間、尊前幾乎沒有賀壽詞。柳永雖有〈送征衣〉「過韶陽」、〈永遇樂〉「薰風解慍」向皇上獻壽，〈巫山一段雲〉「蕭氏賢夫婦」用一般人生日仍不普遍。所以張先、蘇軾詞中很難有壽詞。直到黃山谷詞可看見幾首，以後逐漸流行，壽詞變爲尋常酬贈工具。南北宋之交，此風興盛到極點，南渡詞人無不寫壽詞，壽詞發展似與崇奉道教有關，因道教講求長生不死，壽詞亦是如此。

壽詞如純屬應酬之作，實缺乏精神意味，雋永含意，且不好作。張炎《詞源》云：「難莫難於壽詞。」沈義父《樂府指迷》：「壽曲最難作。」《蕙風詞話》云：「壽詞難得佳句，尤易入俗。」辛稼軒所作壽詞，多有詼諧之作，擺脱世俗的長壽、升官發財等，而是以戲謔滑稽之語，表達祝賀之意。如他爲族姑慶八十歲，〈品令〉族姑慶八十，來索俳語：

> 更休説，便是一個，住世觀音菩薩。甚今年，容貌八十歲，見底道，才十八。　　莫獻壽星香燭，莫祝靈椿龜鶴。只消得把筆輕輕去，十字上，添一撇。（卷四）

他開玩笑說容貌八十歲的老人，被誤爲十八歲的姑娘，「只消得把筆輕輕去」，他在筆劃上翻花樣。又〈鵲橋仙〉為人慶八十席上戲作：「人間八十風流，長貼在、兒兒額上。」（卷二）宋代習俗每朱書「八十」二字於小兒額上，以祈長壽。此處戲稱八十老人，也應像小孩一樣畫額書寫「八十」，就可長生不老。又如〈鵲橋仙〉慶岳母八十：「臙脂小字點眉間，猶記得、舊時宮樣。」（卷二）嘲笑八十歲的岳母打扮，已經是舊時樣。稼軒在壽詞中構思巧妙，別出心裁，增加生活的趣味。

**3．戒酒也以戲謔表達**

〈沁園春〉將止酒，戒酒杯使勿近：

> 杯汝來前，老子今朝，點檢形骸。甚長年抱渴，咽如焦釜；於

今喜睡，氣似犇雷。汝說『劉伶，古今達者，最後何妨死便埋。』渾如此，嘆汝於知己，真少恩哉。　更憑歌舞為媒。算合作、人間鴆毒猜。況怨無小大，生於所愛，物無美惡，過則為災。與汝成言：勿留亟退，無力猶能肆汝杯。杯再拜，道『揮之即去，招亦須來。』（卷四）

此戒酒詞受東方朔〈答客難〉和班固〈賓戲〉影響，以「酒杯」爲客，力數酒杯罪狀，言詞激烈，憤行於色，以至於欲肆之而後快。然而酒杯是稼軒知己「揮之即去，招亦須來。」不責怪自己貪杯，戒酒不力，反怪酒杯纏住自己，讓人會心一笑。

**（二）寄託懷才不遇之嘆**

張載〈東銘〉云：「戲言出於思，戲作成於謀。」稼軒俳諧詞就有一部份是借玩笑中抒發抑鬱。南渡多年不被重用，甚至兩次落職，被迫閑居。內心的幽憤，借戲謔詞抒發，這類詞有：

**1.感嘆報國無門**：如〈八聲甘州〉夜讀李廣傳，不能寐，因念晁楚老、楊民瞻約同居山間，戲用李廣事，以寄之：

故將軍飲罷夜歸來，長亭解雕鞍。恨灞陵醉尉，匆匆未識，桃李無言。射虎山橫一騎，石響驚弦。落魄封侯事，歲晚田園。　誰向桑麻杜曲，要短衣匹馬，移住南山。看風流慷慨，譚笑過殘年。漢開邊、功名萬里甚當時、健者也曾閑。紗窗外、斜風細雨，一陣輕寒。（卷二）

此爲閑居帶湖的作品，夜讀史記有感，借古人酒杯澆自己的塊壘。上片純敘李廣事蹟，讚賞之餘，感慨有加。因李廣功高反黜，和自己遭讒被黜的坎坷遭遇相同，可謂同病相憐。小序說：「夜讀李廣傳，不能寐。」可見情感是激動的，「戲用李廣事」，不過是寓莊於諧的說法。前五句平敘，李廣的下場是「落魄封侯事，歲晚田園。」借「恨」字傳情。下片不甘「桑麻杜曲」，要隨李廣射虎南山，立功萬里（抗金復國）。並問到：「漢開邊、功名萬里甚當時、健者也曾閑。」西漢是盛世，何以李廣尚有田園之嘆？痛恨朝廷的腐敗進奸佞、逐賢良，英雄報國無門，自古皆然。末句以景作結「斜風細雨」隱喻群小讒毀，無限感慨。

〈鷓鴣天〉有客慨然談功名，因追念少年時事，戲作：

壯歲旌旗擁萬夫，錦襜突騎渡江初。燕兵夜娖銀胡䩮，漢箭朝飛金僕姑。　　追往事，歎今吾，春風不染白髭鬚。卻將萬字平戎策，換得東家種樹書。（卷四）

這首短短五十五字，雖是「戲作」，卻是深刻的概括了一個抗金名將的悲劇命運。詞以「有客慨然談功名」起興，上片純追憶「少年時事」，是他一生中最意氣風發、刻骨銘心的經歷。下片首二句撫今追昔，接著就「嘆今」感嘆時光不再，歲月虛度。結句是「卻將萬字平戎策，換得東家種樹書」，是借韓愈〈宋石洪詩〉:「長把種樹書，人言避世士。」凸顯理想與現實的矛盾，南渡以後的壯心抱負與落寞之處境。向朝廷提出〈美芹十論〉、〈九議〉等萬字平戎策，皆不得見採，瓢泉歸老，栽植竹木，長為避世之人，被迫歸隱都是朝廷主和派的打擊迫害，詞中譏刺時政，不甘終老田園的牢騷與悲憤。又如〈西江月〉江行采石岸，戲作漁父詞：

千丈懸崖削翠，一川落日鎔金。白鷗來往本無心，選甚風波一任。　　別浦魚肥堪鱠，前村酒美重斟。千年往事已沈沈，閒管興亡則甚？（卷一）

采石在今安徽當塗縣西北，為江流最狹之地。歷代南北戰爭，皆於此渡江襲擊。後漢興平二年孫策渡江攻劉繇，晉咸寧五年王渾帥師取吳，梁太清二年侯景渡江趣建康，隋開皇九年韓擒虎濟師破陳，宋開寶七年曹彬渡江取南唐，紹興三十一年虞允文邀集金主亮南犯之師，均在此地。張志和〈漁父詞〉「西塞山前白鷺飛」即作於此地。故稼軒江行戲作〈漁父詞〉。

首句「千丈懸崖削翠」寫采石風景，「白鷗來往本無心，選甚風波一任。」只白鷗來往無心，不問風波如何，均無所選擇而一任所之，此欲自己之行藏遭遇。「千年往事已沈沈，閒管興亡則甚？」為漁父感嘆，說千年往事已過，不管興亡，其實即有無限興亡之感。「千年往事」，稼軒舟行經過，觸目感懷，故有此感慨。

又如〈卜算子〉齒落：

剛者不堅牢，柔底難摧挫。不張開口角看，舌在牙先墮。　　已

闕兩邊廂，又豁中間個。說與兒曹莫笑翁，狗竇從君過。（卷二）

《世說新語．排調》：「張吳興年八歲齒虧，先達知其不常，故戲之曰：「君口中何爲開狗竇？」張應聲答曰：「正使君輩從此口中出入。」147雖然是借詼諧笑語自遣，但詞中寫牙堅舌柔，剛易摧，柔難挫。「剛者不堅牢」，自己個性堅固不妥協，他自云：「生平則剛拙自信，年來不爲眾人所容，故恐言未脫口而禍不旋踵」（〈淳熙〉己亥論盜賊劄子）的無窮禍害。雖只有被拔除的份。而軟弱無骨之輩卻常居要津，安然無恙。這種社會反常的現象，遍存現實社會之中。

又如〈柳梢青〉三山歸途，代白鷗見嘲：

白鳥相迎，相憐相笑，滿面塵埃。華髮蒼顏，去時曾勸，聞早歸來。　而今豈是高懷，為千里蓴羹計哉。好把移文，從今日日，讀取千回。（卷三）

〈添字浣溪沙〉三山戲作：

記得瓢泉快活時，長年耽酒更吟詩。驀地捉將來斷送，老頭皮。繞屋人扶行不得，閒窗學得鷓鴣啼。卻有杜鵑能勸道：不如歸！（卷三）

紹熙三年在閩憲任內作。雖是「戲作」，實在是詞人真實心意。首二句寫十年在瓢泉何等快活，「風雨瓢泉夜，半花草雪樓春到。」（〈水調歌頭〉）突然奉詔赴任，官場污濁，命運難料。自古直言罹禍，稼軒借楊朴典故，語意詼諧，話鋒犀利。《朱文公大全》續集卷四〈答劉晦書〉：「林帥固賢，然近聞與憲司不協，亦大有行不得處。」根據鄧廣銘《稼軒年譜》考證：

朱氏書中又有「近聞其與憲司不協」等語，知林、辛間蓋有齟齬。148

下片借鷓鴣、杜鵑託意，一曰「行不得也」。一曰「不如歸去」。看來應及早歸回瓢泉，享山林之樂。

---

147 劉義慶著，劉孝標注、余嘉錫箋疏：《世說新語箋疏．排調》（上海：上海古籍出版社，1995年5月第2次印刷），頁802。

148 同注二九，頁745。

**2．感嘆身世**：如〈永遇樂〉戲賦辛字，送茂嘉十二弟赴調：

> 烈日秋霜，忠肝義膽，千載家譜。得姓何年，細參辛字，一笑君聽取：艱辛做就，悲辛滋味，總是辛酸辛苦。更十分、向人辛辣，椒桂搗殘堪吐。　　世間應有，芳甘濃美，不到吾家門戶。比著兒曹，纍纍卻有，金印光垂組。付君此事，從今直上，休憶對床風雨。但贏得、靴紋縐面，記余戲語。（卷四）

本篇雖是「戲賦辛字」，但身世之感非常明顯。上片前八字，總括辛氏是忠肝義膽的家世，並以此貫穿全篇勉弟之意。「細參辛字」以下就辛字作文章。艱辛、辛苦、悲辛，辛酸，正是稼軒南來身世的處境。「辛辣」正是稼軒人品的寫照，無怪群小視爲「椒桂」，或避而遠之，或畏而讒之。

下片寫辛氏，世上的「芳甘濃美」都輪不到「吾家門戶」。眼看人家子弟「纍纍金印」，何等神氣，我們那比得上。「付君此事，從今直上，休憶對床風雨。但贏得、靴紋縐面，記余戲語。」期勉茂嘉謀取光宗耀祖、高官顯爵之事，從今以後若青雲直上，不必回想今天這場對床夜語，若落得臉皮如靴紋時，一定記取我此番玩笑話。稼軒本意雖是「戲語」，茂嘉可日後體會。

又如〈水調歌頭〉將遷居不成，有感，戲作。時以病止酒，且遣去歌者，末章及之：

> 我亦卜居者，歲晚望三閭。昂昂千里，泛泛不作水中鳧。好在書攜一束，莫問家徒四壁，往日置錐無。借車載家具，家具少於車。　　舞烏有，歌亡是，飲子虛。二三子者愛我，此外故人疏。幽事欲論誰共，白鶴飛來似可，忽去復何如？眾鳥欣有託，吾亦愛吾盧。（卷四）

雖然是「戲作」，但起四句明志。以屈原自況，不獨生平遭遇相似，且放廢閑居，志趣相彷；寧「昂昂千里，泛泛不作水中鳧」，守清貧而獨立，不隨波逐流。下片「將遷新居」之事，是戲謔之詞。是強調雖清貧而志不屈、樂不改。下片用烏有、亡是、子虛，很具詼諧，以身外之物，不足多慮。真正感傷者，倒是故人疏，欲語無人。結論「眾鳥欣有託，吾亦愛吾盧」，以曠達沖淡之語，愛淵明的話及品行胸襟，此詞在詼諧幽默中，寄託政治失意之痛。

又如〈永遇樂〉檢校停雲新種杉松，戲作。時欲作親舊報書，紙筆偶為大風吹去，末章因及之：

投老空山，萬松手種，政爾堪嘆。何日成陰，吾年有幾，似見兒孫晚。古來池館，雲煙草棘，長使後人悽斷。想當年、良辰已恨：夜闌酒空人散。　停雲高處、誰知老子，萬事不關心眼。夢覺東窗，聊復爾耳。起欲題書簡。霎時風怒，倒翻筆硯，天也只教吾懶。又何事、催詩雨急，片雲斗暗。（卷四）

這首詞作於慶元三、四年間（1197-1198）。時稼軒罷居瓢泉，首句投老空山，已是嘆老嗟衰。雖然手種萬松，但已年老，何日才見青松成蔭。池館草棘。良辰不再，使人淒斷，有古今興衰之嘆。壯士暮年懷抱蕭索。

下片寫老來投閒，「萬事不關心眼」，只有靜修身心。然置身「停雲」,「夢覺東窗」,思念親友,不能自己。只有提筆寫信問候,然而「霎時風怒，倒翻筆硯」，就不用寫了，是「天教我懶」，但爲何突然天地昏暗，又有急雨催我寫詩，上天卻又是不容許我閒懶。這些是戲謔之語。但細讀詞義，作者有所寄情，不甘投閒置散。又如〈臨江仙〉停雲偶坐：

偶向停雲堂上坐，曉猿夜鶴驚猜。主人何事太塵埃？低頭還說向：『被召又還來。』　多謝北山山下老，殷勤一語佳哉：『借君竹杖與芒鞋。』徑須從此去，深入白雲堆。（卷四）

這是罷居瓢泉的作品，閑居田園是幸，也是不幸。上片中作者設想猿鶴都互相猜疑，爲何主人汲汲功名，現又「被召又還來」之語。從猿鶴的對話表現風趣的一面，也凸顯被召出仕，又被彈劾罷歸的羞辱、自嘲自憤的心境，下片借北山老人的話，堅持表明歸隱的決心。

**3.** 表明閑居苦悶的心事。如〈行香子〉博山戲呈趙昌甫、韓仲止：

少日嘗聞：『富不如貧。貴不如賤者長存。』由來至樂，總屬閒人。且飲瓢泉，弄秋水，看停雲。　歲晚情親，老語彌真。記前時勸我慇懃：『都休殢酒，也莫論文。把相牛經，種魚法，教兒孫。』（卷四）

此詞下片「歲晚情親，老語彌真。」是指趙昌甫、韓仲止二人對他的相勸，勸他「都休殢酒，也莫論文。」勸他修養精神。稼軒表面寫「且飲瓢泉，弄秋水，看停雲。」「由來至樂」的閒適生活。「把相牛經，種魚法，教兒孫。」指勸他教導後代治生計之道。詞人閑居的苦悶，報國無路的悲憤，都清楚現實的表達。

〈六州歌頭〉屬得疾，暴甚，醫者莫曉其狀。小愈，困臥無聊，戲作以自釋：

晨來問疾，有鶴止庭隅。吾語汝：『只三事，太愁余：病難扶，手重青松樹。礙梅塢，妨花逕，纔數尺，如人立，卻須鋤。其一。秋水堂前，曲沼明於鏡，可燭眉鬚。被山頭急雨，耕壟灌泥塗。誰使吾廬，映污渠？其二。　　歎青山好，簷外竹，遮欲盡，有還無。刪竹去，吾乍可，食無魚；愛扶疏，又欲為山計。千百慮，累吾軀。其三。凡病此，吾過矣，子奚如？』口不能言臆對：『雖盧扁藥石難除。有要言妙道，事見七發。往問北山愚，庶有瘳乎。』（卷四）

此詞是閑居瓢泉，突然生重病，詞中鶴來問候，他向鶴說明三件困擾他的事。第一事是青松妨礙到梅塢的花徑，自己也病得難以扶持。第二、山水帶泥污染了堂前明澈如鏡的水池。第三、竹林遮住青山，待伐竹林又不忍割愛。這三事都很瑣碎，爲何會使他發愁？他只是要表達閑居在山林的生活與塵世相同，都有煩惱與憂愁。他只好請教鶴該怎麼辦？鶴不會說話，他只有猜測鶴的動作，恍惚見端倪。一、此病藥石難除，唯「要言妙道」可醫治。這是說明心病，然而心病仍要心藥醫。二、心藥何處可求？「往問北山愚」。北山愚公的仙丹妙藥，是移山傻勁，知其不可爲而爲之，則精誠所至，金石爲開。稼軒借鶴語，而婉轉傳達其未忘國土分裂，傳達其不甘寂寞的心志。此詞假設賓主而問答，韻散夾雜。全篇以問疾、告疾、治疾三段組成。告疾一段，總起分述，並列三事，打破詞上下片，必須換意的定格。詞中寫閑居生活的思想苦悶。

**4．藉以明志**

辛棄疾到杭州後，萌發再隱居之意。寫信回瓢泉老家，要回家歸隱，不久兒子來信以沒有辦置田產來阻止，他很生氣，寫〈最高樓〉

吾擬乞歸，犬子以田產未置止我，賦此罵之：

吾衰矣，須富貴何時。富貴是危機。暫忘設醴抽身去，未曾得米棄官歸。穆先生，陶縣令，是吾師。　待葺個、園兒名佚老，更作個、亭兒名亦好，閑飲酒、醉吟詩。千年田換八百主，一人口插幾張匙。便休休，更說甚，是和非。（卷三）

這首詞作於福建安撫使任上，擬歸是真，罵子未必，借題發揮，以抒心志。「富貴」一詞，似指其子所謂「田產」之類，實則更含「功名事業」之意，不可等閒視之。[149]從「危機」以下，借穆生怕罹禍殺身，以致離楚國。陶淵明的不爲五斗米折腰，表達不及時辭官恐怕有害，可知稼軒的自保之道，及切身之痛，但無法言明。又如〈卜算子〉：

一以我為牛，一以我為馬。人與之名受不辭，善學莊周者。　江海任虛舟，風雨從飄瓦醉者。乘車醉不傷全得於天也。（卷四）

這首詞稼軒是用《莊子・應帝王》中虛擬的秦氏故事，說人們一下指他爲牛，一下子指他爲馬。翻來覆去亂給他加上罪名，對這些他都「受不辭」。並且能駕虛舟、逢飄瓦，都無動於衷，乘車也能墜而不傷。這種境界完全學莊子、及得之天。他這種處變不驚，無畏環境的精神，正表明他不怕小人陷害，堅持立場的決心。

又如〈卜算子〉漫興：

夜語醉瓜廬，春水行秧馬。點檢田間快活人，未有如翁者。　掃禿兔毫錐，磨透銅臺瓦。誰伴揚雄作〈解嘲〉？烏有先生也。（卷四）

上片說天下的快活人，莫如鑿井而飲、耕田而食之老農。下片感慨世人不認識而用以自嘲。「掃禿」、「磨透」，指費盡力氣。指所寫的奏議與詩詞，深深感嘆舉世之人無有能識其志者，既無同調，又無人知，只有烏有先生。

### （三）嘲笑追名逐利者

稼軒眼見國勢日頹，而南宋臣子卻仍爭名奪利，置國家安危度外。如〈夜遊宮〉苦俗客：

---

149 同注二十六，頁 146。

幾個相知可喜，才廝見、說山說水。顛倒爛熟只這是。怎奈向，一回說，一回美。　有個尖新底，說底話、非名即利。說得口乾罪過你。且不罪；俺略起，去洗耳。（卷四）

這首詞是慶元五年的作品，他已在六十歲，兩次閑退，他鄙視醉心功名的人稱他們「俗事」、「俗客」、「俗人」，他說：「俗人如盜泉，照影成昏濁。」（〈生查子〉簡吳子似縣尉）「醫俗士，苦無藥。」（〈賀新郎〉韓仲止判院山中見訪，席上用前韻。）這首〈夜遊宮〉苦俗客是稼軒與幾個相知好友，說山談水正興高采烈，卻來個「尖新」的俗客，說的是「非名即利」，他說得「口乾」仍不罷休，稼軒只好說：「莫怪罪！我要出去洗耳。」非常生動詼諧。又如〈千年調〉蔗菴小閣名卮言，作此詞以嘲之：

卮酒向人時，和氣先傾倒。最要然然可可，萬事稱好。滑稽坐上，更對鴟夷笑。寒與熱，總隨人，甘國老。　少年使酒，出人口嫌拗。此個和合道理，近日方曉：學人言語，未會十分巧。看他們，得人憐，秦吉了。（卷二）

淳熙十二年至十三年間，鄭汝諧任信州知州，他主抗金，稼軒稱他爲「老子自當兵十萬」。（〈滿江紅〉送信守鄭舜舉被召卷二）他在信州建宅取名「蔗菴」，並以此自號。又爲其小閣取名「卮言」，語出

《莊子・寓言》：「卮言日出。」指人云亦云。鄭汝諧以「卮言」爲閣明，本身就有嘲諷的意味，稼軒更借題發揮作詞以嘲。

上片運用四喻–酒卮、滑稽、鴟夷、甘草，將世俗小人那種俯仰隨人、鹽令色、八面玲瓏、處處討好的小人行徑，諷刺的淋漓盡致。

下片主要寫自己，少年時「出人口嫌拗」，口出臧否、褒貶是非、冒犯權貴，因此惹人討厭。到初曉其理，卻不是此中人，所以「未會十分巧」。那些人才會學會呢？只有「看他們，得人憐，秦吉了」，那些向學舌鳥一般專附和在權要上下功夫的人。

全詞以五個比喻痛罵小人，言詞犀利，嬉笑怒罵中，更表現出稼軒剛正不阿的可貴人品。

〈江神子〉聞蟬蛙戲作：

簟鋪湘竹帳籠紗，醉眠些，夢天涯。一枕驚回、水底沸鳴蛙。

借問喧天成鼓吹，良自苦，為官哪？　　心空喧靜不爭多。病維摩，意云何。掃地燒香、且看散天花。斜日綠陰枝上噪，還又問：是蟬嗎？（卷二）

詞中以「水底鳴蛙」「枝上噪蟬」，來比喻南宋那些趨炎附勢、隨聲附和的主和派，抒發對那些不顧國土分裂、偏安誤國無恥小人的不滿。

## （四）表明自己人品

稼軒在嘲謔詞中藉機表明人品，如〈鷓鴣天〉讀淵明詩不能去手，戲作小詞以送之：

晚歲躬耕不怨貧，隻雞斗酒聚比鄰。都無晉宋之間事，自是義皇以上人。　　千載後，百篇存。更無一字不清真。若教王謝諸郎在，未抵柴桑陌上塵。（卷四）

此詞年代不詳。稼軒讀陶淵明的詩，陶淵明有〈西田獲早稻〉詩中述農耕之樂，結句是「但願長如此，躬耕非所嘆。」陶淵明又有〈歸園田居〉「漉我新熟酒，只雞招近局。」陶淵明生活在晉、宋年間，這是一個南北分裂、戰亂不斷，竄弒頻繁的時代，極端的動盪。陶淵明因而寫桃花源記，幻想一個理想世界，桃源中人不知有漢，更不論魏晉。陶淵明歸隱田園高風亮節，即便是柴桑的塵土，也遠較東晉王、謝兩家子弟更高潔。

詞中頌揚陶淵明的詩品，更頌其人品。推崇他不恥躬耕，安貧樂道，清廉自守。稼軒兩度被迫閑居，正是汲取陶的精神力量。也正表明自己的人品。如〈鷓鴣天〉尋菊花無有，戲作：

掩鼻人間臭腐場，古來惟有酒偏香。自從來住雲煙畔，直到而今歌舞忙。　　呼老伴，共秋光，黃花何處避重陽？要知爛熳開時節，直愛西風一夜霜。（卷四）

雖寫「戲作」，實有寄託。上片直抒胸臆，言自己嗜酒歌舞、傲笑雲煙，是因爲官場腐臭，令人不堪忍受，終於掩鼻而去。下片以尋菊起興，「要知爛熳開時節，直愛西風一夜霜。」盛讚菊花不畏嚴寒，凌霜爛漫，以花自喻，表明自己的人品。

〈浣溪沙〉偕杜叔高、吳子似宿博山寺戲作：

花向今朝粉面勻，柳因何事翠眉顰？東風吹雨細於塵。　自笑好山如好色。只今懷樹更懷人，閒愁閒恨一番新。（卷四）

杜叔高曾於淳熙十六年（1200）訪稼軒於帶湖。此詞作於慶元六年，杜叔高二度訪稼軒。這詞是寫春日美景，春花如粉勻面，春柳有如少艾斂眉。在春風低拂中下細雨輕如塵。上片描繪春景的美好。

下片以自笑寫起，化用孔子「吾未見好德如好色者也」，（《論語．子罕篇》）並脫胎於蘇軾〈自徑山回和呂察推〉詩：「多君貴公子，愛山如愛色。」稼軒「好山如好色」，不好德而好山水。既然好山水，理應超世絕塵，無奈卻「懷樹更懷人」，不禁懷念故舊知音。又有一番新的「閒愁閒恨」。這不正說明美好的春天，他雖好山水，卻不想只投閒置散，希望有一番作為。

**（五）對大自然的欣賞**

稼軒有幽默性，能在閑居單調的生活中，欣賞大自然的美景及生命的趣味，他寫竹與松「孤竹君窮猶抱節，赤松子嫩已生鬚」（〈浣溪沙〉種松竹未成）寫自己愛山愛水，喜讀書「一生不負溪山債，百藥難醫書史淫」（〈鷓鴣天〉不寐）在生活細節中，他眼睛所見充滿美感趣味，如他「簪花屢墮」他就戲作〈臨江仙〉；與客賞山茶一朵忽墮，他就戲作〈山茶花〉一首，聽到蟬鳴青蛙叫，他就作〈江神子〉。他總是用諧趣的眼光，來看周圍的人事物。

稼軒表現山居美景作品，是〈南歌子〉新開池，戲作：

散髮披襟處，浮瓜沈李杯。涓涓流水細侵階。鑿個池兒，喚個月兒來。　畫棟頻搖動，紅蕖盡倒開。鬥勻紅粉照香腮。有個人人，把做鏡兒猜。（卷四）

此詞作於帶湖，「新開池」可能是〈沁園春〉靈山齊庵賦。時築偃湖未成，所說的偃湖，或是〈玉樓春〉隱湖戲作中的隱湖。這首詞清新自然，富有生活情趣。夏天的夜晚，納涼於池旁。詞人緊扣題目「新開池」，稼軒由一池泉水，中有「浮瓜沈李」，流水侵階，有池、有水、有瓜、有李、有明月，畫棟、紅蕖，及至有佳人以水為鏡。不僅物象豐富，景色清新，閑居生活，令人愉悅。

〈玉樓春〉戲賦雲山：

何人半夜推山去？四面浮雲猜是汝。常時相對兩三峰，走遍溪頭無覓處。　西風瞥起雲橫度，忽見東南天一柱。老僧拍手笑相誇，且喜青山依舊住。（卷四）

這首詞寫於瓢泉，清晨起來，發現相對的雲山忽然不見了，詞人悵然若失，執著的尋找。懷疑有人夜半將山推走，及至看到四面浮雲，才知雲與山在玩遊戲，山被浮雲遮住。下片一陣西風，吹散浮雲，東南山邊重露青山。老僧欣喜之餘，不禁拍手大笑。原來青山常在，雲霧是遮掩不住的。詞中表現山居的自然山色。

稼軒的俳諧詞內容是這麼豐富，詞風多樣，詞中雖有嬉笑怒罵之作，仍有寄託報國無門、諷刺小人主和求名利、譏諷朝政等正面意義，不是使詞流於污下之作。

## 五、俳諧詞的寫作手法

稼軒俳諧詞寫作手法明顯分爲兩大部份，如果純爲好玩、戲謔、幽默開玩笑的，他大都不使用典故，純用白描甚至用口語或俚語，來表現輕鬆、親切、有趣味的心情，若是有寄託包括報國無門，諷刺小人、感嘆身世大都使用典故，其寫作方式如下：

### （一）純為白描

因爲俳諧詞原本寫作是爲嬉笑怒罵,所以要用淺俗、沒有比喻詞、形容詞的寫法。所以在稼軒的俳諧有部份是純爲白描，如〈惜奴嬌〉戲同官：

風骨蕭然，稱獨立、群仙首。春江雪、一枝梅秀。小樣香檀，映朗玉、纖纖手。未久，轉新聲，泠泠山溜。　曲裏傳情，更濃似、尊中酒。信傾蓋、相逢如舊。別後相思，記敏政堂前柳。知否：又拚了、一場消瘦。（卷六）

又如〈品令〉族姑慶八十，來索俳語：

更休說，便是一個，住世觀音菩薩。甚今年，容貌八十歲，見底道，才十八。　莫獻壽星香燭，莫祝靈椿龜鶴。只消得把筆輕輕去，十字上，添一撇。（卷四）

### （二）使用俚語

俳諧詞要達到開玩笑，好玩或表示幽默的效果，所以越俚俗，越能表達親切感與達到戲謔效果。如〈南歌子〉新開池，戲作。「鑿個池兒，喚個月兒來。」「有個人人，把做鏡兒猜。」又如〈臨江仙〉停雲偶坐「主人何事太塵埃？低頭還說向：『被召又還來。』」又如〈江神子〉聞蟬蛙戲作：

簟鋪湘竹帳籠紗。醉眠些。夢天涯。一枕驚回、水底沸鳴蛙。借問喧天成鼓吹，良自苦，為官哪？　心空喧靜不爭多。病維摩，意云何。掃地燒香、且看散天花。斜日綠陰枝上噪，還又問：是蟬嗎？（卷二）

完全用俚語、口語來表達。

### （三）使用典故

在俳諧詞中如果有寄託身世之感，或報國無門，或是諷刺小人，詞中就常用典故，如〈卜算子〉齒落：「說與兒曹莫笑翁，狗竇從君過」，借用《世說新語・排調》。又如〈添字浣溪沙〉三山戲作：「驀地捉將來斷送，老頭皮。」稼軒借《苕溪漁隱叢話前集》，楊朴被宋真宗所召典故。如〈行香子〉博山戲呈趙昌甫、韓仲止：「富不如貧。貴不如賤者長存。」是使用《後漢書・逸民傳》：「向長字子平，河內朝歌人也。……潛隱於家，讀易至損益卦，喟然歎曰：『吾已知富不如貧，貴不如賤，但未之死何如生耳。』「都休殢酒，也莫論文」，是使用杜甫〈春日憶李白詩〉：「渭北春天樹，江東日暮雲。何日一尊酒，重與細論文？」

## 六、俳諧詞的影響

稼軒大量寫俳諧詞，在時代因素下及稼軒的影響，檢視《全宋詞》，在稼軒以後的詞人仍繼續寫俳諧詞，如寫政論詞的陳亮，創作了〈鷓鴣天〉「落魄行歌記昔游」、〈賀新郎〉「鏤刻黃金屋」等諧趣詞，劉過的〈沁園春〉「斗酒彘肩」，借三古人之語開玩笑，表現才情橫溢。連格律派大家姜夔的〈玉梅令〉小序云：

石湖家自製此聲，未有語實之，命予作。石湖宅南隔河有圃，曰范村，梅開雪落，竹院深靜，而石湖畏寒不出，故戲及之。

姜夔因范石湖畏寒不出而寫詞戲笑他。又有張鎡〈御街行〉燈夕戲成，〈臨江仙〉小序云：

余年三十二，歲在甲辰。嘗畫七圈於紙，揭之坐右，每圈橫界作十，歲塗其一。今已過五十有二，悵然增感，戲題作詞。

又有韓淲的〈減字木蘭花〉昌甫以嵇叔夜語作曲，戲用杜子美詩和韻，〈浣溪沙〉戲成寄李叔謙，葛長庚〈八六子〉戲改秦少游詞，劉克莊的戲謔詞，如〈水調歌頭〉解印有期戲作，〈菩薩蠻〉戲林推，〈玉樓春〉戲林推，〈沁園春〉五和，韻狹不可復和，偶讀孔明傳，戲成，蔣捷〈賀新郎〉「甚矣君狂矣」，及宋末賈似道當政，陳郁作〈念奴嬌〉諷刺：

沒巴沒鼻，霎時間、做出漫天漫地。不論高低並上下，平白都教一例。鼓弄滕神，招邀巽二，一恁張威勢。識他不破，至今道是祥瑞。　最是鵝鴨池邊，三更半夜，誤了吳元濟。東郭先生都不管，關上門兒穩睡。一夜東風，三竿紅日，萬事隨流水。東皇笑道，山河原是我的。[150]

這些寫戲謔詞的詞人，若不是與辛棄疾有酬唱來往，就是被歸爲豪放派。而大多戲謔詞都是以玩笑態度寫成，沒有較深刻的寄託。然而劉克莊的〈玉樓春〉戲林推「男兒西北有神州，莫滴水西橋畔淚」，黃昇《花菴詞選》題作「戲呈林節推鄉兄」，雖是「戲呈」，卻是融合稼軒〈賀新郎〉同父見和再用韻答之：「我最憐君中宵舞，及道男兒道死心似鐵」〈水調歌頭〉送施樞密聖與帥江西：「賤子親再拜，西北有神州」，熱情規勸林推從妓女的懷抱中掙脫，以收復中原建立功業爲志業，詞中表現高瞻遠矚與愛國憂時的精神。及陳郁〈念奴嬌〉指賈似道的權勢「漫天漫地」的大雪，預示不久便日出雪消，化爲烏有。可見戲謔詞仍保有其諷刺、抒發民意的功用。

俳諧詞雖然在南宋滅亡時，遺民只能寫悲憤的詞哀悼淪陷的江山，不再繼續發展。但到明朝時俳諧詞仍流行著，如陸世儀〈菩薩蠻〉

150 張宗橚編、揚寶霖補正：《詞林紀事補正》（上海：上海古籍出版社，1998 年 11 月初版），頁 916。

題梅花美人圖，美人稍傷太真之癖，書以嘲之，〈菩薩蠻〉道東華山削髮止酒，是日予輩強飲之，道東亦不辭，戲為小詞，〈念奴嬌〉同石隱聖乘過寒溪小飲時，寒溪邀晉威下君寫行樂圖，並為予作小像，戲成小詞一闋，〈燭影搖紅〉戲題不倒翁次友人韻，王夫之〈沁園春〉翠濤六裏每句戲用彩色字，〈女冠子〉賣薑詞，余舊題茅堂曰薑齋。此更稱賣薑翁，非己能羡，聊以補人之不足爾，戲為之詞，且賣且歌之。王世貞〈望江南〉病後戲作，〈少年游〉戲贈奕者李先生，〈百字令〉閏六月初七夜戲為天孫賦此，易震吉〈踏莎行〉九日某君詩未成戲嘲，〈步蟾宮〉戲為兒鐵柱題，〈醉花陰〉嘲俗等等，不過他們寫作都以玩笑態度，內容也幾乎全是嬉戲怒罵，缺乏寄託的內涵，使俳諧詞流於卑下。

## 第五節　辛棄疾的情詞

南宋時，醉生夢死之徒比以前多，生活也更奢侈淫靡，又在理學提倡「存天理，去人欲」，所以人們在「不斷的強化道德倫理觀念中，尋找心靈的空隙」，[151]加上宋朝狎妓的觀念原本就很重，這種環境下更易被刺激寫艷情詞。岳珂《桯史》云：

> 稼軒以詞名，每燕必命侍妓歌其所作，特好歌〈賀新郎〉一詞，自誦其警句曰：「我見青山多嫵媚，料青山見我應如是。」[152]

大夫宴客請歌妓作陪是正常行爲。而且士大夫養家伎觀念普遍，（詳見第二章第二節）但宋代對官吏宿娼有約束，規定政官「雖得以官妓歌舞佐酒，然不得私侍枕席」，而中央派往各州縣的官員，一般是不帶妻子上任的。辛棄疾做官江、淮、兩湖時代，漫遊吳楚時必接觸不少歌妓。而且家中亦有六侍妾，整整、錢錢、田田、香香、卿卿、飛卿六人。其實就是他的歌舞妓，在帶湖末年，他曾寫〈好事近〉：「醫者索酬勞，那得許多錢物？只有一個整整，也合盤盛得。」（卷二）在周煇《清

151 張宏生：〈艷詞的發展軌跡及文化內涵〉，《社會科學戰線》（1995年第4期），頁205。
152 同注一，頁431。

波別志》云：「《稼軒樂府》，辛幼安……吹笛婢名整整者侍側。」[153]

稼軒集〈滿江紅〉四卷本甲集題云：「稼軒居士花下與鄭使君惜別，醉賦。侍者飛卿奉命書。」歌妓能歌善舞又能代答尺牘，與稼軒的關係必是交情又交心。然而稼軒遷瓢泉後，因病戒酒，又因經濟關係遣去歌妓，觀其〈水調歌頭〉將遷居不成，有感，戲作。時以病止酒，且遣去歌者，末章及之。「舞烏有，歌亡是，飲子虛。」心情如白居易遣去樊素一般，因爲與歌妓，有深厚的感情，詞中就流露愛情。

稼軒的愛情詞在表現手法上，也與前人不相同。愛情與愛國雖是相反的，但稼軒大都以正確的態度處理情感，形成許多好作品。本結所探討的是稼軒愛情詞寫作時代及情詞的內容：

## 一、稼軒愛情詞的寫作時代

檢視鄧廣銘《稼軒詞編年箋注》，稼軒有許多愛情詞，編在第五卷作年莫考，而第三卷任官七閩及晚年任官兩浙，都沒有愛情詞出現。2003 年 9 月增訂本《稼軒詞編年箋注》，才把少數無法編年的愛情詞插入卷一或卷二，其餘仍放在卷六補遺中。根據蔡義江、蔡國黃《稼軒長短句編年》云：「在作品中可以看出作者早年生活情調以及詞的風格，迥異於中、晚年。漫遊期中生活，以浪漫放蕩、醇酒婦人開始，最後贏得滿腹牢騷結束游程。」[154]

所以在情詞方面，鄧廣銘與蔡義江、蔡國黃《稼軒長短句編年》有顯著不同：

（一）早期漫遊吳楚各地，稼軒爲所遇到的歌妓塡詞，如〈如夢令〉贈歌者（卷六）、〈眼兒媚〉妓（卷六）、〈烏夜啼〉戲贈籍中人（卷六）。鄧廣銘都編在作年不可考卷六補遺中，然而蔡義江、蔡國黃則把這些詞編在孝宗乾道元年至二年漫遊期中，注：「詞爲早年情調，在江陰作品中有江頭句。」「與

153 周煇：《清波別志》，見《景印文淵閣四庫全書》，冊一〇三九，頁 118。
154 見蔡義江、蔡國黃：《稼軒長短句編年》（香港：上海書局，1979 年 4 月），頁 3。

妓女打交道，當非仕宦或隱居期中生活。」[155]

（二）鄧廣銘原定爲作年莫考的情詞，2003 年增訂本編入江浙兩湖時期詞（1163-1181）。然而蔡義江、蔡國黃則認爲是閑居帶湖、瓢泉時，爲知心的家妓塡詞，至慶元二年（1196），稼軒遣妓後，心中懷念家妓，所塡寫的詞，如〈糖多令〉：

淑景鬥清明。和風拂面輕。小杯盤、同集郊坰。著個簥兒不肯上，須索要、大家行。　　行步漸輕盈。行行語笑頻。鳳鞋兒、微褪些根。忽地倚人陪笑道：真個是、腳兒疼。（卷一）

然而蔡本編在淳熙十五年（1187）至光宗紹熙二年（1191）帶湖作，「詞語尙未遣去歌姬。詞見四卷本乙集。從梁譜編年。」又如〈戀繡衾〉無題：

夜常偏冷添被兒。枕頭兒、移了又移。我自是、笑別人底，卻原來、當局者迷。　　如今只恨因緣淺，也不曾抵死恨伊。合下手安排了，那筵席須有散時。（卷一）

鄧本原定爲作年莫考，增訂本編入江浙兩湖時期詞（1163-1181）。蔡本定爲宋寧宗慶元三年（丁巳，一一九七）在瓢泉作。「詞意爲追憶遣去之侍姬。亦可看作罷官後之寄託。」又如〈西江月〉題阿卿影像，〈鵲橋仙〉送粉卿行：

轎兒排了，擔兒裝了，杜宇一聲催起。從今一步一回頭，怎睚得一千餘里。　　舊時行處，舊時歌處，空有燕泥香墜。莫嫌白髮不思量，也須有思量去裏。（卷一）

〈滿江紅〉：

敲碎離愁，紗窗外、風搖翠竹。人去後、吹簫聲斷，倚樓人獨。滿眼不堪三月暮，舉頭已覺千山綠。但試把、一紙寄來書，從頭讀。　　相思字，空盈幅；相思意，何時足。滴羅襟點點，淚珠盈掬。芳草不迷行客路，垂楊只礙離人目。最苦是、立盡月黃昏，欄杆曲。（卷一）

〈滿江紅〉：

---

155 同上注，頁 6-7。

家住江南，又過了、清明寒食花徑裏、一番風雨，一番狼藉。紅粉暗隨流水去，園林漸覺清陰密。算年年、落盡刺桐花，寒無力。　庭院靜，空相憶。無說處，閑愁極。怕流鶯乳燕，得知消息。尺素如今何處也，綵雲依舊無蹤跡。謾教人、羞去上層樓，平蕪碧。（卷一）

這二首詞蔡本都定爲宋寧宗趙擴慶元三年（丁巳，1197）在瓢泉作。蔡本說「此詞語前首詞同調，同爲春時，都寫回憶。看語氣爲思念歌姬之作」。

蔡本幾乎把原鄧本編在作年莫考的這部份思念家妓的愛情詞，全編在宋寧宗慶元三、四年前。在宋寧宗慶元二年夏，稼軒因病並遣去歌姬，一年後還有些懷念歌妓的作品，

（三）宋寧宗慶元四年後的作品，再也找不到愛情詞，原因是歌女已遣去，閑居瓢泉時，大受陶淵明思想、莊子的影響，不再寫愛情詞。

所以稼軒的愛情詞大都在早年及慶元四年以前所作。

## 二、稼軒的情詞

稼軒的情詞可分四部份,(一)給歌舞妓的情詞,(二)給家妓的情詞，(三)閨怨詞，(四)含寄託的情詞。

### （一）給歌舞妓的情詞

稼軒自己曾說:「老子當年，飽經慣花期酒約。行樂處、輕裘緩帶，繡鞍金絡。」（〈滿江紅〉卷六）他早期的生活，因常接觸歌妓，所以他有少數給歌妓的情詞，如：

#### 1．同情歌妓

這類詞很少，如〈眼兒媚〉妓：「煙花叢裏不宜他，絕似好人家，淡妝嬌面，輕注朱脣，一朵梅花。」稼軒含蓄的同情好人家女兒，不應淪落風塵，給人當玩偶。又如「別淚沒些些，海誓山盟總是賒。」（〈南鄉子〉贈妓）他們只能自怨自艾，寫歌妓充滿痛苦的內心世界。

#### 2．歌詠歌妓歌舞的形象

在〈菩薩蠻〉云：

淡黃弓樣鞋兒小，腰肢只怕風吹倒。驀地管絃催，一團紅飛雪。曲終嬌欲訴，定憶梨園譜。指日按新聲，主人朝玉京。（卷四）

記載歌妓的歌舞情形。又如〈如夢令〉贈歌者：

韻勝仙風縹緲，的皪嬌波宜笑。串玉一聲歌，占斷多情風調。清妙，清妙，留住飛雲多少。（卷六）

說明歌妓歌聲美妙如串玉清脆。又如〈念奴嬌〉謝王廣文雙姬詞：「和韻歌喉，同茵舞袖，舉措脫體別。」（卷六）

**3．歌詠對歌妓的愛情**

稼軒詞中的戀情詞中的對象，當然不是妻子，而是歌妓，而且大多是家中的家妓。寫給不知名的歌妓都是江淮做官期，自帶湖閑居期至瓢泉遣歌者去，情詞的對象都是家妓。

〈南鄉子〉舟行記夢：

攲枕艣邊聲，貪聽咿啞聒醉眠。夢裏笙歌花底去；依然，翠袖盈盈在眼前。　　別後兩眉尖。欲說還休夢已闌。只記埋冤前夜月，相看，不管人愁獨自圓。（卷一）

這首詞是早期的作品，約作於淳熙五年（1178）秋，稼軒離京城往湖北任職途中。作者夢中的人並不可考，從詞中的景色和剛離臨安這一點可知，這位女子是京城中一個才貌雙全的歌妓。[156]在笙歌盈耳，群芳爭豔中，獨衷情一人。下片寫離別後多情的美人頻蹙眉頭，夢中重逢，兩人繾綣難分之際，夢斷人醒，美景消失。只記埋冤前夜月」，把情景帶回夢中，埋怨無情月色，不管人家要分手了，還獨自月圓在天，稼軒通過夢境寫一段無寄託的愛情。又如〈南歌子〉：

萬萬千千恨，前前後後山。旁人道我轎兒寬。不道被他遮得，望伊難。　　今夜江頭樹，船兒繫那邊。知他熟後甚時眠？萬萬不成眠後，有誰扇？（卷一）

「萬萬千千，前前後後」兩組疊句，以山象徵仇恨。更看出離別的恨事。下片設想細戀人怕熱不成眠，不能成眠又無人爲其打扇，實

---

156 見劉揚忠：《稼軒詞百首譯析》（北京：花山文藝出版社，1983 出版），頁 78。

在體貼入微。

## (二) 給家妓的情詞

### 1. 贈被遣家妓的情詞

稼軒的家妓都是能文識字，陶宗儀《書史會要》卷六云：

田田、錢錢，辛棄疾二妾也。皆因其姓而名之。皆善筆札，常代棄疾答尺牘。

《稼軒集．滿江紅》「莫折荼蘼」四卷本甲集題：

稼軒居士花下與鄭使君惜別，醉賦。侍者飛卿奉命書。

稼軒侍者能回答書信、能唱詞，與稼軒的情感必是極深。家妓卻因稼軒戒酒及家貧被遣去，稼軒內心充滿懷念，這一部份的愛情詞，是佔情詞中份量最多。如〈臨江仙〉一詞中小序寫明「侍者阿錢將行，賦錢字以贈之。」

一自酒情詩興懶，舞群歌扇闌珊。好天良月團團。杜陵真好事，留得一錢看。　歲晚人欺程不識，怎叫阿堵留連？楊花榆莢雪漫天。從今花影下，只看綠苔圓。(卷四)

詞寫自己懶於飲酒賦詩和欣賞歌舞，暗寓年紀老大對聲色興趣索然，而且年紀已大，受人欺侮。無法再庇護阿錢，既借灌夫之語切「錢」字，又將身世之感寓其中。結句設想阿錢離去之情景，綠苔如錢，而阿錢以去物是人非，情何以堪，所以臨別之際反覺依依不捨。

又有〈鷓鴣天〉：

一夜清霜變鬢絲，怕愁剛把酒禁持。玉人今夜相思不？想見頻將翠枕移。　真個恨，未多時。也應香雪減些兒。菱花照面須頻記：曾道偏宜淺畫眉。(卷四)

這首詞編年在慶元二年，遣去阿錢之後，多少相思，遣去歌女，實非得已。又有〈鵲橋仙〉送粉卿行：

轎兒排了，擔兒裝了，杜宇一聲催起。從今一步一回頭，怎睚得一千餘里。　舊時行處，舊時歌處，空有燕泥香墜。莫嫌白髮不思量，也須有思量去裏。(卷一)

粉卿是稼軒女侍名，先以「轎兒擔兒」準備妥當，接著以「杜宇」催行。粉卿一步一回頭」不忍離去情形。下片寫離去後的相思，徘徊在粉卿舊時歌舞之處，只見燕泥香墜行處，人去樓空，不勝感慨。自謂白髮仍是多情，粉卿離去必有的思念。〈蝶戀花〉用前韻送人行：

意態憨生元自好，學畫鴉兒，舊日偏他巧。蜂蝶不禁花引調，西園人去春風少。　　春已無情秋又老。誰管閒愁，千里青青草。今夜倩簪黃菊了，斷腸明日霜天曉。(卷二)

此亦是稼軒遣去歌妓之詞，157「意態憨生」三句，寫其人之嬌憨如畫，「生」爲語助詞。「蜂蝶不禁」二句，有人去寂寞之境。「今夜倩簪黃菊了」二句，指今夜還爲我簪花，明日即行。

**2．思念被遣家妓**

稼軒的歌妓被遣後，他懷念他們他懷念他們。如〈臨江仙〉再用圓字韻：

窄樣金杯教換了，房櫳試聽珊珊。莫教秋扇雪團團。古今悲笑事，長付後人看。　　記取桔槔春雨後，短畦菊艾相連。拙於人處巧於天。君看流地水，難得正方圓。(卷四)

又有〈謁金門〉：

歸去未，風雨送春行李。一枕離愁頭徹尾，如何消遣是！　遙想歸舟天際，綠鬢瓏璁慵理。好夢未成鶯喚起，粉香猶有殢。(卷四)

〈醜奴兒〉：

尋常中酒扶頭後，歌舞支持。歌舞支持，誰把新詞喚住伊。　　臨歧也有旁人笑，笑已爭知，笑已爭知：明月樓空燕子飛。(卷四)

鄧廣銘《稼軒詞編年箋注》：「右二詞俱不見四卷本，作年亦無可考。玩語意，疑亦阿錢去後惜別之作。」

〈西江月〉題阿卿影像：

人道偏宜歌舞，天教只入丹青。喧天畫鼓要他聽，把著花枝不應。　何處嬌魂瘦影，向來軟語柔情。有時醉裏喚卿卿，卻被傍人笑問。(卷一)

---

157　見吳則虞選注：《辛棄疾詞選集》(上海：上海古籍出版社，1993 年 6 月第一次印刷)，頁 222。

又如〈滿江紅〉：

敲碎離愁，紗窗外、風搖翠竹。人去後、吹簫聲斷，倚樓人獨。滿眼不堪三月暮，舉頭已覺千山綠。但試把、一紙寄來書，從頭讀。　相思字，空盈幅；相思意，何時足。滴羅襟點點，淚珠盈掬。芳草不迷行客路，垂楊只礙離人目。最苦是、立盡月黃昏，欄杆曲。（卷一）

這是一首懷念情人的詞，假設情人在懷念自己。蔡義江《稼軒長短句編年》指出是宋寧宗慶元三年在瓢泉作，思念歌姬之作。詞中融合情、景、事。起句借風搖翠竹，攪動離愁。「敲碎」一詞奇警。「人去後、吹簫聲斷，倚樓人獨」，很明顯的指歌妓去後，不再有歌聲。「滿眼」是倚樓所見，通過刻畫女子的活動，反映深閨女子傷春怨離的真實情感。不堪滿眼碧色之苦，只有重讀來書以慰相思。

下片「相思字，空盈幅；相思意，何時足」，雖然情人寄書信來，滿紙相思字，但不能安慰滿足自己思念之心。以致「滴羅襟點點，淚珠盈掬。」在獨自「倚樓」時，以致他抱怨「芳草不迷行客路，垂楊只礙離人目」，丈夫越行越遠，偏偏垂楊密枝遮住她的視線，看不見丈夫的身影，只有「最苦是、立盡月黃只怪垂楊礙人眼目，滿地芳草不會使他失迷道路。細膩的描繪思婦的心態。雖然望不盡，卻仍「立盡月黃昏」，可見佇立之久，當然心情「最苦」。

范開《稼軒詞序》說辛詞：「清而麗，婉而嫵媚。」劉克莊《辛稼軒集序》說辛詞：「其穠纖綿密者；亦不在小晏、秦郎之下。」這類閨情正是如此。

### （三）閨思詞

稼軒的閨思詞寫少婦閨中的複雜心態，遠比前人高出一籌，如〈蝶戀花〉：

燕語鶯啼人乍遠。卻恨西園，依舊鶯和燕。笑語十分愁一半，翠圍特地春光暖。　只道書來無過雁，不道柔腸，近日無腸斷。柄玉莫搖湘淚點，怕君換做秋風扇。（卷二）

女主人心愛的人遠離，但她卻仍聽到諺語鶯聲，心中更感到心煩意亂。表面上她與友人歡笑的遊玩。其實她是強顏歡笑。她正在等情人的的書信，而「只道書來無過雁」，雁子根本沒蹤影。其實她最擔心的是，「怕君換做秋風扇」，自己成爲秋扇見捐，戀人另結新歡。

又如〈戀繡衾〉無題：

夜常偏冷添被兒。枕頭兒、移了又移。我自是、笑別人底，卻原來、當局者迷。　如今只恨因緣淺，也不曾、抵死恨伊。合下手、安排了，那筵席、須有散時。（卷一）

這首詞言語淺近，描寫女子被拋棄後，他原本曾笑話別人，卻輪到自己。她卻不怪男子，只恨因緣淺，而且相信聚散有時。此詞有敦煌曲子味道。又如〈清平樂〉

春宵睡重。夢裏還相送。枕畔尋雙玉鳳。半日才知是夢。　一從賣翠人還。又無音信經年，卻把淚來做水，流也流到伊邊。（卷二）

寫閨中少女與情人一別經年，音訊全無，相思情深，不覺入夢，別時相贈情景再次出現，如今夢醒，無限淒清，當然淚流滿面。極盡纏綿悱惻。如〈鷓鴣天〉：

困不成眠奈夜何，情知歸未轉愁多。暗將往事思量過，誰把多情惱亂他。　些底事，誤人哪。不成真個不思家。嬌癡卻妒香香睡，喚起醒鬆說夢些。（卷一）

純用口語白描，清新流暢，頗具民歌風味，「困不成眠」的內心活動，她擔心他會因別的少女而羈留異地，甚至因此而不想家。疑神疑鬼，竟喚醒香香，爲己說夢，共度今宵。

又如〈臨江仙〉

金谷無煙宮樹綠，嫩寒生怕春風。博山微透暖薰籠。小樓春色裏，幽夢雨聲中。　別浦鯉魚何日到，錦書封恨重重。海棠花下去年逢。也應隨分瘦，忍淚覓殘紅。（卷二）

寒食將近，餘寒仍在。在「金谷」「宮樹」，這種幽邃的環境裏，小樓已透春色，然而音信渺渺，離恨重重。「海棠花下去年逢」，相信會因相思而瘦。陳廷焯贊此詞云：「婉雅芊麗。稼軒亦能爲此種筆路，真令人心折。」[158]

又如〈祝英臺近〉晚春：

寶釵分，桃葉渡，煙柳暗南浦。怕上層樓，十日九風雨。斷腸片片飛紅，都無人管；更無勸啼鶯聲住。　鬢邊覷。試把花卜歸期，才簪又重數。羅帳燈昏，哽咽夢中語：是他春帶愁來，春歸何處，卻不解、帶將愁去。（卷一）

這是一首傷春傷別的閨怨詞。詞以憶昔爲始，以下轉回現實傷春。「怕上層樓，十日九風雨」，怕見風雨送春，怕見片片飛紅，怕聽聲聲啼鶯。「無人管」、「更誰勸」，是怨春匆匆去的痴痴情語。

下片「鬢邊覷。試把花卜歸期，才簪又重數」，可見她的痴情，被離愁折磨的辛苦，多麼急切卜出情人歸期。沈謙《塡詞雜說》：「稼軒詞以激揚奮厲爲工，至「寶釵分，桃葉渡」一曲，昵狹溫柔，魂銷意盡，才人伎倆，真不可測。」[159]

### （四）寄託愛國思想

稼軒無論是俳諧詞，詠物詞等都有寄託。而北宋的秦觀以寫兒女情長，就能「將身世之感打并入豔情」之作，[160]稼軒北人南渡受排擠，兩次落職，他的情詞中怎可能一點身世之感都無？而這部份情詞是歷來學者爭論較多，也是稼軒情詞中藝術價值較高，含有寄託成分者，可分以下數種：

#### 1．批評小人惑主

比如〈滿江紅〉暮春：

家住江南，又過了、清明寒食。花徑裏、一番風雨，一番狼藉。紅粉暗隨流水去，園林漸覺清陰密。算年年、落盡刺桐花，寒無力。　庭院靜，空相憶。無說處，閑愁極。怕流鶯乳燕，得知消息。尺素如今何處也，綵雲依舊無蹤跡。謾教人、羞去上層樓，平蕪碧。（卷一）

這首詞鄧廣銘以爲年代不可考。劉揚忠《辛詞詞心探微》因詞中

---

158 陳廷焯：《白雨齋詞話》，見《詞話叢編》，冊四，頁 3794。
159 沈謙：《塡詞雜說》，見《詞話叢編》，冊一，頁 630。
160 周濟：《宋四家詞選》，見《詞話叢編》，冊二，頁 1652。

「落盡次桐花」句，以爲是「任職福建時，頗不順心，多受誹謗，情緒頗爲惡劣而寫。」[161]但蔡本認爲是宋寧宗慶元三年在瓢泉作。此時的心境也是極苦悶，因爲「慶元二年九月十九日，朝散大夫主管建寧府武夷山沖佑觀辛棄疾罷宮觀。以臣僚言辛棄疾贓汙恣横，惟嗜殺戮，累遭白簡，恬不知悛。今俾奉祠，使他時得刺一州，持一節，帥一路，必肆故態，爲國家軍民之害。」[162]

不管是哪一年的作品，陳廷焯《白雨齋詞話》云：「此詞可作無題，亦不一定是綺怨。」[163]詞題目是暮春，寫江南的美好，風景綺麗，然而「花徑裏、一番風雨，一番狼藉。」花朵掉落，園林漸覺清陰。

下片，假託美人不得相見而內心愁苦。「庭院靜，空相憶。無說處，閑愁極」四句，只爲點出閒愁，稼軒的〈摸魚兒〉曾寫「閒愁最苦」。這裡同樣指自己不爲宋朝廷所用，復國壯志無從施展，而且受投降派的排擠，因此產生政治失意的痛苦。所以「怕流鶯乳燕，得知消息」，則痛恨權奸的流言、落井下石，[164]屢遭讒毀的險惡處境。胡雲翼《宋詞選》云：「朝廷對他忌刻之深和小人讒言之多，於此可見一斑。」「尺素」、「綠雲」，以美人爲象徵，寂寞無聊的獨守空閨，正表示對理想的渴望與追求，然而信息不來，蹤跡全無，希冀僅存一線，愁腸百轉。「謾教人、羞去上層樓，平蕪碧」的結句，指上得高樓，舉目遙望，所見亦恐怕是滿川青草。

又如〈念奴嬌〉書東流村壁：

> 野棠花落，又匆匆過了，清明時節。剗地東風欺客夢，一夜雲屏寒怯。曲岸持觴，垂楊駐馬，此地輕別。樓空人去，舊游飛燕能說。　　聞道綺陌東頭，行人曾見，簾底纖纖月。舊恨春江流不斷，新恨雲山千疊。料得明朝，尊前重見，鏡裏花難折。也應驚問：近來多少華髮。（卷一）

---

161 見劉揚忠：《辛詞詞心探微》（濟南：齊魯書社，1990 年 2 月初版），頁 143。

162 見清・徐松纂輯：《宋會要輯稿》（臺北：新文豐出版公司，1976 年出版），冊一〇二，職官，黜降官十。

163 陳廷焯：《白雨齋詞話》，見《詞話叢編》，冊四，頁 3793。

164 見王雙啓：《唐宋詞新賞・辛棄疾》（臺北：地球出版社，1990 年元月出版），頁 173。

這首詞有兩種解釋，一是梁啓超《飲冰室評詞》評此詞：

〈念奴嬌〉野棠花落，此南渡之感。[165]

以後梁啓勛在《稼軒詞疏證》說：

此詞見甲集，作年無可考。相傳詞寫徽、欽二宗北狩事，意甚似。伯兄在清華學校所講之《韻文與情感》，亦引用此詞，其論斷則謂東流村正是徽、欽二宗北狩北行所經之地，所以把稼軒新舊恨一齊招惹出來」云云。徽欽二宗北行之途徑，據史文所載，則自汴梁經濬州真定府中山代州而至雲州，東行至燕山府，住愍忠寺，乃再折而東北行，至會寧，終於韓城。以今地理釋之，則由開封經彰德、正定、保定入龍泉關，斜掠太原東境，北行而至大同，而東折而至北京，住宣武門外法源寺。再出關，致吉林阿城縣，終於延吉之五國城。若此詞之本事果如所傳，則東流村當在豫北與南直隸之間。考先生到此之機會，一在兒時，隨乃祖宦游開封時；一在《美芹十論》劄子所云『嘗令臣兩造計吏抵燕山，諦觀形勢』之時；一在天平節度使耿京幕中時。凡此，皆二十二歲以前事。若二十三歲南歸後，則絕對無緣重履此地矣。果如是，則此詞當是紹興三十二年壬五以前作，即先生二十三歲以前，較於伯兄所認為三十歲作之〈水龍吟〉為更早矣。但東流村之所在地，一時無可考，若在大河以北，則此詞為壬午以前作可以決矣。[166]

其二是鄧廣銘先生以梁氏兄弟所言爲非，在《稼軒詞編年箋注》說：「據諸詩語意，知東流爲其時江行泊駐之所，且富遊觀之勝，故趙韓二氏均覽物興感而有所賦詠。其必爲池州之東流縣當無疑。」所以編年在淳熙五年（1178），自江西帥召爲大理少卿，其時間適在清明時節左右。

這首詞幾乎所有賞析者，都列爲閨情詞。吳則虞《辛棄疾詞選集》說：

---

165 梁啓超：《飲冰室評詞》，見《詞話叢編》，冊五，頁 4308。

166 梁啓勛：《稼軒詞疏證》（臺北：廣文書局，1981 年）。

周密《浩然齋雅談》云：「辛幼安嘗有句云：『聞道綺陌東頭，行人曾見，簾底纖纖月。』則以月喻足，無乃太媟乎。」是宋人舊說也。按詞意，此乃艷情之作，與北游忠憤之說，毫不相涉。因《花菴詞選》所據皆當時流傳之本，是編題作「春恨」，知其為豔情之作無疑矣。又按詞有「樓空飛燕」語，其地似在徐州一帶，但其地又無東流村之名，浙江桐廬有東流，稼軒官浙東，以六十有四，不應復有此興。安徽池州有東流縣，又稼軒《霜天曉角》有「吳頭楚尾」賦豔情詞，然稼軒由建康轉臨安赴贛，似未嘗至池州。東流縣濱江小邑，宋人王質有〈過東流〉詩，所云情景與今略近，漁鄉葦泊，三五人家，了無豔情可言，以池州東流縣為解，似亦不合，當再考。然此為賦豔情，其指則甚明也。[167]

然而陳廷焯《白雨齋詞話》云：

稼軒詞如「舊恨春江流不斷，新恨雲山千疊。」…皆於悲壯中見渾厚。（卷六）[168]

又云：

起筆越直越妙。不減清真，而俊逸快過之。「舊恨」二語，矯首高歌，淋漓悲壯。悲而壯，是陳其年之祖。

可惜沒有深入闡說，〈念奴嬌〉書東流村壁既是閨情詞，又是「悲而壯」，到底詞中真正要表達的是什麼？

稼軒這次被調爲大理寺少卿，《宋史．職官》：「大理寺，……置卿一人，少卿二人，……卿掌折獄、詳刑、鞫讞之事。……少卿分領其事而卿總焉。……」，他對朝廷的措施不滿。在接到派令，朋友餞別時寫〈水調歌頭〉淳熙丁酉，自江陵移帥隆興，到官之三月被召，司馬監、趙卿、王漕餞別。司馬賦〈水調歌頭〉，席間次韻。時王公明樞密薨，坐客終夕爲興門戶之嘆，故前章及之。從詞的小序看來，他是抱怨調動頻繁，而且朝廷有門戶之見。

---

167 同注一五七，頁 56。
168 陳廷焯：《白雨齋詞話》，見《詞話叢編》，冊四，頁 3917。

《龍川文集・與石天民》云：

辛幼安、王仲衡諸人俱被召還，新揆頗留意善類。（卷二十一）

新揆則指右丞相史浩。淳熙五年，復爲右丞相。《宋史・史浩傳》：

上曰：自葉衡罷，虛席以待卿久矣。

蔡義江《辛棄疾年譜》：

陳亮書中所云新揆即為右丞相史浩。史於本年三月任右丞相。即召辛棄疾、王希呂（仲衡）等還朝，王亦由北方南歸忠義之士。史浩此舉，出於對南歸豪傑一貫歧視。嘗與張浚論辯，謂「中原決無豪傑，若有之，何不起而亡金？」浚謂「彼民間手無寸鐵，當與王師配合而行」。浩曰：「彼陳涉、吳廣鋤耰棘矜以亡秦，以待王師配合，非豪傑矣。」稱北方來歸者為「歸正人」，不欲寄以方面之任。辛棄疾對史亦非懷有私意，觀「孫劉輩、能使我，不為公」之詞語，怨恨之情，兩年後賦〈摸魚兒〉猶作「峨眉曾有人妒」，均顯示對此類頑固投降勢力不妥協的心理。

詞中的「孫劉輩，能使我，不爲公。」孫劉輩當指史浩在朝廷興風作浪，阻礙稼軒這歸正的北人，反對主戰。

辛棄疾從淳熙二年（1175），他在江西安撫使任上，平定茶寇有功，朝廷給他一個職名「秘閣修撰」。這時推薦他的右相葉衡被罷相。淳熙三年（1176）稼軒彈劾贛守施元之，施奉祠去。 稼軒卻由江西提點刑獄調任京西轉運判官，判官是判理文案的中級官員，非正員。而且越調離京師越遠。

次年稼軒又改任江陵知府兼湖北安撫使，這年冬天，江陵都統制率逢原縱使部下毆打百姓，辛棄疾經過調查，瞭解率爲人粗暴凶橫，經常製造事端，欺壓百姓，罪刑累累，這事件「曲在軍人」，[169]百姓是無辜的受害者。於是向朝廷反應情況情況，並要求對率逢原與肇事者嚴加懲處。結果率逢原雖「由是坐削兩官，降本軍副將」，「守帥辛

169 周必大：《文忠集》，見《景印文淵閣四庫全書》，冊一一四七，頁 658。

棄疾以言狀徙帥江西。」[170]被調離江陵，改知隆興知府兼江西安撫使。

淳熙五年（1178）春，辛棄疾在隆興知府任上，僅僅三個多月，又被召到臨安任大理少卿，這是職掌審核刑獄案件的副官。兩年來調任頻繁。使他不能久任，自然無法建樹，當他離開江西南昌時，寫〈鷓鴣天〉離豫章，別司馬漢章大監，提到「聚散匆匆不偶然，二年歷遍楚山川」，二年來走遍楚山川，調動頻繁造成他極大的痛苦。早在紹興三十一年（1161），詩人尤袤就提過批評：「維揚五易帥，山陽四易守，是使政紛揉。彼席不得溫，設施亦何有？」[171]《宋史．莊夏傳》亦云：「詔墨未乾而改除，坐席未溫而易地。一人而歲三易節，一歲而郡四易守。」[172]辛棄疾也在〈美芹十論〉談到這問題：「認知不專則不可以有成」，期望朝廷不要「輕移遽遷」，應給他們「各得專於職治」，如此當能「成中興之功」。然而南宋不改此一用人方式，稼軒深嘗時時被調，感慨萬千。

淳熙五年，據鄧廣銘《稼軒年譜》，稼軒在〈鷓鴣天〉所寫：

> 「落花風」、「綠帶」、「青錢」、「東湖春水」等，知稼軒此次之去豫章，事在本年春季。蓋稼軒凡三次官京西，首次為淳熙二年之任提刑，於鎮壓茶商軍後調京西轉運判官，與「明朝放我東歸去」一語不合，且江西提刑司係設在贛州，不在豫章。末次為淳熙八年在任江西安撫使，其去職在該年冬季，又與詞中所述時令不合。則其為本年離豫章時所作無疑。

所以〈念奴嬌〉書東流村壁應該在淳熙五年作品。

在以上分析稼軒真有可能寫閨情詞嗎？自從屈原《離騷》開創出香草美人的比興手法，唐人大大使用，宋朝更是登峰造極，辛的〈摸魚兒〉，就以「蛾眉曾有人妒」自喻。所以吾以爲「聞道綺陌東頭，行人曾見，簾底纖纖月。」以美人足喻在臨安的皇帝，「舊恨春江流不斷」，指上書〈美芹十論〉沒有下落，淳熙二年，稼軒在倉部郎官任職，有〈乙未登對劄子〉，同年辛棄疾寫信給周信道勸其「痛忍臧否」。在周

---

170 同注五十四，冊三五，卷四三三，頁 12860。
171 轉引自《三朝北盟會編》，見《景印文淵閣四庫全書》，冊三五二，頁 329。
172 同注一七〇，頁 12052。

信道〈寄解伯時書〉提到：

> 辛幼安書中云云，亦願有向來所傳，所不幸者有頗不相悅沮之耳。辛戒小人以「且痛忍臧否」，不知是可忍乎？[173]

可見朝廷中暗濤洶湧，稼軒感受小人的壓力。不久他就去討茶商軍。現在又要重回朝廷，「剗地東風欺客夢」，「客」，指自己，用東風「欺」，實耐人尋味，是否指北人南來不被重視。「一夜雲屏寒怯」，晚上冷的睡不著，又擔心此去朝廷一定凶多吉少。

「新恨雲山千疊」，當然指調動頻繁，小人惑主。「料得明朝，尊前重見」，現在要到朝廷當大理少卿，「也應驚問：近來多少華髮」，皇帝看到他應驚問，他衰老許多。如果這只是一首普通的閨情詞，與一個分手的女子，何有那麼多的「舊恨新恨」呢？

又如同年離豫章所寫〈霜天曉角〉旅興：

> 吳頭楚尾，一棹人千里。休說舊愁新恨，長亭樹，今如此。　宦游吾倦矣，玉人留我醉。明日落花寒食，得且住、為佳耳。（卷一）

也提到：「舊愁新恨」，「宦游吾倦矣」，不勝宦游之苦，都是同樣的心情。再看慶元六年（1200）年與杜叔高酬唱作品，〈錦帳春〉席上和杜叔高：「更舊恨新愁相間」，也提到舊恨新愁。杜叔高與辛棄疾、陳亮都是主戰同志。早在淳熙十六年（1189），辛棄疾曾用〈賀新郎〉韻送別杜叔高，慷慨激昂的寫：「起望衣冠神州路，白日消殘戰骨。歎夷甫諸人清絕！夜半狂歌悲風起，聽錚錚、陣馬簷間鐵。南北共，正分裂。」討論到國家分裂的痛苦與朝廷小人清談的誤國。

而在慶元六年（1200），所寫〈婆羅門引〉別杜叔高，杜叔高長於《楚詞》：「後會渺難期。更何人念我，老大當悲。」〈上西平〉送杜叔高：「恨如新，新恨了，又重新。看天上，多少浮雲。」〈玉蝴蝶〉追別杜叔高：「望斷青山，高處都被雲遮斷。……到如今、都齊醒卻，只依舊、無奈愁何。」這幾首詞的、愁事、恨事當都有所指。

再看以下這首〈鷓鴣天〉代人賦：

---

173 周信道：《鉛刀集》，見《景印文淵閣四庫全書》，冊一一五四，頁 571。

晚日寒鴉一片愁。柳塘新綠卻溫柔。若教眼底無離恨，不信人間有白頭。　　腸已斷，淚難收。相思重上小紅樓。情知已被山遮斷，頻倚欄杆不自由。（卷二）

這是早期的作品，詞中女主人被「離恨」、「相思」所啃噬。送人時「晚日寒鴉」，惹人愁思；柳塘春水，卻見溫柔。下片「腸已斷、淚難收」更凸顯痴情。然而「情知已被山遮斷」二句，《辛棄疾詞選集》說：

似有浮雲敝日之慨，縱小人在君側，嫉賢忌能，蠱惑人主，而己一片忠忱，冀君之悟察，此稼軒有所感而發。「代人賦」之題，蓋有所忌諱而隱之。174

有人反對一首單純的情詞，套上寄託政治思想。如果〈菩薩蠻〉書江西造口壁「青山畢竟遮不住，畢竟江流去」，是以「山」寄託小人惡勢力的話，那〈念奴嬌〉書東流村壁「新恨雲山千疊」，〈鷓鴣天〉代人賦「情知已被山遮斷」，應是也有寄託了。

2．自表清高

辛棄疾在情詞自表清高，如〈青玉案〉元夕：

東風夜放花千樹。更吹落、星如雨。寶馬雕車香滿路。鳳簫聲動，玉壺光轉，一夜魚龍舞。　　蛾兒雪柳黃金縷，笑雨盈盈暗香去。眾裏尋他千百度，驀然回首，那人卻在，燈火闌珊處。（卷二）

詞上片極力渲染火樹銀花、簫聲香滿，歌舞昇平的繁華社會。下片寫盛裝出遊的仕女，元夕歡樂的情形。而詞人所朝思暮想的不是花燈、游女、寶馬雕車，而是「那人」。那人卻在燈火闌珊處，不慕虛榮、自甘寂寞與隱藏。梁啓超所云：「自憐幽獨，傷心人別有懷抱。」175此乃借「美人」以寄寓清高自守，秉性不阿，不趨炎赴勢與奸人同流合污的胸襟。

---

174 同注一五七，頁 224-225。
175 梁啓超：《飲冰室評詞》，見《詞話叢編》，冊五，頁 4309。

## 三、稼軒情詞的寫作手法

稼軒情詞的藝術特色為：

### （一）用比興手法寄託

自從屈原《離騷》開創出香草美人的比興手法，唐詩大量運用，到宋詞則發展至極至。辛棄疾是個金剛怒目的豪俠，因個人身世的關係，怕稍有不慎，即被免職罷官。他一面深受傳統藝術手法影響，令一面迫於殘酷現實，只好借美人、情感香草等類寄託自己複雜情感。

他的情詞除了歌詠與歌妓間的愛情外以外，其他的情詞是具有意內言外，含有寄託的心意。如〈青玉案〉元夕：「東風夜放花千樹」，是用比興手法婉轉的表達心志，這首詞不像屈原式的神游天上，而是借人間愛情比喻，因此他的創造性，更接近現實也更生動。又如〈滿江紅〉暮春：「家住江南」，或謂「此詞是用比興象徵手法，寄託政治上的失意，春意衰敗寄託時局，盼行人音訊，即盼北伐消息，怕鶯燕，則憂讒畏譏，等等」。[176]許多論者以為會有穿鑿附會之說，但這首詞是雖寫閨中念遠，思念之人行蹤不定，但詞意多少有寄託。

### （二）純為白描

所謂白描乃詞中沒有較多的形容詞、比喻語、誇張語、比擬語、借代語、渲染手法，如〈武陵春〉：

> 走去走來三百里，五日以為期。六日歸時已是疑，應是望多時。鞭個馬兒歸去也，心急馬行遲。不免相煩喜鵲兒，先報那人知。（卷四）

〈祝英臺近〉：

> 綠楊堤，青草渡，花片水流去。百舌聲中，喚起海棠睡。斷腸幾點愁紅，啼痕猶在，多應怨、夜來風雨。別情苦。　馬蹄踏遍長亭，歸期又成誤。簾捲青樓，回首在何處？畫梁燕子雙雙，能言能語，不解說、相思一句。（卷一）

---

176 同注二十六，頁 239。

詞中都沒有使用複雜的佈局、典故等。

**（三）使用民歌、俗語**

稼軒很會取用民歌手法，採用口語、方言，頗有敦煌曲子詞的味道。如〈踏歌〉：

攧厥。看精神、壓一朧兒劣。更言語一似春鶯滑。一團兒美滿香雪。　春去也。把春衫、換卻同心結。向人道、『不怕輕離別』，問昨宵因甚歌聲咽？秋被夢，春閨月。舊家事、卻對何人說。告第一莫趁風和蝶，有春歸花落時節。（卷二）

「攧厥」形容女人的體態輕盈。「劣」調皮。以「厥、劣」非常特別。

**1. 慣用「兒」字：**

如「轎兒」、「船兒」（〈南歌子〉），「馬兒」、「喜鵲兒」、「枕頭兒」（〈戀繡衾〉無題），「鴉兒」（〈蝶戀花〉送人行），「簪兒」、「鳳鞋兒」、「腳兒」（〈糖多令〉），「裙兒」、「孩兒」（〈南鄉子〉妓）。

**2. 用說話的口氣：**

如〈鷓鴣天〉：

困不成眠奈夜何，情知歸未轉愁多。暗將往事思量過，誰把多情惱亂他。　些底事，誤人哪。不成真個不思家。嬌癡卻妒香香睡，喚起醒鬆說夢些。（卷一）

用「些底事，誤人哪。」有如說話口氣。又如「好個主人家，不問因由便去嗏！」「繫上裙兒穩也哪！」（〈南鄉子〉妓）

**（四）覆沓句法**

**1. 疊字**

如〈南鄉子〉妓：「病得那人妝晃子，巴巴」，「別淚沒些些」。

〈臨江仙〉：「翠袖盈盈力薄，玉笙嫋嫋愁新。」

〈臨江仙〉侍者阿錢將行，賦錢字以贈之：「好天良月團團」。

〈南歌子〉：「萬萬千千恨，前前後後山」、「萬萬不成眠後」。

〈南歌子〉：「漸見凌波羅襪步，盈盈。」

**2. 句式重複**

如〈一翦梅〉：

記得同燒此夜香。人在回廊。月在回廊。而今獨自睚昏黃。行也思量。坐也思量。　錦字都來三兩行。千斷人腸。萬斷人腸。雁兒何處是仙鄉。來也恓惶。去也恓惶。(卷二)

〈鵲橋仙〉送粉卿行：

轎兒排了，擔兒裝了，杜宇一聲催起。從今一步一回頭，怎睚得、一千餘里。　舊時行處，舊時歌處，空有燕泥香墜。莫嫌白發不思量，也須有思量去裏。(卷四)

3．句子重複

如〈一翦梅〉：

歌罷尊空月墜西。百花門外，煙翠霏微。降紗籠燭照于飛。歸去來兮。歸去來兮。　酒入香腮分外宜。行行問道，還肯相隨。嬌羞無力應人遲。何幸如之。何幸如之。(卷六)

又如〈醜奴兒〉：

尋常中酒扶頭後，歌舞支持。歌舞支持。誰把新詞喚住伊。　臨歧也有旁人笑，笑己爭知。笑己爭知。明月樓空燕子飛。(卷四)

又如〈東坡引〉閨怨：

玉纖彈舊怨。還敲繡屏面。清歌目送西風雁。雁行吹字斷。雁行吹字斷。　夜深拜月，瑣窗西畔。但桂影、空階滿。翠幃自掩無人見。羅衣寬一半。羅衣寬一半。(卷二)

又如〈東坡引〉閨怨：

君如梁上燕。妾如手中扇。團團青影雙雙伴。秋來腸欲斷。秋來腸欲斷。　黃昏淚眼。青山隔岸。但咫尺、如天遠。病來只謝傍人勸。龍華三會願。龍華三會願。(卷二)

又如〈東坡引〉：

花梢紅未足。條破驚新綠。重簾下遍闌干曲。有人春睡熟。有人春睡熟。　鳴禽破夢，雲偏目蹙。起來香腮褪紅玉。花時愛與愁相續。羅裙過半幅。羅裙過半幅。(卷二)

以上舉例都是覆沓句法，此爲情詞中較特別的寫作方式。

**（五）柔中帶剛**

稼軒的情詞不同於小晏、秦觀，他的許多戀情詞，儘管悲涼淒楚，仍時時透出一股勁直、急切、淋漓痛快之氣，所謂柔中帶剛，悲中有骨。如〈一落索〉閨思：

羞見鑑鸞孤卻，倩人梳掠。一春長是為花愁，甚夜夜、東風惡。行遶翠簾珠箔，錦牋誰託？玉觴淚滿卻停觴，怕酒似、郎情薄。（卷二）

正如陳廷焯所評：「深情如見，情致婉轉，而筆力勁直，自是稼軒詞。」[177]他在評〈青玉案〉元夕亦云：「題甚秀麗，措辭亦工絕，而其氣仍是雄勁飛舞，絕大手段。」這些評語都能透露稼軒的情詞，柔而有骨悲而能剛。

## 第六節 辛棄疾的詠物詞

稼軒詠物詞約有八十餘首，[178]佔總數的八分之一弱，數量不可謂不多，且內容豐富。詠物手法不僅形神兼備，而且有寄託、諷刺。蔣敦復《芬陀利室詞話》說：「唐、五代、北宋詞人，不甚詠物。」[179]在北宋蘇軾的詠柳花，至周邦彥的詠薔薇、梅花佔作品極少比例，到南宋辛稼軒的詠物詞，實開南宋姜白石、王碧山詠物之風。

中國文學的表現手法，不外賦比興。賦是鋪陳其事，比是設喻比擬、興是聯想。賦是直接表現模寫物象，只須繪形傳神，能事已盡，比興手法是間接的，除設喻貼切外，還須有深遠的寄託。而詠物的定義是「以物爲吟詠、命意爲主體，通篇不離其物，作主觀之抒寫，出之以詞體者謂之。」[180]

---

177 陳廷焯：《雲韶集》，見張忠綱、董利偉：〈論辛棄疾的戀情詞〉《中國古代近代文學研究》，頁 12 引。

178 見馬寶蓮：《兩宋詠物詞研究》（國立師範大學國文研究所碩士論文，1983 年，5 月出版）頁 163。然而張敬：〈南宋詞家詠物詞論述〉《東吳文史學報》（1977 年 2 月出版），頁 42。指出稼軒詠物詞共有一二八首。薛祥生，〈稼軒詠物詞芻議〉（山東師大學報，1990 年 3 月），頁 74。以爲稼軒詠物詞有五六十首，佔全詞十分之一。

179 蔣敦復：《芬陀利室詞話》，見《詞話叢編》，冊五，頁 3675。

180 同注一七八。

玉田《詞源》一書於詠物一項云：

> 詩難詠於物，詞尤難體認，稍真則拘而不暢，模寫差遠，則晦而不明。要須收縱聯密，用事合題。一段意思，全在結句，斯為絕妙。[181]

他列舉當時詞人詠物之詞，最欣賞白石〈齊天樂〉詠蟋蟀，正面點題，手法高明，又借題抒怨，有家國之思。況周頤《蕙風詞話》云：

> 問詠物如何始佳，答未易言佳，先勿涉獃。一獃典故，二獃寄託，三獃刻畫，獃襯托。去斯三者，能成詞不易，矧復能佳，是真佳矣。題中之精蘊佳，題外之遠致尤佳。[182]

詠物與託物原有分別，詠物以「物」爲主，摹寫繪影，維妙維肖，其佳者能以物見意。至託物則以「意」爲主，由比起興，意多於象，此爲文字之上乘。

然而歷來學者論稼軒詠物詞尚不足，本文僅就稼軒詠物詞的內容與特色加以討論。

## 一、稼軒詠物詞的內容

稼軒八十多首詠物詞的題材，可分爲：

一、山川風雲類——雲、雨、月、溪、峽、雪山、黃沙、嶺、瓢泉、瀑、梅雪、石、潮。

二、草木花果類——牡丹、梅、木樨、水仙、野櫻花、杜鵑花、海棠、荷花、荼蘼、丹桂、楊桃、墮地山茶、虞美人草、梅菊、文官花、芙蓉、瑞香、櫻桃、杉松。

三、鳥獸蟲魚類——燕、鷺鷥。

四、樓臺池館類——秋水關、北固亭、冷泉亭、雪巖、蒼壁、稼軒、巢經樓、賞心亭、上盧橋、松菊堂。

五、器用類——十四弦、琵琶、摘阮、菩提葉燈。

從以上的記載可見稼軒詠物詞內容豐富，無所不包

---

181 張炎：《詞源》，見《詞話叢編》，冊一，頁 261。
182 況周頤：《蕙風詞話》，見《詞話叢編》，冊五，頁 4528。

## 二、稼軒詠物詞中有寄託之因

清·沈祥龍《論詞隨筆》云：

詠物之作，在借物以寓性情。凡身世之感，君國之憂，隱然蘊於內，斯寄託遙深，非沾沾焉詠一物矣。[183]

況周頤《蕙風詞話》云：

詞貴有寄託，所貴者流露於不自知，觸發於弗克自己。身世之感，通於性靈即性靈，即寄託，非二物相比附也。[184]

詹安泰〈論寄託〉云：

及至南宋，則國事陵夷，金元繼迫，憂時之士，悲憤交集，隨時隨地，不遑寧處；而時主昏庸，權奸當道，每一命筆，動遭大僇，逐客放臣，項背相望；雖欲不掩抑其詞，不可得矣。故詞至南宋最多寄託，寄託亦最深婉。[185]

辛棄疾早年是個二十五萬農民義軍的領導者，有帶兵的經驗。南渡後又寫了〈美芹十論〉、〈九議〉，充分表現他是文武兼備、有勇有謀的人物。他的友人崔敦禮稱他：「有文武材，偉人也。」[186]稼軒三十五歲時，葉衡即「力薦棄疾慷慨有大略。」[187]朱熹稱他：「辛棄疾頗諳曉兵事。」[188]他的學生范開稱他「一世之豪，以氣節自負，以功業自許。」(〈稼軒詞序〉)陳亮在〈辛稼軒畫像贊〉稱他：「真虎。」[189]黃榦稱他爲「一世之雄。」[190]陳廷焯稱他「人中之龍。」[191]

---

183 清沈祥龍：《論詞隨筆》，見《詞話叢編》，冊五，頁 4058

184 況周頤：《蕙風詞話》，見《詞話叢編》，冊五，頁 4526。

185 見詹安泰：《詹安泰詞學論集·論寄託》（汕頭：汕頭大學出版社，1997 年第 2 次印刷），頁 222。

186 崔敦禮：《宮教集·代嚴子文滁州奠枕樓記》，見《景印文淵閣四庫全書》（臺北：商務物印書館，1985 年 2 月出版），冊一一五一，頁 824·

187 同注五十四，冊三五，頁 12165。

188 朱熹：《朱子語類·論共》，見《景印文淵閣四庫全書》（臺北：商務物印書館，1985 年 2 月出版），冊七〇二，卷一一〇，頁 281。

189 見陳亮：《陳亮集·辛稼軒畫像贊》（臺北：漢京文化事業公司，1983 年 2 月初版），頁 110。

190 黃榦：《勉齋集》，見《景印文淵閣四庫全書》，冊一一六八，卷四，頁 53。

嘉泰四年（1204）正月，辛棄疾知紹興府，宋寧宗召見辛，要他到臨安陳述對付女真的意見，陸游在這年寫〈送辛幼安殿撰造朝〉詩云：

> 大才小用古所嘆，管仲蕭何實流亞。天山掛旆或少須，先把銀河洗嵩華。中原麟鳳爭自奮，殘虜犬羊何足嚇。但令小試出緒餘，青史英豪可雄跨。192

陸游盛讚他的政治才能的詩句，稱他與管仲、蕭何的才能不相上下，勸他團結抗金志士，先收復河南陝西。

稼軒有文才武略，他的愛國思想與民族氣節是有目共睹的。然而這樣的英雄人物，卻是兩次落職，閑居帶湖與瓢泉近二十年。他內心的苦悶實在無人瞭解，對朝廷的大才小用實令人扼腕。劉辰翁〈辛稼軒詞集序〉云：

> 斯人北來，喑嗚鷙悍，欲何為者；而讒擯銷沮、白髮横生，亦如劉越石。陷絕失望，花時中酒，託之陶寫，淋漓慷慨，此意何可復道，而或者以流連光景、志業之終恨之，豈可向癡人說夢哉。193

劉辰翁指出稼軒詠物是「託之陶寫，淋漓慷慨」，是有所寄託、有目的，爲要在險惡的政治環境中，發洩內心的痛苦、不滿、壓抑的情懷，並寄託自己的期望與理想。稼軒深知自己是「北人南來」，所以說話做事多所顧忌，也明知自己的個性，「持論勁直，不爲迎合」，(《宋史·辛棄疾傳》)，爲人不容，他自己說：「臣生平則剛拙自信，年來不爲眾人所容，顧恐言未脫口而禍不旋踵。」(〈淳熙己亥論盜賊劄子〉) 連閑居後的詠物詞，都避免直言取禍，而委屈含蓄，因爲群小對他不放心，觀看〈沁園春〉戊申歲，奏邸忽騰報謂余以病挂冠，因賦此。這首詞是淳熙十五年（1188），他在帶湖賦閒六七年，朝廷賜給他春祠身份，表示有意起用，政敵很緊張，謠傳他因病挂冠而去。「卻怕青山，也妨賢路，

---

191 陳廷焯：《白雨齋詞話》，見《詞話叢編》，冊四，頁 3791。
192 陸游：《劍南詩稿》，見《景印文淵閣四庫全書》，冊一一六二，卷五七，頁 818。
193 劉辰翁：《須溪集·辛稼軒詞序》，見《景印文淵閣四庫全書》，冊一一八六，卷六，頁 524。

休鬥尊前見在身。」這些小人播弄是非，無中生有，是他無法防範，也無可奈何的。

稼軒又在紹熙元年（1190）作於帶湖的〈醉翁操〉小序云：「（范廓之）將告諸朝，行有日，請予作詩以贈。屬予避謗，持此戒甚力，不得如廓之請。」可見小人之謗，常與志士作對，因此他寫「江頭未是風波惡，別有人間行路難。」（〈鷓鴣天〉送人卷四）稼軒不得不防無妄之災，所以他在詠物詞中，寄託許多自己懷才不遇，小人當政的悲憤與不滿，國土的分裂與苟安。

## 三、稼軒詠物詞的分類

詠物詞不僅描寫物情、物性、物貌，而且要有作者的情感、或詠懷、或抒情、或寓志、或諷諭等。稼軒詠物詞可分為以下的寫作方式：

### （一）詠物寓意：對吟詠之物，有主觀意志的寄託。

#### 1．寄託興亡：

南宋的國土分裂，常使稼軒心神激盪，神思馳飛，希望躍馬中原，統一國土，然而事與願違，又恐直言慘遭小人謀害，在詞中寄託國家興衰的悲哀。如〈滿江紅〉題冷泉亭：

> 直節堂堂，看來道冠纓拱立。漸翠谷、群仙東下，佩環聲急。誰信天峰飛墮地，傍湖千丈開青壁。是當年、玉斧削方壺，無人識。　山木潤、琅玕濕；秋露下，瓊珠滴。向危亭橫跨，玉淵澄碧。醉舞且搖鸞鳳影，浩歌莫遣魚龍泣。恨此中、風物本吾家，今為客。（卷一）

辛棄疾南歸之後，隱居帶湖之前，曾三度在臨安作官，時間皆很短。乾道六年（1170）他三十一歲時，夏五月受任司農寺主簿，至七年出知滁州。這首詞可能是這一次在杭州寫的。

冷泉亭在西湖靈隱寺西南飛來峰下的深水潭中，據《臨安縣志》，此亭為唐刺史元與所建。白居易任刺史時曾作《冷泉亭記》，並刻石於亭上。

稼軒此詞刻畫冷泉亭周圍的風光十分著力。起首至「玉淵澄碧」

爲詠景，寫道旁的松杉直節真性，寫飛來峰的蒼翠山谷。所聽到的水聲，宛如群仙玉珮。千丈青壁，蔥蘢山木，琅玕綠竹，瓊珠碧潭……依次寫來，取徑通幽，所見非凡。最後點出「危亭」之美。

本篇的主旨是「恨此中、風物本吾家，今爲客。」因景生情，因辛棄疾家鄉在歷城，「家家泉水，戶戶垂楊」的勝地，原有著名的七十二泉，其中也有叫冷泉的。看到和故鄉相似地方，所產生的「恨」是南歸以後，北方失地未收，甚至故鄉不能歸，只有作客南方，鬱鬱不得志，觸景傷情。把思歸之情與志士愛國之情融合爲一。

又如〈賀新郎〉賦琵琶：

> 鳳尾龍香撥。自開元、霓裳曲罷，幾番風月？最苦潯陽江頭客，畫舸亭亭待發。寄出塞、黃雲堆雪。馬上離愁三萬里，望昭陽宮殿孤鴻沒。絃解語，恨難說。　遼陽驛使音塵絕。瑣窗寒、輕攏慢撚，淚珠盈睫。推手含情還卻手，一抹梁州哀徹。千古事、雲飛煙滅。賀老定場無消息，想沈香亭北繁華歇。彈到此，為嗚咽。（卷二）

這首詞的寫作年代無從考定，四卷本題作「聽琵琶」。因爲是賦琵琶，所以開門見山托出題意。全詞以稼軒憑弔之情爲線索，〈霓裳曲〉、〈琵琶行〉、昭君出塞三種與琵琶有關的典故，所交織著恨事。

這琵琶是楊貴妃所持有，〈霓裳曲〉從安史之亂停歇後，琵琶經歷過多少風月繁華。又用〈琵琶行〉的故事，「最苦潯陽江頭客」，來寫琵琶女飄零之恨，接著又寫漢元帝時昭君出塞的恨事。

下片則寫國勢無法挽回的琵琶怨曲，自女真南侵，汴京失守，二帝蒙塵，中原遺民，期望恢復，然南宋偏安，不想北伐。作者假想是遼陽戍卒的閨中人，獨自在寒窗下撥弄琵琶，輕彈一曲〈梁州〉，哀痛已極。「千古事、雲飛煙滅。」多少琵琶情事都雲飛煙散，悲憤之情傾瀉無餘，連壓定場的賀懷智也已「無消息」，暗指朝中已沒有醫國手，宋朝難以振興。故有「彈到此，爲嗚咽」。

通篇賦琵琶寫的是心事，借唐喻宋，寫的是國難家愁，興衰之感。陳廷焯《白雨齋詞話》說：「稼軒詞，於雄莽中別饒雋味。……多少曲折驚雷怒濤中，時見和風暖日。所以獨絕古今，不容人學步。」（卷六）

又如〈瑞鶴仙〉賦梅：

> 寂寞。家山何在？雪後園林，水邊樓閣。瑤池舊約，鱗鴻更，仗誰託？粉蝶兒只解，尋桃覓柳，開遍難枝未覺。但傷心、冷落黃昏，數聲畫角。（卷三）

這首詞當作於紹熙三年至五年閩中任上，此首賦梅下片的「寂寞。家山何在？」正表示寒梅所居非故土，難返回家山，而粉蝶兒只知尋桃覓柳，並不注意他的存在，所以梅花在黃昏時感傷心落淚。梅花的遭遇與稼軒相似，他遠離山東故鄉，卻罷官閑居，有志難申。稼軒詠梅的高潔，在嚴寒中仍能努力開花，常聯想到自己的遭遇。

**2．批評當政小人**

稼軒用世的思想佔了主導的地位，然而他所處的時代，卻是主和派當權，使他不能實現報國理想，使他陷於極大的苦悶，他在〈九議·其九〉云：

> 今之議者，皆痛懲曩時之事，而劫於積威之後，……懲蝮蛇之毒，不能詳覈真，而褫魄於雕弓，亦以過矣。昔越王見怒蛙而式之，曰：「是猶有氣。」蓋人而有氣，然後可以論天下。[194]

他批評當時議者被金軍的積威所嚇，已到了杯弓蛇影的地步，他明確論到這些人不能論天下之事。他除了苦於無人理解他的志向：「誰識稼軒心事」，又常常質問爲什麼，庸人空居要位，自己卻落職歸家：「雷鳴瓦釜，甚黃鍾啞？」（〈水龍吟〉用瓢泉戲陳仁和，兼簡諸葛元亮，且督和詞。卷二）

他的詠物詞中，當然有被迫閑居，不滿當政小人的言語，而這些小人貪殘如獸，毫無人性，面對「人間腥腐，紛紛烏攫。」（〈賀新郎〉用韻題趙晉臣敷文積翠巖，余謂當築陂於其前。卷四）對君子所不齒的虛名浮利，小人卻像烏鴉追逐臭肉一般來搶奪。他在〈偶作〉詩云：

> 至性由來凜太和，善人何少惡人多。君看瀉水著平地，正作方圓有幾何！[195]

---

194 同注三，頁 94。
195 同注三，頁 148。

又有〈再用韻〉:「自古娥眉嫉者多，須防按劍向隨和。」都表明稼軒畏懼小人之心。他批評小人可分：

**嘲弄小人爭名奪利，不顧國家蒼生**

如〈聲聲慢〉嘲紅木犀。余兒時常入京師禁中凝碧池，因書當時所見：

開元盛日，天上栽花，月殿桂影重重。十里芬芳，一枝金粟玲瓏。管弦凝碧池上，記當時、風月愁儂。翠華遠，但江南草木，煙鎖深宮。　只為天姿冷澹，被西風醞釀，徹骨香濃。枉學丹蕉，葉底偷染妖紅。道人取次裝束，是自家、香底家風。又怕是，為淒涼、長在醉中。(卷二)

這首詞寫作年代是閑居帶湖時，詞題是「嘲紅木犀」，四卷本甲集「嘲」作「賦」，以「嘲」更能表現作者閑居悲憤之心。

寫兒時所見宮殿中高大的桂樹「十里芬芳」,「開元盛日」，在此歌舞昇平，這是以唐喻宋。自靖康之恥，欽徽被擄，朝廷偏安江南，而今「煙鎖深宮」，遭此巨變，桂花依舊盛開，「徹骨香濃」。

下片影射紅木犀「天姿冷澹」，卻是「枉學丹蕉，葉底偷染妖紅」，使人聯想那些主和派，隨波逐流粉飾太平的小人，只爲保住名位，拼命宣揚「南北有定勢，吳楚之脆弱不足以爭衡於中原。」[196]的天命觀，要人們安分守己，任人宰割。這種民族投降論，稼軒在〈美芹十論·自治〉反覆批判，他在〈九議·其一〉指出：

且恢復之事，為祖宗，為社稷，為生民而已，此亦明主所與天下智勇之士所共也，顧豈吾君吾相之私哉。

收復失土抗戰敵人，豈是皇帝與宰相之私事，皇上、宰相更不應爲自己的私利而逃避戰爭，豈能說「爲國生事」，陷國家、君王於不利。這首詞是對主和派的小人的諷刺，結果他們「淒涼常在醉中」。

又如〈水龍吟〉寄題京口范南伯家文官花。花先白，次綠，次緋，次紫。《唐會要》載學士院有之：

倚欄看碧成朱，等閑褪了香袍粉。上林高選，匆匆又換，紫雲衣潤。幾許春風，朝薰暮染，為花忙損。笑舊家桃李，東塗西

196 同注三，頁92。

抹，有多少、淒涼恨。　擬倩流鶯說與：記榮華，易消難整。人間得意，千紅百紫，轉頭春盡。白髮憐君，儒冠曾誤，平生官冷。算風流未減，年年醉裏，把花枝問。（卷二）

文官花開放時，先呈白色然後變綠、變緋、最後變紫色。據《宋史·輿服志》:「中興，仍元豐之制，四品以上紫，六品以上緋，九品以上紫。」[197]「庶人服白」[198]從白衣到綠到緋到紫，恰是士人登科入仕，官員們依次升遷的魚龍變化。作者特別強調「等閒」、「匆匆」、「朝薰暮染」,來強調這些人飛黃騰達之速。[199]而另外有些花卻似桃李，雖然怒放嬌豔,「東塗西抹」，卻難受青睞，因此「有多少、淒涼恨」。

但那些得意者，沒多少好光景，轉頭春盡，「榮華易消難整」，刹那間枯萎凋零，榮華成空。稼軒由花的盛開凋謝，影射官場的升降。「白髮憐君，儒冠曾誤」，他可憐那些滿頭白髮，仕途坎坷的儒生，他們只能喝酒解愁，「平生官冷」，「淚眼問花花不語」。

這首詞稼軒藉著花開花謝，來批評媚俗的當權小人。他們的遭遇會如〈摸魚兒〉所言：「君莫舞，君不見玉環飛燕皆塵土。」

諷刺小人排斥愛國志士

如〈哨遍〉趙昌父之祖季思學士，退居鄭圃，有亭名魚計，宇文叔通為作古賦。今昌父弟成父，於所居鑿池築亭，榜以舊名，昌父為成父作詩，屬余賦詞，余為賦哨遍。莊周論「於蟻棄知，於魚得計，於羊棄意」。其義美矣；然上文論蝨託於豕而得焚，羊肉為蟻所慕而致殘，下文將並結二義，乃獨置豕蝨不言，而遽論魚，其義無所從起；又間於羊蟻兩句之間，使羊蟻之義離不相屬，何耶？其必有深意存焉，顧後人未之曉耳。或言蟻得水而死，羊得水而病，魚得水而活；此最穿鑿，不成義趣。余嘗反覆尋繹，終未能得；意世必有能讀此書而了其義者，他日倘見之而問焉。姑先識余疑此詞云爾：

……噫。子固非魚，魚為之計子焉。知河水深且廣，風濤萬頃堪依，有網罟如雲，鵜鶘成陣，過而留泣計應非。其外海茫茫，下有龍伯，飢時一啖千里。更任公五十犗為餌，使海上人人厭

197 同注五十四，卷一五三，冊一一，頁 3562。
198 同注五十四，卷一五三，冊一一，頁 3574。
199 鄧魁英：〈辛稼軒的詠花詞〉，見《文學遺產》（1996 年 3 期），頁 65。

腥味。似鯤鵬、變化能幾。東遊入海此計，直以命為嬉。古來謬算狂圖，五鼎烹死，指為平地。嗟魚欲事遠遊時，請三思、而行可矣。（卷四）

詞中假託爲魚作計，所謂「網罟如雲，鵜鶘成陣」，惡人設計陷害，「龍伯一啖千里」，隨時準備吞吃，「任公五十犗爲餌」，皆象徵邪惡勢力，以魚比喻愛國志士，說魚東游入海，「直以命爲嬉」，勸魚「欲事遠遊時，請三思、而行可矣」。其中寓意南宋抗金之士，前途維艱，勸他們提高警覺，否則容易「五鼎烹死」，中了小人的暗算。又有〈哨遍〉秋水觀：

蝸角鬥爭，左觸右蠻，一戰連千里。君試思、方寸此心微。總虛空並包無際。喻此理，何言泰山毫末，從來天地一稊米。嗟小大相形，鳩鵬自樂，之二蟲又何知？記跖行仁義孔丘非；更殤樂長年老彭悲。火鼠論寒，冰蠶語熱，定誰同異。　噫！貴賤隨時，連城纔換一羊皮。誰與齊萬物？莊周吾夢見之。正商略遺篇，翩然顧笑，空堂夢覺題秋水。有客問洪河，百川灌雨，涇流不辨涯涘。於是焉河伯欣然喜，以天下之美盡在己。渺滄溟、望洋東視，逡巡向若驚嘆。謂我非逢子，大方達觀之家未免，長見悠然笑耳。此堂之水幾何其？但清溪、一曲而已。（卷四）

這首詞寫於約慶元五年（1199），稼軒六十歲時。早在慶元三年（1197），朝廷詔立僞學逆黨，即慶元黨禁，經過打擊道學，清除趙汝愚之黨。

「蝸角鬥爭」三句，言稼軒之境，「君試思，方寸此心微」二句，寫心思細微，而人間無所不包。「記跖行仁義孔丘非，更殤樂長年老彭悲。」二句表面是莊子〈盜跖〉篇，記盜跖與孔子論辨之事，貌似齊物達觀，而義之所在，指韓侂冑之進，退言官；罷免趙汝愚、朱熹，而興僞學之禁。何澹、謝深甫之以惡詞彈劾罷免稼軒。「貴賤隨時」至「空堂夢覺題秋水」七句，富貴窮通視爲平等，故題爲「秋水堂」。

**諷刺小人已忘國恥**

辛棄疾最痛恨小人的偏安誤國，如〈浪淘沙〉賦美人草：

不肯過江東，玉帳匆匆。只今草木憶英雄。唱著虞兮當日曲，便舞春風。　　兒女此情同，往事朦朧。湘娥竹上淚痕濃。舜蓋重瞳，堪痛恨，語意重瞳。（卷四）

稼軒欣賞項羽不肯過江東的決心，更讚美虞姬對項羽的忠貞摯愛。顯然作者借虞美人草，批判那些朝廷的小人已忘懷國恥、不思北伐。稼軒在〈美芹十論．自治第五〉評偏安江南者：「待敵則恃驪好於金帛之間，立國則借形式於湖山之險，望實俱喪，莫此爲甚。」[200]稼軒批評當時偏安江南屈辱求和的政策。

諷刺小人亂政亡國：如〈杏花天〉嘲牡丹：

牡丹比得誰顏色？似宮中、太真第一。漁陽鞞鼓邊風急，人在沈亭北。　　買栽池管多何益，莫虛把、千金拋擲。若教解語應傾國，一個西施也得。（卷四）

此詞題爲「嘲牡丹」，牡丹主富貴，爲何要嘲笑她，實是以花喻人，豔麗的牡丹，正像唐宮中的楊貴妃，儘管國勢危殆、邊關告急，她仍陪唐明皇飲酒賞花、歌舞宴樂。朝廷以爵厚祿，任用這些人幹什麼，誤國之徒不必多，只要一個就能亡國敗家。

**3．借物自況**

將己身境遇與物相比配，寫物實寫我。劉熙載說：「昔人詞詠古吟物，隱然只是詠懷，蓋其中有我在也。」[201]所以稼軒詠物詞，隱然詠懷，有我在也。

甲、自比氣節：稼軒在主和派當政的時代，主張抗戰統一與眾不同，他用一枝獨秀的野櫻花自喻。如〈歸朝歡〉靈山齊菴菖蒲港，皆長松茂林，獨野櫻花一株，山上盛開，照映可愛；不數日，風雨摧敗殆盡。意有感，因效介菴體為賦，且以「菖蒲綠」名之。丙辰歲三月三日也：

山下千林花太俗，山上一枝看不足。春風正在此花邊，昌蒲自蘸清溪綠。與花同草木，問誰風雨飄零速。莫悲歌，夜深巖下，驚動白雲宿。（卷四）

---

200　見同注三，頁27。
201　劉熙載：《詞概》，見《詞話叢編》，冊四，頁3704。

「山上」與「山下」,「千林」與「一枝」,「太俗」與「看不足」相對比。山上之野櫻花獨自開花，不與山下「人云亦云」，庸俗的群花爲伍。群花所求「非名即利」，置國家民族不顧。詞中讚美野櫻花，暗喻現實環境與自己遭遇同。寫花實寫自己，年華虛度，壯志未酬。

又如〈喜遷鶯〉趙晉臣敷文賦芙蓉詞見壽，用韻為謝：

暑風涼月，愛亭亭無數，綠衣持節。掩冉如羞，參差似妒，擁出芙蓉花發。步襯潘娘堪恨，貌比六郎誰潔？添白鷺，晚情時公子，佳人並列。　　休說，搴木末；當日靈均，恨與君王別。心阻媒勞，交疏怨極，恩不甚兮清絕。千古離騷文字，芳至今猶未歇。都休問；但千杯快飲，露荷翻葉。(卷四)

此詞約作於寧宗慶元元年(1200),時稼軒六十一歲，二次罷官家居。趙晉臣名不迂，宋宗室，曾任敷文閣學士，故稱敷文。慶元四年，任江南轉運使兼南昌府事慶元六年罷職歸舍後，與稼軒多有唱和，是年夏，晉臣以芙蓉爲稼軒壽，稼軒作此詞和韻作答。

上片賦荷，點明時令，前五句寫荷花在荷葉的簇擁下，競相怒放，展現美姿嬌態。「步襯」兩句，是痛心清水芙蓉竟成楊貴妃做襯步之具，張昌宗豈能比荷之潔白？是反襯荷花品格之美。「白鷺」三句是指白鷺與芙蓉爲侶，猶如公子與佳人並肩而立。

下片抒情，「當日靈均，恨與君王別。心阻媒勞，交疏怨極」，全化用屈原詩境，同情屈原君臣異心的不幸遭遇，和懷恨而終的悲慘結局。讓人聯想稼軒南歸幾十年，一片赤誠爲抗金復國努力，卻遭小人猜忌與迫害，以屈原忠而見逐自況。結句「都休問」，都不用再說了。「但千杯快飲，露荷翻葉」扣緊題面，並把發洩一腔不滿。

此詞詠寫荷花的品格也寫自己的忠貞，詞中用「堪恨」、「誰潔」、「休說」、「休問」，都是抒不平之氣，對朝廷小人的抗議。

又如〈鷓鴣天〉賦梅：

桃李漫山過眼空，也曾惱損杜陵翁。若將玉骨冰姿比，李蔡為人在下中。　　尋驛使，寄芳容，隴頭休放馬蹄鬆。吾家籬落黃昏後，剩有西湖處士風。(卷三)

紹熙四年在福建安撫使的作品。雖是詠梅，但手法獨特，不以描形繪態爲主。而以花喻人，用事托其神韻。用梅與桃李的對比。指滿山滿谷的桃李盛開，經不起風吹雨打，轉眼零落殆盡，實在惹人惱恨。他們正像人品卑下的李廣堂弟李蔡。李廣不得爵邑，官不過九卿。而李蔡爲列侯，位至三公。稼軒在此諷刺朝廷主政者不過是「爲人下者」，而他們必如春風中的桃李，馬上因風所敗，枯萎凋零，並在歷史的洪流被淘汰。

然而那冰肌玉骨的梅花，可以憑驛使，寄遠人，以傳遞真情，卻在家旁的籬邊，黃昏時兀自開放，不畏嚴寒，甘於寂寞，正像西湖旁品格清高，淡泊名利的林逋。

乙、喻自己不得時

如〈歸朝歡〉題趙晉臣敷文積翠巖：

> 我笑共工緣底怒，觸斷峨峨天一柱。補天又笑女媧忙，卻將此石投閑處。野煙荒草路。先生拄杖來看汝。倚蒼苔，摩挲試問：千古幾風雨。　　長被兒童敲火苦，時有牛羊磨角去。霍然千丈翠巖屏，鏗然一滴甘泉乳。結亭三四五。會相暖熱攜歌舞。細思量：古來寒士，不遇有時遇。（卷四）

這首詞是稼軒在慶元六年，在江西鉛山瓢泉閑居所作。作品題積翠巖卻不正面點題。積翠巖是斷折之天柱，補天彩石。卻投閑在此，雖具擎天之才，卻無補天之用。「長被兒童敲火苦，時有牛羊磨角去。」被這裡化用韓愈的〈石鼓歌〉：「牧兒敲火石礪角，誰復著手爲摩挲。」稼軒旨在描繪積翠巖的的落難，豈止表明積翠巖的被冷落而已，更有不可言明之悲痛。「投閑」二字，語帶雙關，不無同病相憐的辛酸，更有渴求知音的期望。藉著積翠巖表明自己滿腔熱血渴求效國的心願。不管災難多麼深重，內心深處仍有清涼甘甜的泉珠。自「霍然」以下，陡然震起，「一滴甘泉乳」，生機不可奪，積翠巖終將大放異彩，爲人所賞識。「會相暖熱攜歌舞」詞人打算來結亭建舍，並帶歌女來熱鬧。「暖熱」寓喻政治氣候的回暖。

末句「細思量：古來寒士，不遇有時遇」，語帶雙關，只古今懷才不遇的寒士，二指友人趙晉臣名不迂，這裡用諧音法對去官的趙不迂，終會有際遇之時，但更多是激勵自己，終有一天「有時遇」。明人徐士俊評此詞：「慰人窮愁，堅人壯志。」[202]

又如〈江神子〉賦梅，寄余叔良：

暗香橫路雪垂垂，晚風吹，曉風吹。花意爭春、先出歲寒枝。畢竟一年春事了，緣太早，卻成遲。　　未應全是雪霜姿，欲開時，未開時。粉面朱脣、一半點胭脂。醉裏謗花花莫恨；渾冷澹，有誰知。（卷二）

此詞是稼軒閑居帶湖之作。余叔良是稼軒友人，生平不詳。這首詠梅小令，不以繪形寫神見長，而以巧立心意取勝。這株梅花蓓蕾似胭脂顏色，盛開時呈冰雪之姿。「花意爭春、先出歲寒枝」，梅花想為人間報春，所以在風雪嚴寒未消時，便含苞吐蕊。沒想到這一年的花事已盡，寒梅欲早卻遲開花，不能占得春光。結果只有立在路旁受盡冷落，無人理睬。這分明以梅喻己，生不逢時，事與願違。從紹興三十二年南歸後，進〈美芹十論〉給孝宗，〈九議〉給虞允文。提倡積極恢復，卻得不到該有的回應，反而被迫閑居帶湖。「渾冷澹，有誰知。」藉花喻己，冰清玉潔，傲霜凌雪者，人常遠之，俯仰隨風者，人恆進之姿。

又如〈洞仙歌〉紅梅：

冰姿玉骨，自是清涼□。此度濃粧為誰改。向竹籬茅舍，幾誤佳期，招伊怪、滿臉顏紅微帶。　　壽陽粧鑑裏，應是承恩，纖手重勻異香在。怕等閑，春未到，雪裏先開，風流煞，說與群芳不解。更總做、北人未識伊，據品調難作，杏花看待。（卷二）

寫紅梅改換成濃妝，而且是「異香」撲鼻，應是壽陽公主的最愛。如今竟淪落生在「竹籬茅舍」，並且在「春未到，雪裏先開」。因為他的美麗、風流、提早開花，使群芳不解。但他的格調和杏花不同，縱使北人不識，也不可以把他當做杏花。這首詞也是有寄託，傾訴自己平時遭人的誤解、毀謗、並被朝廷棄之不顧。

又如〈念奴嬌〉賦雨巖，效朱希真體　，在高曠恬淡達觀的思想

---

202 見卓人月選、徐士俊評：《古今詞統》，卷十四。

中，「近來何處有吾愁、何處還知吾樂。一點淒涼千古意，獨倚西風寥廓」，流落自己投閒置散的怨懫與沈痛失意之情。

丙、詠物明志

〈臨江仙〉蒼壁初開，傳聞過實，客有來觀者，意其如積翠、清風、岩石、玲瓏之勝。既見之，乃獨為是突兀而止也，大笑而去。主人下一轉語，為蒼壁解嘲：

莫笑吾家蒼壁小，稜層勢欲摩空。相知唯有主人翁，有心雄泰華，無意巧玲瓏。　　天作高山誰得料，解嘲試倩揚雄。君看當日仲尼窮，從人賢子貢，自欲學周公。（卷四）

這詞是因客人嘲笑蒼壁，而效揚雄《解嘲》，針對現實而發。人笑蒼壁小巧玲瓏而稼軒卻視爲「稜層勢欲摩空」，獨賞識其爭雄東岳泰山、西岳華山。通過對照，詞人顯示其不同的審美觀。並藉物明志，使人明白自己雖然時運不濟，閑居山林但是有與不甘人後的奇志壯懷。

下片「天作」兩句，實際是說時代造就許多愛國濟世之世，但世俗不能理解與讚賞，於是要明志明道，以免誤解。「天作高山誰得料」，就古今人事加以析評，天賜蒼壁，初不爲人賞識；而孔丘生時也不爲人知，以致有「子貢賢於仲尼」之說。但孔子生時雖不得意，依然堅持周公之道，爲實現自己政治理想，奔波一生，孔子終爲千古一聖。這首詞明顯是藉石以明志。

又如〈賀新郎〉題趙兼善龍圖東山園小魯亭：

下馬東山路。恍臨風、周情孔思，悠然千古。寂寞東家丘何在？縹緲危亭小魯。試重上、巖巖高處。更憶公歸西悲日，正濛濛、陌上多零雨。嗟費卻，幾章句。　　謝公雅志還成趣。記風流、中年懷抱，長攜歌舞。政爾良難君臣事，晚聽秦箏聲苦。快滿眼松篁千畝。把似渠垂功名淚，算何如、且作溪山主。雙白鳥，又飛去。（卷四）

謝安隱居東山再起，作者從東山園的「東山」，聯想到「東山再起」的謝安，由此寫出趙兼善曾在仕途有番作爲，卻因艱難而歸隱的事跡，同時也寄託自己不被朝廷重視，反被彈劾落職，並閑居山林的鬱悶，期待有天自己能東山再起，爲國效力之意願。

### 4．詠物抒情

由物起興，順物情、物狀，而起的聯想，抒懷。如〈清平樂〉懷吳江賞木樨：

少年痛飲，懷向吳江醒。明月團團高樹影，十里水沈煙冷。　大都一點宮黃，人間直恁芬芳。怕是秋天風露，染教世界都香。（卷二）

這是閑居帶湖之作，四卷本丙集作「謝叔良惠木樨」。因友人之贈，思緒引起二十餘年前的吳江之行，本篇題序是用「懷」領全篇，上片寫景，酒醒之後，只見桂花在明月下開放，倍添清冷。反映流寓吳楚，報國無門的孤寂。

下片寫桂花本身，「一點宮黃」言花朵之細，能點染「人間芬芳」，足見花香之濃烈。而桂花原本有「天香」之稱。花品即人品，隱約可見詞人之抱負與胸襟。

又如〈踏莎行〉賦稼軒，集經句：

進退存亡，行藏用舍。小人請學樊須稼。衡門之下可棲遲，日之夕矣牛羊下。　去衛靈公，遭桓司馬。東西南北之人也。長沮桀溺耦而耕，丘何為是栖栖者。（卷二）

此詞辛棄疾閑居在帶湖之作，稼軒是爲屋舍取的名。《宋史．本傳》云：「嘗謂人生在勤，當以利田爲先。……故以名稼軒。」（《宋史．辛棄疾傳》）通篇藉儒家經典成句，以喻自身被遭打擊、不得行其道的怨憤。「進退存亡，行藏用舍」是天地自然進退存亡的消息。行藏用舍的出處之道，只有聖賢人才能，我做不到，看來自己只是孔門中樊須一輩的人，只能種田。「去衛靈公，遭桓司馬」，才避開一個政敵，又來一個政敵。「東西南北之人也」，簡直像喪家之犬。稼軒用《易經》、《詩經》、《論語》、《禮記》、《孟子》等等，幾乎一句一典，詞人非任意菲薄孔子，不過藉孔子的不如意，來寄託自己不滿現實。

又如〈山鬼謠〉雨巖有石，狀怪甚，取〈離騷〉〈九歌〉，名曰「山鬼」，因賦「摸魚兒」，今改名：

問何年、此山來此？西風落日無語。看君似是羲皇上，直作太初名汝。溪上路、算只有、紅塵不到今猶古。一杯誰舉？笑我醉呼君，崔嵬未起，山鳥覆杯去。　須記取：昨夜龍湫風雨。門前石浪掀舞。四更山鬼吹燈嘯，驚倒世間兒女。依約處，還問我：清游仗屨公良苦。神交心許。待萬里攜君，邊笞鸞鳳，誦我遠游賦。石浪，菴外巨石也，長三十餘丈。（卷二）

《楚辭．九歌．山鬼》是一曲人神戀歌。稼軒稼軒閑居帶湖時，常到博山去游覽。藉以歌詠雨巖的怪石。這首詞寫的詭異奇特。以擬人的手法，視怪石爲寂寞生活的知音。先賦怪石的身世品行，謂其來自上古超然紅塵，稱讚其純樸自然，古風不泯，接著賦怪石超凡潛力，在風雨之夜，騰雲起舞，吹滅燈火，足以驚倒世間兒女。怪石對稼軒情深，殷勤相問：清游良苦。詞人對怪石情濃，不獨舉杯邀飲，更擬結伴遨遊穹蒼。人與石「神交心許」頻頻相語。抒發自己山居被冷落的情感。

以上所舉之〈清平樂〉、〈踏莎行〉、〈山鬼謠〉等詞，都是因物（木樨、稼軒、怪石）而興起的聯想、抒懷，與〈歸朝歡〉題趙晉臣敷文積翠巖，將己身的境遇與物相比配，寫物（積翠巖）之「不遇」，實在比喻自己不得時，「詠物抒情」與「借物自況」，寫法是不相同的。

**（二）詠物形神兼備**

稼軒閑居帶湖瓢泉二十年間，與鷗鳥山水爲盟，心情與大自然互通。他是個愛花詠花。他的詠花詞約四十多首，共有花卉有十種，吟詠最多的是梅花、牡丹和桂花。詠梅詞有十六首、牡丹十一首，詠桂花有七首，其他詠荷花、海棠、荼蘼不過一、二首。[203]「門前萬斛春寒，梅花可煞摧殘」(〈清平樂〉) 他擔心梅將要爲春寒而摧殘。「畢竟花開誰無主？記取：大都花屬惜花人。」(〈定風波〉賦杜鵑花卷四) 花能扣動人的心弦。

稼軒所詠的花，有些不明顯有寄託，但他擺脫花間「裁花剪葉，奪春豔以爭鮮」[204]的詠花模式，也突破「直詠花卉，而不著些豔語，

203　同注一九九，見《文學遺產》(1996年第3期)，頁62。
204　趙崇祚編纂，李冰若評註：《花間集評注》(北京：人民出版社，1993年6月出版)，頁1。

又不似詞家體例」[205]的束縛。他詠花詞中讚美花的形狀、顏色、型態、香味，可謂形神兼備，並從賞花中得到的樂趣。清鄒祇謨：「詠物固不可不似，尤忌刻意太似，取形不如取神，用事不若用意。」[206]只有少數是單純描摩物象，大致而言，稼軒的詠物詞是形神兼備。

### 1. 賦 梅

范成大在《梅譜序》言梅花是天下尤物，曾列江梅、早梅、官成梅、臥梅、綠萼梅、紅梅等等，述其特色異姿。稼軒愛梅，他賦梅的作品最多，在〈念奴嬌〉賦江梅：「我評花譜，便推此爲傑。」(〈臨江仙〉探梅)：「一枝先破玉溪春，更無花態度，全是雪精神。」(卷二)〈永遇樂〉賦梅雪：「江山一夜，瓊瑤萬頃。」(卷四)〈念奴嬌〉題梅：

> 疏疏淡淡，問阿誰、堪比天真顏色？笑殺東君虛占斷，多少朱朱白白。雪裏溫柔，水邊明秀，不借春工力。骨清香嫩，迥然天與奇絕。(卷三)

辛棄疾描繪梅花的「天真顏色」，「朱朱白白。雪裏溫柔」，「骨清香嫩」、「天與奇絕」，更突出梅的疏淡、清秀。又如〈瑞鶴仙〉賦梅：

> 雁霜寒透幙。正護月雲輕，嫩冰猶薄。溪奩照梳掠。想含香弄粉，豔粧難學。玉肌瘦弱，更重重、龍綃襯著。倚東風、一笑嫣然，轉盼萬花羞落。……(卷三)

經「雁霜」、「嫩冰」，春寒料峭的梅花，如袖倚修竹的空谷佳人，「玉肌瘦弱」是梅的新枝，「龍綃襯著」是梅的老幹，他們清瘦疏淡的顏色，卻「豔粧難學」，學不成富妖媚的桃李，然而高華生動之美，回顧萬花，嫣然一笑，使萬花羞落。

### 2. 賦荷花

〈卜算子〉為人賦荷花：

> 紅粉靚梳妝，翠蓋低風雨。占斷人間六月涼，明月鴛鴦浦。　根底藕絲長，花裏蓮心苦，只為風流有許愁，更襯佳人步。(卷二)

讚美荷花的美麗，感嘆藕斷絲連，而且蓮心艱苦。

---

205 沈義父：《樂府指迷》，見《詞話叢編》，冊一，頁 281。
206 鄒祇謨：《遠志齋詞衷》，見《詞話叢編》，冊一，頁 653。

3．賦牡丹

〈臨江仙〉昨日得家報，牡丹漸開，連日少雨多晴，常年未有。僕留龍安蕭寺，諸君亦不果來，豈牡丹留不住為可恨耶。因取來韻為牡丹下一轉語：「魏紫朝來將進酒，玉盤盂樣先呈，鞓紅似向舞腰橫。」（卷四）「但紛紛，蜂蝶亂，笑春遲。」開心賞牡丹花情形。

4．賦木樨

他從另一角度去欣賞桂花的美麗是「枝枝點點黃金粟」，「奴僕葵花，兒曹金菊」。（〈踏莎行〉賦木樨卷二）。「金粟如來出世，蕊宮仙子乘風。清香一袖意無窮，洗盡塵緣千種。」（〈西江月〉木樨卷四）除了寫的桂花形狀、顏色，清香如仙子乘風，滌盡塵緣。

5．賦水仙

〈賀新郎〉賦水仙：

雲臥衣裳冷，看蕭然、風前月下，水邊幽影。羅襪生塵凌波去，湯沐煙波萬頃。愛一點嬌黃成暈。不記相逢曾解佩，甚多情、為我香成陣。待和淚，收殘粉。　　靈均千古懷沙恨，記當時、匆匆忘把，此仙題品。煙雨淒迷僝僽損，翠袂搖搖誰整？謾寫入、瑤琴幽憤。絃斷招魂無人賦，但金杯、的皪銀臺潤。愁殢酒，又獨醒。（卷二）

「翠袂」、「金杯、銀臺」諸字點出水仙，「看蕭然、風前月下」、「愛一點嬌黃成暈」、「羅襪生塵凌波去」，「煙波萬頃」、「香成陣」寫水仙的風神兼情意。

6．荼蘼、茉莉

稼軒筆下的荼蘼是：

群花泣盡朝來露，爭怨春歸去，不知庭下有荼蘼，偷得十分春色、怕春知。　　淡中有味清中貴，飛絮殘紅避。露華微浸玉肌香，恰似楊妃初試、出蘭湯。（〈虞美人〉賦荼蘼卷二）

運用擬人法描繪荼蘼在群芳凋零時，而夏季花還未開的暮春時節，開放的可貴品格。下片描寫荼蘼的香氣與美麗，有如楊貴妃剛洗溫泉出浴的嬌羞模樣。

描寫茉莉的芳姿是，「莫將他去比荼蘼，分明是、他更韻些兒。」

(〈小重山〉茉莉卷二)

他詠海棠不是擔心「綠肥紅瘦」，而是「重喚酒，共花語」(〈賀新郎〉賦海棠)。以上稼軒所賦花卉，不僅形神兼備更抒發自己對花喜愛，表達自己賞花時的感受。

### (三)描摹事物形態者

稼軒這類詠物詞不多，如〈鷓鴣天〉祝良顯家牡丹一本百朵：

占斷雕欄只一株，春風費盡幾工夫。天香夜染衣猶濕，國色朝酣酒未蘇。　　嬌欲語，巧相扶。不妨老幹自扶疏。恰如翠幙高堂上，來看紅衫百子圖。(卷四)

〈鷓鴣天〉賦牡丹。主人以謗花，索賦解嘲：

翠蓋牙籤幾百株，楊家姊妹夜游初。五花結隊香如霧，一朵傾城醉未蘇。　　閒小立，困相扶，夜來風雨有情無？愁紅慘綠今宵看，卻似吳宮教陣圖。(卷四)

稼軒一共用〈鷓鴣天〉詞牌，詠多首牡丹。牡丹在宋是很貴重的，邱濬《牡丹榮辱志》曾區分牡丹之種，品列高下。

前首「楊家」兩句，楊家有一貴妃、三夫人。《資治通鑑·玄宗紀》:「玄宗十二載冬十月，三夫人將從車駕幸華清宮，會於楊國忠第，車馬僕從，充盈數坊。錦繡珠玉，鮮華奪目。楊氏五家，隊各為一色衣以相別，五家合隊，燦若雲錦。」《松窗雜錄》:「開元中禁中初重芍藥，及今之牡丹也。得四本：紅、紫、淺紅、通白者。」作者歌詠牡丹盛開極熱鬧，香氣芬郁，有如楊家姊妹結伴出遊。但無情風雨一吹打，倒像吳宮女兵操練，整齊畫一。

下首寫牡丹的品種有「玉盤盂」、「弄玉」等等，濃紫、深黃、胭脂紅如畫般美好，又芳香美豔，使得主人如癡如醉。

## 四、稼軒詠物詞的寫作特色

### (一)善用擬人手法

稼軒除了鋪陳其事外，擅長用比興的手法。以物比人。如〈念奴嬌〉賦白牡丹，和范廓之韻：

對花何似？似吳宮初教，翠圍紅陣。欲笑還愁羞不語，惟有傾城嬌韻。翠蓋風流，牙籤名字，舊賞那堪省。天香染露，曉來衣潤誰整？　　最愛弄玉團酥，就中一朵，曾入揚州詠。華屋金盤人未醒，燕子飛來春盡。最憶當年，沈香亭北，無限春風恨。醉中休問，夜深睡香冷。（卷二）

稼軒以擬人的手法，使用「笑」、「愁」、「羞」、「不語」、「嬌」來形容白牡丹的神態。〈最高樓〉客有敗棋者，代賦梅）：「花知否：花一似何郎，又似沈東陽：瘦棱棱地白，冷清清地許多香。」（卷四）把花比作何晏與沈約。「牡丹比得誰顏色？似宮中、太真第一」（〈杏花天〉嘲牡丹卷）把牡丹比擬太真。

又如〈鵲橋仙〉贈鷺鷥：

溪邊白鷺來吾告汝：『溪裡魚兒堪數。主人憐汝汝憐魚，要物我欣然一處。　　白沙遠浦，青泥別渚，剩有蝦跳鰍舞。聽君飛去飽時來，看頭上風吹一縷。』（卷四）

不僅把鷗鷺擬人，同時也使用人鳥對話。

**（二）豐富的想像力**

稼軒有「負高世之才」[207]、「胸有萬卷」[208]，超人的想像力，又能「驅使莊、騷、經、史，無一點斧鑿痕，筆力甚峭。」[209]所有詠物詞中，常有想像登天入地，御風攬月的仙境、夢境，或運用神話的情形。

**1．借屈騷浪漫手法**

如〈千年調〉開山徑得石壁，因名曰蒼壁，事出望外，意天之所賜邪，喜而賦：

左手把青霓，右手挾明月。吾使豐隆前導，叫開閶闔。周游上下，徑入寥天一。覽玄圃，萬斛泉，千丈石。　　鈞天廣樂，燕我瑤之席。帝飲予觴甚樂，賜汝蒼壁。嶙峋突兀，正在一丘

---

207 馮煦，《蒿庵論詞》，見《詞話叢編》，冊四，頁 3592。
208 彭孫遹，《金粟詞話》，見《詞話叢編》，冊一，頁 653。
209 樓敬思語，見張宗橚編，楊寶霖補正，《詞林紀事補正》（上海：上海古籍出版社，1998 年 11 月出版），頁 668 引。

**夔。余馬懷，僕夫悲，下恍惚。**（卷四）

這首詞約寫於慶元六年，稼軒已六十一歲，在瓢泉閑居六年，小序中「得蒼壁」，表明寫作原因和心情。作者自以為得了天賜的石壁，精神為之一振。又看到石壁「勢欲摩空」、「有心雄泰華」，給稼軒新的鼓舞。

起句「左手把青霓，右手挾明月」，展開想像力，馳騁於神奇壯麗景象中。接著化用〈離騷〉的文句：「吾令帝閽開關兮，倚閶闔而望予」，描寫進入天宮的情形，由開路雲神為先鋒，順利叫開天門。接著化用《莊子．大宗師》：「安排而去化，乃入於寥天一。」稼軒在天國上下周遊，直入太虛在那裡飽覽珍奇異物，遊歷神奇，觀賞泉湧與千丈大石。

「鈞天廣樂，燕我瑤之席。帝飲予觴甚樂，賜汝蒼壁」接著借用《史記．趙世家》，趙簡子生病五日不省人事，到天帝那裡與眾神遊玩，欣賞仙月仙舞。稼軒說天帝請他喝酒，並賜蒼壁。當年趙簡子「帝甚喜賜，我二笥，皆有副。」日後得了應驗，趙簡子連克二國。蒼壁「天之所賜」，稼軒借用這典故表明自己的抱負，顯出他立功報國的雄心與壯志。

詞最後三句借用〈離騷〉，雖天宮美好並受盛情招待，但詞人仍深愛家國致，不肯絕然仙去，使他辭別天宮，恍恍惚惚返回塵間。表示他雖羡慕陶淵明式的隱居生活，但是他真正的抱負仍是有一番作為。他神似屈原眷戀家國，他也不像屈原採絕望式的投江殉國。

稼軒繼承屈原浪漫的手法通過想像，創造出神奇瑰麗的形象與理想的神仙世界，但他並沒有機械的模仿〈離騷〉，他運用〈離騷〉的詩句，是經過思考融會與創新。如他化用〈離騷〉的文句：「吾令帝閽開關兮，倚閶闔而望予」，但屈原到天門卻吃了閉門羹。〈離騷〉：「吾令豐隆乘雲兮」。原句描寫屈原上天碰壁後，準備到下界「求女」出發前的情形。是在「令帝閽開關」而見拒以後，詞人在此重新組合把兩事融合。最後聽巫咸、靈氛的勸告去「周流觀呼上下」，但中因「僕人悲，余馬懷」而告終。稼軒把〈離騷〉的情節重新組合，賦予新義，並與趙簡子的典故融合為一，創造出又現實又浪漫的意境與情感。

**2．通過神話的想像**

如〈歸朝歡〉題趙晉臣敷文積翠巖：一開始便奇思妙想，用兩則神話傳說，喻積翠巖是斷折之天柱，補天彩石，想像力豐富。女媧鍊五色石補天的事，《淮南子》早有記載。以後《太平御覽》引王歆之《南康記》，將彩色異常的石頭稱為女媧石。藉著積翠巖表明自己滿腔熱血，渴求效國的心願，卻是人生有時遇與不遇，好像這積翠巖一般。

**（三）善用設問手法**

屈原的〈卜居〉、司馬相如的〈上林賦〉等均設主客問答，此種方法多具解疑、寓言、稱頌之意。稼軒詠物詞也善用此法，以人物的對答方式，來表達情感與、想像與寄託。如〈木蘭花慢〉中秋飲酒將旦，客謂前人詩詞有賦待月，無送月者，因用天問體賦：

> 可憐今夕月，向何處、去悠悠？是別有人間，那邊纔見，光影東頭？是天外，空汗漫，但長風浩浩送中秋？飛鏡無根誰繫，姮娥不嫁誰留？　　未經海底問無由，恍惚使人愁。怕萬里長鯨，縱橫觸破，玉殿瓊樓。蝦蟆故堪浴水，問云何玉兔解沈浮？若道都齊無恙，云何漸漸如鉤？（卷四）

這首詞的寫作方法是創新，㈠中國大詩人屈原曾寫用〈天問〉，全篇對天質問，一連問了一百七十多個問題，辛棄疾模仿他的形式塡詞，從月落著筆，一連發了九個問題。㈡以前僅有待月詩詞、詠月詩，而無送月詞。㈢此詞善於想像，辛棄疾融合自然現象與神話傳說，自出新境。王國維《人間詞話》云：

> 稼軒中秋飲酒達旦，用天問體作〈木蘭花慢〉以送月曰：「可憐今夕月，向何處、去悠悠。是別有人間，那邊纔見，光景東頭。」詞人想像，直悟月輪繞地之理，與科學家密合，可謂神悟。210

這稼軒用〈天問〉體寫詞，通篇設問，一問到底，是宋詞中的創格，表現作者大膽創新、不拘一格的藝術氣魄。除此外此詞尚有：㈠前此僅有待月詩、詠月詩而無送月詩此題材之創新。㈡引〈天問〉

---

210 王國維：《人間詞話》，見《詞話叢編》（臺北：新文豐出版公司，1988 年出版）冊五，頁 4250。

體入詞，此詞體之創新。(三)雖承屈原求索精神，但〈天問〉中問月僅四句：「夜光何德，死又何育？厥利維何，而顧菟在腹？」辛詞不僅九問之多，且暗合天體學說。近人王國維首發其義，說此詞起首五句，「詞人想像，直悟月輪繞地之理，與科學家密合，可謂神悟。」(《人間詞話》) (四)〈天問〉雖然博大精深，但缺乏文學氣息。此詞以「送月」立意，緊扣月體運行，善想像，富描繪，豐美瑰麗，把對天宇的探索和神話傳說熔爲一爐，而又自出新境。211

又如〈山鬼謠〉雨巖有石，狀怪甚，取〈離騷〉〈九歌〉，名曰「山鬼」，因賦「摸魚兒」，今改名：

> 問何年、此山來此？西風落日無語。看君似是羲皇上，直作太初名汝。溪上路、算只有、紅塵不到今猶古。一杯誰舉？笑我醉呼君，崔嵬未起，山鳥覆杯去。　　須記取：昨夜龍湫風雨。門前石浪掀舞。四更山鬼吹燈嘯，驚倒世間兒女。依約處，還問我：清游杖屨公良苦。神交心許。待萬里攜君，鞭笞鸞鳳，誦我遠游賦。(卷四)(石浪，菴外巨石也，長三十餘丈。)

《楚辭．九歌．山鬼》是一曲人神戀歌。稼軒稼軒閑居帶湖時，常到博山去游覽。，藉以歌詠雨巖的怪石。這首詞寫的詭異奇特。以設問句手法，「問何年、此山來此？」並把這座山擬人化了，視怪石爲寂寞生活的知音。又賦怪石對稼軒情深，殷勤相問：清游良苦。詞人對怪石情濃，不獨舉杯邀飲，更擬結伴遨遊穹蒼。人與石「神交心許」頻頻相語。

這首詞影響到元人劉敏中〈沁園春〉號太初石爲蒼然。

### (四) 用剛柔並濟的手法

〈瑞鶴仙〉賦梅：

> 雁霜寒透幙。正護月雲輕，嫩冰猶薄。溪奩照梳掠。想含香弄粉，豔粧難學。玉肌瘦弱，更重重、龍綃襯著。倚東風、一笑嫣然，轉盼萬花羞落。　　寂寞。家山何在？雪後園林，水邊樓閣。瑤池舊約，鱗鴻更，仗誰託？粉蝶兒只解，尋桃覓柳，

---

211 同注二十六，頁 246。

開遍難枝未覺。但傷心、冷落黃昏，數聲畫角。（卷三）

此詞借周秦婉約之筆，抒壯士失志之悲，融合剛柔並濟於一體，意萬轉而千回，此為稼軒獨特的筆法。「瑤池舊約」，難託之嘆，黃昏寂寞之境，無一不是稼軒遭遇生命的寫照，寫花也寫人，長期的閒居農村，脫離士大夫的生活，去接近大自然，不僅拓展其詞境，更能借外物以抒情，創造情景交融，物我和諧，剛柔並濟的境界。

**（五）善用典故**

稼軒善於在詞之用典，在詠物詞裏，他仍不避免列了許多典故。如〈最高樓〉和楊民瞻席上用前韻，賦牡丹：

> 西園買，誰載萬金歸？多病勝遊稀。風斜畫燭天香夜，涼生翠蓋酒酣時。待重尋，居士譜，謫仙詩。　看黃底、御袍元自貴，看紅底、狀元新得意。如斗大，笑花癡。漢妃翠被嬌無奈，吳娃粉陣恨誰知。但紛紛，蜂蝶亂，笑春遲。（卷二）

這首詞是和楊民瞻，楊民瞻生平不詳。「天香夜、酒酣時」是指唐李正封〈牡丹詩〉：「國色朝酣酒，天香夜染衣。」「居士譜」是指歐陽修號六一居士，著有《牡丹譜》。「謫仙詩」指李白的〈清平調〉，「看黃底」二句，指「御袍黃」、「狀元紅」皆是牡丹品種。「漢妃翠被」根據鄧廣銘箋注說未詳，「吳娃粉陣」是《史記．孫子吳起列傳》：「孫子武者，齊人也。以兵法見於吳王闔閭，……闔閭曰：『可試以婦人乎？』曰：『可。』於是許之。出宮中美女，得百八十人，孫子分為二隊，以王之寵姬二人各為隊長，皆令持戟。……婦人左右後跪起，皆中規中矩繩墨，無敢出聲。」[212]全首詞夸飾典故。

又如〈虞美人〉賦美人草：

> 當年得意如芳草，日日春風好。拔山力盡忽悲歌，飲罷虞兮從此、奈君何。　人間不識精誠苦，貪看青青舞。驀然斂袂卻亭亭，怕是曲中猶帶、楚歌聲。（卷四）

《夢溪筆談》云：「高郵桑景舒性知音，舊傳有虞美人草，聞人作

---

212 見司馬遷撰，瀧川龜太郎注：《史記會注考證》（臺北：文史哲出版社，1997年10月再版），頁843。

虞美人曲則枝葉皆動，他曲不然。景舒試之，誠如所傳，詳其取聲，皆吳音也。」稼軒借詠其事而讚。

稼軒設想此草是當年虞美人精神的化身，想到項羽的垓下兵敗，「人間不識精誠苦，貪看青青舞。驀然斂袂卻亭亭」，因而聞楚歌則斂袂亭亭，似心含傷悲。

## （六）使用白話、口語及散文句法

### 1．使用白話與口語

稼軒的詠物詞常使用白話與口語更增加生動，如〈粉蝶兒〉和趙晉臣賦落花：

> 昨日春如，十三女兒學繡，一枝枝、不教花瘦。甚無情，便下得，雨僝風僽，向園林、鋪作地衣紅縐。　而今春似，輕薄蕩子難久。記前時、送春歸後，把春波，都釀作，一江醇酎。約清愁，楊柳岸邊相候。（卷四）

這首白話詞如果語言過於率直、平凡，就缺乏魅力，而自然的語言要合格律。《御製詞譜》云：「辛詞第二句，十三兒女學繡，學字仄聲。辛詞第五六句，便下得雨僝風僽，便字雨字俱仄聲。……」稼軒在這首詞不論意境、語言風格，都打破舊有形式，平仄不同，更傳達詞語的情致。夏敬觀：「連續誦之，如笛聲宛轉，乃不得以他文辭繩之，勉強斷句。此自是好詞，雖去別調不遠，卻仍是穠麗一派也。」[213]

〈清平樂〉賦木樨：「碎剪黃金教恁小，都著葉兒遮了」、「只消三兩枝兒」是白話。〈清平樂〉再賦：

> 東園向曉，陣陣西風好。喚起仙人金小小，翠羽玲瓏裝了。　一枝枕畔開時，羅幃翠幙垂低。恁地十分遮護，打窗早有蜂兒。（卷三）

「裝了」。「恁地」這樣的，「十分遮護」，遮蔽的意思。「打窗早有蜂兒」打窗是敲窗的意思。

如〈小重山〉茉莉：「略開些個未多時。窗兒外、卻早被人知。」

---

213 夏敬觀：《評稼軒詞．忍古樓詞話》，見《唐宋名家詞選》（上海：上海古籍出版社，1980年2月出版），頁252。

「分明是、他更韻些兒」。(卷二)「略」略是稍微,「些個」一點點,「窗兒外、卻早被人知」，稼軒詞慣用「兒」字，如「窗兒」「分明是他更韻些兒」的「些兒」是一點點的意思。「蜂兒」葉兒、枝兒等等。

如〈最高樓〉客有敗棋者，代賦梅：「著一陣、霎時間底雪，更一個、缺些兒底月。山下路，水邊牆。風流怕有人知處，影兒守定竹旁廂。且饒他，桃李趁，少年場。」(卷四)「著一陣」來一陣之意。「且饒」即且讓、且任之意。

2．散文句法：如「嘆人生，不如意，十常八九」(〈賀新郎〉題傅巖叟悠然閣再賦卷四)「兩兩三三而已。」(〈念奴嬌〉雙陸，和陳仁和韻卷二)人不堪憂，一瓢自樂，賢哉回也。」「何爲是、栖栖者？」(〈水龍吟〉題瓢泉卷二)「耕也餒，學也祿，孔之徒。」(〈水調歌頭〉題吳子似縣尉瑱山經德堂。堂，陸象山所名也卷四)「于是焉河伯欣然喜，以天下之美盡在己。」「但清溪、一曲而已。」(〈哨遍〉秋水觀卷四)。

## 第七節　何謂稼軒體

辛棄疾存詞有六百多首，是宋詞人存詞數量最多，後人對兩宋詞的「版本、品評、研究、歷代詞選、當代詞選等項平均名次，(辛棄疾)佔宋人第一位者」[214]，可見後人對他的注意及辛詞的影響。學辛詞者、效辛詞者比比皆是，然而陳廷焯《白雨齋詞話》云：「辛稼軒，詞中之龍也，氣魄極雄大，意境卻極沈鬱。不善學之，流入叫囂一派。」[215]徐釚《詞苑叢談》引黃梨莊語：

> 辛棄疾當弱宋末造，負管、樂之才，不能盡展其用，一腔忠憤，無處發洩。觀其與陳同甫抵掌談論，是何等人物。故其悲歌慷慨，抑鬱無聊之氣，一寄之於其詞。今乃欲與搔頭傅粉者比，

---

214 見王兆鵬、劉尊明：〈歷史的選擇－宋代詞人歷史定位的定量分析〉《文學遺產》(1995 年 4 月)，頁 47-54。

215 陳廷焯：《白雨齋詞話》，見《詞話叢編》(臺北：新文豐出版公司，1988 年出版)，冊四，頁 3791。

是豈知稼軒者。王阮亭謂石勒云：大丈夫磊磊落落，終不學曹孟德、司馬仲達狐媚，稼軒詞當作如是觀。予為有稼軒之心胸，始可為稼軒之詞，今粗淺之輩一切鄉語猥談，信筆塗抹，自負吾稼軒也，豈不令人齒冷。[216]

黃梨莊認爲稼軒詞是悲歌慷慨，抑鬱無聊之氣，都表現在詞中。然而學辛者，信筆塗抹，未得其佳處，反而「令人齒冷」。到底什麼是佳處？何謂「稼軒體」？辛棄疾本人的定義，與後人的看法是否相同？

## 一、辛棄疾尊他人詞為體

辛棄疾本身並沒有提出「稼軒」體，他卻尊他人詞爲體。在稼軒詞中，他呈現出多方面的學習、吸收各家之長。吳衡照《蓮子居詞話》云：「辛稼軒別開天地，橫絕古今，論、孟、詩小序、左氏春秋、南華、離騷、史、漢、世說、選學、李、杜詩，拉雜應用，彌見其筆力之峭。」[217]他的詞中有表明學習諸家之長者：

### （一）有自注效體，攝取他家之長

**1．效李易安體**：李清照好「以尋常音度入音律。」其〈行香子〉云：「一霎兒情，霎兒雨，霎兒風。」辛棄疾的〈醜奴兒近〉博山道中效李易安體：

千峰雲起，驟雨一霎兒價。更遠樹斜陽風景，怎生圖畫！青旗賣酒，山那畔別有人家。只消山水光中，無事過這一夏。……（卷二）

「一霎兒」，一陣子。「價」，語助詞。「山那畔」，山那邊。「怎生」，怎麼，這些都是口語。《金粟詞話》云：學易安「用淺俗之語，發清新之思。」[218]

216 見徐釚編著，王百里校箋：《詞苑叢談校箋》（北京人民出版社，1998 年 2 月第 1 次印刷），卷四，頁 250。

217 見吳衡照：《蓮子居詞話》，見《詞話叢編》（臺北：新文豐出版公司，1988 年出版）冊三，頁 2408。

218 見彭孫遹：《金粟詞話》，見《詞話叢編》（臺北：新文豐出版公司，1988 年出版），冊一，頁 721。

**2．效朱希真體**：如〈念奴嬌〉賦雨巖，效朱希真體：

近來何處，有吾愁、何處還知吾樂。一點淒涼千古意，獨倚西風寥廓。並竹尋泉，和雲種樹，喚做真閑客。此心閑處，未應長藉丘壑。　　休說往事皆非，而今云是，且把清尊酌。醉裏不知誰是我，非月非雲非鶴。露冷松梢，風高桂子，醉了還醒卻。北窗高臥，莫教啼鳥驚著。（卷二）

《宋史·朱敦儒傳》云:「朱敦儒，……素工詩及樂府，婉麗清暢。」[219]《花庵詞選》云：「朱希真名敦儒，……南渡初以詞章擅名。天資曠遠，有神仙風致。」[220]辛棄疾此詞于退居帶湖時期，書寫似樂非樂，似閒非閒，似醉非醉，雖處逆境卻不甘心的矛盾痛苦心態。下片的飲、醉、醒、臥風味，頗似朱敦儒〈好事近〉:「搖首出紅塵，醒醉更無時節。」閒適恬淡的風味。

**3．效白樂天體**：〈玉樓春〉效白樂天體：

少年才把笙歌？夏日飛長秋夜短。因他老病不相饒，把好心情都做嬾。　　故人別後書來勸，乍可停杯彊喫飯。云何相見酒邊時，卻道達人須飲滿？（卷四）

白樂天言語淺俗，效其以淺白文字表達詞意。

**4、效花間體**：如〈唐河傳〉效花間體：

春水。千里。孤舟浪起。夢攜西子。覺來村巷夕陽斜。幾家，短牆紅杏花。　　晚雲做造些兒雨。折花去。岸上誰家女。太狂顛。那邊。柳綿。被風吹上天。（卷二）

《花間》詞以濃豔綺麗爲宗，此詞語言雋永含蓄，短小精鍊，意境深切明朗而幽雅深遠，實效韋莊得疏淡清麗，又有〈河瀆神〉女城祠，效花間體（卷四）。

## （二）學習當代人的詞

### 1．效介庵體

如〈歸朝歡〉靈山齊庵菖蒲港，長松茂林，獨野櫻花一株，山上盛開，照

---

219 同注五十四，冊三七，頁 13142。
220 見黃昇：《花庵詞選》（臺北：文馨出版社，1975 年 1 月出版），頁 179。

映可愛。不數日，風雨催敗殆盡。意有感，因效介庵體為賦，且以「菖蒲綠」名之。丙辰歲三月三日也。（卷四）

據《南澗甲乙稿》：「趙德莊，……以小疾得主管臺州崇道觀。餘干號佳山水，所居最勝。日與賓客觴詠自怡，好事者以爲有曠達之風。……其所爲文，自號《介庵居士集》。」[221]

**2 . 效趙昌父**

如〈驀山溪〉趙昌父賦一丘一壑，格律高古，因效其體。（卷四）

據《漫塘集·章泉趙先生墓表》：「先生姓趙氏，諱蕃，字昌父，……世號章泉先生。……自少喜作詩，答書亦或以詩代。援筆立成，不經意，而平淡有趣，讀者以爲有陶靖節之風。」[222]，可見趙昌父作詩有陶靖節之風。再據康熙《詞譜》：

> 〈驀山溪〉，翰林全書名上陽春金詞注大石調。宋詞填此調者，其字句並同；惟押韻各異。此（程）詞前後段起句，及第七八句，俱不押韻，宋人如此者眾多，自應編為正體。[223]

辛棄疾稱趙昌父：「情味好，語言工。」（〈鷓鴣天〉和章泉趙昌父）喜愛他的格律高古，效其詞，而「音律高古」指此詞第七八句也沒押韻。

## （三）學習蘇軾的詞

雖然辛棄疾沒有明白寫出效蘇軾體，但有數首詞是和東坡韻。如〈念奴嬌〉瓢泉酒酣，和東坡韻。（卷二）又有〈念奴嬌〉三友同飲，借赤壁韻。東坡原詞是在貶官遷居黃州，辛棄疾是在閒居瓢泉之作。兩人在抒發政治上失意，背景很相似，然而風格卻迥異，蘇軾飄逸超曠，辛詞豪放悲壯。又有〈水調歌頭〉趙昌父七月望日用東坡韻敘太白、東坡事見寄，過相褒借，且有秋水之約；八月十四日余臥病博山寺中，因用韻為謝，兼寄吳子似：

> 我志在寥闊。疇昔夢登天，摩娑素月，人世俯仰已千年。有客

---

221 韓元吉：《南澗甲乙集稿·直寶閣趙公墓誌銘》，見《景印文淵閣四庫全書》，冊一一六五，頁 341。

222 劉宰：《漫塘集》，見《景印文淵閣四庫全書》，冊一一七〇，頁 730。

223 見清·康熙御製：《詞譜》（臺北：洪氏出版社，1980 年 11 月 1 日出版），冊四，頁 1306。

驂鸞並鳳，云遇青山、赤壁，相約上高寒。酌酒援北斗，我亦蝨其間。　少歌曰：神甚放，形則眠。鴻鵠一再高舉，天地睹方圓。欲重歌兮夢覺，推枕枉然獨念。人世底虧全？有美人可語，秋水隔嬋娟。(卷四)

此詞借東坡的〈水調歌頭〉中秋詞韻，繼承〈離騷〉餘韻，繼承太白、東坡遺風，用浪漫的手法探求理想的精神世界。

**（四）用「集句」體**

**1.集經句**

如〈踏莎行〉賦稼軒，集經句：

進退存亡，行藏用舍。小人請學樊須稼。衡門之下可棲遲，日之夕矣牛羊下。　去衛靈公，遭桓司馬。東西南北之人也。長沮桀溺耦而耕，丘何為是栖栖者。(卷二)

集句成詩，始於西晉的傅咸。南北朝未有模仿者。後人經由經史子集語摘爲對句，亦稱文字遊戲。宋人喜集句詩，以集唐詩爲主。宋詞更有「檃括體」，檃括前人詩賦入詞。至王安石有〈菩薩蠻〉以前人詩句集句爲詞。

陳鵠《耆舊續聞》云：「近日辛幼安作長短句，有用經語者，〈水調歌頭〉云：……。」[224]陳鵠提到只是一篇中化用一段經語例子。辛棄疾以通篇集經句而成詞。詞中借經句抒胸中不平之情懷。劉辰翁〈辛稼軒詞序〉云：

詞至東坡，傾蕩磊落，如詩如文，如天地奇觀然猶未至用經用史，…自辛稼軒前，用一語如此者必且掩口。及稼軒橫豎爛漫，乃如禪宗棒喝，頭頭皆是；……詞至此亦足矣。[225]

這段話指出稼軒的特色與貢獻。這種集句詞影響到清朱彝尊的集句詞—《蕃錦集》。

224 陳鵠：《耆舊續聞》，見《景印文淵閣四庫全書》（臺北：商務印書館，1985 年），冊一〇三九，頁 607。

225 劉辰翁：《須溪集》，見《景印文淵閣四庫全書》（臺北：商務印書館，1985 年），冊一一八六，頁 615。

**2.用莊語**

如〈卜算子〉用莊語：

一以我為牛，一以我為馬。人語之名受不辭，善學莊周者。　　江海任虛舟，風雨從飄瓦。醉者乘車墜不傷。全得於天也。（卷四）

此詞亦是組合莊子的話爲詞。

**3.用藥名**

如〈定風波〉用藥名招婺源馬荀仲游雨巖。馬善醫：

山路風來草木香。與餘涼意到胡床。泉石膏肓吾已甚，多病，隄防風月費篇章。　　孤負尋常山簡醉，獨自，故應知子草玄忙。湖海早知身汗漫，誰伴？只甘松竹共淒涼。（卷二）

其中的雨餘涼、知子，是藥名「禹餘糧」、「梔子」的諧音，石膏、防風皆藥名。又〈定風波〉再和前韻，藥名。（卷二）

**（五）仿用天問體**

〈木蘭花慢〉中秋飲酒將旦，客謂前人詩詞有賦待月，無送月者，因用天問體賦：

可憐今夕月，向何處、去悠悠？是別有人間，那邊纔見，光影東頭？是天外空汗漫，但長風浩浩送中秋？飛鏡無根誰繫，姮娥不嫁誰留？　　謂經海底問無由，恍惚使人愁。怕萬里長鯨，縱橫觸破，玉殿瓊樓。蝦蟆故堪浴水，問云何玉兔解沈浮？若道都齊無恙，云何漸漸如鉤？（卷四）

這首詞的寫作方法是創新，㈠中國大詩人屈原曾寫用《天問》，全篇對天質問，一連問了一百七十多個問題，辛棄疾模仿他的形式填詞，從月落著筆，一連發了九個問題。㈡以前僅有待月詩詞、詠月詩，而無送月詞。㈢此詞善於想像，辛棄疾融合科學與神話傳說，自出新境。又有〈水龍吟〉用些字語再題瓢泉，，歌以飲客，聲韻甚諧，客皆為之釂：

聽兮清珮瓊瑤些。明兮鏡秋毫些。君無去此，流昏漲膩，生蓬蒿些。虎豹甘人，渴而飲汝，寧猿猱些。大而流江海，覆舟如芥，君無助，狂濤些。　　路遠兮山高些。塊予獨處無聊些。東槽春盎，歸來為我，製松醪些。其外芳芬，團龍片鳳，煮雲

膏些。古人兮既往，嗟予之樂，樂簞瓢些。（卷四）

每句韻腳下用「些」字。「些」字本是楚國的方言，〈招魂〉每隔一句就用一個「些」字做字尾。本詞除「些」字的模仿，內容也是仿招魂，實在是詞中的創格。通過這種寫法反應宦途的險惡，只有回到瓢泉才有真正的安慰與樂趣。〈山鬼謠〉雨巖有石，狀怪甚，取離騷九歌，名曰山鬼，因賦摸魚兒，改今名。（卷三）

又如〈醉翁操〉頃予從廓之求觀家譜，見其冠冕蟬聯，世載勳德。廓之甚文而好修，意其昌未艾也。……頗廓之長於楚詞，而妙於琴，輒擬〈醉翁操〉，為之詞以敘別。異時廓之綰組東歸，僕當買羊沽酒，廓之為鼓一再行，以為山中盛事云：

長松。之風。如公。肯余從。山中。人心與吾兮誰同。湛湛千里之江，上有楓。噫送子于東。望君之門兮九重。女無悅己，誰適為容。不龜手藥，或一朝兮取封。昔與遊兮皆童。我獨窮兮今翁。一魚兮一龍，勞心兮忡忡。噫命與時逢。子取之食兮萬鍾。（卷二）

這首詞從分別中喜廓之能出仕，嘆人心之難同。全篇化用前人之句，取《世說》、《楚辭》、《詩經》、《莊子》、《孟子》及《史記》，以《楚辭》爲本篇基礎，徐士俊評爲：「小詞中《離騷》也。」[226]

### （六）借用經史子筆法填詞

辛棄疾喜歡擬古書風格、筆法填詞。陳模《論稼軒詞》即謂辛詞〈賀新郎〉送茂嘉十二弟一首全與太白〈擬恨賦〉手段相似；又謂其〈沁園春〉止酒：一首「如〈賓戲〉、〈解嘲〉等作」[227]，另一首〈水調歌頭〉「四座且勿語」一首雜用《禮記》《詩經》、《晉書．陶侃傳》及謝靈運、鮑照、杜甫諸家詩句等。譚獻《復堂詞話》：「辛棄疾〈念奴嬌〉書東流村壁：「野棠花落」權奇倜儻，純用太白樂府詩法。」[228]

---

226 卓人月選、徐士俊評：《古今詞統》，卷十一，明崇禎刊本。劉揚忠：《辛詞詞心探微》（濟南：齊魯出版社，1990 年 2 月初版），頁 137 引。

227 陳模：《懷古錄．論稼軒詞》，見徐漢明編：《辛棄疾集》（成都：四川文藝出版社，1996 年元月第 2 次印刷），頁 395 引。

228 同注十六，頁 3994。

## 二、稼軒體形成之因

### （一）南北文化的融合

稼軒生長在北方，稼軒二十三歲南歸後，他大半生歲月是在南方度過，使他同時受到北方陽剛豪邁奔放，以及南方陰柔，秀而精巧的文化雙重影響。

辛棄疾說：「山東之民，勁勇而喜亂。」他身上有北方民族的豪爽剛烈，有「果毅之姿，剛大之氣。」[229]飽受北方文化薰陶及家庭影響，他少年時即受教於北方文學家劉瞻、蔡光、蔡松年等人的教導。從元好問編的《中州樂府》，可知當時金詞壇正盛行蘇軾的詞風。蔡光、蔡松年等文人，都是由南入北身遭逢傷亂，內人多抑鬱之情，透過蘇詞，便表現出豪壯清勁詞風。辛棄疾在金國度過青少年所接受的文化素養，受金豪壯詞的熏染，造就其豪邁詞風。龍榆生〈兩宋詞風演變論〉說：「稼軒詞格之養成，必於居金國時，早植根柢。」[230]

辛棄疾又受儒家思想積極入世，治國平天下的愛國觀念所影響，使他的各種題材之詞都充滿愛國情懷。而南方人個性溫良，感情深厚，表現出純情、唯美、香豔的特質。辛棄疾也受南方的影響，有愛情、春思、婉約等詞。「其間固有清而麗、婉而嫵媚，此又東坡所無，而又公詞之所獨也」。（范開〈稼軒詞序〉）尤其閑居期間，受莊子、陶淵明影響，有許多閒適詞，「怎得身似莊周，夢中化蝶，花底人間事。」（〈念奴嬌〉和趙國興知錄韻）他在閑居瓢泉時，「讀淵明詩不能去手，戲作小詞以送之。」（〈鷓鴣天〉小序）詞中有與多處提及對淵明的景仰，如「東籬多種菊，待學淵明。」（〈洞仙歌〉開南溪初成賦）「老來曾識淵明。」（〈水龍吟〉）

稼軒的心態融合南北文化，他所表達的詞是「加入對國家、對個人命運的深沈感嘆，也不是一味的奇艷，而是融注了深廣的社會歷史內容，形成了具有沈鬱悲壯、剛柔相濟、及婉約、豪放於一體的「稼

---

229 黃榦：《勉齋集》，見《景印文淵閣四庫全書》，冊一一六八，頁 53。
230 龍榆生：〈兩宋詞風轉變論〉，見《詞學季刊》（上海：上海書店，1934 年 10 月出版），第二卷第一號，頁 22。

軒體」。[231]

### （二）豪放婉約多方面學習

辛棄疾所學習的對象，不論是蘇軾的豪放詞或是婉約詞派，如花間詞、歐陽修、晏幾道、李清照等等，所以劉克莊評其詞說：「其穠纖綿密者，亦不在小晏、周郎之下。」[232]他也學習朱希真、白居易等言語淺俗清新的作品。

### （三）學習古人、今人的詞

辛棄疾所學習的不論古人的檃括體、天問體、招魂體、也有用藥名，也有時人如趙章泉、趙介庵等，而趙介庵當時的社會地位及詞作的藝術風格比稼軒低許多，但他格律高古，辛棄疾仍然向他學習。

辛棄疾所學習學習的是其他大家的風格、格律、思想、形式、神采、筆法，可謂融合各家各體的長處，進一步擴大詞的風格、內容與深度，獨創一格，管領風騷。故劉克莊說：「公所作，大聲鏜鞳，小聲鏗鍧。橫絕六合，掃空萬古。自古蒼生以來所無。」所以他的作品兼包豪放、婉約兩大派之美，又超出兩大派之外，而為辛詞所特有。

## 三、何謂稼軒體

辛棄疾門人范開首先提出「稼軒體」一詞。淳熙戊申（1188 年）正月，辛棄疾門生范開編成《稼軒詞甲集》，序文首次提到稼軒體，並言「開久從公游，其殘膏剩馥，得所霑者為多。……皆親得於公者。」，他又說：

> 雖然，公一世之豪，以氣節自負，以功業自許，方將斂藏其用，以事清曠，果何意於歌詞哉，直陶寫之具耳。故其詞之為體，如張樂洞庭之野，無首無尾，不主故常；又如春雲浮空，卷舒

---

231 王華光：〈南北文化交融的結晶—稼軒體成因及特點初探〉，見《濟南：齊魯學刊，1989 年第 2 期》，頁 109。

232 劉克莊：《後村先生大全集》，見《四部叢刊初編縮》（臺北：商務印書館，1967 年出版），冊二七三，頁 846。

起滅，隨所變態，無非可觀。無他，意不在於作詞，而其氣之所充，蓄之所發，詞自不能不爾也。其間固有清而麗、婉而嫵媚，此又坡詞之所無，而公詞之所獨也。[233]

范開編《稼軒詞甲集》，是按編年的方式排列，一共七十四首。書成當年，正是辛棄疾是第一次閑居在江西上饒。

范開所謂的「稼軒體」是：「詞之為體，如張樂洞庭之野。」張樂洞庭，語出《莊子．天運》云：

北門成問於黃帝曰：「帝張咸池之樂于洞庭之野，……其聲能短能長，能柔能剛，變化其一不主故常。」

《禮記．樂記》：「咸池，備矣。」鄭玄注云：「黃帝所作樂名，堯增修之。咸，皆也；池之言施也，言德天下施也。」

范開用這典故指出辛棄疾的詞，有以下三方面特點：

（一）**「有氣節與功業之心」**，他本無心於詞，因為有功業之心，但報國無門，只有在詞中宣洩，而他的氣節、愛國之心，自始至終都是如一，令人景仰。

（二）**詞的內容多樣化**，「如張樂洞庭之野，無首無尾，不主故常」，即詞的內容涵蓋深廣，變化多端。

（三）**詞的風格剛柔並濟**，有大聲鏜鞳的豪放詞，也有「清而麗、婉而嫵媚」的婉約詞。

范開的書編成時，辛棄疾七閩之作、瓢泉之作、兩浙鉛山之作等等，都在編書之後產生。而當代後代有許多效辛體者，如劉過被譏為「白日見鬼」，[234]馮煦云：「龍洲自是稼軒附庸，然得其豪放，未得其宛轉。」[235]其餘效辛體者，如戴復古、蔣捷等人也僅效以文為詞，押韻、問答體、發議論等部份的形式，被論者譏為「僅得稼軒糟粕」，[236]可見包括辛棄疾在內、歷代詞人、詞論者對稼軒體有不同看法。所謂

233 同注二十九，頁 596。
234 同注一，頁 431。
235 同注二〇七，頁 3592。
236 陳廷焯：《白雨齋詞話》，見《詞話叢編》（臺北：新文豐出版公司，1988 年出版），冊四，頁 3794。

「稼軒體」即：

## （一）愛國精神的一貫性

稼軒處的時代，政治無能，「黑白雜糅，賢不肖混淆，佞諛滿前」237。稼軒最可貴的精神是，無論在朝在野，得時不得時，他的所有思想都是中原的統一。他曾說：「負抱愚忠，塡鬱腸肺」(〈美芹十論〉)憂國憂時者，他只擔心國家命運，他寫詞原是無意而爲，他自謂：「少年橫槊，氣凴陵，酒聖詩豪餘事。」(〈念奴嬌〉)，范開也認爲他：「方將斂藏其用，以事清曠，果何意於歌詞哉，直陶寫之具耳。」因爲壯志未酬，才以詞爲手段寄託心聲。

稼軒詞可分爲四階段：

**1．江、淮、兩湖時期（1168-1181）**

這期的作品，無論是壽詞、登山，都表明收復河山統一的盼望。他鼓勵江東漕事趙德莊「要挽銀河仙浪，西北洗胡沙」(〈水調歌頭〉壽趙漕介菴)；他在登賞心亭時，呈上《恢復要覽》五篇的史致道說，「虎踞龍蟠何處是？只有興亡滿目。」(〈念奴嬌〉登建康賞心亭，呈史留守致道)；又期許他「袖裏奇光五色，他年要補西北。」(〈滿江紅〉建康史帥致道席上賦)；「從容帷幄去，整頓乾坤了。」(〈千秋歲〉金陵壽史帥致道)；他也在祝壽葉丞相時，期盼他「好都取山河獻君王，看父子貂蟬，玉京迎駕。」(〈洞仙歌〉壽葉丞相)並在送別時，一再感嘆「但山川滿目淚沾衣。落日胡塵未斷，西風塞馬空肥。」(〈木蘭花慢〉席上送張仲固帥興元)他在觀賞冷寒泉時，聯想到家鄉名泉，觸發故國之思說：「恨此中、風物本吾家，今爲客。」(〈滿江紅〉題冷泉亭)他在登臨時，借山怨水，「西北望長安，可憐無數山。」(〈菩薩蠻〉書江西造口壁)，面對江山分裂神州沈陸，他想到自已年少的心願：「季子正年少，匹馬黑貂裘。」而「今老矣，搔首過揚州」(〈水調歌頭〉舟次揚州，和楊濟翁周顯先韻)因此勉勵友人是「馬革裹屍當自誓」(〈滿江紅〉)。

---

237 宋・黃榦撰：《勉齋集・與辛侍郎書》，見《景印文淵閣四庫全書》，冊一一六八，頁53。

**2．帶湖閑居詞（1182-1191，四十三歲到五十二歲）**

辛棄疾雖然第一次退隱帶湖，時有頹喪遊樂之詞，但他的基本理念並不因此動搖。他始終積極的想完成統一大業。他爲韓南澗六十七歲祝壽時，痛斥「夷甫諸人，神州沈陸，幾曾回首。」南宋朝廷對恢復是漠不關心，「算平戎萬里，功名本是，真儒事，君知否？」(〈水龍吟〉甲辰歲壽韓南澗尚書）提出平戎的功名，才是真正儒者的事業。正說明他雖隱居並不忘記北伐的事。辛棄疾對「人皆欲殺，我獨憐才」[238]的陳亮，說「問渠儂，神州畢竟，幾番離合……看試手，補天裂。」(〈賀新郎〉同父見和再用韻答之）鼓勵陳亮也鞭策自己，要像女媧補天一樣，整頓破碎山河，完成統一大業。又爲陳亮賦壯詞：「醉裏挑燈看劍，夢回吹角連營。」(〈破陣子〉為陳同甫賦壯詞以寄之）慷慨激昂，結句悲涼。

辛棄疾在此期的送別詞中，也都表現慷慨激昂的愛國思想。如送詩人杜叔高時，除了讚美他詩學才華橫溢，也惋惜他才多命蹇，接著感嘆國運，「起望衣冠神州路，白日銷殘戰骨。……南北共、正分裂。」(〈賀新郎〉用前韻送杜叔高）大好河山正處分裂狀態，然而朝廷當權派小人還視若無睹，「剩水殘山無態度」，(〈賀新郎〉）還大談主和。送友人楊民瞻時，念念不忘「西北有神州」(〈水調歌頭〉送楊民瞻）「須信：無情對面是山河。」(〈定風波〉席上送范廓之游建康）「賤子親再拜：西北有神州。」(〈水調歌頭〉送施密使聖與帥江西信之讖曰：「水打烏龜石，方人也大奇。」「方人也」實「施」也）（卷二）

在飲酒之中也不忘使命，「自是不日同舟，平戎破虜，豈由言輕發」。(〈念奴嬌〉三友同飲，借赤壁韻卷六）指友人言行如一，不久將有實際的愛國行爲，[239]將同心協力驅金復國，豈是隨意說說而已。稼軒借友抒志，言明恢復爲己任，無所逃於天地之間。

---

238　辛棄疾：〈祭陳同甫文〉，見陳亮：《陳亮集》（臺北：漢京文化事業公司，1983年2月初版），頁450。

239　見朱德才選注：《辛棄疾詞選》（北京：人民出版社，1993年2月天津第1次印刷出版），頁 122，本詞在鄧廣銘：《稼軒詞編年箋注》，編在卷六補遺，但朱德才認定作期與〈念奴嬌〉瓢泉酒酣，和東坡韻，相同。

### 3．七閩、瓢泉之篇（1192 春-1202 夏）

紹熙三年（1192），辛棄疾在隱居十一年後，被爲召福建提點刑獄任。四年，宋光宗召見他。稼軒〈論荆襄上流爲東南重地〉云：「願陛下居安思危，任賢使能」。（〈紹熙癸丑登對劄子〉）

從光宗紹熙到寧宗慶元間，奸佞掌權，朝綱不振，南宋江山更趨沒落，抗金北伐的大計，更無人提起。稼軒的好友趙汝愚、朱熹等人遭到打壓，先後含恨而死。最後他自己也遭排擠領祠歸家。所以這一期的作品，他所表現的是曲折哀怨，牢騷特多。但是他仍是秉持一貫關心國事的態度。

在七閩時，身雖在宴客歌舞中，但仍心懷國恨，如「莫望中州歎黍離，元和勝德要君詩。……直上，看君斬將更搴旗。」（〈定風波〉再用韻，時國華置酒歌舞甚盛）紹熙五年秋天，辛棄疾在福州知州間福建安撫使，被控落職，歸途經南劍雙溪樓，寫〈水龍吟〉過南劍雙溪樓，「西北浮雲」要長劍來消除。「千古興亡，百年悲笑，一時登覽」，詞非常沈鬱。

紹熙五年（1194），辛棄疾在福建安撫使任上，被彈劾「殘酷貪饕，奸贓狼籍」罪名，被迫懷著滿腔幽憤歸回江西鉛山，二次歸隱於瓢泉。他形容自己「心似傷弓寒雁，身如喘月吳牛。」（〈雨中花慢〉吳子似見和，再用韻為別）雖然隱居有許多飲酒詞篇，兒輩就是不肯相信他已望卻塵俗，「恨兒曹抵死，謂我心憂。」（〈滿庭芳〉和章泉趙昌父）知道他整顆心就是憂國憂時。他痛恨南宋小人，如「江左沈酣求名者，豈識濁醪妙理。」（〈賀新郎〉）勉勵友人以功業自許，不要像他徘徊林間，流連丘壑。「君非我，任功名意氣，莫恁徘徊。」（〈沁園春〉和吳子似縣尉）他賦閒在家，只有「鬚作蝟毛磔，筆作劍鋒長。」（〈水調歌頭〉席上為葉仲洽賦卷四）用比表達情感。

慶元六年，有客人慨然談功名，激起他無限感慨，「壯歲旌旗擁萬夫，錦襜突騎渡江初。燕兵夜娖銀胡䩮，漢箭朝飛金僕姑」，而今「卻將萬字平戎策，換得東家種樹書。」（〈鷓鴣天〉有客慨然談功名，因追念少年時事，戲作。）想到自己曾獻的〈美芹十論〉和〈九議〉，力陳抗金戰略，都未曾得到朝廷重視，而自己無可奈何，並不甘心終老田園。

### 4．兩浙鉛山之詞（1203-1207）

嘉泰三年（1203），辛棄疾起知紹興府兼浙東安撫使。這時他已是六十四歲，他不顧已身年老，「精忠自許，白首不衰」[240]。「過闕入見，言金國必亂必亡。」[241]數年來，辛棄疾屢次遣諜至金，偵察其兵騎之數，屯戍之地，將帥之姓名，帑廩之位置等。並欲於沿邊招募士丁以應敵。老臣謀國之心讓人感動。不過出山已吼，與南宋卑劣的士大夫共事，仍是一事無成懷怨而歸。他晚年行藏充滿矛盾與痛苦。

觀其登臨之作，每每將風景、懷古，同恢復中原相聯想，從中年的登建康賞心亭，到如今老邁，登北固亭之作，仍是以統一爲志業，只是詞中較沈鬱。此期有許多名篇如「佛貍下，一片神鴉社鼓。憑誰問：廉頗老矣，尙能飯否。」（〈永遇樂〉京口北固亭懷古）慨嘆朝廷無法用人，「何處望神州，滿眼風光北固樓。」（〈南鄉子〉登京口北固亭有懷）（卷六）

陳廷焯《雲韶集》中評：「詞至稼軒，縱橫博大痛快淋漓，風雨紛飛，魚龍百變，真詞壇飛將軍。」[242]他的詞都是表達他愛國家民族之心。

### （二）題材多樣性

鄧廣銘對稼軒詞評爲：「其題材的廣闊，體裁的多種多樣，用以抒情，用以詠物，用以鋪陳事實或講說道理。」劉宰《漫堂文集》稱辛詞的豐富：「馳騁百家，搜羅豐富。」周濟《宋四家詞選目錄序論》說：「辛寬姜窄」。[243]辛棄疾詞的多樣化，實在令人大開眼界。他六百多首詞中包羅萬象內容豐富，除了愛國詞外，有詠物詞、愛情詞、壽詞、山水詞外，尙有大量描寫農村詞，詞在初期作品大都風花雪月，農家生活很少提及，直到蘇軾五首〈浣溪沙〉，才詠及農村風光。南渡以後

---

240 衛涇：《後樂集．辛棄疾辭免兵部侍郎不允詔》，見《景印文淵閣四庫全書》，冊一一六九，頁 498。

241 李心傳：《建炎以來朝野雜記乙集》，見《景印文淵閣四庫全書》，冊六二一，頁 12。

242 陳廷焯：《雲韶集》，見劉揚忠：《辛稼軒詞心探微》（濟南：齊魯出版社，1990 年 2 月出版）引。

243 周濟：《宋四家詞選目錄序論》，見《詞話叢編》，冊二，頁 1644。

豪放詞家，如范成大、程垓等，雖然有歌詠農家生活之作，但數量很少。陸游、陳亮、劉過的作品，愛國詞雖多，但沒有農村詞。

稼軒的農村詞，大都成於隱居帶湖與瓢泉時，因為他罷官而歸，有機會接觸江西的田園的生活，他有農村詞二十六首，筆下的農村生活是有情趣有意趣。

他另有俳諧詞，大量創作嬉笑怒罵的詞，有些也有對身世家國的寄託，對朝廷小人俗客的不滿與諷刺，提昇俳諧詞的地位與拓展內容。因為稼軒的多樣化，都不是其他家詞人可比的。

### （三）寫作方法多樣化

#### 1．豐富的語言特色

辛詞在語言的特點是豐富多采、雅俗紛陳。他善於就各式題材，使用大量的古典語言與通俗語言，有詩的精鍊也有口語的活潑逗趣，有英雄語有壯語。他語言的特色：

甲、以散文入詞

辛棄疾學問淵博，喜用散文入詞，如他的「何幸如之」（〈一剪梅〉）「此地菟裘也」（〈卜算子〉）「嗟小大相形，鳩鵬自樂，之二蟲又如何？」「於是焉河伯欣然喜，以天下之美盡在己。」（〈哨遍〉秋水觀卷四）「嘻。物諱窮時，豐狐文豹罪因皮，富貴非吾願，皇皇乎欲何之。」（〈哨遍〉卷四）「卻是封侯者。」「舍我其誰也。」在卷四有七首（〈卜算子〉，都是以者、也押韻。「幾者動之微」「請三思而行可已」（〈哨遍〉）完全是散文句子。

乙、用口語、俚語

如〈南鄉子〉：

> 好個主人家，不問因由便去㖷。病得他人妝晃子，巴巴，繫人群兒穩也哪。　　別淚沒些些，海誓山盟總是賒，今日新歡須記取，孩兒，過十年也似他。（卷一）

「㖷」，語助，音義與「哪」相近。又如〈南鄉子〉：「別淚沒些些。海誓山盟總是賒。」「些些」湖北麻城方言，一點兒少量的意思。又如〈生查子〉：「富貴使人忙，也有閒時節。莫作路旁花，長教人看殺。」「殺」同「煞」用在動詞後面表示程度極限。

〈眼兒媚〉〈鷓鴣天〉二首：

困不成眠奈夜何，情知歸未轉愁多。暗將往事思量遍，誰把多情擾亂他。　些底事，誤人哪。不成真個不思家。嬌癡卻妒香香睡，喚起醒鬆說夢些。（卷一）

又〈六州歌頭〉：

……凡病此，吾過矣，子奚如？口不能言臆對：「雖盧扁藥石難除。有要言妙道，往問北山愚，庶有瘳乎。」（卷四）

又〈眼兒媚〉下闋：

相逢比著年時節，顧意又爭些。來朝去也，莫因別個，忘了人咱。（卷六）

又〈謁金門〉下闋：

不怕與人尤殢，只怕被人調戲。因甚無個阿鵲地。沒功夫說裏。（卷六）

以「裏」語助詞爲韻，非常神靈活現。又〈賀新郎·甚矣吾衰矣〉以「矣、耳」爲韻。又〈哨遍·秋水〉以「之、已」，「之、矣」（卷四）爲韻。〈霜天曉角〉以「矣、耳」〈漢宮春〉以「乎、歟」爲韻。使詞更像散文、口語化，更能傳達作者情感，使詞更成爲民間文學。

丙、英雄語與嫵媚語

稼軒將至大至剛之氣，崇高的理想滲透在嫵媚、穠麗的感情中，使詞表現剛柔並濟。如〈摸魚兒〉「更能消幾番風雨，匆匆春又歸去。」表面寫惜春、傷春，其實是「斂雄心，抗高調，變溫婉，成悲涼。」（劉克莊〈稼軒詞序〉）將身世之感，被排擠的苦悶，愛國之心無處可傾訴。陳廷焯《白雨齋詞話》云：

稼軒「更能消幾番風雨」一章，詞意殊怨。然姿態飛動，極沈鬱頓挫之致。起處「更能消」三字，是從千回萬轉後倒折出來，真是有力如虎。（卷一）

梁啓超也說：「迴腸盪氣，至於此極；前無古人，後無來者。」[244]

244 梁啓超：《藝蘅館詞選》，見《詞話叢編》（臺北：新文豐出版公司，1988 年出版），冊五，頁 4309。

從兩人的評語中，「怨而怒矣」、「沈鬱頓挫」、「迴腸盪氣」。從惜春、傷春、怨春，層層而下以隱喻國勢垂危。詞的風格由怨而怒，又由怒而怨，「是從千回萬轉後倒折出來」，「君不見，君不見玉環飛燕皆塵土。」詞中從美人閨怨中跳躍著滿腔怒火，寄託壯志難酬的深沈感嘆。

丁、壯語與閒適語的結合

稼軒在描寫田園山水的景致中，融入自己的胸襟懷抱，使清新純樸自然、悲壯雄偉與閒適深沈結合。如〈水龍吟〉登建康賞心亭：

> 楚天千里清秋，水隨天去秋無際。遙岑遠目，獻愁供恨，玉簪螺髻。落日樓頭，斷鴻聲裏，江南游子，把吳鉤看了，闌干拍遍，無人會，登臨意。　　休說鱸魚堪鱠，儘西風、季鷹歸未？求田問舍，怕應羞見，劉郎才氣。可惜流年憂愁風雨，樹猶如此！倩何人喚取紅巾翠袖，搵英雄淚。（卷一）

此詞本屬登覽之作，然而一見江南壯闊之土地，便觸動稼軒心懷，「把吳鉤看了」，用來殺敵的利器卻只能拿來看。說明平生志氣未能實現，其悲憤可知，卻無力可回天，只有拍遍闌干。然而自己又不願歸隱山林，也不願頹廢作樂求田問舍，想報國殺敵，卻又孤掌難鳴，有志難伸。只好「喚取紅巾翠袖，搵英雄淚」，時代的英雄卻要找不懂亡國恨的歌女來擦淚，突出一個英雄的悲劇。其他如〈沁園春〉賦靈山齊菴等等都是英雄語與閒適語的結合。

**2．用矛盾、對比的筆法**

稼軒擅長用其後矛盾的觀念或對比的手法來凸顯自己的悲憤。如〈鷓鴣天〉有客慨然談功名，因追念少年時事，戲作：

> 壯歲旌旗擁萬夫，錦襜突騎渡江初。燕兵夜娖銀胡簶，漢箭朝飛金僕姑。　　追往事，歎今吾，春風不染白髭鬚。卻將萬字平戎策，換得東家種樹書。（卷四）

詞採用今昔對比的手法，上片追憶「少年時事」壯舉。下片卻「感嘆現今」，歲月虛度。結論凸顯理想與現實的矛盾。以對比手法增加，讀者同情他的坎坷遭遇。

**3．大量使用典故**

岳珂《桯史》云：

稼軒以詞名，……作一〈永遇樂〉序北府事首章曰：千古江山，英雄無覓，孫仲謀處。又曰：尋常巷陌，人道寄奴曾住。其寓感慨者，則曰：可堪回首，佛狸祠下，一片神鴉社鼓。憑誰問：廉頗老矣，尚能飯否。特置酒召數客，使妓迭歌，亦自擊節，遍問客必使摘其疵，孫謝不可，客或措一二辭，不契其意，又弗答，然揮羽四視不止。余時年少勇於言，偶坐於席側，稼軒因誦啟語，顧問再四，……余曰……新作微覺用事多耳。於是大喜，乃詠改其語，日數十易，累月猶未竟，其刻意如此。[245]

由岳珂以爲稼軒「用事多耳」的記載，可見辛棄疾好用典故，然而「以稼軒這樣大詞家爲何會『詠改其語，日數十易，累月猶未竟』，想改卻改不動，這正說明了這些典故天造地設，在語言藝術上的能量，不是直接敘述和描寫所能代替。」[246]

詞中用典多並不可貴，可貴的是用的巧妙靈活。若用典得宜一、可豐富詞境，簡約精煉，耐人尋味。二、借用舊事，曲折表達詞旨，避免言之太露，觸怒當道危害己身。稼軒用典是自翻新意，氣韻皆盛，離貌得神。他用古人文章，詩歌辭賦，不可勝數，用典不是他的缺點，而是稼軒體的特色及藝術成就。

稼軒詞用典最有代表性的作品，是被楊慎評爲第一的〈永遇樂〉京口北固亭懷古。[247]另〈賀新郎〉別茂嘉十二弟豐富深沈的內容，一連用了五個典故來表達。清劉體仁《七頌堂詞繹》云：「『誰共我，醉明月』，恨賦也。非詞家本色。」[248]這是詞學傳統的偏見。劉永濬以爲源出唐人「賦得體」[249]。不管出自那裡，或是「本色與否」，這些典故傳經稼軒鎔鑄入詞，更具新意，自成一格。所以樓敬思云：「稼軒驅

245 同注一，頁 431。
246 馬群：〈永遇樂〉，見《唐宋詞鑑賞·辛棄疾》（臺北：五南圖書出版公司，1991 年 6 月初版 1 刷），中冊，頁 1872。
247 馮金伯：《詞苑萃編品》，見《詞話叢編》（臺北：新文豐出版公司，1988 年出版）冊二，頁 1870。
248 劉體仁：《七頌堂詞繹》，見《詞話叢編》，冊一，頁 619。
249 劉永濬：〈讀辛稼軒送茂嘉十二弟之賀新郎詞書後〉，見鄧廣銘，《稼軒詞編年箋注》卷四附錄，頁 430。

使莊、騷、經、史，無一點斧鑿痕，筆力甚峭。」[250]劉熙載云：「稼軒詞龍騰虎擲，任古書中理語、瘦語，一經運用，便得風流，天姿是何夐異！」[251]如〈滿江紅〉：

倦客新豐，貂裘敝、征塵滿目。彈短鋏、青蛇三尺，浩歌誰續？不念英雄江左老，用之可以尊中國。嘆詩書、萬卷致君人，翻沈陸。　　休感慨，澆醽醁。人易老，歡難足。有玉人憐我，為簪黃菊。且置請纓封萬戶，竟須賣劍酬黃犢。甚當年、寂寞賈長沙，傷時哭。（卷一）

這首詞是借思古之幽情寫傷時之悲歌，「倦客新豐」是使用《新唐書．馬周傳》，「貂裘敝」是《戰國策．秦策》，「彈短鋏」是取自《戰國策．齊策》馮諼事，且置請纓封萬戶」用《漢書．終軍傳》，「竟須賣劍酬黃犢」，用《漢書．龔遂傳》。「甚當年、寂寞賈長沙，傷時哭」是用《漢書．賈誼傳》。這首詞幾乎是句句用典，但詞中感情真摯，更能表達辛棄疾借賈誼當年傷時痛哭，欲作慷慨曠達，從痛苦中解脫，卻無法忘懷痛苦之情。可見稼軒用典抒情用典詠物用典狀物而且他所用的典更遠超。

### （四）浪漫與想像力的結合

辛棄疾詞的現實性、積極性極強，同時詞的浪漫性與想像力更豐富。自古以來偉大的詩人都是借想像來表達理想的追求，屈原〈離騷〉上天下地，表達他的愛國情懷。李白的〈夢遊天姥吟留別〉也是通過想像，來表達對現實的看法。辛棄疾也借用浪漫性、想像力加上神話傳說，再加工的方法，表達報國無門，現實與理想的矛盾。

趙蕃曾寄給辛棄疾詞稱讚他似李太白、蘇東坡，[252]同是自金投宋的韓玉〈水調歌頭〉上辛幼安生日說辛棄疾：「手神英毅，端是天上謫仙人。」[253]都把辛棄疾比李白有浪漫、想像的一面。

---

250 張宗橚編、揚寶霖補正：《詞林紀事》（上海：上海古籍出版社，1998 年 11 月初版），頁 668。
251 劉熙載：《詞概》，見《詞話叢編》，冊四，頁 3693。
252 見辛棄疾，〈水調歌頭〉序「趙昌父七月望日用東坡韻敘太白、東坡事見寄過相褒借，且又秋水之約」，趙原詞已佚。
253 韓玉：《東浦詞》，見《全宋詞》，冊三，頁 2058。

辛棄疾往往運用擬人法，來表明他的想像，如〈沁園春〉再到期思卜築，野花小鳥，雲煙流水，莫不解情意，或「前歌後舞」，或「暮送朝迎」，令人忘憂。又如〈沁園春〉靈山齊庵賦。時築偃湖未成。以謝家子弟的衣冠神采和司馬相如的車騎，形容靈山諸風的萬千氣象。他也可以和帶湖的鷗鷺爲盟〈水調歌頭〉盟鳥。又如〈山鬼謠〉雨岩有石，狀怪甚，取《離騷·九歌》，名曰山鬼，因賦〈摸魚兒〉，今改名：

> 問何年、此山來此？西風落日無語。看君似是羲皇上，直作太初名汝。溪上路，算只有、紅塵不到今猶古。一杯誰舉？笑我醉呼君，崔嵬未起，山鳥覆杯去。　　須記起：昨夜龍湫風雨。門前石浪掀舞。四更山鬼吹燈嘯，驚倒世間兒女。依約處，還問我清游杖屨公良苦。神心交許，待萬里攜君，鞭笞鸞鳳，誦我遠遊賦。（卷二）

此詞同樣以擬人化的手法，塑造意境，寄託自己的情感。視怪石爲寂寞生活的知音，極富浪漫色彩。寫怪石來自上古，有超凡潛力，風雨之夜，騰飛起舞，吹燈滅火，足以驚倒世間兒女。怪石對詞人殷勤相問，更擬結伴遨遊，人與石「神心相許」。

運用浪漫色彩的如〈水調歌頭〉：

> 我志在寥闊，疇昔夢登天。摩挲素月，人間俛仰已千年。有客驂鸞並鳳，云遇青山、赤壁，相約上高寒。濁酒援北斗，我亦捫蝨其間。　　少歌曰神甚放，行則眠。鴻鵠一再高舉，天地睹方圓。欲重歌兮夢覺，推枕枉然獨念：人事底虧全？有美人可語，秋水隔嬋娟。（卷四）

這首詞仿蘇軾的〈水調歌頭〉「明月幾時有」，和李白的〈夢游天姥吟留別〉。詞以「志在寥闊而夢登天，至「天地方圓」，皆屬夢幻。攬素月，跨鸞鳳飄飄乎欲仙，人間何來此樂？從「欲重歌兮夢覺」，因理想不能實現，只寄情於夢中仙境以求解脫，而夢醒之後又回到現實生活，苦悶之餘只有對友人殷勤思念。

攝取民間神話和傳說，在創作的手法，如〈歸朝歡〉題趙晉臣敷文積翠岩：

> 我笑共工緣底怒，觸斷峨峨天一柱。補天又笑女媧忙，卻將此

石投閑處。野煙荒草路。先生拄杖來看汝。倚蒼苔，摩挲試問：千古幾風雨。（卷四）

用共工怒觸不周山，天柱折斷。女媧煉五色石補天的神話，表明被閒置的英雄。用浪漫的手法，表明自己懷經世之才，難爲世用。

## 四、稼軒體的影響

稼軒體影響極大，周濟《宋四家詞選目錄序論》云：「稼軒則沈著痛快，有轍可尋，南宋諸公，無不傳其衣缽。」[254]學習他的人逐漸成一詞派，「在南宋詞人中造成五六十位與他作風近似的作者。」[255]其中有程珌、黃機、岳珂等等。但在詞中明白推崇、學習「稼軒體」的，除了辛棄疾的弟子范開外，有：

### （一）劉過

劉過（1154-1206），曾入辛棄疾的幕下。根據岳珂《桯史》的記載：

嘉泰癸亥歲，改之在中都。時辛稼軒棄疾帥越，聞其名，遣介招之。適以事不及行，作書曰輅者，因效辛體〈沁園春〉一詞並緘往，下筆便逼真。其詞曰：……辛得知大喜，致餽數百千，竟邀之去，館燕彌月，酬唱亹亹，皆似之，逾喜。垂別，賙之千緡，曰：「以是求為田資。」改之歸，竟蕩于酒，不問也。（卷二）

因爲劉過「效辛體」，寫〈沁園春〉，辛大喜，「賙之千緡」。劉過這首〈沁園春〉云：

斗酒彘肩，風雨渡江，豈不快哉！被香山居士，約林和靖，與東坡老，駕勒吾回，坡謂西湖，正如西子，濃抹淡妝臨鏡臺。二公者皆掉頭不顧，只管銜杯。　　白云天竺飛來。圖畫裏、崢嶸樓觀開。看東西雙澗，縱橫水繞，兩峰南北，高下雲堆。逋曰不然，暗香浮動。爭似孤山先探梅。須晴去縱橫一，訪稼

254 周濟：《宋四家詞選目錄序論》，見《詞話叢編》，冊二，1644。
255 陸侃如、馮沅君：《中國詩史》（臺北：作家出版社，1957 年出版），頁 683。

軒未晚，且此徘徊。（卷十一）

這首詞學習稼軒之處有三：1.用散文式的語言，詞中的「豈不快哉！」即學辛棄疾的是散文句法。2.對話式的方式，坡謂：「西湖」，白云：「天竺飛來」，逋曰「：不然，暗香浮動」，以三人對話方式，說明自己未能赴約之因，仿辛的〈沁園春〉將止酒，戒酒杯使勿近。辛棄疾與酒杯對話敘事方式。3.大量使用典故，如「斗酒彘肩」，用《史記・項羽本紀》樊噲事。又巧妙的引用蘇軾、白居易、林和靖的名章詩句。4.想像力豐富，東坡、白居易都當過杭州長官，林和靖隱於孤山。劉過發揮奇想，把不同時代的三人放在一起，讓他們競詩、辯論，這些都得自辛棄疾的啓示。

## （二）戴復古

戴復古（1167-？）晚稼軒三十七歲，終生仕途失意。他在〈望江南〉壺山宋謙父新刊雅詞，內有壺山好三十闋，自說平生。僕謂猶有說未盡處，為續四曲：

> 壺山好，文字滿胸中。詩律變成長慶體，歌詞漸有稼軒風。最會說窮通。　中年後，雖老未成翁。兒大相傳書種在，客來不放酒尊空。相對醉顏紅。（《全宋詞》頁 2309）

戴復古，自號石屏，天臺黃岩人。終生仕途失意，浪跡江湖，晚年隱居家鄉。詞有較強的現實性，氣勢奔放的愛國詞篇不少，他本身就是屬豪放派。況周頤《蕙風詞話續篇》：「石屏詞往往作豪放語，綿麗是其本色。」[256]

宋自遜字謙父，號壺山，所著樂府，名《漁樵笛譜》，不傳。今全宋詞中存七首詞，其〈滿江紅〉秋感：

> 舉扇西風，又十載、重遊秋浦。對舊日、江山錯愕，鬢絲如許。世事興亡空感慨，男兒事業誰堪數。被老天、開眼看人忙，成今古。……（《全宋詞》頁 2689）

觀此詞可知戴復古所指宋謙父「歌詞漸有稼軒風」，指宋自遜詞學

---

256 況周頤：《蕙風詞話續篇》，見《詞話叢編》（臺北：新文豐出版公司，1988 年出版），冊五，頁 4531。

習辛的關心江山，感慨國事。

（三）劉克莊

劉克莊（1187-1269）對辛詞「余幼皆成誦」，他曾序辛棄疾的詞：

> 大聲鏜鞳，小聲鏗鍧，橫絕六合，掃空萬古，自有蒼生以來所無。其穠纖綿密者亦不在小晏、秦郎之下。

他不但讚嘆辛棄疾作品，並發展稼軒的奔放疏宕。詞中關懷國家命運和百姓的生活疾苦。他詞的特色也是以散文化、議論化、多用典故、用口語爲主。辛稼軒最常用〈賀新郎〉詞牌寫豪放詞，劉克莊也愛採用，《後村長短句》中就有四十三首之多，佔他的存詞有百分之十六、七。他的〈滿江紅〉一調多至三十三首，其中一半是：

> 悲壯激烈，有敲碎唾壺，旁若無人之意，南渡後諸賢皆不及。升庵稱其「壯語足以立懦」。[257]

馮煦《蒿庵論詞》：

> 後村與放翁、稼軒猶鼎三足。其生丁南渡，拳拳君國，似放翁。志在有為，不欲以詞人自域，似稼軒。[258]

沈雄《古今詞話》曰：

> 張叔夏曰：潛夫負一代時名，《別調》一卷，大約直致近俗，效稼軒而不及者。[259]

（四）劉辰翁

劉辰翁（1232-1297），生於宋末，宋亡隱居不仕，他身處亡國之際，目睹當時亡國之痛，詞中反應一部份遺民的守節不移之志，有《須溪詞》三百五十餘首。其詞以辛棄疾爲法，從其所撰〈辛稼軒詞序〉可看出，其詞仍有效稼軒體的〈青玉案〉用稼軒元夕韻，況周頤《蕙風詞話》云：

> 〈須溪詞〉風格道上似稼軒，情辭跌宕似遺山。有時意筆俱化，純任天倪，竟能略似坡公。往往獨到之處，能以中鋒達意，以

---

257 李調元：《雨村詞話》，見《詞話叢編》，冊二，頁 1421。
258 同注二〇七，頁 3595。
259 沈雄：《古今詞話》，見《詞話叢編》，冊一，頁 1005。

中聲赴節。[260]

指出劉辰翁詞風格似稼軒，因此《瞿髯論詞絕句》又云：「稼軒之後有辰翁，曠代詞壇峙兩雄。」

### （五）蔣捷

蔣捷（1245-？）在稼軒去世後六十七年舉進士。他的〈水龍吟〉效稼軒體招落梅之魂：

> 醉兮瓊瀣浮觴些。招兮遣巫陽些。看毋此去，颶風將起，天微黃些。野馬塵埃，污君楚楚，白雲裳些。駕空兮雲浪，茫洋東下，流君往、他方些。　　月滿兮西廂些。叫雲兮、笛淒涼些。歸來為我，重倚蛟背，寒鱗蒼些。俯視春紅，浩然一笑，吐山香些。翠禽兮弄曉，招君未至，我心傷些。（《全宋詞》頁 3436）

這首詞完全仿辛棄疾〈水龍吟〉用些字語再題瓢泉，歌以飲客，聲韻甚諧，客皆爲之釂。《楚辭》招魂體來填詞。雖然馮煦以爲「蔣捷好爲俳體，水龍吟……不可訓。」但楊慎《詞品》卻稱讚爲：

> 其詞幽秀古豔，迥出纖釲穠華之外，可愛也。（卷二）

### （六）楊慎

楊慎（1488-1559）是明代詞宗，也有效稼軒體者如：〈滿江紅〉詠菊效稼軒詞論體：

> 喚醒靈鈞，慰問餐、秋菊落英消息。秋英元不落，妙筌誰識？要悟靈均言外意，此花珍重殊難得。待英蕤零落始供養，休輕摘。　　九月律，當無射。黃落盡，無顏色。惟茲獨秀冷，露寒霜側。不肯悠悠隨宿莽，只將凜凜爭松柏，把九章橘頌同觀，方奇特。[261]

此詞是仿效辛棄疾的以文爲詞的詞論方式。

其他學辛詞者，雖沒有明言，但我們從詞風可一窺梗概，如程珌是稼軒的老友，〈六州歌頭〉送辛稼軒，就組合稼軒詞中的某些佳句。其〈沁園春〉讀史記有感，就是效稼軒《天問體》的〈木蘭花慢〉，提

---

260 況周頤：《蕙風詞話》，見《詞話叢編》，冊五，頁 4452。

261 趙尊嶽：《明詞彙刊．升庵長短句續集》（上海：上海古籍出版社，1992 年 7 月），頁 377。

出了四個《史記》中人物與史實的問題。

又有劉學箕，他明顯學辛詞，他曾步稼軒詞原作，寫〈賀新郎〉其序云：「近聞北虜衰亂，諸公未有勸上修飭內治以待外攘者。書生感憤不能已，用辛稼軒金縷詞韻述懷。此詞蓋鷺鶿林寄陳同甫者，韻險甚。稼軒自和凡三篇，語意俱到。捧心效顰，輒不自揆，同志毋以其迂而廢其言。」（《全宋詞》頁 2434）這首詞慷慨激昂，宣洩作者愛國情感的壓抑，可見辛詞如何影響南宋的愛國詞者。

除了南宋外，金代的元好問，在詞的創作上也受稼軒影響。元代如薩都拉、張翥、王潔、邵亨貞、張元翰、張埜等人，都仿稼軒詞，如張埜的〈水龍吟〉酹辛稼軒墓在分水嶺下：

> 嶺頭一片青山，可能埋得凌雲氣？遐方異域，當年滴盡、英雄清淚。星斗撐腸，雲煙滿紙，縱橫遊戲。謾人間留得、陽春白雪，千載下，無人繼。

夏承燾、張璋《金元明清詞選》評曰：「此詞弔其墓，想其人，內容渾厚，感情充沛，氣勢豪邁，頗得稼軒筆意。」[262]

明朝唯有王夫之詞較可觀，他是亡明的遺臣，念念不忘故國，他的詞具有辛詞的特質，他學習稼軒〈摸魚兒〉暮春，其中有詠瀟湘大小八景的的〈瀟湘怨詞〉共十六首，以湘水之神托寓，集中抒發作者的故國之悲、亡國之怨，與須溪詞相似。他在〈瀟湘小八景〉序云：「國初，瞿宗吉詠西湖景，學辛稼軒『君莫舞，君不見，玉環飛燕皆塵土』體，詞意淒絕，乃宗吉時當西子湖洗會稽之恥，苧蘿人得所託矣，故不宜怨者。乙未春，余寓形晉寧山中，聊取其體，乃寄調〈摸魚兒〉，詠瀟湘小八景，水碧沙明，二十五絃之怨當有過者。」[263]

清朝受辛詞影響最大，是在康熙年間的陽羨派陳維崧，朱彝尊在〈邁陂塘〉題其年題詞圖：「擅詞場，飛揚跋扈，前身可是青兕。」[264]蔣兆蘭的《詞說》：「清初陳迦陵雄奇萬變於令慢之中，而才力雄富，氣

---

262 夏承燾、張璋：《金元明清詞選》（北京：北京人民出版社，1987 年重印）。
263 見趙尊嶽輯：《明詞彙刊・瀟湘怨詞》（上海：上海古籍出版社，1992 年 7 月第 1 次印刷），頁 339。
264 見朱彝尊：《曝書亭詞集》（臺北：廣文書局，1978 年 7 月出版），頁 10。

概卓犖。蘇辛派至此，可謂竭盡才人能事，後之人無可措手，不容作，也不必作也。」陳廷焯《白雨齋詞話》云：「其年《水調歌頭》諸闋，英姿颯爽，行氣如虹，不及稼軒之神化，而老辣處時復過之，真稼軒後勁也。」（卷三）他的〈永遇樂〉京口渡江用稼軒韻，「全詞雄渾蒼勁，接武稼軒。」[265]他又有〈賀新郎〉冬夜不寐寫懷，用稼軒同父唱和韻，寫報國無門，美人遲暮之感。

蔣兆蘭《詞說》亦云：

> 清初陳迦陵納雄奇萬變於令慢之中，而才力雄富，氣概卓犖。蘇、辛派至此，可謂竭盡才人能事。後之人無可措手，不容作、有不必作也。[266]

其他又如攜帶辛詞二十餘年不離身的金人望，以及陽羨詞派的重要詞人徐喈鳳、史惟圓、蔣景祁等都學稼軒。陽羨以後鄭燮，曾自道其詞學淵源：「少年游冶學秦、柳，中年感慨學辛、蘇，皆與時推移而不自知者，人亦何能逃氣數也。」[267]

總之後學者不管是辛派，或非辛派詞者，無論是內容或是形式，多少都是學辛棄疾的詞。辛棄疾的強烈的愛國精神與寫詞方式，確實影響後代無窮。

## 小　結

辛棄疾是個血性男兒，陳亮《辛稼軒畫像贊》云：「眼光有稜，足以照一世之豪。」（《陳亮集》卷十）劉過〈呈稼軒詩〉云：「精神此老健於虎，紅頰白鬚雙眼青。」（《龍洲集》卷八）他的才能洋溢，黃榦《勉齋集》稱他：「辛幼安之才世不常有。」（《勉齋集．與金陵制使李夢聞書》卷十一）朱熹更贊他：「今日如此人物豈易得？」（《朱文公大全集．答杜叔

---

265 見周韶九選注：《陳維崧選集》（上海：上海古籍出版社，1994 年 10 月），頁 127。
266 蔣兆蘭：《詞說》，見《詞話叢編》，冊五，頁 4632。
267 見鄭燮：《板橋集．板橋詞鈔自序》（濟南：齊魯出版社，1985 年第 1 次印刷），頁 1。

高書》卷六十）都指明稼軒的英雄豪放。他從小就被灌輸愛國思想，又目睹金人如何欺凌漢民族，二十三歲南歸，期望有一番作為，統一中原，報效國家。然而他是「歸正」官員的身份，處境困難，又秉性執著「呼而來，麾而去，無所逃於天地之間。」[268]遭人忌恨，被攻擊毀謗，人格被污衊，兩次落職，閑居江西近二十年，想忘世又不能忘世，矛盾痛苦的心思。使他有部份的豪放詞，不得摧剛為柔，千回百轉，意境沈鬱。

稼軒融合南北文化，而且肯多方學習，無論是豪放、婉約派詞風，或古人、今人，都是他學習的對象。他又用集句體、或天問體、或借經史子集，無所不包。所以他的詞呈現氣魄極大之風，本不意外。

他的愛國詞充滿憂愁，可分為㈠神州沈陸、國土分裂；㈡朝廷政爭志士被斥；㈢志士被斥英雄空老；㈣感懷身世臨別寄恨。他的愛國詞也因時代、心境，表達有所不同，㈠在江、淮、兩湖時期，「位卑未感忘憂國」，常利用上司舉行宴席、祝壽職務的調動，羈旅不安，表達自己強烈的愛國熱情。㈡被迫歸隱投閒置散，雖受莊老、陶淵明的影響，仍是藉機表達愛國思想。㈢東山再起卻壯志未酬身先死的晚年期，雖然詞意沈鬱，仍不改愛國初衷。因此陳廷焯會評他的愛國詞：「氣魄極雄大，意境極沈鬱。」[269]梁啓超也評為：「前無古人，後無來者。」[270]

稼軒的詞題材多樣化，如農村詞數量雖不多，但在詞史上的地位，具有一定的意義。許多人最疑惑的是，為何農村不像愛國詞般慷慨激昂，揭發黑暗的一面。這絕不是一般學者所認定，他生活富裕看不見黑暗面，或故意要歌頌農村或思想轉為消極。他仍關心國家，只不過他受莊子、陶淵明、白樂天、邵雍的影響，以不同角度、心境，去看農村生活。

稼軒的詠物詞、情詞、俳諧詞，除了抒發情感，大都寄託國家興

---

268 見陳亮：《陳亮集．辛稼軒畫像贊》，頁 111。
269 同注一九一，3791。
270 梁啓超：《藝蘅館詞選》，見《詞話叢編》，冊五，頁 4309。

亡、懷才不遇的心聲、批評朝朝廷小人。尤以戲謔中雖然嬉笑怒罵都成文章，但大都內容是嚴肅的，充滿血淚與鬱悶，提昇俳諧詞的地位，不只是嬉笑怒罵，而使詞中有期許、諷刺與寄託，不使俳諧詞流於污下之作，貢獻是很大的，以致影響同代與後代詞人。辛棄疾的努力，同時也提昇了詠物詞的地位，加上姜白石繼續開拓，使南宋成爲詠物的高峰，也使南宋後期國勢衰頹時，及亡國後的遺民，把一腔黍離之悲、麥秀之感，全寄託在詠物詞裏。

稼軒詞的特色是：(一)善用擬人手法；(二)豐富的想像力；(三)善用設問手法；(四)用剛柔並濟的手法；(五)善用典故；(六)使用白話、口語及散文句法。

因爲稼軒的筆法多端，浪漫的想像，令人目不暇給，所以稼軒對後代的影響是空前的，不僅影響當代的劉過、戴復古、劉克莊、劉辰翁、蔣捷等等，形成一個詞派還影響元朝薩都拉等人，明朝的楊慎、王夫之等，甚是影響清朝陳維崧諸人，稼軒可謂詞壇巨擘，前無古人，後無來者，值得推崇。

# 第五章　豪氣縱橫的陳亮

## 第一節　陳亮的生平與詞集

### 一、陳亮生平

陳亮（1143-1194），少時取名汝能，字同甫，同父，號龍川，二十六歲改名爲亮，三十六歲又改名爲同，世稱龍川先生。宋高宗紹興十二年九月初七，生於永康龍窟村（在今浙江永康市橋下）。

他是南宋著名的愛國思想家、文學家。他的曾祖父陳知元在汴京保衛戰中犧牲，祖父母從小「教以學，冀其必有立於斯世。」家庭環境的薰陶，使他在青少年時期就有經略四方之志，他以抗金復國爲已任，曾五次上書孝宗，提出一系列改革時弊、中興圖強的主張，力主抗金，反對議和，因而遭到權貴的嫉恨，三次被捕入獄。懷著遠大抱負，乾道八年（1172），陳亮先後在十餘年在小崆峒「保社」和壽山石室（今五峰書院）收徒講學，益力著書，著有《龍川文集》、《龍川詞》等。

《宋史．陳亮傳》：「爲人才氣超邁，喜談兵，議論風生，下筆數千言立就。」對於「隆興和議」，他獨排眾議，表示反對。他不僅在政治上，在學術上也提出獨到的見解。他具有用世精神，曾多次上書，申論時政，強調富國強兵，反對投降派的主和論，爲抗金四處奔走，始終執著積極的抗戰精神。引起主和派的嫉恨，二次下獄，幾乎喪失生命。至五十一歲才考中進士第一名，在給宋光宗後帝的〈及第謝恩和御賜詩韻〉中仍不忘抗金大業，發出「復仇自是平生志，勿謂儒臣鬢髮蒼」的壯語。五十二歲派官沒上任就去世。一生遭遇不幸。

陳亮也是一位堅定的樸素唯物主義者。他力倡「道在物中」，圍繞王霸、義利、天理和人欲等重大哲學問題，同程朱理學展開辯論。在大辯論中，陳亮寫了〈又甲辰秋書〉、〈又乙巳春書〉等第一系列給朱熹的信，獨樹一幟力倡事功，建立以「事功」爲核心的嶄新思想體系--永康學派。

陳亮在世時，詞作已廣爲流傳，「學士爭誦唯恐後」，[1]但「世遷版毀，書亦散佚，間有存者，復爲當道持去，而原本不概見矣。」[2]他的詞舊刻最多三十首，後人從有關資料輯錄出四十四首，今共有七十四首，其詞慷慨激昂，豪放有力，政論尖銳鋒利，富有愛國思想，不愧爲「人中之龍，文中之虎」，讀之使人熱血沸騰，確是一時之豪。

## 二、陳亮的詞集

陳亮作品《龍川集》的版本有：

一、《龍川文集》三十卷，清文淵閣四庫全書本　四庫薈要本。

二、《龍川文集》三十卷，日本嘉永三年如不及齋活字本。

三、《龍川先生文集》三十卷，明成弘間刊黑口本。

四、《龍川先生文集》三十卷，明嘉慶史朝富刻本。

五、《龍川先生文集》三十卷，明龍川書院刻本。

六、《龍川先生文集》三十卷，明朱潤刊本。

七、《龍川先生文集》三十卷，其他明刻本。

八、《陳同甫集》三十卷，清初活字印本。

九、《龍川先生文集》，其他清刻本。

六、（圈點）《龍川水心二先生文粹》四十一卷，宋饒輝編，宋嘉定間刊本。

七、《龍川先生詩鈔》一卷，清古鹽范氏也趣軒鈔本，宋人小集之一。

---

1 葉適：《水心集·陳同甫王道甫墓誌銘》，見《景印文淵閣四庫全書》（臺北：商務印書館，1985 年 9 月出版），冊一一六四，頁 434。

2 同上注，〈王世德舊跋〉，見陳亮：《陳亮集》，附錄三，頁 471。

八、《龍川詞》一卷，明吳訥輯，《唐宋明賢百家詞》本。
九、《龍川詞》一卷，明抄《宋五家詞》本。
十、《龍川詞》一卷，明紫芝漫抄《宋元名家詞》本。
十一、《龍川詞》一卷，補遺一卷，明毛晉輯《宋名家詞》本。
十二、《龍川詞》一卷，補遺一卷，《四庫全書·集部詞曲類》本。
十三、《龍川詞》一卷，補遺一卷，民國胡宗楙輯刻《續金華叢書》本。
十四、《龍川詞》一卷，清抄《典雅詞十四種》本。
十五、《龍川詞》補一卷，清趙氏小山堂抄本。
十六、《龍川詞》補一卷，清王鵬運輯《四印齋匯刻宋元三十一家詞》本。
十七、《龍川詞校箋》，夏承燾校箋，牟家寬注。1961 年中華書局出版。1982 年上海古籍出版修訂本。
十八、《陳亮集》點校本，1974 年北京中華書局出版，1983 年臺北漢京文化事業公司出版。
十九、《陳亮龍川詞箋注》，姜書閣箋注，1980 年北京人民文學出版社出版。

## 第二節　陳亮的政論、文論與詩論

陳亮有「開拓萬古之心胸，推倒一世之智勇」，他的詞「豪氣縱橫」[3]、「疏宕有致」。[4]然而歷年來的詞評者很少評論他的詞，歷代的詞選也很少選他的詞，縱使有選，也都是選一些婉約綺麗的作品，不能代表他的特色。他在詞史上的地位上也不甚高，其被冷漠的情形如杜甫。今傳唐人選唐詩的十種選本中，只有韋莊的《又玄集》選杜詩七首，多不是杜甫憂國憂民的關心社會的作品。杜甫臨終前一年沈痛的說：「百年歌自苦，未見有知音。」(〈南征〉) 陳亮在是也曾嘆息：「

3 清·陳廷焯：《白雨齋詞話》，見《詞話叢編》，冊四，頁 3794。
4 清·王奕清：《歷代詞話》，見《詞話叢編》，冊一，頁 1240。

至今未能有爲我擊節者。」(〈與鄭景元提幹伯英〉卷二十一),因爲他的詞是「平生經濟之懷」,連葉適都「十不能解一二」,葉適甚至在〈祭陳同甫文〉說:「子有微言,余何遽知。」[5]陳廷焯也說陳亮的詞「合者寥寥」。[6]確實要看懂陳亮的詞,必先瞭解他的政治思想,方能明白他詞中的意義。

## 一、陳亮的政論

陳亮自幼「獨好伯王大略,兵機利害」(《陳亮集・酌古論序》),「慨然有經略四方之志。酒酣,語及陳元龍周公瑾故事,則抵掌叫呼以爲樂。」(〈中興五論後記〉卷二)他在紹興三十一年著《酌古論》,乾道二年(1166)陳亮編《英豪錄》,乾道五年(1169)陳亮參加考試落榜,曾自云:

> 嘗欲輸肝膽,効情愫,上書於北闕之下。又念世俗道薄,獻言之人動必有覬,心雖不然,蹟或近似,相師成風,誰能不疑!既已疑矣,安能察其言而明其心!此臣之所大懼而卒以自沮也。
>
> (〈中興五論劄子〉卷二)

雖然曾經因爲「世俗道薄」,怕上書會有人閒言閒語,自沮上書之意。但終究不甘於自己才智被埋沒,仍以「功名之在人,猶在己也;懷愚負計,而不以裨上之萬一,是忿世也;有君如此而忠言之不進,是匿情也;己無他心而防人之疑,是自信不篤也。」(〈中興五論劄子〉卷二)

### (一)乾道五年(1169),陳亮上《中興五論》

陳亮決定乾道五年(1169)至臨安,上書《中興五論》。書上不報,宋孝宗未曾看到,因此沒有任何消息。

陳亮的抱負未得施展,「行都人物如林,其論皆不足以起人意。」(〈上孝宗皇帝第一書〉卷一)這段時間正是宋理學張、呂、朱三家闡揚講學,蔚爲學風,但他們的論點與陳亮不合。他說:

---

5 同注二,頁 498。
6 同注三。

又四、五年（案：乾道三年前後），廣漢張敬夫、東萊呂祖謙伯恭，相與上下其論，而皆有列於朝。新安朱熹元晦講之武夷，而強立不反，其說遂以行而不可遏止。齒牙所至，嘘枯吹生。天下之學士大夫賢不肖，往往繫其意之所向背，雖心誠不樂而亦陽相應和。若非余不願附，而第其品級，不能高也。（〈錢叔因墓碣銘〉卷二十八）

他又說：

（周葵）晚又教以道德性命，非不曲折求合，然終不近也。如亮所聞，則又有異焉。（〈與韓無咎尚書〉卷十九）

理學空談性命，排斥事功，是他無法同意的。他說：

性命之微，子貢不得而聞，吾夫子所罕言，後生小子與之談之不置，殆多乎哉？禹無功，何以成六府？乾無利，何以具四德？如之何其可廢也！

事功既無可廢，他便開始蒐羅群書，一一研讀。從乾道七年（29歲）到淳熙四年（35歲），這七年間，他「考古今沿革之變，以推極皇帝王伯之道」。葉適《水心文集》卷二四〈陳同甫王道甫墓誌銘〉云：

（亮）著《中興五論》，奏入不報。後十年，同甫在太學，睨場屋士餘十萬，用文墨少異雄其間，非人傑也，棄去之。[7]

淳熙四年（1177），陳亮參加禮部舉辦的太學公試，不中。陳亮說：

亮本太學諸生，自憂制以來，退而讀書者六七年矣。雖蚤夜以求皇帝王伯之略，而科舉之文不合於程度不止也。（〈上孝宗皇帝第三書〉卷一）

陳亮於是在鄉間苦讀，然仍心存天下，他的心情是複雜矛盾的。既要忍受人們對他的誤解攻擊，又認爲科考的不公平事，因此他決定「棄學校而決歸耕之計矣」（〈上孝宗皇帝第三書〉卷一）

然而國家依舊偏安，群臣沒有銳意恢復之心，他實在無法忍受。

7 同注二，頁434。

### （二）淳熙五年（1178），陳亮上孝宗三書

距第一次乾道五年（1169）上〈中興五論〉到淳熙五年（1178），剛好十年，陳亮決定在上書孝宗陳述中興國家大計。他在〈上孝宗皇帝第三書〉中表達上書動機：

> 臣自是始棄學校而決歸耕之計矣，旋復自念：數年之間，所學云何？而陛下之心，臣獨又知之。苟徒恤一世之謗，而不為陛下一陳國家社稷之大計，將得罪於天地之神而與藝祖皇帝在天之靈而不可解，是故昧於一來。舊名已在學校之籍，於法不得以上書言事。使臣有一毫攫取爵祿之心，以臣所習科舉之文更一二試，考官又平心以考之，則亦隨例得知矣。何忍假數百年社稷大計，以為一日之僥倖，而徒以累陛下哉。（卷一）

陳亮所說「舊名已在學校之籍，於法不得以上書言事。」因爲那時「兩學猶用秦檜禁，不許上書言事，陳亮曾游太學，故特棄去。」[8]淳熙五年，春正月，陳亮更名同，[9]伏麗正門上書。

陳亮〈上孝宗皇帝第一書〉後，「孝宗赫然震動，欲榜朝堂以勵群臣，用種放故事，召令上殿，將擢用之。左右大臣莫知所爲，惟曾覿知之將見亮；亮恥之，逾垣而逃。覿以其不詣己，不悅。大臣尤惡其直言無諱，交沮之。」（《宋史・陳亮傳》）葉適〈陳同甫王道甫墓誌銘〉云：

> 天子始欲召見，倖臣恥不詣己，執政尤不樂，復不報。

喬行簡〈奏請謚陳龍川劄子〉亦云：

> 當淳熙之戊戌，三上書，極論社稷大計。孝宗皇帝覽之感涕，召赴都堂審察，將以種放故事不次擢用。左右用事亟來謁亮，欲掠每市恩，而亮不出見之，故為所讒沮而止。[10]

因爲大臣的讒言交沮之，陳亮始終沒有得到孝宗召見，「由是八

---

8 宋葉紹翁撰：《四朝聞見錄》，見《景印文淵閣四庫全書》（臺北：商務印書館，1985 年出版），冊一〇三九，頁 673。

9 同注二，頁 434。

10 同注二，〈宋喬行簡奏請謚陳隆川劄子〉，見陳亮，《陳亮集》，附錄二，頁 463。

日待命，未有聞焉。」(〈上孝宗第二書〉卷一）因此再詣上闕。書既上，乃有都堂審察之命。(〈上孝宗第三書〉卷一）當時執行審察之命的是同知樞密院事趙雄等人。[11]在審察過程中，大臣拱手稱旨以問，時陳亮觸犯趙雄。他在〈復何叔厚〉書中言：

> 亮寓臨安，卻都無事，但既絕意於科舉，頗念其平生所學，不可不一泄之以應機會，前日遂極論國家社稷大計以徹於上聽。忽蒙非常特達之知，欲引之面對，乃先召赴都堂審察。亮一時率爾應答，遂觸趙同知。(卷十九)

因為陳亮的陳述，使大臣「相顧駭然」(〈上孝宗第三書〉卷一)，《宋史·陳亮傳》又云：「宰相臨以上旨，問所欲言。皆落落不少貶。又不合。」

陳亮既然已經觸怒大臣，他想面對孝宗的機會又無法實現，只好「待命十日，再詣闕上書。」即〈上孝宗第三書〉，希望得到孝宗召見，並稱自己已經年老，再待命三天，若無召見，便要「誓將終老田畝。」(〈上孝宗第三書〉卷一)

陳亮三次上書的結果是，「帝欲官之，先生笑曰：『吾欲為社稷開數百年之基，寧用以博一官乎！』亟渡江而歸。」他在與〈與呂祖謙〉書中云：

> 亮本欲從科舉冒一官，既不可得，方欲放開營生，又恐他時收拾不上；方欲出耕於空曠之野，又恐無退後一著；方欲俛首書冊以終餘年，又自度不能為三日新婦矣；方欲盃酒叫呼以自別於士君子之外，又自覺老醜不應拍。每念及此，或推案大呼，或悲淚填臆，或髮上衝冠，或拊掌大笑。今而後知克己之功，喜怒哀樂之中節，要非聖人不能為也。(卷十九)

陳亮回到故鄉，直到淳熙十四年（1187），他再一次上禮部，他對這次的考試早準備，他在淳熙十二年寫〈乙巳答朱元晦書〉云：

> 後年隨眾赴一省試，或可僥倖一名目，遮蔽其身，而後徜徉於

---

11 見董平、劉宏章：《陳亮評傳》（南京：南京大學出版社，1996 年 3 月第 1 次印刷），頁 61。

園亭之間以待盡矣。（卷二十）

不料這次考試前他生一場大病，勉強考完，狼狽回家，命差點喪掉。結果當然不中。

**（三）淳熙十五年（1188），陳亮〈再上孝宗皇帝書〉**

淳熙十四年（1187）十月，宋高宗薨於德壽殿，陳亮在十月八日入都。他在〈與周丞相必大書〉：

亮至節後，以小故一至浙西，取道行都。（卷二十一）

又在〈與章德茂侍郎又書〉云：

亮十月八日入都，首得參覲，以究所欲言而未能言者，尚冀臺照。（卷十九）

在陳亮眼中孝宗遲遲不北伐，是因為高宗健在，使孝宗不便行事。現高宗已薨，則顧忌較少。因此陳亮再度往金陵、京口觀察形勢，作恢復失土打算。

高宗死後，金國來弔喪，《宋史‧陳亮傳》云：

高宗崩，金遣使來弔，簡慢。而光宗繇潛邸判臨安府。亮感孝宗之知，至金陵視察形勢。復上疏曰：「……。」大略欲激孝宗恢復。

《陳亮龍川詞校箋》云：「考高宗趙構卒於淳熙十四年丁未十月乙亥（初八日），十六年己酉二月壬戌初二日，孝宗下詔傳位於皇太子趙惇（光宗）。高宗卒之次日，即以書璞等為金告哀使，是月二十一日（戊子）又以顏師魯充金國遺留國信使。翌年（淳熙十五年）二月丁亥（二十一日）金遣宣徽使蒲察克忠為宋弔祭使。而顏師魯等已於二月七日（癸巳）自金廷辭歸。金主以遺留物中玉器五、玻璃器二十及弓箭之屬持歸，曰：「此接爾國前主珍玩之物，所宜寶藏，以無忘追慕，今受之，義有不忍。歸告爾主使知朕意也。」[12]宋即日遣京鏜等使金報謝。故陳亮以為莫大恥辱，是年四月〈戊申再上孝宗皇帝書〉：

高宗皇帝於虜有父兄之仇，生不能以報之，則死必有望於子孫。

---

12 見姜書閣：《陳亮龍川詞箋注》（北京：人民出版社，1980 年 9 月初版），頁 37。

何忍以生遐之哀告之仇哉？遺留報謝，三使繼遣，今帛寶貨，千兩連發，而虜人僅以一使，如臨小邦。聞諸道路，哀祭之辭，寂寥簡慢。義士仁人，痛切心骨。豈以陛下之聖明智勇而能忍之乎？意者，執事之臣，優畏方端，有以誤陛下也。（卷一）

與十年前的上書相較，這次的上書內容更新，旨在鼓動孝宗恢復之志，希望他「尋得即位之初心」，「以天下爲更始」，以其「喜怒哀樂愛戀之權以鼓動天下」。具體主張爲經營建業，而且要不居常格擢用人才，認爲「有非常之人然後才有非常之功」，然而當時「孝宗將內禪，不報。繇是在廷交怒，以爲狂怪。」陳亮成爲眾人恥笑的對象。

綜觀陳亮的政論，從〈酌古論〉以天下之志、天下之謀爲立論根本，充分強調決策的重要性。〈酌古論〉雖是論述古人故事，但亦是針對南宋的現實。陳亮希望〈酌古論〉所寫的歷史故事，能爲抗金的任務提供一些借鑒，更希望表現其中對於兵機利害的剖析及其用兵之方法能引起世人的重視。綜觀陳亮的政論是：

乾道五年（1169）上書的〈中興五論〉，是由〈中興論〉、〈論開誠之道〉、〈論執要之道〉、〈論勵臣之道〉、〈論正體之道〉，並序文一篇。〈中興五論〉主要是向孝宗進獻平定中原，恢復故國之政策。要抓住有利的時機，盡早恢復。因此陳亮分析大局，要及時恢復大業。他提出兩大點理由：

**（一）就金而言，國勢衰頹，宜抓住時機殲滅敵人**。完顏亮已於紹興三十一年（1161）爲部下所殺，「今虜酋庸懦，政令日弛，舍戎狄鞍馬之長，而從事中州浮靡之習，君臣之間，日趨怠惰。……不於此時早爲之圖，縱有他變，何以乘之！萬一虜人懲創，更立令主；不然，豪傑並起，業歸他姓，則南北之患方始。」（〈中興論〉卷二）

**（二）就宋而言，父老凋謝**，「南渡之後，中原父老日以殂謝，生長於戎，豈知有我！……過此以往而不能恢復，則中原之民烏知我之爲誰！縱有倍力，功未必半。……則今日之事，可得而緩乎！」（〈中興論〉卷二）

總之〈中興論〉是求皇帝趕快恢復失土，但又不能操之過急，而須立大體，詳加規畫，並首重內政改革，等到籌畫周密，復於攻守之間施以奇變，則在戰略上便掌握主動權，必能收復失土。

〈論開誠之道〉是針對皇帝不肯信任大臣而言。孝宗雖「英睿神武」，然即位八年「而所欲未獲，所爲未成」，「天下之氣索然而不吾應」，究其原因，乃在「明白洞達，而開之以無隱之誠者容有未至乎！」

〈論執要之道〉重在闡述皇帝的職分，對君王的獨裁提出批判。陳亮分析孝宗主政八年的設施是「獨斷」，凡事「上勞聖慮」，以致殫精竭力而無功，大臣卻無不付責任而無過。所以陳亮以爲人主之職，本在於辨邪正，專委任，明政之大體，總權之大綱」，須「操其要於上，而分其詳於下」，若「屑屑焉一事之必親，臣恐天下有以妄議陛下之好詳也。」

〈論勵臣之道〉強調君臣同心，同舟共濟，並要求皇帝須以身作則，生活儉樸，以勵臣下之志。

〈論正體之道〉以君臣之體爲論，其實乃重申前意，強調君臣須各守其職分，以共圖恢復之功。

〈中興論〉的內容是一貫關連性的，也是陳亮三十歲前後的思想。完全是一腔忠心，痛陳時弊，談恢復之道，可惜上書毫無結果。

從乾道五年（1169）獻〈中興論〉，到淳熙五年（1178）整整十年，他再度上書孝宗，內容是：

（一）中原爲正氣之所在，以中國之衣冠禮樂而寓之偏方，即便天命人心猶有所繫，並非久安之計；使中原淪於夷狄，天地之氣鬱結而不發，中國的禮樂流寓於一隅，乃有史以來所未有之奇恥大辱，故須立志恢復以發泄天地之正氣。陳亮云：

> 中國，天地之正氣也，天命之所鍾也，人心之所會也，衣冠禮樂之所萃也，百代帝王之所以相承也，豈天地之外夷狄邪氣之所可奸哉！不幸而奸之，至於挈中國衣冠禮樂而寓之偏方，雖天命人心猶有所繫，然豈以為可久安而無事也！使其君臣上下苟一朝之安而息心於一隅，凡其志慮之經營，一切置中國於度外，如元氣偏注一肢，其他肢體，往往萎枯而不自覺矣，則其所謂一肢者，又何恃而能久存哉！天地之正氣，鬱遏於腥羶而

久不得騁，必將有所發泄，而天命人心固非偏方之所可久係也。（卷一）

（二）偏安既久，國人已淡忘國恥，而金人仿效中國，百姓將懷念其德，若不抓緊時機，以決恢復之計，則其事必更難以處置。陳亮云：

南師之不出，於今幾年矣。河洛腥羶，而天地之正氣抑鬱而不得泄，豈以堂堂中國，而五十年之間無一豪傑之能自奮哉！其勢必有時而發泄矣。苟國家不能起而承之，必將有承之者矣。不可恃衣冠禮樂之舊，祖宗積累之深，以為天命人心可以安坐而久繫也。皇天無親，為德是輔；民心無常，惟惠之懷。自三代聖人皆知其為甚可畏也。（卷一）

（三）金人稱霸中原，行政設施全以中國爲法，其根植既久，益難動搖；而宋朝偏安東南，竟上下苟且怠惰，任用非人，文恬武嬉，府庫不積，只想逍遙過日，不顧亡國五十年之恥難，此皆和議之惡果，故痛斥和議，並希望孝宗誓必復仇，以勵天下之志。

今醜虜之根植既久，不可以一舉而遂滅；國家之大勢未張，不可以一朝而大舉。而人情皆便於通和者，勸陛下積財養兵以待時也。臣以為通和者，所以成上下之苟安，而為妄庸兩售之地，宜其為人情之所甚便也。……今和好一不通，而朝野之論常如虜兵之在境，唯恐其不得和也，雖陛下亦不得而不和矣。……然使朝野常如虜兵之在境，乃國家之福，而英雄所用以爭天下之機也，執事者胡為速和以惰其心乎！……陛下何不明大義而慨然與虜絕也！貶損乘輿，卻御正殿，痛自克責，誓必復仇，以勵群臣，以振天下之氣，以動中原之心。（〈上孝宗皇帝第一書〉卷一）

（四）闡論本國史事，論國家立國之本末，希望孝宗隨時因革，不拘舊法，廣開財路，達成恢復大業。陳亮云：

南渡以來，大抵遵祖宗之舊，雖微有因革增損，不足為輕重有無。……陛下憤王業之屈於一隅，勵志復仇，而不免籍天下之兵為強，括郡縣之利為富；加惠百姓，而富人無五年之積；不重征稅，而大商無巨萬之藏；國事日以困竭。臣恐尺籍之兵，府庫之財，不足以支一旦之用也。陛下早朝宴罷，以冀中興日月之功，而以繩墨取人，以文法涖事。聖斷裁制中外，而大臣充位；胥吏坐行條令，而百司逃責；人才日以闒茸。臣恐程文之士，資格之官，不足以當度外之用也。（〈上孝宗皇帝第一書〉卷一）

（五）論天下形勢之消長，主張移都建業，重鎮荊襄。陳亮云：

竊嘗觀天下之大勢矣。襄漢者，敵人之所緩，今日之所當有事也。控引京洛，側睨淮蔡，包括荊楚，襟帶吳越，沃野千里，可耕可守，地形四通，可左可右。……襄陽既為重鎮，……一旦狂虜玩故習常，來犯江淮，則荊襄之師率諸軍進討，襲有唐鄧諸州，見兵於穎蔡之間，示以必截其後。（卷二）

上述五點，是陳亮上書的重點，有些觀點在〈中興五論〉都十分明確的表達了。可惜書上不報。

陳亮上〈孝宗皇帝第三書〉的內容是：

（一）徽、欽北狩之痛，是國家大恥，而天下公憤，故必圖恢復之策。

（二）天下奉規矩繩墨以從事，若束縛太多，勢必萎靡不振，故須寬文法，以求度外之功。

（三）今天下之士萎靡不振，實爲可厭，故須變通家法，去其萎靡，以培國家之根本。

淳熙十五年（1188），陳亮的〈戊申再上孝宗皇帝書〉，內容與上次上書相似，總在陳述復仇大義，必鼓動孝宗恢復之志。

從這些記載，再閱讀陳亮的詞，就可知道葉適說：陳亮「每一章就，輒自嘆曰：「平生經濟之懷，略已陳矣。」陳振孫《直齋書錄解》云，陳亮的詞「自負以經濟之意具在。」[13]也是葉適所說：「同甫微言十不能解一二。」陳振孫也說：「（陳亮詞）是尤不可曉也。」

---

13 宋陳振齋撰：《直齋書錄解題》，見《景印文淵閣四庫全書》，冊六七四，頁850。

[14]陳亮打破詞爲豔科外，賦給詞一種新生命能陳述政治經濟理念，他也是「指出向上一路」。

## 二、陳亮的文論

辛派三詞人中，辛棄疾是個「散文高手」，[15]他寫的〈美芹十論〉、〈九議〉等，雖是文筆雅健雄厚，善於觀察分析敵國，有豐富的思想內容，可是他沒有提到任何文論。劉過除詩詞外，只留下雜著十篇，其中祝賀文佔五篇，上梁文一篇，書信二篇，都沒有提到任何文論。

關於陳亮的文論，他在《陳亮集》中專論也不多，但在序論、題跋、書函中偶有提到。在文論方面，陳亮主張「文以載道」，他在〈復吳叔異〉云：

> 亮聞古人之於文也，猶為仕也。仕將以行其道也，文將以載其道也。道不在我，則雖仕何為，雖有文，當與利口者爭長耳。
>
> （卷二十一）

這段話兩個重點：

（一）「爲文猶爲仕」，寫作者的使命與任務何等大，相當於在朝廷做官者。有生活示範指導與影響民風之重任。

（二）強調「文以載道」說，他以「仕將以行其道」，爲仕以道爲根本，即要行道，合乎道方能輔佐王業，使國運蒸蒸日上，並敦厚民心。作文也要載道，有教化功用，敦厚風俗。如此爲文與爲仕，毫不相悖，皆爲宣揚道、實行道。如果沒有以道爲本，雖仕何爲？失去目標，光爲利祿而仕，只是求一口飯吃，毫無意義。如果缺乏道，爲文毫無風骨、無病呻吟，則「與利口者爭長耳」，這樣的文章不寫也罷。

因爲陳亮的基本論調是「文以載道」，所以：

---

14 同上注。

15 四川大學編：《宋文選·前言》，見楊慶存〈稼軒散文藝術論〉，《辛棄疾研究論文集》，頁321引。

（一）他批評五代之文，「卑陋萎弱，其可厭甚矣。」（〈變文法〉卷十一）

（二）他也批評楊大年、劉子儀「瑰奇精巧」的西崑體，令人厭之。他也不滿紹聖、元符以後的文風，他說：「紹聖、元符以後，……士皆膚淺於經而爛熟於文」，他不滿北宋膚淺於經，而文章是熟爛。

（三）他對南宋文壇的看法，是：

中興以來，參以詩賦經術，以涵養天下之士氣，又立太學以聳動四方之觀聽。故士之有文章者，德行者，深於經理者，明於古今者，莫不各得以自奮，蓋亦可為盛矣。然心志既舒，則易以縱弛；議論無擇，則易以浮淺。凡其弊有如明問所云者，故其勢之所必至也。（〈變文法〉卷十一）

對於在他所處的時代，因「心志既舒」，「議論無擇」，縱弛、浮淺的結果，以至於「學校之士，於經則敢爲異說而不疑，於文則肆爲浮論而不顧，其源漸不可者長。」然而「古人重變法，而猶重於變文，則必有深意焉。」實在指文學關乎世風。

所以他推崇歐陽修文章，以爲「公之文根乎仁義而達於政理，蓋所以翼《六經》而載之萬世者也。」（〈書歐陽文粹後〉卷十六）陳亮又在〈書作論法後〉意與理勝提出他的看法：

大凡論不必作好語言，意與理勝則文字自然超眾。故大手之文不為詭異之體而自然宏富，不為險怪之辭而自然典麗，奇寓於純粹之中，巧藏於和易之內。不善學文者，不求高於理與意，而務求於文采辭句之間，則亦陋矣。故杜牧之云：「意全勝者，辭愈樸而文愈高；意不勝者，辭愈華而文愈鄙。」昔黃山谷云：「好作奇語，自是文章一病；但當以理為主。」理得而辭順，文章自然出群拔萃。（卷十六）

從這段話是在闡明文章「意與理」與語言文辭的關係，可分爲：

（一）創作以「意與理」爲主。他認爲「意與理勝則文字自然超眾」，文章有獨特的立意及道理，文章自然高雅，理論透闢，文字自然超眾。而且他所要求的是，文字不作詭異之語，不爲險怪之辭，這並不表示他不追求文章宏富典麗，奇與巧，他要求的是「奇寓於純粹之中，巧藏於和易之內」。總之他要求文章要有實在的內容，有「意與理」，而不是片面追求雕章琢句。然而不善學文者，只追求「文采辭句」文章自然卑下。元盛如梓《庶齋老學叢談》云：

陳同甫作文之法曰：經句不全兩，史句不全三，不用古人句，只用古人意。若用古人語，不用古人句，能造古人所不到處。至於使事而不為事使，或似使事而不使事，皆是使他事來影帶出題意，非直使本事也。若夫布置開闔，首尾該貫，曲折關鍵，自有成模，不可隨他規矩尺寸走也。[16]

他指出陳亮作文「不用古人句，只用古人意」，「使他事來影帶出題意」，「使事而不爲事使」，強調取古人意，而且文章結構「布置開闔，首尾該貫，曲折關鍵」，均以義爲貫，不以文句取勝，因此文章「自有成模」，形成個人獨特風格與方式。

（二）文以載道說的擴充，宋初古文運動承續唐的古文運動，結合文統與道統，至周敦頤提出「文所以載道也」，陳亮接受「文以載道」說，更強調「意與理勝」，這表明：

他沒有將道的實際內涵狹隘地理解為儒家所倡導的道德性命，而是將時代內容、現實生活以及作家本人的思想情感都包含在內。的」儘管「理與意」都不可能違背聖人之道，但文以「意與理勝」較之「文所以載道」，無疑顯得更為寬平，並且更為突出了文學自身特質。……實際上便要求道與文的統一，內容與形式的統一。[17]

（三）作品不是觀賞用的而是精神產物，宣傳政治抱負與理想社會的工具。他引杜牧與黃庭堅之言以證其說。說明意勝辭樸則文自然高，意不勝而辭華，文就越鄙陋。這其實就是歐陽修〈答吳充秀才書〉云：「大抵道勝者，文不難而自至也。」[18]所以陳亮的文

16 元盛如梓：《庶齋老學叢談》，見《叢書集成初編》，冊十二，頁611。
17 同注十二，頁358。
18 歐陽修：《文忠集·答吳充秀才書》，見《景印文淵閣四庫全書》，冊一一〇三，頁704。

論是有所本，承續古文運動而來，他追求意勝理勝，求造與平淡，文質相融合。

因爲他的文論是承歐陽修的古文運動，所以他的歐陽修的文章大加讚賞。他在〈書歐陽文粹後〉云：「公之文根乎仁義而達之政理，蓋所以翼《六經》而載之萬世者也。」他對歐陽修文懷抱厚望，又云：

> 二聖相承（高宗、孝宗）又四十餘年，天下之治大略舉矣，而科舉之文猶未還嘉祐之盛。蓋非獨學者不能上承聖意，而科制已非祖宗之舊，而況上論三代！始以公之文，學者雖私誦習之，而未以為急也。故予姑掇其通於時文者，以與朋友共之。繇是而不止，則不獨盡究公之文，而三代兩漢之書蓋將自求之而不可禦矣。先王之法度，猶將望之，而況於文乎！……雖然，公之文雍容典雅，紆餘寬平，反覆以達其意，無復毫髮之遺；而其味常深長於意言之外，使人讀之藹然足以得祖宗致治之盛。其關世教，豈不大哉！（卷十六）

可知陳亮編〈歐陽文粹〉是要藉歐陽修之文以究聖人之道，詳先王法度，因爲文風關係世教。他以爲高宗、孝宗時之文，已非嘉祐之時的古文，然而讀歐陽修文「雍容典雅」、「紆餘寬平」，「味常深長於言意之外」，陳亮以爲其文章「足以得祖宗致治之盛」，從文章進而使國家安治興盛，文風是「關乎世教」，兩者關係密切。

從他的文論，「文以載道」、「文風關係世風」、「文教關係世教」，不難看出爲何他的詞不寫「妖語媚語」，表達對政治的看法，有「經濟之意」，這是可理解的。

## 三、陳亮的詩論

在詩方面，辛派三詞人中，辛棄疾雖存有詩一百四十多篇，並曾以杜甫、孟浩然稱讚趙晉臣：「主人吟古風，格調劇清裁。我評此章句，真是杜陵輩。」（〈和趙晉臣敷文積翠石去顆石〉）「看君不似南陽臥，只似哦詩孟浩然。」（〈和諸葛元亮韻〉）陸游也評過稼軒詩：「稼軒落筆陵鮑謝」、「千篇昌古詩滿囊」。（〈辛幼安殿造朝〉，《劍南詩稿》卷五十七）同代詩人韓玉也稱讚稼軒為：「豐神英毅，端是天上謫仙人。」（《東浦詞·水調歌頭》上辛幼安生日）稼軒也自云：「剩喜風情筋力在，尚能詩似鮑參軍。」（〈和任師見寄之韻〉之三）而且辛棄疾還學邵雍，他自己說：「學作堯夫自在詩。」（〈書停雲壁〉）又表示：「作詩獨愛邵堯夫。」（〈讀邵堯夫詩〉）又有〈有以事來請者效邵堯夫體作詩以答之〉，風格極盡邵康節體，可見辛稼軒的詩歌創作是師承鮑照、唐杜甫與邵堯夫。

然而稼軒也沒有提出任何詩論，只有在詩中闡述儒家學說義理，如「要識死生真道理，須憑鄒魯聖人儒」，「屏出佛經與道書，只將語孟味真腴。」（〈讀語孟二首〉）「此身果欲參天地，且讀中庸盡至誠。」（〈偶作〉）這些詩句表示他對儒家的尊崇，又〈水調歌頭〉賦松菊堂：「詩句得活法，日月有新功。」（卷五）提到寫詩要有活法，其他沒有具體的詩論。

劉過的《龍洲集》雖存有十卷，而且「以詩鳴江西」，可惜他也沒提到任何詩論。[19]

陳亮的詩只存四首〈謫仙歌〉是早期的作品，〈廷對應制〉、〈及第謝恩和御賜詩韻〉、〈梅花〉詩，從內容看這三首都是晚期作品。雖然《陳亮集》只有一篇論〈桑澤卿詩集序〉之文。他也說「予平生不能詩，亦莫能識其淺深高下。」（〈桑澤卿詩集序〉卷十三）他並非不能詩，或莫能識其淺深高下，這僅是客套。

他的詩論與文論同一主旨，他以為《詩經》所表現的無非是道，「當先王時，天下之人，其發乎情，止乎禮義，蓋有不知其然而然者。」故發而為詩，故「聖人於詩故將使天下復性情之正，而得其平施於日用之間者。乃區區於章句訓詁之末，豈聖人之心也哉！」「平施於日用之間者」，即是道的表現。唯有道的教化，才能使天下復性情之正。

他在〈桑澤卿詩集序〉云：

予平生不能詩，亦莫能識其淺深高下。然嘗聞韓退之之論文曰：「紆餘為妍，卓犖為傑。」黃魯直論長短句，以為「抑揚

19 宋·岳珂：《桯史》，見《景印文淵閣四庫全書》，冊一〇三九，頁 422。

頓挫，能動搖人心」。合是二者，於詩其庶幾乎！至於立意精穩，造語平熟，使不刺人眼目，自餘皆不足以言詩也。（卷十四）

可見他論詩之旨與論文之旨相同，他要求的是「紆餘爲妍，卓犖爲傑」，「抑揚頓挫，能動搖人心」，詩須能感動人心，而且要「立意精穩，造語平熟，使不刺人眼目」，詩中須有立意，而且造語平熟，否則不足以言詩也。

陳亮評金華杜伯高、杜叔高的詩賦時說：

伯高之賦如奔風逸足，而鳴以和鸞，俯仰於節奏之間；叔高之詩如干戈森立，有吞虎食牛之氣；而左右發春妍以輝映於其間。此非獨一門之盛，蓋亦可謂一時之豪矣。[20]

這段話在稱讚杜伯高賦，「奔風逸足」又能合於節奏，稱讚杜叔高「有吞虎食牛之氣」，氣勢雄邁。又說杜伯高：「意高而調高，節明而語妥，鋪敘端雅，抑揚頓挫，而卒歸於質重。」[21]其實正說自己的風格意高而調高，豪邁雄雅。

## 第三節　陳亮的政論詞

陳亮含有政治抱負的詞有以下幾方面：

### 一、以詞論宋金局勢

淳熙十二年，陳亮四十三歲，所寫氣勢磅礴的〈水調歌頭〉送章德茂大卿使虜：

不見南師久，謾說北群空。當場隻手，畢竟還我萬夫雄。自笑堂堂漢使，得似洋洋河水，依舊只流東。且復穹廬拜，會向藁街逢。　堯之都，舜之壤，禹之封。於中應有，一個半個恥臣戎。萬里腥羶如許，千古英靈安在？磅礴幾時通！胡運何

20 見陳亮：《陳亮集．復杜仲高》，頁 269。
21 同上注，頁 268。

須問，赫日自當中。（卷十七）

章德茂名森，《宋史．孝宗本紀》云：「淳熙十二年（1185）十一月壬辰，遣章森等賀金主生辰。」[22]《金史．交聘表》：「金世宗大定二十六年（1186）三月己卯朔，宋試戶部上書章森、容州觀察使吳曦等賀萬春節。」[23]。自從「隆興和議」後，宋金兩國定爲叔侄關係，南宋有如女真的附庸，每年元旦和雙方皇帝生辰，按例互派使臣祝賀，但金使至宋，待如上賓，宋使赴金，多受屈辱。故南宋有志之士，常感憤慨，也有很多人視「使虜」爲畏途。

淳熙十二年。宋孝宗命章德茂以大理少卿試戶尙書銜爲正使，祝賀金世宗的生日，此時距「隆興和議」，已有二十多年。詞作於此時，陳亮對章德茂寄以殷切的期望。

詞中「不見南師久，謾說北群空。」正是陳亮曾在〈上孝宗皇帝第一書〉云：

> 南師之不出，於今幾年矣。河洛腥羶，而天地之正氣抑鬱而不得泄，豈以堂堂中國，而五十年之間無一豪傑之能自奮哉！其勢必有時而發泄矣。苟國家不能起而承之，必將有承之者矣。（卷一）

又在〈與章德茂侍郎第一書〉云：

> 主上有北向爭天下之志，而群臣不足以望清光。使此恨磊塊而未釋，庸非天下士之恥乎！世之知此恥者少矣。願侍郎為君父自厚，為四海自振。（卷十九）

〈與章德茂侍郎第二書〉云：

> 渡江安靜且六十年，辛巳之變（指紹興三十一年，金完顏亮南侵），行三十年，和議再成（指乾道元年送向金稱侄求和），又二十三年。老秦掀天撲地，只享十六年之安，通不過二十二年。今者文恬武嬉，宜若可為安靜之計，揆之時變，恐勞聖賢之馳騖矣，不待天告而後知也。（卷十九）

---

22 見元．脫脫撰：《宋史．孝宗本紀》，冊三，頁 684。
23 同上注，頁 1445。

寫到朝廷無恥小人只知苟安，不以向金人屈膝求和爲恥。再也不見北伐的南師，不是沒有人才，而是人才被壓抑，「何世不生才，何才不資世！天下雄偉英豪之士，未嘗不延頸待用，而每視人主之心爲如何。」(〈論開誠之道〉卷二)因爲主和派抬頭，上下苟且偷生，「不見南師久」。「當場隻手」等句，寫章德茂挺身出使，必能滅敵人威風，擒賊首到京師示眾。

下片對南宋政策的嘲諷，以連珠式的排句領出，「堯之都，舜之壤，禹之封」，廣大的中原土地，輝煌的歷史，應有「一個半個恥臣戎」。陳亮大聲疾呼，「萬里腥羶如許，千古英靈安在」，滿腔熱血，喚醒愛國之士，志在恢復，才能無愧先賢先烈。結論是無比的樂觀與浪漫思想，「胡運何須問，赫日自當中」，堅信國家必定統一。

這首詞完全從他的政論語詞融合，情辭慷慨。陳廷焯《白雨齋詞話》卷一云：「同甫〈水調歌頭〉云：「堯之都，舜之壤，禹之封，於中應有，一個半個恥臣戎」，精警奇肆，幾於握拳透爪，可作中興露布讀；就詞論，則非高調」。讚賞此詞的精警，又貶非高調。他是傳統詞是豔科的標準來衡量，當然是偏頗的。

## 二、以詞論地理戰略形勢

宋人登臨多景樓很多，宋詞寫多景樓作品也多，但極少以戰略進攻地理形勢來填詞的。陳亮以地理形勢論金陵，如〈念奴嬌〉登多景樓：

> 危樓還望，歎此意，今古幾人曾會。鬼設神施，渾認作，天限南疆北界，一水橫陳，連岡三面，做出爭雄勢，六朝何事。只成門戶私計。　　因笑王謝諸人，登高懷遠，也學英雄涕。憑卻江山管不到，河洛腥羶無際，正好長驅，不須反顧，尋取中流誓。小兒破賊，勢成寧問彊對。(卷十七)

張邦基《墨莊漫錄》：「鎭江府甘露是在北固山上，舊有多景樓，尤爲登覽之最。蓋取李贊皇〈題臨江亭〉詩「多景懸窗牖」之句，以是命名。[24]南宋乾道鎭江知府陳天麟〈多景樓記〉云：「至天清日明，一目萬里，神州赤縣，未歸輿地，使人慨然有恢復意。」

淳熙十五年（1188），宋高宗一死，陳亮親至往金陵、京口，考察軍事地理，批判「江南不可保，長淮不易守」的誤國謬論，指出「罪在書生不識形勢」；又上書宋孝宗，寫〈戊申再上孝宗皇帝書〉：

> 臣嘗疑書冊不足憑，故嘗一到京口、建業，登高四望，深識天地設險之意，而古今之論為未盡也。京口連岡三面，而大江橫陳，江傍極目千里，其勢大略如虎之出穴，而非若穴之藏虎，昔人以為京口酒可飲、兵可用，而北府之兵為天下雄。蓋其地勢當然而人善用之耳。臣雖不到采石，其地與京口股肱建業，必有據險臨前之勢，而非止於靳靳自守者也。天豈使南方自限於一江之表，而不使與中國而為一哉！（卷一）

此詞勁氣直達，大開大闔，詞中「嘆此意」，即指著〈戊申再上孝宗皇帝書〉所言：「天地設險之意。」故興起「鬼設神施」，寫周圍地形險要，強調京口、建業一帶，「一水橫陳，連岡三面」，形勢險峻足以與金人對抗。並非以此分割南北，所謂「天豈使南方自限於一江之表，而不使與中國而爲一哉！」他藉此來批判朝廷的苟安思想，「六朝何事，只成門戶私計」。他在〈上孝宗皇帝第三書〉云：

> 二聖北狩之痛，蓋國家之大恥，而天下之公憤也。五十年之餘，雖天下銷鑠頹惰，不復知仇恥之當念，正在主上與二三大臣振作其氣，以泄其憤，使人人如報私仇，此《春秋》書衛人殺州吁之意也。若祇與一二臣為密，是以天下之公憤而私自為計，恐不足以感動天下之心，恢復之事亦恐茫然未知攸濟耳。（卷一）

言及南宋門戶之見，詞中則以六朝之事比喻當時。下片「因笑王謝諸人，登高懷遠，也學英雄涕。」說明朝廷大臣就如南朝大臣，只會牛衣對泣，他在上書中又云：

> 晉之永嘉以迄於隋之開皇，其在南，則定建業為都，更六姓，

---

24 張邦基：《墨莊漫錄》，見《景印文淵閣四庫全書》，冊八六四，頁 37。

而天下分裂者三百餘年。南師之謀北者不知其幾，北師之謀南者，蓋亦甚有數，而南北通和之時則絕無而僅有。未聞有如今日之岌岌然以北方為可畏，以南方為可憂，一日不和，則君臣上下朝不能以謀夕也。罪在書生之不識形勢，並與夫順逆曲直而忘之耳。

陳亮嘲諷投降派的苟且偷安，只會登高流淚，沒有實際的反金行動。「憑卻江山管不到，河洛腥羶無際」，以爲長江是天險，就可以長保偏安。那管中原廣大的百姓正在鐵蹄蹂躪之下？

「正好長驅，不須反顧，尋取中流誓」用祖逖的典故，寫在如此有天險的環境，正可長驅北伐，無須前瞻後顧。「小兒破賊，勢成寧問彊對」，用《世說新語．雅量》淝水之戰的典故。[25]指南方不乏運籌帷幄的統帥，必能如謝安打敗北方的符堅。詞中之「勢成」，即陳亮的〈上孝宗皇帝第一書〉：

常以江淮之師為虜人侵軼之備，而精擇一人沈鷙有謀、開壑無他者，委以荊襄之任，寬其文法，聽其廢置，撫摩振厲於三數年之間，則國家之勢成矣。

又如〈念奴嬌〉至金陵：

江南春色，算來是，多少勝遊清賞。妖冶廉纖，只做得，飛鳥向人偎傍。地闢天開，精神朗慧，到底還京樣。人家小語，一聲聲近清唱。　　因念舊日山城，個人如畫，已作中州想。鄧禹笑人無限也，冷落不堪惆悵。秋水雙明，高山一弄，著我些悲壯。南徐好住，片帆有分來往。（卷十七）

此詞夏承燾先生定爲「贈妓」詞，姜書閣先生「不敢苟同」，認爲是「就所見金陵社會宴安逸惰情形，抒發思感與懷抱。」這首是淳熙十五年戊申（1188 年），陳亮四十六歲，到金陵視察形勢時作。《陳亮集》卷一有〈戊申再上孝宗皇帝書〉：「嘗一到京口、建業，登高四望，……。」可證。卷十九〈復呂子約云：「二月間，匆匆告違，

25 見劉義慶著、劉孝標注，余嘉錫箋疏：《世說新語箋疏》（上海：上海古籍出版社），冊上，頁 373-374。

即有金陵、京口之役。舉眼以觀一世人物，唯有懷問而已。五月二十四抵家。」〉可知陳亮於是年二月先到金陵，然後轉往京口（今鎮江），必再返金陵，始於五月間，回永康故鄉。《宋史．陳亮傳》：

> 高宗崩，金遣使來弔，簡慢。而光宗繇潛邸判臨安府。亮感孝宗之知，至金陵視察形勢。復上疏曰：「……。」大略欲激孝宗恢復。而是時孝宗將內禪，不報。繇是在廷交怒，以為狂怪。

《陳亮龍川詞校箋》云：「考高宗趙構卒於淳熙十四年丁未十月乙亥（初八日），十六年己酉二月壬戌初二日，孝宗趙　下詔傳位於皇太子趙惇（光宗）。高宗卒之次日，即以書璞等爲金告哀使，是月二十一日（戊子）又以顏師魯充金國遺留國信使。翌年（淳熙十五年）二月丁亥（二十一日）金遣宣徽使蒲察克忠爲宋弔祭使。而顏師魯等已於二月七日（癸巳）自金廷辭歸。金主以遺留物中玉器五、玻璃器二十及弓箭之屬持歸，曰：「此接爾國前主珍玩之物，所宜寶藏，以無忘追慕，今受之，義有不忍。歸告爾主使知朕意也。」宋即日遣京鏜等使金報謝。故陳亮是年有〈戊申再上孝宗皇帝書〉、又有〈戊申再上孝宗皇帝書〉：

> 今之建業，非昔之建業也。臣嘗登石頭、鍾阜而望，今也直在沙嘴之傍耳。鍾阜之支隴隱隱而下，今行宮據其平處以臨城市，城之前則逼山而斗絕焉。……江南李氏之所為，非有據高臨下以乘王氣而用之之意。（卷一）

陳亮建議改建金陵，恢復「鍾阜龍盤，石頭虎踞」的雄姿。不要只是「妖冶廉纖」，如「飛鳥向人偎傍」偏安情形。可惜僅管「已作中州想」，終得不到朝廷了解與重用。因爲他看金陵是賦與政治眼光，所以詞中才會「秋水雙明，高山一弄，著我些悲壯。」

「鄧禹笑人無限也，冷落不堪惆悵」，陳亮常以鄧禹自喻，老不見用，使鄧禹嘲笑。即〈戊申再上孝宗皇帝書〉云：「不使鄧禹笑人寂寞，而陛下得以發其雄心英略，以與四海才臣智士共之。」

這首詞與〈念奴嬌〉登多景樓，互爲表裡相得益彰。

## 三、以詞論抗金時機

陳亮和辛棄疾在鵝湖之會後，陳亮見到詞後，隨即步原韻和一首〈賀新郎〉寄辛幼安和見懷韻：

> 老去憑誰說，看幾番神奇臭腐，夏裘冬葛。父老長安今餘歲，後死無讎可雪。猶未燥當時生髮。二十五弦多少恨，算世間那有平分月。胡婦弄，漢宮瑟。　樹猶如此堪重別。只使君從來與我，話頭多合。行矣置之無足問，誰換妍皮癡古。但莫使伯牙弦絕。九轉丹砂牢拾取，管精金只是尋常鐵。龍共虎，應聲裂。（卷十七）

陳亮在詞中直接指責世事，「老去憑誰說」首句寫年華老去，知音難覓，連找一個暢談心事的人都困難。「看幾番神奇臭腐，夏裘冬葛。」指世事變化，一切都被顛倒是非。「父老長安今餘歲」，與《陳亮集·中興論》：「又況南渡已久，中原父老日以殂謝。生長於戎，豈知有我。」意思相同。「後死無讎可雪，猶未燥當時生髮」，即是陳亮的〈中興論〉所云：

> 昔宋文帝欲取河南故地，魏太武以為「我自生髮未燥，即知河南是我境土，安得為南朝故地！」故文帝既得而復失之。河北諸鎮，終唐之世，以奉賊為忠義，狃於其習而時被其恩，力與上國為敵而不自知其為逆。過此以往而不能恢復，則中原之民烏知我之為誰！縱有倍力，功未必半。（卷二）

自南渡來老一輩的父老越來越少，抗金不能再拖下去，年輕一輩的，以爲「無讎可雪」。他深憂偏安局勢。「算世間那有平分月」，陳亮在〈上孝宗皇帝第一書〉：

> 然夷狄遂得以猖狂恣睢，與中國抗衡，儼然為南北朝，而頭目手足，混然無別。（卷一）

他認爲夷狄與中國平分土地，真是怪事。〈上孝宗皇帝第三書〉又云：

> 而況版輿之地，半入於夷狄，國家之恥未雪，而臣子之痛未伸。

（卷一）

〈戊申再上孝宗皇帝書〉又云：

> 皇天全付予有家，而半沒於夷狄，此君天下者之所當恥也。《春秋》許九世復讎，而再世則不問，此為人後嗣者之所當憤也。中國聖賢之所建置，而悉淪於左衽，此英雄豪傑之所當同以為病也。（卷一）

都是陳亮憤恨金人佔據中國，而後代子孫卻以爲無仇可雪。

下片寫明「只使君從來與我，話頭多合」，只有辛棄疾與他的襟懷一致，情感相投。自己「癡人」的意志誰也不能改變，「行矣置之無足問，誰換妍皮癡古。但莫使伯牙弦絕。」並願我們的情誼不改變。「九轉丹砂牢拾取，管精金只是尋常鐵。」只要有恆心信心，不怠惰，就如九轉煉成的丹砂可以點鐵成金，救國大業一定成功。結論是「龍共虎，應聲裂」，刻畫出勝利的時刻是不可阻止的。

陳亮和辛棄疾同韻寫〈賀新郎〉酬辛幼安再用韻見寄也是與政論有關，詞云：

> 離亂從頭說。愛吾民，金繒不愛，蔓藤纍葛。壯氣盡消人脆好，冠蓋陰山觀雪。虧殺我，一星星髮。涕出女吳成倒轉，問魯為齊若何年月。丘也幸，由之瑟。　斬新換出旗麾別，把當時，一椿大義，拆開收合，據地一呼吾往矣，萬底搖肢動骨。這話欛，只成癡絕。天地洪爐誰扇鞴？算於中安得長堅鐵。淝水破，關東裂。（卷十七）

這首詞是批評時局，「離亂從頭說」，造成離亂的原因，從頭追述宋真宗時，所定壇淵之盟，歲贈銀十萬兩，絹二十萬匹。宋徽宗時金滅遼，宋仍歲贈銀絹與金，數目又更多。到南宋高宗時，向遼國的歲貢是銀絹二十五萬兩匹。宋仁宗竟說：「朕所愛者，土宇生民爾，斯物非所惜也。」[26]真是忝不知恥。就是陳亮諷刺的「愛吾民金繒不愛」。也是〈戊戌再上孝宗皇帝書〉中的內容：

> 南方之紅女織尺寸之功于機杼，歲以輸虜人，固已不勝其痛

---

26 魏泰：《東軒筆錄》，見《景印文淵閣四庫全書》，冊一〇三七，頁 467。

矣。金寶之出於山澤者有限，而輸之虜人則無窮，十數年後，豈不遂就盡哉。」（卷一）

「蔓藤纍葛」四字，就明白揭露南宋百餘年來的喪權辱國。所以「壯氣盡消人脆好」人心萎靡。結果是「冠蓋陰山觀雪」，堂堂漢使到金廷去求和，只是陪金主出獵陰山，觀賞雪景。也使他「虧殺我，一星星髮」，心痛到髮白。

《陳亮集》〈問答〉第十二云：

然合中國而君之，既不能卻夷狄於塞外，又不能忍一日之辱，坐視百民生塗炭而莫之救，是誠何心哉？此齊景公所以涕出而女子吳也。答有云：漢之匈奴……妻之以女則不可，藉其力以平中國則不可蓋懼夷狄、中國之無辨也。（卷四）

以齊景公懼怕南夷吳國，只有淚灑送女去和親的典故，魯國也是遭強齊的欺侮而不反抗，國事日衰一日，來諷刺南宋的懦弱無能。接著以《論語》〈述而〉篇：「丘有幸，苟有過，人必知之。」〈先進篇〉:「由之瑟奚為於丘之門？」縱使全國以舉兵北伐為過，我們仍堅持北伐，持之不懈。

下片表現作者志在恢復的豪情，「據地一呼吾往矣，萬底搖肢動骨。」這可與〈甲辰答朱元晦書〉相輝映：「至於堂堂之陣，正正之旗，風雨雲雷交發而並至，龍蛇虎豹變見而出沒，推倒一世之智勇，開拓萬古之胸襟，如世俗所謂粗塊大臠，飽有餘而文不足者。」（卷二十）南宋應該「據地一呼」，大顯神威，就能成就如東晉淝水破敵的雄威氣勢。

淳熙十六年，離隆興和議已是二十六年，朝廷仍得過且過不思振作。陳亮寫〈賀新郎〉懷辛幼安，用前韻：

話殺渾閑說，不成教，齊民也解，為伊為葛。尊酒相逢成二老，卻憶去年風雪。新著了幾莖華髮。百世尋人猶接踵，嘆只今、兩地三人月。寫舊恨，向誰瑟。　　男兒何用傷離別。況古來，幾番際會，風從雲合。千里情親長晤對，妙體本心次骨。臥百尺高樓斗絕。天下適安耕且老，看買犁賣劍平家鐵。壯士淚，肺肝裂。（卷十七）

上片寫回憶去年風雪，兩人都老矣，而世人卻不能理解他愛國、報國之心。他一再的呼喊：

> 岌岌然以北方為可畏，以南方為可憂，一日之不和，則君臣上下朝不能以謀夕。（〈戊申再上孝宗皇帝書〉卷一）

然而這些說都等於白說。下片「況古來，幾番際會，風從雲合。」在〈上孝宗皇帝第一書〉云：

> 當度外之士起，為陛下之所欲用矣。是雲合響應之勢，而非可安坐而致也。

〈上孝宗皇帝第二書〉：

> 今者當陛下大有為之際，陳天下之大義，獻天下之大計，而八日不得命焉，臣恐天下之豪傑得以測陛下之意向，而雲合響應之士不得而成矣。（卷一）

陳亮切望得君，以行其志，故於際會風雲之勢念念不忘，更是指出英雄難爲世用。感嘆與辛棄疾情誼，「百世尋人猶接踵，嘆只今，兩地三人月。」雖然兩人分離，但精神互相支持，「千里情親長晤對，妙體本心次骨」充分表現雖遠隔千里，但天涯若比鄰，相知相慕之深。

「天下適安耕且老，看買犁賣劍平家鐵」，以消沈寫出如今既然偏安，人人安適，不如自己也買把鋤頭犁等鐵器來耕田。所謂「天下適安」，正是：

> 臣以為通和者，所以成上下之苟安，而為妄庸兩售之地。（〈上孝宗皇帝第一書〉）

他又說：

> 秦檜以和誤國，二十餘年，而天下之氣索然矣。（〈上孝宗皇帝第二書〉卷一）

想到偏安二十多年，陳亮是個血氣男子，時時「推案大呼或悲淚塡臆或髮上沖冠或拊掌大笑」（〈與呂伯恭正字祖謙書〉卷十九），怪不得他會「壯士淚，肺肝裂。」

陳亮的政論詞抒發對愛國的豪情，所以吳熊和在《唐宋詞通論》云：

陳模《懷古錄》卷中引潘牥（紫岩），東坡為詞詩，稼軒為詞論。陳亮則更以論為詞，可與他的〈中興五論〉、〈上孝宗皇帝書〉等並讀，比辛詞更近於詞論。[27]

## 第四節　陳亮的詠物詞

陳亮最有名的是他的愛國抗金詞，然而在豪放雄健遒勁的詞外，他還有婉約的詞。毛晉初讀《龍川詞》三十首，讀至終卷時說：「不作一妖語、媚語，殆所稱不受人憐者歟！」[28]後來他看到〈水龍吟〉及其他六首婉約詞時，在《龍川詞補跋》又說：「偶閱《中興詞選》，得〈水龍吟〉以後七闋，亦未能超然，但無一調合本集者。」認為這些詞前後不一致，甚至有人以為三十首以後諸篇是偽作。對此毛晉說：

蓋花庵與同甫俱南渡後人，何至誤謬若此！或花庵專選綺艷一種，而同甫子（沆）所編本及特表阿翁磊落骨幹，故若出二手。（《毛晉龍川詞補跋》）

毛晉此說指陳亮詞前後風格好像「若出二手」，這正可說明陳亮風格的變化。為何陳亮詞風格如此迥異？

因為陳亮一生「六達帝庭，上恢復中原之策。二譏宰相，無輔佐上聖之能」。所以朝廷大臣厭惡他，他在〈與勾熙載提舉昌泰〉書說：「亮少時常有區區之志，晚節末路，尚不能自別於田閭小孺，其他尚復何言！技成而無用，且更以取辱。」（卷二一）他高談理學於事無補，常常與人論戰，學者厭惡他。一生遭遇坎坷，二次入獄，纏訟十年方休，五次參加科舉，到五十一歲才中科舉，他未赴任便一病不起，數十年飽經憂患困折，使他「精澤內耗，形體外離。」（葉適〈陳同甫王道甫墓志銘〉）他在〈答呂祖謙書〉之二：

然一夫之憂懼悲樂，在天地之間去蚊虻之聲無幾，本無足云

---

27 吳熊和：《唐宋詞通論》（杭州：浙江古籍出版社，1995 年 5 月第 4 次印刷），頁 249。

28 毛晉：《龍川詞・跋》，見《陳亮集》，附錄三，頁 483。

者。（卷十九）

他表現出寬闊的胸襟，一面要擺脫一夫之悲憤幽欒，排除「蚊虻之聲」，一面要表現高度的豪放，對自己強烈的愛國精神及民族自豪。另一面他的有志難申的痛苦，幾乎是被視爲「郎疾人」，他把這種內心深處的感受，用婉約幽秀風格來表現。

一個要長期懷抱如此心志者，需要一股超強的毅力，所以陳亮的生活態度是積極。他的〈梅花〉詩：

疏枝橫玉瘦，小萼點珠光。一朵忽先變，百花後皆香。欲傳春信息，不怕雪埋藏。玉篴休三弄，東君正主張。（卷十七）

梅花的堅忍，是「一朵忽先變，百花後皆香」，是帶來春消息的。「欲傳春信息，不怕雪埋藏」的精神，正是南宋退縮政策，所該學習的，也是自喻，他這種自我犧牲，既壓復起的精神，使他在坎坷中仍以天下爲己任。

陳亮有不少詠物詞，其中尤其多詠梅。在七十四首詞中佔有九首，他所詠的梅花都是以精神、風格爲主，藉著梅花的飽經風霜來寄託與明志。他的詠物詞可分下幾類：

## 一、詠物明志

陳亮的愛國詞充滿大志，詠物詞也一樣懷抱心志。如〈水龍吟〉松：「鐵石心腸，虯龍根幹，亭亭天柱。」借詠松樹的風姿，而寓自己的氣節，及自己磊落不凡的胸懷。他又在〈漢宮春〉見早梅呈呂一郎中、鄭四六監岳：稱讚梅花「未通春信，是誰飽試風霜」，飽嚐過風霜之苦難，因「此君小異，費他萬種消詳」，指梅花品格與眾不同，讓人們費許多思慮，寓自己執著抗金態度，不爲世人瞭解的痛苦。又如〈漢宮春〉梅：

雪月相投。看一枝纔爆，驚動香浮。微陽未放線路，說甚來由。先天一著，待闢開，多少旬頭。卻引取，春工入腳，爭教消息停留。　　官不容針時節，作一般孤瘦，無限清幽。隨緣柳綠□白，費盡雕鎪。疏林野水，任橫斜、誰與妝修？猛認得，

些而合處，不堪持獻君侯。（卷十七）

此詞寫下雪的月夜，梅花「一枝纔爆」，不僅花朵綻開，花香幽放。因爲是「先天一著」，所以引來「春工入腳」。下片寫梅花雖「無限清幽」，卻是「一般孤瘦」，他不像的「柳綠柳白」，只生在「疏林野水，，拿「費盡雕鎪」隨風搖擺的柳，與「任橫斜、誰與妝修」的梅花相比擬，這樣估高不妥協的個性，恐難獻與君侯。以梅花孤高幽潔的個性自喻。

又如〈點絳唇〉詠梅月：

一夜相思，水邊清淺橫枝瘦。小窗如畫，情共香俱透。　　清入夢魂，千里人長久。君知否？雨僝雲僽，格調還依舊。（卷十七）

這首詞「水邊清淺橫枝瘦」，是融化林逋〈山園小梅〉：「疏影橫斜水清淺，暗香浮動月黃昏。」及〈梅花〉詩：「雪後園林才半數，水邊籬落忽橫枝」等詩。「千里人長久」是融化蘇軾的〈水調歌頭〉：「但願人長久，千里共嬋娟。」「雨僝雲僽」是指梅花經過淒風苦雨的折磨摧殘，然而它的「格調還依舊」，梅花的清標風韻，不因環境的艱難，而有所改變。

仍以梅花自喻。雖人生中一再受打擊，被視爲「狂怪」。然而他仍不灰心，立場不變，矢志抗金。直到五十一歲，所寫〈及第謝恩和御賜詩韻〉仍高唱：「復讎自是平生志，勿謂儒臣鬢髮蒼。」他像梅花不爲環境所困，格調還依舊。

〈虞美人〉春愁：

東風盪颺輕雲縷，時送蕭蕭雨。水邊臺榭燕新歸，一口香泥，濕帶落花飛。　　海棠糝徑鋪香繡，依舊成春瘦。黃昏庭院柳啼鴉，記得那人和月折梨花。（卷十七）

這首詞題爲春愁，在春天有何憂愁呢？陳亮詠物詞值得思索的是，常寫春愁、春恨。「東風盪颺輕雲縷，時送蕭蕭雨」，春天雲淡風清，卻時時下起蕭蕭雨。以風雨喻時局，詞人筆下的春天是風雨、落花、銜泥之燕、啼鴉，給人淒涼的感覺。《詞林紀事》卷十一錄此詞，引周草窗云：「龍川好談天下大略，以氣節自居，而詞亦疏宕有致。」

29

〈好事近〉詠梅：

> 的皪兩三枝，點破暮煙蒼碧。好在屋檐斜入，傍玉奴吹笛。　　月華如水過林塘，花陰弄苔石。欲向夢中飛蝶，恐幽香難覓。（卷十七）

陳亮這首小令，從字面看沒有驚人之語，又未多用典，卻能自出新意，實有獨到之處。

「的皪」是指鮮明，用兩字點出梅花的秀潔。「兩三枝」，雖然數目不多，但在「蒼煙」的襯托下，自有特色。「好在屋檐斜入，傍玉奴吹笛」，這些梅是何等有情，深入屋簷，伴玉人吹笛，凸出梅的純潔有情。

詞的下片渲染夜色，營造優美安靜的景致。然後作者別出心裁，以「夢中飛蝶，恐幽香難覓。」更別出新意，抒發對梅的喜愛，卻是夢中雖可化蝶穿花，卻恐無幽香撲鼻而悵然若失。全詞寫對梅花的喜愛可見不可及，醒夢虛實之間，把梅品與愛梅者交織，可謂自抒胸臆。

## 二、寄託身世之感

陳亮從隆興元年（1163）到紹熙元年（1190），整整考了二十七年試，除了因父母喪期，生病，沒去應考，其他都是被主考官刷下。

他在乾道五年（1169）至臨安，上書《中興五論》，書上不報。到淳熙五年（1178），他二十九歲，到臨安〈上孝宗皇帝書〉，陳述恢復中原，奮力抗金，並提出許多計畫，可是當時的環境，卻是隆興和議後：

> 朝廷方幸一旦無事，庸愚齷齪之人皆得以守格令、行文書，以奉陛下之使令，而陛下亦幸其易制而無他也，徒使度外之士擯棄而不得騁，日月蹉跎，而老將至矣。（卷一）

直到陳亮五十歲，他仍是「度外之士」。蹉跎歲月，耕種家鄉。每想到自己的遭遇，說：

---

29 張宗橚編、揚寶霖補正：《詞林紀事補正》（上海：上海古籍出版社，1998 年 11 月初版），頁 719。

亮之生於斯世也，如木出於嵌巖嶔崎之間，奇蹇艱澀，蓋未易以常理論，而人力又從掩蓋磨滅之，欲透復縮，亦其勢然也。（〈甲辰秋答朱元晦秘書〉卷二十）

他又說：

每念及此，或推案大呼，或悲淚填臆，或髮上衝冠，或拊掌大笑。（卷十九）

所以他在在詞中表達「悲淚填臆」的痛苦，他把身世之感表達在詠物裡。如〈小重山〉：

碧幕霞綃一縷紅。槐枝啼宿鳥，冷煙濃。小樓愁倚畫闌東。黃昏月，一笛碧雲風。　往事已成空。夢魂飛不到，楚王宮。翠綃和淚暗偷封。江南闊，無處覓征鴻。（卷十七）

詞先寫秋景，使人觸景傷情，「小樓愁倚」，點出主人翁的憂愁，所謂的憂愁是什麼呢？便是「往事已成空」。往事即指當年上〈中興五論〉，上孝宗皇帝的三書，全都如石沉大海，而自己仍是忠心耿耿。「夢魂飛不到，楚王宮。」以屈原自喻，而以楚王比孝宗，陳亮仍想見到他，可惜飛不到他身邊。想盡辦法把款款真情，「翠綃和淚暗偷封」，卻找不到征鴻，沒人能把他的愛國之情，抗金大計，向皇帝表明。英雄無用武之地。又如〈最高樓〉詠梅：

春乍透，香早暗偷轉。深院落，鬥清妍。紫檀枝似流蘇帶，黃金鬚勝辟寒鈿。更朝朝，瓊樹好，笑當年。　花不向沈香亭上看；樹不著唐昌宮裡玩。衣帶水，隔風煙。鉛華不御凌波處，蛾眉淡掃至尊前。管如今，渾似了，更堪憐。（卷十七）

這首詠物詞，自喻高潔的梅花，不願意與牡丹並列，「樹不著唐昌宮裡玩」，也不願意與玉蕊花並列。「鉛華不御凌波處，峨眉淡掃尊前。」可以與之相比的是「鉛華不御」的宓妃，還有淡掃娥眉的虢國夫人。

宓妃得到賢王的青睞，虢國夫人可以承受唐明皇的恩澤，但當今皇帝所用的都是「庸愚齷齪之人」，他像梅花一般的高潔，竟扣閽無路，日月蹉跎，懷才不遇之嘆，在結句中充分表達，「管如今，渾似了，更堪憐」，空相似而際遇卻迥然相異，堪憐的不是梅花，而是自己。

宋人詠梅極多，大多把他寫得高標傲俗，孤芳自賞以寄託自己出世思想。在寫法上，一些典故如「壽陽」、「弄笛」之類，也被用得很濫。這首詞卻能另出新意，百梅花寫得高潔絕俗，難以比並，卻無傲俗之意，這是詞人積極用是思想的反映。在寫法上也別出心裁，摒棄一切熟濫典故，為了凸顯梅花形象，他用了三種花的形象作為反襯，又用了兩個人物形象加以烘托，這種寫法也是少見。30

如〈浪淘沙〉：

霞尾卷輕綃，柳外風搖。斷虹低繫碧山腰。古往今來離別地，煙水迢迢。　　歸雁下平橋，目斷魂銷。夕陽無限滿江臯，楊柳杏花相對晚，各自無聊。（卷十七）

此詞寫離情，文辭淺白，上片寫景，寫輕霞、綠柳、斷虹、碧山、煙水，雖春日風光景色旖旎，皆成惆悵。全詞顯的委婉含蓄，「楊柳杏花相對晚，各自無聊。」用移情手法，表明內心的落寞。

## 三、寄託國家興亡

陳亮詞除了政論詞外，詠物詞也寄託國家興亡。如〈眼兒媚〉春愁：「扶頭酒醒爐香炧。愁人最是：黃昏前後，煙雨樓臺。」寫想用來麻醉自己的酒已經醒了，香爐的香也成灰，但憂國之心未湮滅。但在異族統治下的亭臺樓閣，仍嫵媚多姿實令人痛心。〈水龍吟〉春恨：

鬧花深處層樓，畫簾半捲東風軟。春歸翠陌，平沙茸嫩，垂楊金淺。遲日催花，淡雲閣雨，輕寒輕暖。恨芳菲世界，游人未賞，都付與，鶯和燕。　　寂寞憑高念遠，向南樓，一聲歸雁。金釵鬥草，青絲勒馬，風流雲散。羅綬分香，翠綃封淚，幾多幽怨！正銷魂，又是疏煙淡月，子規聲斷。（卷十七）

本詞題春恨，上片是指美好的春天花草茂盛，百花競放，雲淡風

30 李廷先賞析：陳亮〈最高樓〉，見張淑瓊新編：《唐宋詞新賞》，冊十二，頁193-194。

清，該是遊人踏青，使人流連忘返之地，春天會有什麼恨事？然而末四句：「恨芳菲世界，游人未賞，都付與，鶯和燕。」美好景致，卻無人遊賞，只有鶯和燕，在這芳菲世界徜徉。然而鶯燕是「能賞而不知者」遊人則爲「欲賞而不得者」。[31]

作者在上片中，以「鬧花深處層樓，「畫簾」、「東風」、「翠陌」、「平沙」、「垂楊」、「遲日」、「淡雲」、「閣雨」、「輕寒」、「輕暖」表達芳菲世界，卻不得欣賞，可見內心的寂寞痛苦。所以下片表明「寂寞憑高念遠」，因爲征人未回，只能期盼歸雁是否帶有消息。並懷念當時分別的情景，心中「幾多幽怨」。正銷魂時，這又是子歸啼叫的季節。這也正是他「憑高念遠」的心事。

陳亮是個「推倒一世之智勇，開拓萬古之心胸」的愛國人士，他每次寫完一首詞輒自嘆曰：『平生經濟之懷，略已陳矣！』[32]葉適又言：「予最鄙且鈍，同甫微言十不能解一二，猶以爲可教者。病眊十年，耗忘盡矣。今其遺文大抵斑斑具焉，覽之詳之而已。」[33]陳亮的每篇文、詞都有意義。陳振孫《直齋書錄解》亦云，陳亮詞「自負以經濟之意具在。」[34]所以他寫如此濃郁的閨怨，必有寄託。

一想到大好江山淪落異族，朝廷卻苟安求和。而北方芳菲世界，都賦與鶯和燕。陳亮借春恨來表明國仇家恨，劉熙載云：「言近旨遠，直有宗留守渡河之意。」[35]與宗澤的「渡江」相比，可見陳亮的慷慨熱誠。

又如〈一叢花〉溪堂玩月作：

> 冰輪斜輾鏡天長，江練隱寒光。危闌醉倚人如畫，隔煙村、何處鳴根？烏鵲倦棲，魚龍驚起，星斗掛垂楊。蘆花千頃水微茫，秋色滿江鄉。樓臺恍似游仙夢，又疑是、洛浦瀟湘。風露

---

31 見沈際飛：《草唐詩餘正集》，明末刻本。引自黃清士賞析：陳亮〈水龍吟〉，頁 200。

32 同注一，頁 237。

33 同上注，頁 434。

34 同注十三，頁 850。

35 劉熙載：《藝概》，見《詞話叢編》（臺北：新文豐出版公司，1988 年出版），冊四，頁三六九四。

浩然，山河影轉，今古照淒涼。（卷十七）

這首詞可分三部份，由第一二句「冰輪斜輾鏡天長，江練隱寒光」，扣住詞題，寫月色的皎潔，倒映江面，而波明如鏡，月光與水色融合，有如長長的白色絲練。

接著第二部份寫秋月下的江鄉景色有如圖畫，有煙村、鳴榔聲、烏鵲，魚龍、星斗、垂楊、蘆花，織成迷迷茫茫的游仙夢，恍若置身洛水之濱、湘江之畔。

詞人站在樓臺前，眼看「風露浩然，山河影轉，今古照淒涼」，風寒露重，江鄉美好，明月依舊，卻有江山淪陷，南北分裂，今古不同的哀嘆。所以雖是「溪堂玩月」，雖然是寫景玩月，但寄託面對殘山剩水的悲哀，感慨「今古照淒涼」。有如杜甫的〈登岳陽樓〉:「戎馬關山北，憑軒涕泗流」的感受。

又如〈桂枝香〉觀木樨有感，寄呂郎中：

天高氣肅，正月色分明，秋容新沐。桂子初收，三十六宮都足。不辭散落人間去，怕群花、自嫌凡俗。向他秋晚，換回春意，幾曾幽獨。　是天上餘香剩馥，怪一樹香風，十里相續。坐對花旁，但見色浮今粟。芙蓉只解添愁思，況東籬、淒涼黃菊。入時太淺、背時太遠，愛尋高躅。（卷十七）

這首詞是寄給呂祖謙的。祖謙於淳熙六年曾權禮部郎官，故稱郎中。在陳亮眾多師友中，呂祖謙佔有重要地位。紹興三十二年，陳亮曾與他同試漕臺，而且他們還有姻親關係。[36]陳亮自負才學不在呂氏之下，但數年間，呂氏已為一代師表，而陳亮卻「行不足以自見於鄉閭，文不足以自奮於場屋。」(〈甲辰與朱元晦〉卷二十)

兩人社會地位懸殊，陳亮有有許多不同見解，呂祖謙雖不完全贊同，但以愛護與欣賞的態度。呂祖謙曾勉勵陳亮「虎帥以聽，孰敢違子？」借春秋時鄭國執政罕虎對接班人子產的話，來表明自己支持陳亮。陳亮也常言:「四海相知惟伯恭一人」。(〈與吳益恭安撫〉卷二十一)

---

36 呂祖儉:《呂東萊年譜》〈呂太史外集附錄祭文．陳同甫〉，見呂祖儉:《東萊呂太史集》，《叢書集成續編》(新文豐出版公司，1989 年 7 月出版)，冊一二八，頁 730。

稱他爲海內知心。

淳熙六年（1179）四月，呂祖謙不幸風痺而退居金華，每寄書陳亮必殷勤相邀，陳亮必過訪。據葉適〈龍川文集序〉：

> 呂伯恭退居金華，同甫間往視之，極論至夜分，呂公歎曰：「未可以世為不能用。虎帥以聽，誰敢犯子。」同甫亦頗慰意焉。37

八年，呂氏病逝，消息傳來，陳亮跌足痛哭，並赴金華弔唁。陳亮在〈又祭呂東萊文〉曰：

> 一代人物，風流盡矣。……昔兄之存，眾慕如蟻。我獨從橫，無所網紀：如彼扁舟亂流而濟，觀者聳然，我行如砥，事固多變，中江乃爾。」（卷二十四）

知己已逝，從此「伯牙之琴已分其不可復鼓。」（〈祭呂東萊文〉卷二四）

在《呂東萊文集》與《呂太史外集》中有與陳亮書信三十四封，但《陳亮集》中〈與呂伯公書〉只有四封，可見散佚情形。

因爲陳亮與呂祖謙爲學，都主張「明理躬行」，反對空談性命，與陳亮爲同調。木樨即桂花。作此詞以木樨抒感，藉物言志。指桂花是天國殊英，群花與之相比，顯得凡俗。桂花不選在春天開花，卻在肅秋吐芳實在是想喚起已去的春意。一片高潔心志，卻滿腔似火，以花喻人。

秋日的芙蓉，未嘗不秀美，卻是令人頓增愁思。菊花自是秋節名花，只是東籬的秋菊，只讓人想起陶淵明的遺世獨立的歸隱山林，和作者積極熱情的用世思想不相符合。

「入時太淺、背時太遠，愛尋高躅。」末三句是詞人對桂花的評騭，可惜易開易落，「入時太淺」，且無豔色，是「背時太遠」。這正說明自己力言恢復大志，上書三次，被以爲狂怪，是「入時太淺」，舉世主和，自己倡言主戰，非「背時太遠」？孤芳自賞，不肯隨波逐流，正是「愛尋高躅」。

---

37 同注一，頁 237。

這首詞在豪放之外，別具典雅幽秀，語意高遠，秀而有骨。詞牌、韻部，選用王安石〈金陵懷古〉詞，產生悲涼高遠的氣氛。

### 四、形神兼備

陳亮有詠梅詞意境頗好者，如〈品令〉詠雪梅：

> 瀟灑林塘暮，正迤邐，香風度。一番天氣，又添作，瓊枝玉樹。粉蝶無蹤，疑在落花深處。　深沈庭院，也卷起，重簾否？十分春色，依約見了，水村竹塢。怎向江南，更說杏花煙雨？（卷十七）

此首詠春雪後的梅花，林塘傍晚，香風輕送，忽然來一場春雪，使粉蝶無蹤，卻添作「瓊枝玉樹」。此時應是十分春色，可見到水村竹塢，然而雪片紛飛，寒意侵人，「怎向江南，更說杏花煙雨」，讓人不敢相信有江南春景。全詞有淡淡的幽情。

## 第五節　陳亮的懷友、送別詞

陳亮自贊云：「人中之龍，文中之虎。」他的詞不作妖語媚語，所以「不受人憐」。有人甚至以爲《花庵》選多纖麗，懷疑那些是僞作，或有以爲「同甫子沆特表阿翁磊落骨幹」。「磊落骨幹」正表現出陳亮詞特色。

許多人寫懷友、送別詞都是感情洋溢，陳亮卻出新意，以理化情，情中有「磊落骨幹」。他這類懷友、送別、酬贈詞，仍充滿個人抱負、理想及愛國之思。

陳亮的懷友詞、送別擺脫一些纏綿悱惻的寫法，這類詞中明白表達自己的情感與心意：

## 一、懷友詞中卻充滿諷刺

如〈鷓鴣天〉懷王道甫：

落魄行歌記昔遊，頭顱如許尚何求？心肝吐盡無餘事，口腹安然豈遠謀！　纔怕暑，又傷秋。天涯夢斷有書不？大都眼孔新來淺，羨爾微官作計周。（卷十七）

王自中，字道甫，與陳亮性格類似，《宋史．王道甫傳》說他：「少負奇氣，自立崖岸，繇是忤世」，[38]他也「敢於面刺當朝宰相」。[39]乾道四年，議遣歸正人，伏闕爭論，並陳復仇之義。淳熙五年中進士。王道甫處事與流俗不合，屢被罷黜，與陳亮一樣都是「不識時務」的硬骨頭，並結爲好友。

陳亮〈與吳益恭安撫〉書曾言：「四海相知惟伯恭一人，其次莫如君舉，自餘惟天民、道甫、正則耳。」（卷二十一）在《陳亮集》中六、七處提到王自中，另有二首詞寫給王道甫。葉適有〈陳道甫王道甫墓誌銘〉把兩人事蹟合寫，《宋元學案》也把陳亮與王道甫列爲「同調」。可見他們的情誼與志氣。

陳亮曾在〈三部樂〉七月二十六日壽王道甫（卷十七）說王道甫「盤根錯節」、「更饒倉卒」，說他沒些兒「蹣跚勃窣」，也不是「崢嶸突兀」，都指他遭遇困頓。然而陳亮仍指望他「百二十歲，管做徹，元分人物。」預祝他活到一百二十歲，定可以成爲卓越出眾的人才。

然而陳亮與王道甫並非自始至終的志同道合。陳亮在〈祭王道甫母太宜人文〉云：「某向與令子爲琨、逖之相期，晚節末路，蓋管、華之異向；跡雖小戾，心實如初，追念昔游，幾成一夢。」（卷二十五）陳亮〈與陳君舉書一〉云：「道甫直是一夢。」（卷二十一）可見陳亮已經視兩人往昔的交游如一夢。

從這首詞看出：上片寫陳亮目前的落魄，想到兩人昔日交游，理想目標相同，現在老了，頭髮白了，還有何要求？「心肝吐盡無餘事，口腹安然豈遠謀」，自己多年來屢次上書，力陳救國大計，卻毫

---

38 同注二十二，冊三十四，頁 11948。
39 同注一，頁 434。

無回應，如今生活安定，何須爲生計奔波？《宋史・陳亮傳》指陳亮：「詣闕上第三書，帝想給他官做，陳亮說：『吾欲爲社稷開數百年之基，寧用以博一官乎？』亟渡江而歸。他是心口如一，視富貴如浮雲者。

下片卻轉而諷刺老友，「大都眼孔新來淺，羨爾微官作計周」，說自己近來目光短淺，也羨慕起你雖官位卑微，卻擅於爲自己生計經營。他一面對王道甫長期懷才不遇而抱屈，一面又諷刺他背棄理想，只顧生活溫飽而失望。這首詞語言婉轉，卻有「磊落骨幹」之氣。

## 二、懷友詞中充滿期望

陳亮〈滿江紅〉懷韓子師尚書：

> 曾洗乾坤，問何事雄圖頓屈！試著眼、階除當下，又添英物。北向爭衡幽憤在，南來遺恨狂酋失。算淒涼部曲幾人存，三之一。　　諸老盡，郎君出；恩未報，家何恤！……，休更上百尺舊家樓，塵侵帙。（卷十七）

韓彥古是抗金名將韓世宗三子，陳亮與他有深交，在《陳亮集・與辛幼安殿撰》中，有云：

> 四海所係為望者，東序惟元晦，西序惟公（辛棄疾）與子師（韓彥古）耳。……前年（淳熙十一年 1184）曾訪韓子師於和平山中。（卷二十一）

可見他曾於淳熙十一年（1184），訪問過韓子師。又有〈送韓子師侍郎序〉：

> 秘閣修撰韓公知婺之明年，以「恣行酷政，民冤無告」劾去，去之日，百姓遮府門願留者，頃刻合數千人。（卷十五）

又有〈與韓子師侍郎書〉：

> 亮拜違又見秋矣。……懷想促膝對坐，抵掌劇談之時，每遇頡頏飛動而未能也。比聞有鄉邦之命，喜甚，至於不寐。（卷十九）

由此可見陳亮與韓彥古的交深。

此詞《陳亮龍川詞箋注》定爲：「淳熙十六年。(1189)」[40]陳亮在前一年曾有〈戊申上孝宗皇帝書〉，不報，被以爲狂怪；他仍不死心，趁著韓子師即將致仕前，再申大義。

陳亮以爲南渡以來，北向統一之舉，未能完成，致使韓世忠含憤而去。而現金韓世忠部屬已寥落淒涼，不及當初三分一。他期望韓彥古扛起抗金重任，「諸老盡，郎君出。恩未報，家何恤。」(卷十七)「休更上百尺舊家樓，塵侵帙」，衷心勸他勿要因爲一點阻礙，就要決然捨去，退隱故居，不問人間世事，不管復國大業。

又如〈踏莎行〉懷葉八十推官：「已共酒杯，長堅海誓，見君忽忘花前醉。從來解事苦無多，不知解到毫芒未？」(卷十七)寫到思念葉八十推官，魂魄飛往相見，把酒長談，竟忘花前醉酒。突然筆鋒一轉，點出唯有葉八十推官是知己，「從來解事苦無多，不知解到毫芒未？」自傷自己對事看法多與世俗不合，人以爲非，自以爲是，又不願從眾苟合，如此「與眾寡合」突兀的個性，只有葉八十推官瞭解。

## 三、送別詞中有愛國期許

宋人不愛當出使金國使者，不是受屈辱，就是吃力不討好。蘇洵〈送石昌言北使引〉寫到出使者，「聞介馬數萬騎馳過，劍槊相摩，終夜有聲，從者怛然失色。及明，視道上馬跡，尙心掉不自禁。」膽怯於虜的情形，然而出使者宜有尊嚴、勇氣。陳亮在送出使詞中充滿盼望與期許。如〈三部樂〉七月送丘宗卿使虜：

> 小屈穹廬，但二滿三平，共勞均佚。人中龍虎，本為明時而出。只合是，端坐王朝，看指揮整辦，掃蕩飄忽。也持漢節，聊過舊家宮室。　西風又還帶暑，把征衫著上，有時披拂。休將看花淚眼，聞弦酸骨。對遺民，有如皎日，行萬里，依然故物。入奏幾策，天下裏，終定于一。(卷十七)

〈三部樂〉是宋詞罕用詞牌，陳亮在詞中一共用兩次。此詞是紹

40 同注十二，頁 64。

熙元年（1190）七月送丘宗卿使金賀金主生辰之作。丘宗卿是南宋主戰大臣之一。《宋史・丘崈傳》：

> 丘崈字宗卿，江陰軍人，隆興元年進士。為建康府觀察推官，……有旨賜對，遂言「恢復之志不可忘，恢復之事未易舉，宜甄拔實才，則以內治，遵養十年，乃可議北向。」……？平日主復仇，……儀狀魁傑，機神英悟，嘗慷慨謂人曰：「生無以報國，死願為猛將以滅敵。」其忠義性然也。41

《陳亮集》有〈宋丘秀州宗卿序〉（卷十五），又有〈祭丘宗卿母碩人臧氏文〉讚他爲「一世之英，百年廊廟之具。」（卷二十五）足見陳亮與丘崈的交情。

《宋史・丘崈傳》未載其使金事，僅在孝宗朝時，曾「被命接伴金國賀生辰使」，金使爲之屈服，聽命成禮而還。《宋史・光宗本紀》紹熙元年：「六月丁亥，遣丘崈等賀金主生辰」，此詞即指使虜事。

他說「二滿三平，共勞均佚」，出使賀金主生辰，非關大局，只要應付了事就好。當他持漢節，經過北宋的舊宮殿，對著北方軍隊也不用「看花淚眼」，一臉亡國無可奈何狀。對淪陷區的人民時，更要「有如皎日，行萬里，依然故物。」如皎日光明，鼓舞北方人民收復失土的決心。而且行萬里，依然是我國故土，有一日仍會回宋懷抱。「入奏幾策，天下裏，終定于一。」又信心十足的期許他出使後入朝，當向皇帝獻策，力陳恢復之議，天下將能統一。全詞專注於不可忘記恢復大業。

## 四、酬酢詞中有復國期望

陳亮在〈賀新郎〉同劉元實、唐與正陪葉丞相飲云：

> 大家綠野陪容與，算等閒，過了薰風，又還商素。手弄柔條人健否？猶憶當時雅趣。恩未報，恐成辜負。舉目江河休感涕，念有君如此何愁虜！歌未罷，誰來舞？（卷十七）

---

41 同注二十二，卷三九八，冊三十五，頁 12109-12113。

《陳亮龍川詞箋注》說：「此詞當作於淳熙二年乙未（1175）秋，同甫存詞中可考見年代者，當以此闋爲最早。」[42]

葉衡是南宋主戰名臣之一，與陳亮交往密。《陳亮集》中有寫給葉衡四書，陳亮〈與葉丞相〉第一書云：

> 相公以碩輔之尊，鎮撫坤維，經理關隴，如聞兵備甚設，大計已定，苦於朝論之不合，……。大概國家之勢未張而庸人之論方勝，五十載痛憤之仇未報，而二十年為備之說方出。文士既不識兵，而武夫又怯於臨敵，大概皆欲委之而為說以冀其妄而已。此功名之事，儒者以為難而有志者所同嘆也。（卷二十一）

又在〈中興論〉云：

> 韓信有言：「能反其道，其強易弱。」況今虜酋庸懦，政令日弛；舍戎狄鞍馬之長，而從事鍾州浮靡之習，君臣之間，日趨怠惰。自古夷狄之強，未有四五十年而無變者。稽之天時，揆之人事，當不遠矣。（卷二）

期望葉丞相能有立國大計。詞中「舉目江河休感涕」，用《世說新語》典故，宜一起努力克復神州，不須楚囚相對。陳亮對孝宗期望甚多，又在〈中興五論序〉云：

> 仰惟陛下以睿聖神武之資，……勵志恢復……，有君如此，而忠言之不進，是匿情也。（卷二）

故常言：「念有君如此何愁虜」，不愁不能滅虜統一中原。對恢復中原滿有期待。然而因主和派的「紛紛之論」，（〈與葉丞相第一書〉卷二十一）至終仍是一事無成。

又如〈水調歌頭〉和趙周錫：

> 事業隨人品，今古幾麾旌！向來謀國萬事，盡出汝書生。安識鯤鵬變化？九萬里風在下，如許上南溟。斥鷃旁邊笑，河漢一頭傾。　　嘆世間，多少恨，幾時平！霸圖消歇，大家創見又成驚。邂逅漢家龍種，正爾烏紗白紵，馳鶩覺身輕。樽酒從渠說，雙眼為誰明。（卷十七）

---

42 同注十二，頁 1。

從詞題可知趙周錫是宋宗室，其人有豪氣，人品高尙，爲陳亮所喜。「嘆世間，多少恨，幾時平」，人間恨事是，自己的遭遇令人難平。但如果「霸圖消歇」，那真是令壯士扼腕。然而「大家創見又成驚」，「大家」指皇帝，現今正要振作，極思恢復中原，爲北向爭衡之計，然而群臣一聽，苟安成性，便爭相驚異，以爲可怪，才真正可恨之事。期望趙周錫勿學斥鷃，要像鯤鵬變化，有恢弘的氣勢，扶搖九萬里而上，不受儒家教條及一些小節束縛。

又在〈瑞雲濃慢〉六月十一日壽羅春伯：

> 植根江表，開拓兩河，做得黑頭公未？騎鯨赤手，問何如長鞭尺箠？向來王謝風流，只今管是。（卷十七）

羅春伯，名點（1150-1194），與葉適同年，但發達較早，去世也早。他與陳亮情誼甚厚，陳亮入獄時，羅點曾極力拯救陳亮。《宋史》云：「辛棄疾、羅點素高亮才，援之尤力。」陳亮對這身居高位的好友的壽詞，是期許他在壯年，立下豐功偉業做黑頭宰相，並找到克敵之良策，如王導謝安一樣，創一番英雄事業，實現抗金大業。

## 第六節　陳亮的哲理詞

陳亮與朱熹是論辯之友，他們之間的論點迥然相異，朱熹認爲陳亮「平日才太高，氣太銳，跡太露，論太顯；是以困於所長，忽於所短」[43]又說「同父才高氣粗，故文字不明瑩。要之，自是心地不清和也。」[44]在論辯中，他本來要陳亮放棄賤王尊霸，及義利雙行的觀點，以挽救浙人學風的偏失，沒想到陳亮不是那麼容易被說服的人，起初兩人還態度誠懇，日後語氣激烈，通信頻繁，信中暗藏冷言諷刺，最後演變到連門弟子也互相攻訐。

雖然論點不同，然而他們的友情卻是非常堅固。從相識後，陳亮

---

43 朱熹：《朱子大全．寄陳同甫第四書》（臺北：中華書局，1965 年），冊四，卷三六，頁 19。
44 朱熹：《朱子語類》，見《四庫薈要》，冊二五一，頁 190。

每年在朱熹生日時，送信贈詞餽禮。陳亮入獄時，朱熹關心問候，陳亮也是朱熹兒子朱壽的老師，朱壽過世時，朱熹請陳亮爲其子寫墓誌銘，可見兩人關係。

基本上理學影響詞比影響詩還少（見第二章第三節），陳亮的哲學思想僅在寫給朱熹的詞中略略提起，只可惜陳亮給朱熹的詞僅存壽詞三首，本節僅就陳亮與朱熹交游，及提及他們之間的思想論點的壽詞加以探討：

## 一、陳亮與朱熹交往

### （一）淳熙九年（1182）陳亮至婺訪朱熹

淳熙八年（1181）朱熹除提舉兩浙東路常平茶鹽公事；次年正月巡歷婺州、衢州，此時陳亮有機會至婺、衢與朱熹相會，盤桓十日始去。[45]別後朱熹即派專人問候陳亮，送書數冊，並寄書云：

> 數日山間從游甚樂，分袂不勝惘然。……老兄與君舉能一來此間相聚為幸。官舍無人，得以從容，殊勝在道間關置車中，不得終日相也。……《戰國策》、《論衡》二書並自注《田說》二小帙，并往觀之，如何也？所定《文中子》，千萬攜來……別後鬱鬱，思奉偉論，夢想以之。臨風引領，尤不自勝。[46]

陳亮〈壬寅（1182）答朱元晦書〉云：

> 山間獲陪妙論，往往盡出所聞之外。世途日狹，所賴以強人意者，惟秘書一人而已。平生有作料人物世事之癖，今而後知其不可也。別去惘然，如盲者之失杖。意每有所不通，輒翹首東望，思欲飛動而未能。（卷二十）

別後朱熹已開始思想陳亮的偉論，陳亮也思索朱熹妙論「往往盡出所聞之外」。同年夏天，陳亮有〈又壬寅夏書〉：

> 不獲聽博約之誨，又復三月；起居之問不到凡格，亦復踰月

---

45 田懋竑：《朱子年譜》，見《叢書集成新編》（臺北：新文豐出版公司，1985 年出版），冊八七，卷三上，頁 17。

46 同注四四，頁 16-17。

矣。尊仰殆不容言。……近有〈雜論〉十篇，聊以自娛，恨舉世未有肯可其論者。且錄去五篇，或秘書不以為謬，當繼此以進，然其論亦異矣。餘五篇乃是賞罰形勢，世卿恩怨，尤與世論不合，獨恐秘書不以為異耳。……六月，……但當去紹興請教，且求一碗現成飯吃，不能別生受。……胸中所欲言萬端，微秘書無以發其狂；而困於俗事，又困於諸生點課，臨風引頸，徒劇此情。（卷二十）

從這兩封信可見兩人的情感日增，書中論旱災米貴等問題，幾乎無所不談。然而兩人思想性格相差太大，都不肯輕易放棄本身看法，所以想法日行日遠。

淳熙九年（1182），陳亮開始營建幾間居室。次年夏天，他打算「就南邊營葺小園，架數處亭子，遂爲老死田閭之計。」

### （二）淳熙十年（1183）朱熹開始批評陳亮

淳熙十年（1183），朱熹以「粗豪」形容陳亮，認爲陳亮是「自處於法度之外」，勸他「窮理修身，學取聖賢事業」，「絀去義利雙行、王霸並用之說，而從事懲忿窒欲，遷善改過之事」，並「培壅本根，澄源正本」（〈答陳同甫書〉之四）；至於陳亮則諷刺朱熹以爲「今世之儒士，自以爲得正心誠意之學者，皆風痺不之痛養之人也。舉一世安於君父之仇，而方低頭拱手，以談性命，不知何者爲之性命乎。」[47]這年九月十五陳亮有〈水調歌頭〉壽朱熹。

淳熙十一年（1184），陳亮有牢獄之災，出獄後又遭意外襲擊，建園工作不得不停止。五月二十五日脫獄，有〈甲辰答朱元晦書〉：

五月二十五日，亮方得離棘寺而歸，偶在陳一之架閣處，逢一朱秀才，云：方自門下來，嘗草草附數字。到家，始見潘叔度兄弟遞到四月間所惠教，發讀恍然，時猶未脫獄也。（卷二十）

朱熹來書：

比忽聞有意外之禍，甚為驚嘆；方念未有相為致力處；又聞已

---

47 見陳亮：〈上孝宗皇帝第一書〉，爲陳亮未指明朱熹，這是發生在淳熙十五年事。然脫脫：《宋史．陳亮傳》《宋史紀事本末》皆指明其是詆朱熹。

遂辨白而歸，深以為喜。(《朱子大全・答陳同甫書四》卷三十六)

這年陳亮又有〈甲辰答朱元晦〉爲漢唐之辨。及〈蝶戀花〉壽朱元晦。是年，朱熹訪問陳亮於永康，還，以爲浙東士習，馳騖於外，舍天經論孟而尊史遷，舍窮理進性而談世變，捨治心修身而言事功，大爲學術之害，致書呂字約（子約，子謙之弟），痛訐陳亮。(《朱子年譜・朱子大全乙巳答呂子約》)

## （三）陳亮請朱熹作〈抱膝吟〉

淳熙十二年（1185），陳亮一面與朱熹論辯，又一面蓋園子。他建柏屋三間，取名「抱膝」，並寫信告訴朱熹他屋宇的佈局：

> 今年不免聚二三十小秀才，以教書為行戶。一面治小圃，多植竹木，起數處小亭子。……亮舊與秘書對坐處，横接一間，名曰燕坐；前行十步，對柏樹三間，名曰抱膝，……抱膝之東側，去五七步，作一杉亭，頗大，名曰小憩。(〈乙巳書與朱元晦〉之一)

「亮舊與秘書對坐處」，是指去年朱熹前來之時對坐處。等抱膝齋蓋好後，葉適作〈抱膝吟〉二首，陳傅良作一首，皆有諷喻之意。他先求朱熹「爲亮作兩吟：其一爲平和之音，其一爲悲歌慷慨之音，使坐此屋而歌以自適，亦如常對晤也。」又求書「抱膝」、「燕座」、「小憩」六大字，「去僕已別賚五日糧，令在彼候五七日不妨，千萬便爲一作，至懇至懇。」(〈乙巳春與朱元晦書〉之一)

但朱熹的回信卻是：

> 〈抱膝吟〉亦未遑致思，兼是前論未定，恐未必能發明賢者之用心，又成虛設。(〈與陳同甫書九〉卷二十)

這年兩人書信來往頻繁，都是漢唐論辨，《朱子語錄》:「同父才高氣粗，故文字不明瑩，要之自是心地不清和也。」由陳君舉調停，這年結束漢唐論辨。

淳熙十三年（1186）秋，陳亮朱熹漢唐之辨，仍有餘波。陳亮〈丙午秋書〉仍求作〈抱膝吟〉：

> 連書求作〈抱膝吟〉，非求秘書粧撰而排連也，只欲寫眼前景物，道今昔之變，一為和平之音，一為慷慨悲歌，以娱其索居

處野耳。信手直寫，便自抑揚頓挫，何必過於思慮以相玩哉！去奴留待幾日儘不妨，願試作意而為之。（卷二十）

朱熹來書推辭，他在信中說陳亮詞雖雄辯，終覺不可行，且讀之愈覺費力，又說：

〈抱膝吟〉久做不成，蓋不合先寄陳葉二詩來，田地都被占卻，教人無下手處也。況今病思如此，是安能復有好語道得老兄意中事耶！（卷二十）

淳熙十四年，陳亮仍有〈洞仙歌〉壽朱元晦。淳熙十五年（1188），冬偕辛棄疾游鵝湖，且會朱熹於紫溪，朱熹不至。

光宗紹熙元年（1190），陳亮有〈跋朱晦庵送寫照郭秀才序後〉（卷十六）

**（四）陳亮為朱熹子寫祭文**

紹熙二年（1191），陳亮又有獄事。這年朱熹兒子朱壽卒於婺州。（《朱子年譜》）。陳亮在獄中一年多，親友多冷漠不理，朱熹和辛棄疾對他十分關切，他在獄中給章德茂的信：「朱元晦、辛棄疾相念甚至，無時不相聞。各家年齡衰暮，前程大概已可知。」（〈給章德茂書〉之四）可見朱熹對陳亮的器重愛護，長子朱塾死後，陳亮寫〈祭朱壽之文〉：

慟哭流涕不能自已，非以子之翁遇我不啻骨肉，而囚繫之餘始知人亦惟其所遭耳。……嗚呼！子之翁老矣，抱負至難之才而人惡其違世，刻意不傳之學而人惡其厲己。諸賢零落殆盡，天獨許其後死，意者將有所為也，而乃使之以六十之叟而哭子耶！（卷二十三）

文中吐露對朱熹的知遇之恩，「遇我不啻骨肉」。

紹熙三年（1191）[48]朱熹也寫一封信安慰他出獄：

自聞意外之患既解，而益急地遠無從詷知洞息，親舊書來，亦

---

48 見陳來：《朱子書信編年考證》（上海：人民出版社，1989 年 4 月第 1 次印刷），將朱子給陳亮的此封書信，「此書當在辛亥」，故編年在紹熙二年。顏虛心編纂，《宋陳龍川先生亮年譜》，卻編在紹熙三年，陳亮出獄應在紹熙三年才是。此書信在《朱子》續集卷七頁 1805。卻誤爲《朱子大全》卷三六。

不能言其詳，第切優嘆而已。數日前得沈應先書，乃報云云，自是必可伸雪。今日忽見使人得所惠書，乃知盲料亦誤中也。急拆疾讀，悲喜交懷，……觀望既息，黑白自分，千萬更且寬以處之。天日在上，豈容有此冤枉事也！（《續集》卷七）[49]

他並且向陳亮「訴哀敘謝」，也哀懇陳亮爲其子作墓誌銘，具道朱塾生前「尊慕」陳亮的文章：

七子卜葬以得地，……此兒素知尊慕兄之文，此亦少慰之矣。更有少懇，將來葬處，欲得數語識之。……以老兄素有教誨奬就之意，輒以不朽為托，伏惟憐而許之，千萬幸甚。更一兩月，當遣人就請也。（《續集》卷七〈與陳同父〉）

紹熙三年十一月，朱熹將長子葬於大同北麓。

**（五）紹熙三年（1191）陳亮訪朱熹於閩**

紹熙三年（1191），辛棄疾正攝閩帥，在福州。王懋竑以前的朱熹年譜，像戴銑《朱子實紀》，李默《紫陽文工先生年譜》，洪嘉植《朱子年譜》等，都在紹熙三年壬子下有一條：「陳同甫來訪」。但王懋竑《朱子年譜考異》說：「壬子之來訪，則兩家文集俱不之及。同父以癸丑（紹熙四年）第，朱子有書與之，亦不言壬子之來也。年譜蓋誤以壬寅爲壬子，而未詳考其實耳。」所以他把「陳同甫來訪」，移至淳熙九年壬寅。從此再無人知道紹熙三年有朱陳考亭之會。[50]在韓淲的〈送陳同甫丈赴省〉癸丑正月十六日：

四海平生幾過從，晚向閩山訪晦翁。又見稼軒趨召節，卻隨舉子赴南宮。風雲變態高情表，歲月侵尋醉眼中。可見龍川便真隱，乘十勛業尚須公。[51]

「晚向閩山訪晦翁」，可見陳亮到閩去探望朱熹。而紹熙三年底，辛棄疾召赴行在，便是詩中的「又見稼軒趨召節」，必在紹熙三年十二月。辛棄疾到達建安在紹熙四年正月四日。[52]韓淲是上饒人，

---

49 見朱熹：《朱文公文集續集》《四庫全書縮印本初編》，冊十，卷七，頁 1805。
50 見束景南：《朱子大傳》（福建：教育出版社，1992 年出版），頁 845。
51 宋・韓淲：《澗泉集》，見《景印文淵閣四庫全書》，冊一一八〇，頁 763。
52 見鄧廣銘：《稼軒詞編年箋注》〈水調歌頭〉題云：壬子，三山被召。又〈西江

這首詩是正月十六日，可見陳亮訪問朱熹以後，「卻隨舉子赴南宮」，指紹熙四年癸丑正月，陳亮赴臨安春試。隨辛棄疾一起北上入京經上饒時，韓淲所作的送行詩。[53]據鄧撰辛譜：「據知稼軒於此次應召途中，必曾於浙東與陳氏相會晤。其向陳氏盛稱潘友文政績，亦必此時事。」[54]其實是辛與陳同行，紹熙四年，陳亮有〈信州永豐縣社壇記〉云：

> 吾友潘友文文叔之作永豐也，稼軒辛幼安以為文叔愛其民如古循吏，而諸公猶詰其驗，幼安以為「以為役法之弊，民不可受役，至破家而不顧。永豐之民往往乞及今令在時就役，是孰使之然哉。」……少從張南軒呂東萊學，步趨必則焉；而又方卒業於朱晦庵。……余過永豐道上，行數十里而民無異詞；及見文叔，則謙然自道，說其不能。民與文叔皆可無憾矣。（卷十六）

潘友文是朱熹弟子，朱熹在〈與潘文叔明府〉說：「辛幼安過此，極談佳政。」（《柳待制文集》卷十八）根據「余過永豐道上」，更可證明陳亮紹熙三年，曾南下閩訪問朱熹，並偕同辛棄疾路經信州永豐。[55]

陳亮與朱熹這次在福建相聚有一二十日。[56]從紫溪之約失約後，這次三人才相聚共論，陳亮作〈朱晦庵畫像贊〉云：

> 體備陽剛之純，氣含喜怒之正。睟面盎背，吾不知其何樂！端居深念，吾不知其何病。置之釣臺捺不住，寫之雲臺捉不定，天下之生久矣，以聽上帝之正命。（卷十）

他稱朱熹是「體備陽剛之純，氣含喜怒之正」，是個「人中之龍也。」（〈與林和叔侍郎〉卷十九）而且是「置之釣臺捺不住，寫之雲臺捉不定」只尊聽天帝「正命」的人。

---

月〉題云：「癸丑正月四日，自三山被召，經從建安，席上和陳安行舍人韻。」

53 同注五一。

54 同注五二，見鄧廣銘：《稼軒年譜》，頁 751。

55 同注五十，頁 846。

56 同注五十。陳亮：《龍川集．姚唐佐墓誌銘》，卷二十八，陳亮在紹熙三年十二月丙午（八日）猶在永康，則啟程入閩約在十日前後，到達考亭約在二十日前後。

### （六）紹熙四年陳亮及第，朱熹仍未作〈抱膝吟〉

紹熙四年（1193），陳亮及第後，也將此事寫信告訴朱熹（書已佚）。在朱熹信中，「自聞榮歸…亦嘗附鄰舍陳君一書於城中轉達，不知已到未也？專使之來，伏奉手誨，」（〈答陳同甫〉癸丑九月二十四日第十五書）

陳亮信中仍提起寫〈抱膝吟〉之事，希望朱熹能實踐前約作〈抱膝吟〉。朱熹仍拒絕：

> 〈抱膝〉之約，非敢食言，正為前此所論未定，不容草草下語。須俟他時相逢，彈指無言可說，方敢通個消息。但恐彼時又不須更作這般閒言閒語耳。（〈與陳同甫〉第十五書卷三六）

陳亮建築的抱膝齋，至終未能得朱熹的題詠。

雖然朱熹不爲抱膝齋題詠，但陳亮對朱熹的人品極稱讚，稱朱熹是：

> 四海所係為望者，東序惟元晦，西序惟公（辛棄疾）與子師（韓彥谷）耳。（〈與辛幼安殿撰〉卷二十一）
>
> 諸賢凋落殆盡，獨參政（周必大）與元晦巋然以鎮之。（〈與周參政〉必大卷二十一）
>
> 乾道間，東萊呂伯恭、新安朱元晦及荊州，頂立為一世學者宗師。（〈與張定叟侍郎杓〉卷二十一）

他對朱熹的人品極稱讚。

### （七）陳亮、朱熹與唐仲友公案

陳亮與朱熹另有一件公案，論者認爲唐仲友與陳亮不合，唐仲友嘲笑陳亮學問粗淺，兩人爭奪妓女，陳亮情場失意，向朱熹進讒言。所以朱熹彈劾唐仲友之事。唐仲友字與正，號說齋，金華人。

淳熙九年，朱熹「巡所部，將趨溫州，涉台州境民訴太守新除江西提刑唐仲友不法者紛紛，及趨臺城，則訴者益眾，致不可勝窮。」[57]朱熹彈劾唐仲友前後六章，周密《齊東野語》云：

> 朱晦庵按唐仲友事，或云呂伯公嘗與仲友同書會有隙，朱主

---

57 同注四五，頁 17。

呂，故抑唐，是不然也。蓋唐平時恃才輕晦庵，而陳同甫頗為朱所進，與唐不相上下。同父遊台，嘗狎籍妓，囑唐為脫籍，許之。偶郡集，唐與妓云：「汝果欲從陳官人邪？」妓謝，唐云：「汝須能忍饑受凍乃可。」妓聞之大恚。自是，陳至妓家，無復前之奉承，陳知為唐所賣，亟往見朱，朱問：「近日小唐云何？」答曰：「唐謂公尚不識字，如何作監司。」朱銜之，遂以部內有冤獄，乞再巡按。至台，適唐出迎，少稽，朱蓋以陳言為信，立索郡印，附以至官，乃摭唐罪具奏。而唐亦作奏馳上。時唐鄉相王淮當軸，既進呈，上問王，王奏：「此秀才爭閑氣耳。」遂兩平其事。58

朱熹是在七月二十三日才到台州，但他七月十九日及二十三當日便上和唐仲友兩狀，所謂因唐仲友「出迎少稽」，朱熹才「摭唐罪具奏」，這種說法是錯誤。另有吳子良《林下偶談》云：

金華唐仲友，字與正，博學工文，熟於度數，居與陳同甫為鄰。同甫雖工文，而以強辯使氣自負，度數非其所長。唐意輕之，而忌其名盛。一日，唐為太學公試，故出《禮記》度數題以困之，同甫技窮見黜。既揭榜，唐取陳卷示諸考官，咸笑其空疏。同甫深恨。唐知台州，大修學，又修貢院，建中津橋，政頗有聲，而私於官妓，其子又頗通賄賂。同甫訪唐於台州，知其事，具以告晦翁。時高炳如為台州倅，才不如唐，唐亦頗輕之。晦翁至，既先索州印，逮吏旁午，或至夜半未已，州人頗駭。唐與時相王季海為鄉人，先密申朝嫌省避晦翁按章。及後季海為改唐江西憲，而晦翁力請去職。蓋唐雖有才，然任數要非端士。或謂晦翁至州，竟按去之足矣，何必如是張皇乎？同甫之至台州，士子奔湊求見。黃岩謝希孟與同甫有故，先一日，與樓大防諸公飲中山上以待之，賦詩有云：「係於細語夾簾言，說盡尊拳并毒拳。」語已可怪。既而同甫至。希孟借郡中伎樂燕之東湖，同甫在座與官妓語，酒至不即飲，希孟怒，

58 周密：《齊東野語》，見《景印文淵閣四庫全書》，冊八六五，頁 819。

詰責之，遂相罵擊，妓樂皆驚散。明日，有輕薄子為謔詞，末云：「何時一樽酒，重與細論文。」一州傳以為笑。[59]

周密《齊東野語》的故事，爲後來稗官野史拾錄，但《夷堅志》支庚（卷十）、《雪舟脞語》二家，則不言陳同甫介入糾紛。

陳亮在淳熙二年作〈賀新郎〉詞，注明「同劉元實、唐與正陪葉丞相飲」，據姜書閣《陳亮龍川詞箋注》：「知前後曾有兩次集飲於葉丞相邸第。」[60]可知唐與陳是相識的。爲何他故意出考題來爲難陳亮？呂東萊寫信來安慰：「但深察得考官卻是無意。」[61]

陳亮同唐仲友有親戚關係，陳亮〈何茂宏墓誌銘〉說何茂宏有三子六女：「女六人，唐仲義、陳亮、宗楷、陳大同、俞袤，其婿也。……仲義與茂恭同年進士，以郡武之光澤丞上銓曹闕升矣。」唐仲義即唐仲友之兄。所以當朱熹彈劾唐仲友時，唐家必定請陳亮出面求情，但陳亮與唐仲友本有芥蒂，所以他採用「只因相勸，不應相助，治人合在秘書（朱熹）自決之」的態度。沒有爲唐家何家遊說，也沒有進讒言，引起唐仲友不滿。

陳亮與朱熹〈癸卯秋書〉：

台州之事，是非毀譽，往往相半，然其震動則一也。世俗日淺，小小舉措已足以震動一世，使得秘書得展所為，于今日斷可以風行草偃，……。去年之舉，震九四之象也。以秘書壁立萬仞，雖處群陰之中，亦不應有所拖帶。至於人之加諸我者，常出於慮之所不及，猶懼其所附託，況更親而用之乎？物論皆以為凡其平時鄉曲之冤，一皆報盡，秘書豈為此輩所使哉？……兩家各持一論，惟亮此論為甚平，未知秘書以為如何？（卷二十）

可見朱子彈劾唐仲友事，使苟安腐敗的朝廷大大的震動，同甫讚揚此事爲「壁立萬仞」，但不同意朱子親用小人，爲所附託。陳亮信

---

59 宋・吳氏：《林下偶談》，見《叢書集成新編》（臺北：新文豐出版公司，1985年初版），冊十二，頁529。
60 同注十二，頁1。
61 同注三六，頁712。

中又說：「亮平生不曾會說人是非，唐與正乃見疑相譖，是真足當田光之死矣。」(〈癸卯秋書〉)因而朱熹在信中稱讚他所持的立場：「付託之戒，敢不敬承，……蓋亦老兄尚未及於無情，而下決不至於不及情，是以疑其未免乎此。今得來諭，乃知老兄遂能以義勝私如此，真足爲一世之豪矣。」(〈答陳同甫書〉之三)

## 二、陳亮贈朱熹的壽詞

陳、朱有著既友好又爭論的情誼。但陳亮敬愛朱熹的人品，陳亮每年都給朱熹送重禮及壽詞，可惜壽詞大都遺失，只剩三首。《陳亮集》中有陳亮所寄朱熹的信共有八封書信，而存留朱熹給陳亮的書信有十六封。[62]淳熙十二年，陳亮在〈乙巳秋書〉云：

> 茂對令辰，……千里之遠，不能捧一觴為千百之壽。小詞一闋，香兩片，川筆十枝，川墨一挺，蜀人以為絕品，……薄致區區贊祝之意，能為亮自舉一觴於千里之外乎。(卷二十)

淳熙十三年，陳亮又寫〈丙午秋書〉：

> 茂對令辰，……千里之遠，竟未能酬奉觴為壽之願，雪梨甜榴四十棵，……鄙詞一闋，薄致贊祝之誠，不敢失每歲常禮爾。(卷二十)

可見陳亮爲朱熹寫壽詞、贈厚禮，是歲以爲常。

朱熹答同甫書也常提到，如光宗紹熙四年癸丑，五月同甫及第，九月二十四日，朱熹信云：

> 自聞榮歸，日欲遣人致問，未能。……專使之來，伏奉手誨，且有新詞、厚幣、佳實之況，感認不忘之意，愧汗亡喻。……每辱記存始生，過為之禮，祇益悲愴，自此告略去之也。……新詞宛轉，說盡風物好處，但未知「常程」「正路」與「奇遇」，是同是別；「進御」與「不進御」，相去又多少？此處更須得長者自下一轉語耳。(〈朱子大全〉卷三十六)

---

62 《陳亮集》只收十五篇朱熹寫給陳亮的信，但《朱子續集》尚有一篇〈答陳同甫〉。

從淳熙十年至陳亮卒，每年都有壽朱熹詞，雖目前只存留三首，陳亮雖是理學家，但很少在他的詞中表達的思想，只有寫給朱熹的祝壽詞才稍微提到，他們間哲理論點的不同。如〈水調歌頭〉癸酉九月十五日壽朱元晦：

> 人物從來少，籬菊為誰黃？去年今日，倚樓還是聽行藏。未覺霜風無賴，好在月華如水，心事楚天長。講論參洙泗，杯酒到虞唐。　　人未醉，歌宛轉，興悠揚。太平胸次，笑他磊磈欲成狂。且向武夷深處，坐對雲煙開斂，逸思入微茫。我欲為君壽，何許得新腔？（卷十七）

這首詞寫於淳熙十年（1183），朱熹因爲在前一年（1182）彈劾唐仲友，得罪宰相王淮，改除江南西路提點刑獄（取代唐仲友新職），他認爲「塡唐仲友闕，蹊田奪牛之誚，雖三尺童子，亦皆知其不可。」便辭官而歸，朝廷又「詔與江東梁總兩易其任，辭。詔免回避，復辭。冬十一月，始受職名，仍辭新任，並請祠。」[63]因而隱居武夷山「杜門不出」。

淳熙九年，陳亮與朱熹在明昭堂面論之後，陳亮寄給朱熹十篇〈論〉與兩篇〈策問〉是他對幾千年歷史的獨特功利思想。但朱熹沒有回信，直到淳熙十年八月，他才回信對十篇〈論〉與兩篇〈策問〉的看法：

> 〈策問〉前篇，鄙意猶守明招時說：「後篇極中時弊，但須亦大有更張，乃可施行。……去年十〈論〉大義，亦恐援溺之意太多，無以存不親受之防耳。後生輩未知三綱五常之正道，遽聞此說，其害將有不可勝救者。」（《朱子大全・答陳亮書三》卷三十六）

朱熹把陳亮的功利之說，看爲大害三綱五常的異端邪說。這年九月陳亮送這首壽詞。首段稱頌朱熹的人品，「人物從來少，籬菊爲誰黃？」陳亮在〈壬寅答朱元晦秘書〉:「世途日狹，爲秘書一人而已。……秘書挺特崇深，自拔於黨類之中。」（卷二十）又〈癸卯通

---

63 同注十五，頁 17-18。

書〉云：「每空閑時，復念四方諸人，過去、現在，如秘書方做得一世人物。」（卷二十）這些都可見陳亮對朱熹的佩服敬愛，深覺他是個挺拔天地的人物，所以籬菊爲朱熹而黃，他也要爲他祝壽，「何許得新腔」，朱熹的心胸氣度，非尋常詞調能形容，將何從尋找新調以盡意。

「去年今日，倚樓還是聽行藏」，朱熹〈跋免解張克明啓〉：

行藏勳業，銷倚樓看鏡之懷；窈窕崎嶇，專寄壑經丘之趣，此老子見事也。此公方欲求試南宮，而輒以自與，何哉？然予亦需滯於此，而未得遂其素懷也。三復其言，為之太息。庚子至前一夕，六老軒書。（《朱文公文集》卷八十一）

庚子是淳熙七年，距此詞是三年前。時朱熹知南康軍，屢請辭而未允。「倚樓還是聽行藏」，「倚樓」、「行藏」早爲朱熹的心事。從「講論參洙泗，杯酒到虞唐」，二句可見兩人對飲談論堯舜之事，都在醞釀新的哲理論戰。

「太平胸次」是指朱熹退居武夷，胸中坦蕩。朱熹〈答陳同甫〉之三云：

武夷九曲之中，比縛得小屋三數間，可以游息。春間嘗一到，留止旬餘。溪山回合，雲煙開斂，旦暮萬狀，信非人境也。

正是陳亮所寫「且向武夷深處，坐對雲煙開斂，逸思入微茫」。而陳亮的胸中是「磊磈欲成狂」，他在〈祭薛士隆知府文〉：「余行天下，竊有志於當世，……退而從磊瑰不羈之士，接杯酒之歡，笑歌起舞，往往自以爲一世之雄。」（卷二十二）陳亮認爲朱熹一定嘲笑自己磊磈不平如狂，但是陳亮只要表達自己的學說與愛國思想，不怕讓人覺得是瘋狂的人。

又如〈蝶戀花〉甲辰壽元晦：

手撚黃花還自笑。笑比淵明，莫也歸來早。隨世功名渾草草，五湖卻共繁華老。　　冷淡家生冤得道。旖旎妖嬈，春夢如今覺。管今歲華須到了，此花之後花應少。（卷十七）

甲辰是淳熙十一年，陳亮寄給朱熹的壽詞，在信中全面反駁朱熹。陳亮把自己歸爲開拓事功的智勇英雄，同朱熹謹守仁義道德的儒者相對立，並證明自己並不主張義利雙行，王霸並用。〈甲辰答朱元晦書〉云：

> 研窮義理之精微，析辯古今之同異，原心於秒忽，較禮於分寸，以積累為功，以涵養為正，睟面盎背，則亮於諸儒誠有愧焉；至於堂堂之陣，正正之旗，風雨雲雷，交發而並至，龍蛇虎豹，變見而出沒，推倒一世之智勇，開拓萬古之心胸，如世俗所謂麤塊大臠。飽有餘而文不足者，自謂差有一日之長。（卷二十）

可見陳亮之不屈。

「手撚黃花還自笑。笑比淵明，莫也歸來早。」指朱熹罷官歸居武夷，似乎太早了。

又如〈洞仙歌〉丁未壽朱元晦：

> 秋容一洗，不受凡塵涴，許大乾坤這回大。向上頭些子，是鵰鶚摶空，籬底下，只有黃花幾朵。　　騎鯨汗漫，那得人同坐！赤手丹心撲不破。問唐、虞、禹、湯、武，多少功名？猶自是，一點浮雲鏟過。且燒卻，一瓣海南沈，任拈取千年，陸沈奇貨。（卷十七）

此詞是淳熙十四年（1187），陳亮四十五歲，祝壽朱熹五十八歲生日的作品。當時朱、陳二人激烈的「王霸義利之辯」已結束。陳亮從抗金的局面勸勉他。

詞的上片寫秋景，也寫人物。因爲朱熹的生日九月十五日是深秋，在秋高氣爽的時節，空氣中「不受凡塵涴」，而且乾坤空闊。可「鵰鶚摶空」，正指朱熹精神。然而「鵰鶚摶空」卻與「籬底下，只有黃花幾朵」成爲對比。姜書閣以爲：「以喻眾人只有寄人籬下，敷衍度日，草間偷活。」[64]

《陳亮評傳》云：「然恐更爲朱熹持論過於孤高，常人難以攀援，故不免有吾之道孤的寂寥之意。」[65]

---

64 同注十二，頁 34。
65 同注十一，頁 366。

然而這裡的意思更應爲期望朱熹到抗金的廣闊天地裏，「向上頭些子」，不要只著眼在籬笆下的幾朵菊花。觀朱熹的回信：

就其不遇，獨善其身，以明大義於天下，使天下學者，皆知吾道之正，而守之以待上之使命，是乃所以報不報之恩者，亦豈必進而為撫世哉？……杜子美亦云，四鄰耒耜出，何必我家操？此言皆有味也。（《朱子大全集》卷三十六）

下片「騎鯨汗漫」二句，指其才能卓絕，若騎鯨海上，恣意橫游，才能出眾，旁人不能同坐。實又暗指陳亮把自己歸爲開拓事功的智勇英雄，同朱熹謹守仁義道德的儒者相對立。朱熹曾對他說：「絀去義利雙行、王霸並用之說，而從事於懲憤窒慾、遷善改過之事，粹然以醇儒之道自律。」（〈答陳同甫〉之四）陳亮在〈錢叔因墓碣銘〉說：「新安朱熹元晦之武夷，而強力不反，其說遂以行而不可遏止。」故以「赤手丹心撲不破」補足其堅持己見。

「問唐、虞、禹、湯、武，多少功名？猶自是，一點浮雲鏟過。」指朱熹堅持不取事功。「且燒卻，一瓣海南沈」，指獻香祝壽，「任拈取千年，陸沈奇貨。」《陳亮龍川詞箋注》云：「指高才久埋而被淹沒，不顯於世，雖以稱朱，蓋亦自喻。」《龍川詞校箋》：「或爲此喻道喪千載由朱熹而復明。」[66]《陳亮評傳》云：「朱熹既卑棄功名，視若浮雲之過空，遂拈取千年陸沈之道統，以爲奇貨，津津而樂道。」按照詞的前後，陳亮雖與朱熹有論辯，但仍尊重他對道統的堅持。

《陳亮評傳》云：

這首詞實際上全以發論為主，幾乎是他與朱熹之論辨的再現。……而其文句之間又覺得跳躍性很大，詞似不連而義實相屬。體味詞意，蓋對朱熹暗存諷刺。在陳亮的全部詞作之中，這首詞無論在內容上，還是在手法上，都顯得比較特殊。[67]

陳亮贈給朱熹的壽詞，因爲留存下的只剩三首，這三首談到「義

---

66 陳亮撰，夏承燾、牟家寬校箋：《龍川詞校箋》（香港：中華書局，1977 年出版），頁 33。

67 同注六六，頁 367。

利之辯、王霸之爭」的哲理並不多，主要還是論及自己的愛國思想，自己的坦蕩，並尊崇朱熹，勸他能爲回到抗金的廣闊天地。

## 第七節 陳亮在詞史的地位

陳亮是個哲學家、也是思想家，然而在詞壇上，要稱爲傑出的詞家，似乎還未引起足夠重視。毛晉〈龍川詞跋〉：

> 予家藏《龍川詞》一卷，……讀至卷終，不作一妖語媚語，殆所稱「不受人憐」者歟！[68]

後來他又認爲這些詞前後風格不一致。好像「若出二手」，胡宗楙《龍川詞跋》說毛晉：「疑爲同甫子（沆）特表阿翁磊落骨幹，似又近於臆測。」[69]原來陳亮的作品，「世遷版毀，書亦散佚，間有存者，復爲當道持去，而原本不概見。」[70]所以胡氏以爲《陳亮集》散佚太多，其本集不載綺艷之作，不是陳亮子故意刪除。而《四庫提要》更以「詞體雜香奩」[71]貶其人品。

事實上陳亮詞七十四首，絕非其作品全貌，但七十四首詞中，有政論詞、有抗金詞、有哲理詞、詠物詞、也有壽詞，風格多樣。不只是豪放，也有婉約、幽森的詞。

陳亮被歸爲辛派詞人，他不僅是個傑出的政論家，也是個豪放詞人。劉熙載《藝概》說：「陳同甫與稼軒爲友，其人才相若，詞亦相似。」又說：「觀此（指陳亮〈賀新郎〉寄幼安見懷韻）則兩公之氣誼懷抱，俱可知矣。」[72]然而辛棄疾不僅在南宋詞壇，甚至整個詞史上具有卓越的地位，成爲一派宗師，而陳亮與辛棄疾氣息相通，私交甚篤，

---

68 毛晉：《龍川詞跋》，見《陳亮集》，附錄三，頁 482。
69 同上注，胡宗楙：《龍川詞跋》，頁 483。
70 同上注，〈王世德舊跋〉，頁 471。
71 見清．永瑢、紀昀：《四庫全書總目提要．龍川詞》（臺北：商務印書館，1983 年 10 月初版），冊五，頁 302。
72 劉熙載：《藝概》，見《詞話叢編》（臺北：新文豐出版公司，1988 年出版）冊四，頁 3694。

卻得不到該有的文學地位，這是令人遺憾之事。

南宋後期，出現一些宋詞選本，但在曾慥《樂府雅詞》、周密《絕妙好詞》，都沒選陳亮詞，《中興以來絕妙詞選》選陳亮七首，但都是綺麗幽秀的作品，但這不能完全代表陳亮詞的特色，真可謂「龍川自有連城壁，爭奈人多識碔砆。」

元明兩代，詞道衰落，趙禮聞《陽春白雪》選本，不選陳亮詞，選劉過詞五首。明陳耀文《花草粹編》[73]選陳亮詞四首，劉過詞十一首。至清詞道再度興起，而詞論家輩出，有常州詞派與浙西詞派之分。其中浙西詞派朱彝尊《詞綜》選陳亮三首，劉過九首。常州詞派張惠言的《詞選》，都沒有選陳亮詞。

至於清朝的詞話也少提及陳亮。清末朱祖謀所編《宋詞三百首》，沒選陳亮詞。梁令嫻所編《藝蘅館詞選》，都只選一首陳亮婉約詞〈水龍吟〉。近人唐圭璋《唐宋詞選釋》選陳亮一首。胡雲翼《宋詞選》說：「這選本以蘇軾、辛棄集爲首的豪放派爲骨幹。」[74]然而他只選陳亮四首，劉過六首。

而連文學史裡，也都三言兩語提到陳亮的詞，[75]大都沒有加以論述及給予該有的肯定。

姜書閣《陳亮龍川詞》說：「自來言宋詞者罕及陳亮」，又言：「亮與辛棄疾皆力主抗金北伐者，其持論同，二人又爲知交，其詞風屬於豪放一派又同，然稼軒詞名冠絕南宋，垂譽至今，同甫似有遜色。而細辨之，龍川詞實獨具風格，其一種斬截痛快、雄放恣肆之氣，又有非稼軒詞所能并比者。龍川之詞，干戈森立，如奔風逸足，直欲吞虎食牛，而語出肺腑，無少矯飾，實可見其胸襟懷抱。及專以詞藝論之，亦自有其精緻獨到處。」[76]

---

73 明陳耀文：《花草粹編》，《文淵閣四庫全書》，冊一四九〇。

74 胡雲翼：《宋詞選》，（上海：上海古籍出版社，1997 年 1 月第 9 次印刷），頁 24。

75 見劉大杰：《中國文學史》（臺北：中華書局，1970 年臺三版），頁 628，只提到陳亮兩字就帶過，1984 年臺八版，才稍有論述。葉慶炳：《中國文學史》一句話都沒提到。

76 同注十二，見姜書閣：《陳亮龍川詞箋注・序》，頁 1。

根據〈歷史的選擇〉—宋代詞人歷史地位的定量分析，一文從以下幾方面所做的統計：

一、現存詞作的篇數，數據是依照南京師範大學編制的《全宋詞》（含全宋詞補遺）計算出。

二、現存宋詞別集的版本種數。數據是依照《唐宋詞百科大辭典》（學院出版社 1990 年版）統計。

三、宋代詞人在歷代詞話中被品評的次數。此項根據《詞話叢編索引》（中華書局 1991 年版）之人名索引，統計各詞話提及詞人名字姓氏的次數。

四、宋代詞人在本世紀被研究、評論的論著篇（種）數。根據文津出版社，黃文吉主編的《詞學研究書目》（1912-1992）。

五、歷代詞選中宋代詞人入選的詞作篇數。根據十三種著名詞選進行統計。

六、當代詞選中兩宋詞人入選的詞作篇數。根據八種詞選。

從以上數據的統計，得到總排名辛棄疾第一，劉過第二十五名，而陳亮因名列三十二名，故不列入表中。[77]筆者自行列表所得如下：

| 詞　　人 | 存詞篇數 | 版本種數 | 品評次數 | 研究次數 |
|---|---|---|---|---|
| 陳　亮 | 74 | 16 | 40 | 69 |
| 劉　過 | 87 | 11 | 131 | 22 |

從以上資料顯示陳亮存詞七四首，劉過存詞七八首，相差僅四首，

77 見王兆鵬、劉尊明：〈歷史的選擇〉—宋代詞人歷史地位的定量分析，見《文學遺產》（1995 年第 4 期），頁 47-50。所謂十三種歷代詞選是曾慥《樂府雅詞》、黃昇《花庵詞選》，趙禮聞《陽春白雪》、周密《絕妙好詞》、佚名《草堂詩餘》、陳耀文，《花草粹編》、張惠言《詞選》、董毅《續詞選》、《蓼園詞選》、周濟《宋四家詞選》、陳廷焯《詞則》等十三種。當代詞選本有梁令嫻《藝衡館詞選》、朱祖謀《宋詞三百首》、俞陛雲《唐五代兩宋詞選釋》、龍榆生《唐宋名家詞選》、俞平伯《唐宋詞選》、胡雲翼《唐宋詞選》、唐圭璋《唐宋詞簡釋》、中國社科院《唐宋詞選》等八種。

研究陳亮詞篇數有六九篇，遠勝劉過的二二篇，然而在「歷代詞選」中，「當代詞選」中，陳亮詞被選較劉過少，他不及劉過受青睞，又由宋代詞人歷史地位排名，劉過第二十五名，陳亮因名列三十二名，可見陳亮在的詞學地位比不上劉過，陳亮一直處於寂寞被冷落的角落。探討其原因有三：

**（一）以政論為詞**

陳亮作詞每一章就，輒自嘆說：「平生經濟之懷，略已陳矣。」陳亮把詞當作一種抱負，一種宣洩政論的工具。張德瀛《詞徵》云：「陳同甫幼有國士之目，孝宗淳熙五年，詣闕上書，於古今沿革、政治得失，指事直陳，如龜之灼。然揮霍自恣，識者或以夸大少之。其發而爲詞，乃若天衣飛揚，滿壁風動。惜其每有成議，輒招妒口，故骯髒不平之氣，輒寓於長短句中。讀其詞，益悲其人之不遇也。」[78] 陳亮化愛國心，以詞宣洩，與主和派相對抗，卻遭遇悲慘的結局，實在令人同情。陳廷焯稱陳亮的詞「浩氣縱橫」，但「合者寥寥」，[79]當然就無法激起共鳴。

連他最知心好友葉適都說：「同甫微言十不能解一二。」他的好友都不能理解，別人更是無法理解，陳亮詞被冷落是可想而知。

**（二）「結剝經傳，搏搦義理」，文句詰屈聱牙，讀者不易接受。**

陳亮命運坎坷，一生布衣，未做過官、未打過戰。游國恩《中國文學史》評：「他們不像岳飛、辛棄疾那樣的政治抱負與戰鬥經歷，藝術上也不及辛詞的精鍊，這就不能不削弱了作品動人的力量。」[80] 這不是理由。陳亮是有政治抱負，只是時不我與，懷才不遇。陸游也沒打過戰，同樣也沒削弱作品的藝術力。

真正的原因是陳亮政論詞太豪放，照他的說法，填詞時「結剝經傳，搏搦義理」（〈與鄭景元提幹書〉卷二一），使政論詞間有生澀冷僻、

---

78 張德瀛：《詞徵》，見《詞話叢編》（臺北：新文豐出版公司，1988 年出版），冊五，頁 4163。
79 見陳廷焯：《白雨齋詞話》《詞話叢編》，冊四，頁 3174。
80 見游國恩：《中國文學史》（臺北：五南圖書出版公司，1990 年 11 月初版），頁 803。

詰屈聱牙，成爲鉤章棘句，不易讀懂。因爲「這類句子違反平常的審美習慣，不易爲讀者所欣賞。只要詳加註釋，剝去生澀的外表，就可看到豐富的內涵。」[81]

**（三）打破詞的豔科，敷陳直言，以氣取勝，不易接受。**

詞在宋時被視爲娛賓遣興的功用，這種觀念是無形，且具體的深植人心。北宋的蘇軾被稱爲豪放派，但他三十七歲才開始填詞，因爲當時蘇軾所致力撰寫的是〈思治論〉和〈應詔集〉，那些爲朝廷深謀遠慮的策論， 在這種情形下，他無暇填小詞，直到他「以詩爲詞」，使詞境擴大，卻被批評：「退之以文爲詩，子瞻以詩爲詞，如教坊雷大使之舞，雖極天下之工，要非本色。」[82]他們的觀念是以婉約詞爲正，豪放詞爲別格。

陳亮不僅繼承辛棄疾以文入詞，用俚語方言入詞，而且比辛棄疾的詞論更詞論，他用「斬截痛快、雄放恣肆之氣」，「如奔風逸足」「干戈森立，有欲吞虎食牛之氣」(〈復杜叔高〉卷十九)，而語出肺腑，絕少矯飾。使人無法接受他的詞，所以他的詞不被重視。然而因爲有陳亮等愛國志士爲辛棄疾詞的羽翼，不僅打破詞的豔科傳統觀念，而且是南宋詞由裊裊餘音中轉向「虎虎生風」的局面。[83]

總之如果能認知陳亮填詞的目的，瞭解他的理想，提昇詞只是娛賓遣興的觀念，再給陳亮詞詳細註解，相信陳亮詞必不再被冷落。

## 小　結

陳亮有一腔熱血、滿懷抱負，可惜說與誰聽？他一生貧困，二次入獄監，纏訟十年方休，四次科舉，逝世前一年才中科舉，五達帝庭，多次上書卻被當爲狂怪，實在是命運乖蹇，但他表現出寬闊的胸

---

81 見鄭謙：〈陳亮詞對傳統寫法的打破〉(雲南大學學報，1984 年第四期)，頁 70。
82 見宋．陳師道：《後山集》(臺北：中華書局，1985 年出版)，卷十一，頁 2。
83 見吳熊和；《唐宋詞通論》(杭州：浙江古籍出版社，1995 年 5 月第四次印刷)，頁 236。

襟，擺脫一夫之悲憤，排出「蚊虻之聲」，表現高度的愛國心，以豪放的詞筆寫政論詞，為自己強烈的民族統一精神，努力及自豪。他的愛國詞大多是他的政論，他在詞中㈠以詞論宋金局勢，㈡以詞論地理戰略形勢，㈢ 以詞論抗金時機。怒吼直斥，詞風豪放。他的懷友、送別詞，也擺脫綢繆婉轉的風格，而是展現的新意，以磊落骨幹為主，充滿諷刺，愛國期許或讚頌友人。

他的詠物詞，卻展現另一種幽秀婉約的風格。他以詠梅花為主，用梅的精神來表明自己不屈不撓的精神，並寄託自己的氣節、身世。因為他的詠物詞與他的愛國詞風格迥異，所以毛晉讀罷《中興詞選》，所選詠物〈水龍吟〉以後七闋，覺得風格前後不一，甚至有人以為這些是偽作，從這可見陳亮變化多的詞風。

陳亮是個詞人，也是個理學家。淳熙年間，陳亮朱熹有漢唐之辯，陳亮把自己歸為開拓事功的智勇英雄，同朱熹謹守仁義道德的儒者相對立，並證明自己並不主張義利雙行，王霸並用。可惜的是他給朱熹的祝壽詞大多亡佚，僅存三首。詞中表達自己的看法，雖然祝壽詞中暗藏諷刺，也鼓勵朱熹抗金，對朱熹雖有論辯，但仍尊重他的看法。

陳亮沒有詞論，也沒有具體的提出他的文論與詩論，但我們從他的序論、題跋、書函中偶有提到。可以看出在文論方面，陳亮是主張「文以載道」，追求「意與理勝」，意勝辭樸則文自然高，他是程序古文運看法，所文章不必太計較修辭，「文風關係世風」、「文教關係世教」。他的詩論論點亦同，也是主張「意高調高」，從這些關係不難看出，為何他的詞不寫「妖語媚語」，而是表達對政治的看法，有「經濟之意」，這是可理解的。

因為陳亮㈠以政論入詞，因此陳廷焯稱陳亮的詞「浩氣縱橫」，但「合者寥寥」，當然就無法激起共鳴。連他最知心好友葉適都說：「同甫微言十不能解一二。」他的好友都不能理解，別人更是無法理解，㈡他許多詞的文句是詰屈聱牙，他自己說「結剝經傳，摶搦義理」，使讀者不易讀懂，陳亮詞被冷落是可想而知。㈢打破詞的豔科，敷陳直言，以氣取勝，不易接受。

陳亮不僅繼承辛棄疾以文入詞，用俚語方言入詞，而且比辛棄疾的詞論更詞論，他用「斬截痛快、雄放恣肆之氣」，「如奔風逸足」「干戈森立，有欲吞虎食牛之氣」(〈復杜叔高〉卷十九)，而語出肺腑，無少矯飾。使人無法接受他的詞，所以他的詞不被重視。

# 第六章　不斬樓蘭心不平的劉過

## 第一節　劉過生平與詞集

劉過（1154-1206），字改之，宋史無傳，只有《兩宋名賢小集》、陸心源《宋史翼》、四庫提要和《江西通志》略有記載，但內容也都片段。唐圭璋在〈南宋詞俠劉龍洲〉說：「生在這泄泄沓沓的朝廷，又怎能施展抱負呢？徒贏得痛哭流涕，侘傺以死．就中如張孝祥、陳同甫都是狀元，其餘的人也都做過大官，唯有劉龍洲以布衣終老，身世最苦。生無養身之所，死無葬身之地，流落江湖，僅靠幾個朋友資助。……現在討論辛、陸的人很多，而對於他，還沒有人表揚，這不能不說是一件憾事，」，[1]本章僅就各種史料、詩文集、《龍洲集》、筆記小說等加以整理，期能勾勒出劉過生平事蹟。

### 一、劉過生平

#### （一）劉過生卒年、籍貫

劉過，字改之，自號龍洲道人，有《龍洲集》。[2]關於他的生卒年，羅振常在《訂補懷賢錄》按語說：

> 龍洲事蹟，諸書所載略備，為生卒年與存年無及之者。考《萬曆昆山志》稱祠建於宋嘉定五年，即龍洲葬年也。殷奎〈復墓事狀〉則謂沒後七年始葬，以推之，其卒年當在開禧二年。又

1 見唐圭璋：《詞學論叢》（臺北：宏業書局，1988 年 9 月再版），頁 957。
2 劉過：《龍洲集》見（上海：上海古籍出版社，1978 年 9 月第 1 次印刷）。以下所引用劉過作品，皆使用此版本。

讀陳諤〈題墓〉詩，知龍洲實生於紹興二十四年甲戌也。[3]

羅振常又根據明陳諤的〈題劉龍洲易蓮峰二公墓詩〉中：「同是盧陵士人，皆年五十三。」以爲劉過應生於高宗紹興二十四年，卒於開禧二年（1154-1206）。然而亦有主張劉過約生於高宗紹興二十一年至紹興二十四年之間，[4]不過礙於資料有限，這說法也只是推測。

劉過到底是那裡人？有三種說法：1.江西盧陵，2.吉州太和，3.襄陽人。[5]岳珂《桯史》、楊維楨的〈宋龍洲先生劉公墓表〉、殷奎的《復劉改之先生墓事狀》等，都說劉過是盧陵人，劉過也在〈贈劉叔擬招山〉詩中說：「百年爲客老，一念愛鄉深。草露青原淚，煙波白鷺心。班超歸未得，想見舊家林。」詩下自注：「盧陵有青原山、白鷺洲。」（卷七）〈閿景初進納長安，相値於西釆石，話及家事，因與對酌〉：「未有還家策，故鄉吾太和。」（卷七）又有〈建康獄中上吳居父〉：「伏念某盧陵生長」（卷十二），〈與許從道書〉自稱：「盧陵劉過」（卷十二）都很清楚的說他是盧陵人。在道光六年《泰和縣志》卷十九〈列傳・人物志一〉所記：「劉過字改之，以所居地自號龍洲道人。」「龍洲道人」，是取自太和縣的一個地名，《光緒泰和縣志》卷一〈輿地〉云：

贛水者，合章貢二水名之也。……又東流十里，經懷仁渡，其旁有龍洲，在縣治南里許。

因此可以確定劉過是南宋江西盧陵人（吉州太和人）。盧陵，郡名；太和，其屬縣也。

## （二）劉過事蹟考

劉過小辛棄疾十四歲，小陳亮十一歲，是個「天下奇男子，平生以氣義撼當世。」[6]王安撫詩稱他是：「天下烈丈夫。」[7]陳亮稱他

---

3 羅振常：《訂補懷古錄》，馬興榮：〈論劉過及其詞〉，《詞學》（上海：華東師範大學出版社，1983 年 10 月第 1 次印刷），第二輯，頁 86 引。

4 同上注，頁 86。

5 有關劉過的籍貫，如洪邁：《夷堅志》（卷十八）、呂英父（《龍洲集》卷十五附錄，《四庫全書本》）、陳振孫《直齋書錄解題》。這是因爲劉過在〈襄陽歌〉：「十年著腳走四方，胡不歸來兮襄陽。」他常在襄陽走動，並非故鄉襄陽。

6 《龍洲詞》跋引宋子虛語。見毛晉：《宋六十名家詞》（臺北：復華書局，1973

「才如萬乘器」，邵晉涵稱他「有國士之風」。[8]

劉過約十歲時，孝宗皇帝剛登基，有心收復中原，採張浚之議北伐，不幸失利。以致有「隆興和議」，從此當朝者以爲「天下太平，諱言兵事」，把杭州當汴州，南宋的情形像朱熹所說：「民貧財匱，兵墮將驕。外有強暴之夷，內有愁怨之軍民，其他難言之患，隱於耳目之所不加，思慮之所不接者，近於堂奧之間，而遠在數千里之外，何可勝數。」[9]凡有要求整飾兵備，立志抗金的大臣或被排擠，或被流竄於僻地。但國家遭逢此奇恥大辱，更激發一些在政治無實權的有志之士時時吶喊。

劉過在這種年代中，以「少有志節，以功業自許，博學經、史百氏之書，通知古今治亂之略，至於論兵，尤善陳利害。」[10]期望獲取功名，以實現「振國勢復國恥，挈中原，以歸舊版圖」。[11]

**1．淳熙元年（1174），劉過赴秋試。**

淳熙元年（1174），劉過二十一歲，即赴秋試，馮金伯《詞苑萃編》說：

> 劉改之得一妾，愛甚。淳熙甲午（1174），預秋赴省試，在道賦〈天仙子〉。[12]

這是最早出現他行蹤記錄。劉過在〈沁園春〉送王玉良詞，表明早年曾到荊襄、武昌一帶：「萬里湖南，江山歷歷，皆吾舊游。看飛鳧仙子，張帆直上，周郎赤壁，鸚鵡汀洲。吸盡西江，醉中橫笛，人在岳陽樓上頭。波濤靜，泛洞庭青草，重整蘭舟。」（卷十一）

---

年 6 月 10 日出版）。

7 劉過：《龍洲集》，見《景印文淵閣四庫全書》（臺北：商務印書館，1983 年初版），冊一一七二，頁 72。此版本避諱字多，並多次竄改。

8 邵心涵：《龍洲道人詩集．序》，見劉過：《龍洲道人詩集》，舊抄本，藏國家圖書館。

9 朱熹：〈朱文公全集．戊申封事〉，冊一，頁 177。

10 元．殷奎：《強齋集．崑山復劉改之先生墓事狀》，見《景印文淵閣四庫全書》，冊一二三二，頁 418。

11 見清．吳灦、汪昌等纂修：《崑新兩縣續修合志》，卷十四，〈冢墓上〉明人沈魯〈龍洲先生墓碑記〉之志。

12 清．馮金伯：《詞苑萃編》，見《詞話叢編》（臺北：新文豐出版公司，1988 年 2 月臺一版），冊三，頁 2273。

**2 . 淳熙十年（1183）劉過入臨安，參觀孝宗大閱。**

劉過早年曾赴臨安科舉並觀孝宗大閱。據張世南《游宧紀聞》卷一云：

> 壽皇銳意親征，大閱禁旅，軍容甚肅。郭杲為殿岩，從駕還內，都人昉見一時之盛。改之以詞與郭云：玉帶猩袍，遙望翠華，馬去似龍。……13

根據《宋史》卷一二一〈閱武〉條，孝宗朝共閱兵五次。前三次皆在淳熙四年（1177）前，最後兩次分別是淳熙十年十一月大閱于龍山。淳熙十六年十月，大閱于城南大教場。14實際上淳熙十六年，孝宗已經退位，年底的大閱是光宗主持。淳熙四年以前，劉過正在湖南游學，不能相逢。15劉過可遇到的只有淳熙十年這一次。劉過有〈寄呂英父〉詩：「文章以得真消息，三十科名未是遲。」（卷五）而淳熙十年，正是各路送秋選舉子入臨安應次年的春試。

**3 . 淳熙十一年（1184），劉過科舉不第**

孝宗淳熙十一年（1184），劉過三十一歲，在臨安科舉不第，經蘄州、黃州赴鄂州、武昌。紹熙末（1193）年，他在紹興作〈憶鄂渚〉：「我離鄂渚已十年。」上溯十年，正是 1184 年。又在嘉泰四年（1204），秋作〈糖多令〉小序云：「安遠樓小集，侑觴歌板之妓黃其姓者，乞詞於龍洲道人，為賦此糖多令，同柳阜之、劉去非、……時八月五日也。」詞中有「二十年、重過南樓」句，安遠樓在武昌黃鵠山上，一名南樓。」上推二十年也是此時。16但《唐宋詞鑑賞辭典》薛祥生云：

> 姜夔〈翠樓吟〉詞題說：安遠樓建於淳熙丙午（1186）冬，可

---

13 宋・張世南：《游宧紀聞》，見《叢書集成新編》（臺北：新文豐出版公司，1985 年出版）冊八十七，頁 80。

14 見元・脫脫撰：《宋史・閱武》，冊九，頁 2835。

15 華岩：〈劉過生平事蹟繫年考證〉，見《文學遺產增刊十七輯》，（北京：中華書局，1991 年 9 月出版），頁 215。

16 同上注，頁 216。周篤文：〈唐多令〉，見張淑瓊新編《唐宋詞新賞》，頁 229。亦認為應是 1204 年寫〈糖多令〉。

知此詞當作於是年之後。[17]

如果按此說法，淳熙十四年（1187）年的二十年後，開禧三年（1207年）劉過早已卒。

南樓在武昌黃鶴山。東晉時庾亮曾與和佐使趁秋夜登此賞玩。唐宋時成爲騷人在詞客游賞之地。在《稼軒詞編年箋注》有一首〈水調歌頭〉，小序「淳熙己亥（1179），自湖北漕移湖南，周總領、王漕、趙守置酒南樓，席上留別。」可見南樓早存。

劉過詞中二十年前即淳熙十一年（1184），年少的劉過已「醉槌黃鶴樓，一擲賭百萬。」（〈湖學別蘇召叟〉卷三）以及「黃鶴前識楚卿，彩雲重疊擁娉婷。」（〈浣溪沙〉贈妓徐楚楚卷十一）

**4、孝宗淳熙十二年（1185）年間，劉過在襄陽游。**

孝宗淳熙十二年（1185）年間，劉過在襄陽，從高夔游。有〈滿江紅〉同襄陽帥泛湖：「經由羊祜登山處」，〈滿江紅〉高帥席上：「笑談盡是驚人語。問何如鄒湛峴山頭，陪羊祜。」[18]

孝宗淳熙十三年（1186）年間，由襄陽赴淮河邊，游八公山；冬至邊城盱眙。他甚至想投筆從戎，他在〈盱眙行〉說：「東徐行，馬緩馳，天寒游子來盱眙。功名邂逅未可知，生身畢竟要何爲？……何不夜投將軍扉，勸上征鞍鞭四夷。滄海可填山可移，男兒志氣當如斯。」（卷二）又有〈艤舟采石〉詩回憶：「我昔南逝武昌夏口之山川，赤壁弔古齊安邊。又嘗北抵鶴唳風聲地，八公山前望淝水。誰令艤舟牛渚磯，樓船蔽江憶當時。」詩中所指即指這時旅遊之事。以後沿江東下到臨安。

17 薛祥生：劉過〈糖多令〉賞析，見唐圭璋，《唐宋詞鑒賞辭典》（江蘇：江蘇古籍出版社，1986 年出版），頁 988。然而姜夔：〈翠樓吟〉詞題說：「安遠樓建於淳熙丙午（1186）冬。」劉過在詞中表明二十年前，而這首詞寫在八月五日，應是淳熙丙午的次年，淳熙十四年（1187）年，劉過上京趕考後，客游武昌。

18 見吳廷燮：《南宋制撫年表》（北京：中華書局，1984 年 4 月第 1 次印刷），頁 508。記載襄陽帥爲高夔，任期是淳熙十二年到十五年。（1185-1188）可以確定是這時的作品。

**5．淳熙十五年（1188），劉過在臨安，與許從道定交**

他在〈與許從道書〉云：「倒指記之自戊申（1188）及今己未，日月逾邁，動經一紀。……追念疇昔，定交於行都而合簪於儀真，……。」（卷十二）並在此時拜會周必大，[19]有〈慶周益公新府〉、〈辭周益公〉等詩，

光宗紹熙元年（1190），劉過三十七歲，從臨安到和州（今安徽和縣）、焦湖（今巢湖）間，然後往建康與楊萬里見面。有〈投誠齋〉詩七首。（卷八）

紹熙二年（1191），劉過往兩淮轉往蘇州，途中與許從道結拜於儀真，在蘇州上詩謁袁說友。有〈上袁文昌知平江〉詩（卷四）。又在蘇州與俞古會面。

紹熙三年（1192），劉過三十九歲，至金陵科舉，並往來姑蘇、四明等地，有詞〈賀新郎〉贈娼詞末自跋云：「自跋：壬子春（1192），余試牒四明，賦贈老娼，至今天下與禁中與皆歌之。江西人來，以為鄧南秀詞。」又有〈明州觀大閱〉詩：「十年文窮坐百拙，感慨一賦從軍詩。」（卷二）同年冬登越州有〈大雪登越州城樓〉（卷一）

**6．紹熙四年（1193），陳亮贈劉過的詩。**

紹熙四年（1193），劉過四十歲，在紹興與姜夔通信。有〈雨寒寄姜堯章〉，姜夔在這年客居紹興。並到山陰拜訪陸放翁。有詩〈放翁席上〉：「林霧霏霏曉意涼」，（卷五）陸游並有〈贈劉改之秀才〉詩。與陳亮醉於澹然子樓，陳亮曾贈長詩，中有一首陳亮寫給劉過的詩，鼓勵他報效國家。

> 劉郎飲酒如渴虹，一飲澗壑俱成空。胸中壘塊澆不下，時有勁氣噓長風。劉郎吟詩如飲酒，淋漓醉墨龍蛇走。笑鞭裂缺起豐隆，變化風雷一揮手。吟詩飲酒總餘事，試問劉郎一何有，劉郎才如萬乘器，落濩輪囷難自致，強親舉子作書生，卻笑書生

---

19 見元·脫脫撰：《宋史·宰輔表》，因為周必大淳熙十四年任右丞相，十五年封濟國公；十六年拜左丞相，封許國公，三年拜少保，封益國公。五月被何澹彈劾落職，出知潭洲。周必大以益國公兼丞相僅兩個月。

敗人意。合騎快馬健如龍，少年追逐曹景宗，弓弦霹靂餓鴟叫，鼻間出火耳生風。安能規行復矩步，斂袂厭厭作新婦？黃金揮盡唯空囊，男兒虎變那能量！會須斫取契丹首，金印牙旗歸歸故鄉。（《龍洲集‧附錄一》）[20]

**7．紹熙五年（1194），劉過伏闕上書**

紹熙五年（1194），孝宗病危，光宗不肯過宮，政局不安。劉過曾伏闕上書。就在這一年，南宋發生政變，知樞密院事政事趙汝愚和知閣門事韓侂胄合作，取得太皇太后的同意，強迫光宗退位，擁立趙擴，爲寧宗。寧宗慶元元年（1195），韓侂胄排擠趙汝愚，又把趙汝愚等五十九人列爲「僞學逆黨」，清除反對份子實際掌握政權。

**8．慶元元年（1195），劉過重游淮甸**

寧宗慶元元年（1195），劉過以杭州爲中心，然後重游淮甸，有〈賀盧帥程徽猷鵬飛〉（卷十二），又有〈寄程鵬飛〉云：「科舉未爲暮年計，途窮不忍向人言。」

寧宗慶元二年（1196），劉過以蘇州爲中心，北上無錫、姑蘇等地漫遊，他有〈寄竹隱先生孫應時〉下注：「時爲常熟宰。」慶元二年至四年孫應時爲常熟宰。又有〈過無錫見李元德祭酒〉三首，（卷八）〈無錫道觀〉七律詩，到姑蘇時有〈姑蘇送王武岡不値訪汪仲冕席上口占〉。（卷五）

慶元五年（1199），劉過到東陽許從道家，許從道有〈東陽遊戲序〉云：「慶元己未（1199）夏六月，盧陵劉改之來游東陽。」劉過有〈同許從道游涵碧〉古詩（卷三）。

**9．嘉泰初，劉過陷建康獄。**

嘉泰初，劉過因事繫於建康獄，上書知建康府吳琚求援，「若吳芳仲平虎，委巷匪人，窮檐下走。棄母親而弗侍，冒國恤以圖歡。」〈建康獄中上吳居父〉出獄後與胡矩馬子純漫遊金陵，[21]有〈清溪閣

---

20　同注二，見附錄一，頁 132。〈陳亮贈劉改之〉詩，後有劉過跋，「故人陳同父未魁天下時，與余皆落魄不振。一日，醉於澹然子樓上，作此詩，相與勞苦。明年，同父唱名爲多士第一。」可知這年爲紹熙四年。

21　見周密：《浩然齋雅談》卷下，又《龍洲集》中存有〈建康獄中上吳居父〉啓

次胡仲方韻〉、〈和子純韻〉(八卷) 這時劉過又有〈謁郭馬帥〉詩云：

> 誰知金陵都，五年重來茲。……方今群胡擾，似覺虜運衰。達靼軍其西，會以蒙國欺。蛇豕互吞噬，干戈極猖狓。盜賊蝟毛起，斂民及刀錐。……機會一日來，恢復此其時。(卷三)

這首詩原抄〈目錄〉、錢本、汲本均作「謁郭馬帥倪」，又根據《景定建康志》卷二十六〈守官志三〉：「侍衛馬軍官條」，郭倪慶元五年十月所作《題名記》。郭倪名下署：「慶元四年三月十六日以武義大夫除王管馬軍公事，五年六月八除馬司都虞侯，嘉泰元年八月改除。」《宋會要輯稿》：「寧宗慶元六年八月十七日，京鏜奏云：近來金虜被韃靼侵擾，傳聞不一，然虜情叵測，須預爲之備。」[22]由以上可知劉過的詩應爲此時所作。

**10．嘉泰二年，劉過重返臨安。**

嘉泰二年，劉過四十九歲，在臨安，與殿岩郭季端同游，有詩〈嘉泰開樂日，殿岩郭季端邀游鳳山，自來美堂而上湖亭、海觀、梅坡、臺林、無不歷覽，最後登沖天樓，下介亭。觀騎射胡舞，賦詩而歸〉詩中有云：「錢塘吳越何小哉，指點中原百城畢在。」及〈同郭殿帥游鳳山寺探桃李〉詩。(卷六) 郭季端即郭倪。寧宗即位時殿前司指揮使爲郭杲，因推戴之功，外任武康軍節度使。[23]嘉泰年間，郭倪由建康馬帥升任副指使。[24]而詩中所言鳳山又稱鳳凰山，介亭、來美堂、海觀、梅坡、臺林、沖天樓等，都是山上勝蹟。[25]他又有〈郭帥遺蕨羹〉詩。(卷二)

---

文及〈上吳居父〉七絕二首。吳居字居父，慶元六年（1200）至嘉泰二年（1202），以鎭安節度使、開府儀同三司判建康。時胡矩爲撫幹，馬子純爲江南東路轉運司主管文字，常共游金陵勝跡。

22 見清．徐松纂輯：《宋會要輯稿》(臺北：新文豐出版公司，1976 年出版)，冊一八六，兵二九之四六。

23 見元．脫脫等撰：《宋史．寧宗紀》，冊三，卷三七，頁 715。

24 畢沅：《續資治通鑑》(北京：中華書局，1979 年第 4 次印刷)，卷一五五至一五七亦有記載。

25 明．田汝成：《西湖遊覽志．南山勝蹟》，《景印文淵閣四庫全書》，冊五八三，卷七，頁 124-137。

嘉泰二年（1202），韓侂冑積極做北伐準備，他知道要北伐須先團結有志之士，所以在二月間正式解除慶元黨禁。

**11．嘉泰三年（1203），辛棄疾邀游紹興**

嘉泰三年（1203），辛棄疾邀劉過游紹興，起初不赴，寫〈沁園春〉寄辛承旨，時承旨招，不赴。最後劉過赴約，賓主盡歡。[26]

這時他可能受辛棄疾的資助，沿江西上，經采石、池州、九江、武昌，劉過在這次西游時，他在〈上譙江州〉：

> 丘公鎮金陵，辛老治京口。君王神武欲籌邊，九江更使何人守？九江太守今譙侯，……出門煙水空茫茫，西為漢沔南衡陽。指點武昌在何許？買船又謁吳侯去。（卷二）

丘公即丘？，辛老即辛棄疾，吳侯即吳獵，三人分別於嘉泰四年秋在建康、鎮江、荊湖北路任上。所以一路上他憑弔大敗金兵的采石磯，峴山的墮淚碑。有〈艤舟采石〉詩：

> 我昔南逝武昌夏口之山川，赤壁弔古齊安邊。又嘗北抵鶴唳風聲地，八公山前望淝水。誰令艤舟牛渚磯，樓船蔽江憶當時。……只今采石還戍兵，諸將奄奄泉下人。飯囊盛飯酒甕酒，位去三銜稱好手。（卷一）

又有詞〈六州歌頭〉題岳鄂王廟。根據《宋史．岳飛傳》說宋孝宗時詔復飛官，以禮改葬，並建廟於鄂，號忠烈，淳熙六年，謚爲武穆。寧宗嘉泰四年（1204）五月，追封鄂王。[27]本詞題爲「題岳鄂王廟」，可知是他在嘉泰四年，西游漢沔（今武漢）時所作。

這年劉過又有〈八聲甘州〉送湖北招撫吳獵，嘉泰四年十月吳獵帥湖北，他雖被列入道學黨籍，但嘉泰二年（1202）二月間，韓侂冑正式解除慶元黨禁。吳獵知韓侂冑將開邊，荊襄必受兵，乃貽書當路，請號召義士以保疆埸。[28]

**12．開禧元年（1205），劉過登多景樓**

開禧元年（1205），劉過五十二歲，先從江西湖口到洞庭，隨後

---

26 宋．岳珂：《桯史》，見《景印文淵閣四庫全書》，冊一〇三九，頁422。
27 同注二三，冊三三，頁11395。
28 同注二四，冊七，頁4224。

東行臨安。在盧祖皋家作客，有〈念奴嬌〉:「一劍橫空」,《宋史・寧宗本紀》:「(開禧元年)五月己巳，賜禮部進士毛自知以下三十有三人及第、出身。」新宗室「名璉者」當在此中。

秋，劉過過京口時，與辛棄疾相會，並與岳珂、張升之、黃機等同登多景樓，一次他登上多景樓，看到金、焦兩山，峨峨對峙，茫茫大海，俺眼見失土未復，自己壯志未酬，寫下古詩〈題潤州多景樓〉，又賦七律〈多景樓詩〉斥南宋求和政策。

繼經金陵至江州、登庾樓，感慨賦〈上譙江州〉詩:「丘公鎮金陵，辛老治京口。君王神武欲籌邊，九江更使何人守？九江太守今譙侯，……清尊對客溫如玉。同上庾樓望西北。胡塵萬里氣壓之，客有白頭何碌碌。」(卷二)

開禧二年(1206)，劉過在杭州，寫〈西江月〉詞頌賀。〈水龍吟〉:「慶流閱古無窮，門生又見聲名世。致君事業，全如忠獻，經天緯地。十二年間，挺身爲國，……一自平章庶政，覺人心頓然興起。朝廷既正，乾坤交泰，華夷歡喜。」(卷十一)自寧宗即位，韓侂冑一直朝政共十二年。《寧宗・本紀》:「開禧元年秋七月庚申，詔韓侂冑平章憲國事，立班丞相上，三日一朝，赴都堂治世。」劉過一共爲韓侂冑塡詞五首。

開禧經歷順利到失利至失敗，他的詩隨著戰況的變化來表達，當陳孝慶收復泗州時，[29]他高興的唱起:「泗州已復漢正朔，議飾寢廟修洛陽」,「敬須洗眼候河清，讀公浯水中興頌。」(卷二)他這時幾乎以爲國家快收復中原，可是當北伐失敗，特別是皇甫斌唐州敗績消息傳來，[30]劉過十分痛心，他在〈呈陳總領〉云:「千家悲哀萬家哭，唐鄧征魂招不得。」「當時潼關說哥舒，今日襄陽說皇甫。」(卷二)對無能的將領，他痛恨不已。

開禧失敗後，當時朝廷內部紛爭日趨複雜，劉過一生功名無成，年華虛度，心情極悲憤。遂依友人潘友文客居昆山，年僅五十三歲。

---

29 同注十八，華岩以爲「劉過從軍在陳效慶軍中」，並沒有明顯證明劉過從軍去。
30 同注二十四，頁 4241。

直到他死後，因爲沒有兒子，「友潘友文爲真州，以私錢三千萬，屬其友具凡葬事，直其友死，不克葬。後七年，縣主簿趙希楙乃爲買山，卒葬之。」[31]

## 二、劉過的詞集

劉過作品散佚者不在少數，其弟弟劉澥說他「每有作，輒伸尺紙以爲稿，筆法遒縱，隨好事者所拾，故無鈔集。詩章散漫人間，無從會萃。」(《龍洲集》原序)，可見他活著時，不曾編訂自己的集子，他的詞也遺失極多，劉過友人蘇紹叟在〈雨中花〉小序中云：「余往時懷劉改之，作〈摸魚兒〉，頗爲朋友間所喜，然改之尚未之見也。數日前，忽聞改之去世，悵惘殆不勝言。因憶改之每聚首，愛歌〈雨中花〉，悲壯激烈，令人鼓舞。今輒以此升以寓余思。凡未忘吾改之者，幸爲我和之。」[32]劉過存詞中並沒有任何一首〈雨中花〉詞，可見都已亡佚。計劉過詞版本有以下種：

一、《劉改之詞》一卷，見《直齋書錄解題》，今不傳。

二、《龍洲道人集》十五卷，抄本。宋端平中劉澥輯刻，天一閣藏書，今不傳。

三、《龍洲道人集》十五卷，明王朝用覆刻宋本。

四、《龍洲道人集》十二卷，陳西畇藏舊鈔本，傳鈔王刻而去其三卷。

五、《龍洲詞》一卷，汲古詞閣刊本，較王刻增補三首，共四十七首，又〈長相思〉一調有目無詞。

六、《龍洲詞》一卷，《文淵閣四庫全書》本。

七、《龍洲集》十五卷、附錄二卷，《文淵閣四庫全書》本。

八、《龍洲集》三卷，舊鈔本，兩宋名賢小集之一。

九、《龍洲詞》二卷、《補遺》一卷、《校記》二卷，《彊村叢書》本，此本據士禮居藏書舊鈔本。與王本同爲四十五首，後補

31 同注二。
32 同注二，見附錄一，頁 133。

六首，共五十一首。

十、《龍洲詞》一卷，明沈愚刊本、蟫隱廬重刊。此本爲天一閣舊藏共六十九首，其間三十一首爲他本所無，他本亦有十三首爲此本所無，蟫隱廬別補四首，共八十六首，但所補〈玉樓春〉實嚴次山詞，共得八十五首，較《彊村本》多三十四首。

十一、《龍洲詞》二卷，吳訥《唐宋名賢百家詞》本。

十二、《龍洲詞》一卷，毛晉《宋六十名家詞》本。

十三、唐圭璋《全宋詞》本，刪除誤收詞，共七十七首。

十四、一九七八年上海古籍出版社出版，楊海明校編《龍洲集》，十二卷，共八十七首詞。

## 三、劉過報國的心志

劉過一生的心願是報效國家，他說：「不隨舉子紙上學六韜，不學腐儒穿鑿註五經。」(〈獨醒賦〉卷十二)他參加科舉是爲報國，〈寄程鵬飛〉詩云：「科舉未爲暮年計，途窮不忍向人言。」(卷五)。他討厭胸中狹窄的人，〈題鳳凰臺〉：「時事不言爲拄笏，書生無用且啣盃。平生自厭胸中窄，萬里霜天一日開。」(卷六)都說明他不是只墨守章句，只認功名的腐儒。他眼中處處是國家的收復與統一，真正的心願是「丈夫生有四方志，東欲入海西入秦，安能齷齪守一隅，白頭章句浙與閩。」(〈多景樓醉歌〉卷一)

他是有豪情有壯志，從不放棄報效國家的希望。在〈盱眙行〉說：「何不夜投將軍扉，勸上征鞍鞭四夷？滄海可填山可移，男兒志氣當如斯。」(卷一)殺敵立功的觀念，無時不在他腦中激勵著他，「床頭吳鉤作龍吼，便欲乘此搗穹廬。」(〈古詩〉卷二)〈謁郭馬帥〉詩：「過也淪落久，狂名諸公知。然亦壯心膽，志慕鞭四夸。」(卷三)又如〈蘄州道中〉詩「胸中自有平戎策，路入蘄州冷不知。」(卷九)登高望遠時亦心繫國事，如〈題高遠亭詩〉：「胡塵只隔淮河在，誰爲長驅一掃空。」(卷六)在　　　顧湄弔劉龍洲先生墓並序說：

「嘗歎先生當杭州偏安之日，雖在草莽，殷憂君國，而不見用，迺寄情於詩酒，豈先生之心哉。」可見他不是只求名利的無賴，而是志比天高的壯士。

他在〈登多景樓〉詩云：

壯觀東南二百州，景于多處最多愁。江流千古英雄淚，山掩諸公富貴羞。北固懷人頻對酒，中原在望莫登樓。西風戰艦成何事，空送年年使客舟！（卷六）

詞人面對國家山河破碎，目睹對敵人作戰的戰艦，突然成爲求和納貢的使船，不禁憤慨萬分。瞿佑《歸田詩話》曰：「江流千古英雄淚，山掩諸公富貴羞。」蓋自吳晉以來立國於南者恃長江天險，兢兢保守，北望中原，置之度外，況沙漠之境，氈毳之域哉！詩意蓋深寓此恨也。《鶴林玉露》：「全詩慷慨悲壯，當時即被譽爲「古今絕唱」。

## 四、被曲解的詞人

開禧三年（1207），韓侂冑竊柄久，中外交憤，及妄開邊釁，怨者益眾。投降派首領史彌遠與投機份子李璧在皇后的支持下，採用突擊的方式把韓侂冑殺了，「開禧北伐」成爲歷史名詞。支持「開禧北伐」的辛棄疾被指摘爲「迎合開邊」[33]，陸游的祠奉被剝奪，而且是「見譏清議」[34]，劉過也被指爲「觀其詞可知其人之不足取」[35]。

周密《齊東野語》甚至評劉過：「賣直釣名之人」，方回《瀛奎律髓》卷二十批評：「江湖游士，多以星命相卜，挾中朝尺書。奔走閫臺郡縣餬口耳。慶元、嘉定以來，乃有詩人爲謁客，龍洲劉過改之之徒，不一其人，石屏亦其一也。」[36]四庫全書批評他的伏闕上書是「大言以倖功名」，……楊維楨弔其墓詩云：……文人標榜之詞，非

---

33 魏了翁：《鶴山先生大全集．倪公墓誌銘》，見《四部叢刊初編縮本》，冊四，卷八五，頁 707。
34 周密：《浩然齋雅談》，見《景印文淵閣四庫全書》，冊一三六六，頁 258。
35 陳廷焯：《白雨齋詞話》，見《詞話叢編》，冊四，卷五，頁 3894。
36 方回：《瀛奎律髓》，見《景印文淵閣四庫全書》，冊一三六六，頁 258。

篤論也。」[37]又說：「蓋縱橫游士，志在功名，故不能規言矩行」。[38]劉過被評爲愛功名的江湖術士，其實這些評語對劉過是不公平的。

劉過一生奔跑不是爲餬口或名利，他自己曾在〈方竹杖〉詩說：「峰稜四面起，節操一生堅，……從教方有礙，終不效規圓。」（卷七）

劉過三十六歲時，周必大被封爲左丞相，不久封爲益國公，他曾聞劉過，欲收攬爲門下客，爲劉過所拒。[39]如果劉過只想做官釣名，何必拒絕。又舉〈謁郭馬帥〉詩爲例：

方今群胡擾，似覺虜運衰。達靼軍其西，會以蒙國欺。蛇豕互吞噬，干戈極猖狓。（卷三）

《四庫全書．龍洲集》中因避諱「胡、虜」字[40]，而竄改爲：

方今群寇擾，似覺敵運衰。達靼軍其西，會以默古斯。犬牙互相錯，干戈極猖狓。

就可知道四庫全書批評劉過的話，是在異族高壓、懷柔統治下，偏頗的說法。劉過在〈夜思中原〉：

中原邈邈路何長，文物衣冠天一方。獨有孤臣揮血淚，更無奇傑叫天閽。關河夜月冰霜重。宮殿春風草木荒，猶耿孤忠思報主，插天劍氣夜光芒。（卷五）

「獨有孤臣揮血淚」，他一心想要收復中原，是個志比天高的壯士，報效國家才是他的心願。

我們再看當時人對他的憑弔，宋．昆山淩叔度〈劉龍洲墓詩〉：

嘗隨薦鶚上天閽，肯信荒山氣斷魂。百歲光陰隨酒盡，一生氣概祇詩存。

---

37 見清．永瑢、紀昀：《四庫全書總目提要．龍洲集提要》（臺北：商務印書館，1983 年 10 月初版）冊四，頁 286。

38 同上注，冊五，頁 310。

39 宋．陳思：《兩宋名賢小集》，見《景印文淵閣四庫全書》，冊一三六四，頁 559。

40 見王先謙纂輯：《十二朝東華錄》（臺北：文海出版社，1973 年 9 月出版），頁 467。「已卯（雍正十一年）諭內閣，朕覽本朝人刊寫書籍，凡欲胡虜夷狄等字，每作空白，又或改易形聲，如以夷爲彝，以虜爲鹵之類，殊不可解。揣其意，蓋爲本朝忌諱避之，以明其敬慎。……」

元．潘純〈拜龍洲墓〉詩：

那知義膽忠肝者，不在貂蟬玉珮間。何人好事千高古，愛此淳風似鄒魯。

元．鄭元祐〈拜龍洲墓〉詩：

宋南渡如晉永嘉，屈辱更甚慚栖鴉。賢才盡斃賊檜手。君相甘同魯婦髽，孝皇悲憤痛莫雪。士逃誅竄能幾家，翁也諸侯老賓客。有淚每落西風笳。南樓載酒桂花晚，經綸志在言非誇，且將南山探虎穴，……長歌之悲過慟哭，況聞飛雁來龍沙。

明．文徵明〈處州劉學諭敔乃龍洲遠孫，便道拜龍洲墓於崑山，作詩送之〉:「龍洲先生天下士。曾以危言犯天子，肯緣祿養以時人？」說明他的氣節，不肯求人祿養。

明．沈周〈讀方侯思修劉龍洲祠碑〉:

龍洲先生非腐儒，胸中義氣存壯圖。重華請過補闕典，一疏抗天膽肝麤。中原喪失國破碎，終日憤懣夜起呼。……嗚呼人重風節非人驅，龍洲龍洲真丈夫。

稱劉過是真丈夫，胸中滿有義氣。明．殷奎〈崑山重立劉隆洲先生祠堂疏〉:「故宋龍洲劉改之先生忠義絕倫。」[41]豈是如四庫所言求名之人。

明．顧恂稱他：

龍洲志節何崔嵬，酒酣曾上梁王臺。少年激烈負奇氣，憂時懷抱難為開。

明．顧湄〈弔劉龍洲先生墓並序〉說：

嘗歎先生當杭州偏安之日，雖在草莽，殷憂君國，而不見用，迺寄情於詩酒，豈先生之心哉。

以上從宋到明都曾祭拜劉過墳，稱他志節崔嵬，憂時憂國，爲他沒列入紫宸班而叫屈。元楊維禎說：「讀君舊日伏闕書，喚起開禧無限悲。」[42]都提到劉過的氣節、愛國，豈是四庫如所言「大言以倖功

---

41 同注十，頁 459。

42 以上所列舉弔劉過詩，見宋．劉過：《龍洲道人詩集》附錄，舊抄本，藏國家圖書館善本室。

名」。這也是葉適說陳亮若沒中科舉者，將被視爲「狼疾人」一樣。沒有功名，就不被肯定，也沒有資格在朝廷做事，施展抱負。爲了三餐奔波於達官家中，被認爲以詩詞干謁權貴，甚至連劉過的愛國心也被曲解，這正是他一生悲劇的所在。

羅振常在《校定龍洲詞序》說：「觀龍洲生當南宋，痛中原之不復，二帝之辱死，又傷光廟不能孝養上皇，以治天下，憤積於中，發爲歌詞，其忠義磊落之氣，固無殊於東坡、稼軒」。主要說明劉過的藝術風格遠眺東坡，近師稼軒，但他同時也是像東坡與稼軒一樣的愛國者，他有「江湖形跡廟堂心」的高尚愛國情操。

## 第二節　劉過的愛國詞

劉過的愛國詞是《龍洲集》中主要的內容。他一生沒考上過科舉，沒做過官，窮途潦倒，但終其一生他都積極要求恢復中原。

劉過自幼「負不羈之才」，自謂「少而桑蓬，有志四方。」是個「讀書論兵，好言今古治亂盛衰之變」(《龍洲集》附錄一，許從道〈東陽遊戲序〉)的義士。殷奎說他：「博學經、史百氏之書，通知古今治亂之略，至於論兵，尤善陳利害。」[43]劉過的〈從軍樂〉更是表達殺敵的決心「芙蓉寶劍鷺鵜刀，黃金絡馬花盤袍。臂弓腰矢出門去，百戰未怕皋蘭鏖。」(卷一)他與朋友談論「邊庭障堠、戰守形勢」(〈與許從道書〉卷十二)他也贈給許從道兒子一首詩：「讀書要以《六經》先，次第漢唐《十七史》。老夫之見竊不然，別有一說爲舉似。方今孽□日衰甚，河朔早暮風塵起。腐儒酸寒作何用？國家所欠奇偉士。……不如左彎右挾弓，肉食風侯差快耳。」(卷二)

開禧元年（1205）春夏之交，劉過在鎭江和岳珂等人相聚一段時間，他登上多景樓，看見金、焦兩山，長江滾滾，而國土的破碎，深感痛心。寫〈題潤洲多景樓〉詩：「煙塵茫茫路渺渺，神京不見雙淚

---

43 殷奎：《強齋集．崑山復劉改之先生墓事狀》，見《景印文淵閣四庫全書》，冊一二三二，頁418。

流。」(卷二)〈登多景樓〉詩：

> 壯觀東南二百州，景于多處最多愁。江流千古英雄淚，山掩諸公富貴羞。北國懷人頻對酒，中原在望莫登樓。西風戰艦成何事，空送年年使客舟。(卷六)

斥責南宋屈膝求和的政策。他志在統一，要「勸上征鞍鞭四夷」。他勸告置民族國家利益不顧，只埋頭雕琢文字的儒士，「與生生死蠹文字，土田官耳村夫子，不如左彎右挾弓。肉食封侯差快人。」他期望「四海皆安眠」(卷二)因此大膽的批評指陳醉於湖光山色的國君，在〈望幸金陵〉:「懷哉金陵古帝藩，千船泊兮萬馬屯。西湖真水真山好。吾君豈亦忘中原。」(卷一)他對時局的看法是「去國夢魂愁切切，感時滴淚血斑斑。」(〈上金陵章侍郎〉卷四)在〈南康邂逅江西吳運判〉云:「臣心畢竟終憂國，不敢瞻烏涕泫然」(卷五)又在〈登凌雲高處〉云:「更欲杖藜窮望眼，眼中何處認神州。」(卷六)都說明他的政治主張。

劉過是個力主北伐，要求收復失地，統一天下者，曾上書「陳恢復中原方略」，[44]曾「伏闕上書請光宗過宮」，[45]當其扣閽上書，請光宗過宮，「頗得抗直聲」。[46]盧公武曾有詩贊他:「發憤美陳平虜策，匡君曾上過宮書。」[47]他愛國忠君是有目共睹的。在《龍洲集》有〈初，伏闕上書得旨還鄉上揚守秘書〉詩，以後又有〈呈陳總領之四〉詩記當時事：

> 憶昨痛哭麗正門，白袍黑帽如遊魂，中書堂留草茅疏，不賜誅戮光宗恩。(卷二)

又在〈六合道中〉云:「十年曾記此來游，有策中原一戰收。」(卷六)因這次上書，他在〈賀盧帥程徽猷鵬舉〉云:「有書爲患，幾不容於天地之間，無家可歸，但落魄於江湖之上」(卷十二)的地步。

---

44 清·謝旻監修，陶成編纂:《江西通志》，見《景印文淵閣四庫全書》，冊五一五，頁 600。
45 宋·周密:《齊東野語·紹熙內禪》，見《景印文淵閣四庫全書》，冊八六五，頁 659。
46 同注三八。
47 見劉過:《龍洲道人詩集·附錄》，舊抄本，藏國家圖書館。

可惜的是此疏已佚，元楊維楨〈弔劉龍洲墓詩〉云：「讀君舊日伏闕疏，喚起開禧無限悲。」48

劉過愛國詞的內容是：

## 一、主張收復失土

劉過期盼「敬須洗眼候河清，讀公浯水中興頌。」(〈呈陳總領〉)的愛國思想，自始至終不改變，然而他卻沒有報國的道路與舞臺，他的詞因為國土的分裂而悲憤，「依舊塵沙萬里，河落滿腥羶。」(〈八聲甘州〉)，主和派卻是苟且偷安，他感嘆「乾坤誰望，六百里路中原，空老盡英雄，腸斷劍鋒冷。」(〈西吳曲〉)蘇紹叟稱他：「因懷改之每聚首，愛歌〈雨中花〉，悲壯激烈，令人鼓舞。」《龍洲詞》中所用的詞牌有三十二個，而用〈沁園春〉就有十七首，他選用激昂長調，以格律而論他選用句式變化大，韻腳密，來表達他沈鬱悲厚的感情。他在〈沁園春〉張路分秋閱：

> 萬馬不嘶，一聲寒角，令行柳營。見秋原如掌，槍刀突出，星馳鐵騎，陣勢縱橫。人在油幢，戎韜總制，羽扇從容裘帶輕。君知否，是山西將種，曾繫詩盟。　龍蛇紙上飛騰。看落筆、四筵風雨驚。便塵沙出塞，風侯萬里，印金如斗，未愜平生。拂拭腰間，吹毛劍在，不斬樓蘭心不平。歸來晚，聽隨軍鼓吹，已帶邊聲。(卷十一)

劉過一生沒機會像陸游、辛棄疾那樣能身著戎裝，驅馳疆場。因此他的詞作不像陸游、辛棄疾有勇敢殺敵的場面或對軍旅生活的回憶。劉過的詞集中描繪軍事場面與刻畫將領的形象。

詞題中的「路分」，是擔任路分都監的官職，掌管本路禁旅屯戍邊防訓練等軍務官員。南宋初年，多以諸路帥臣兼任。各路每歲閱兵一次。張路分，生平不詳。

詞的首三句寫秋閱，軍紀的嚴明，「萬馬」形容規模宏大卻「不

---

48 同上注。

嘶」,「萬馬」又對「一聲」,突然響起號角聲,特別嘹亮。以聲音來寫演習的情景。作者把張路分的軍營比作周亞夫的軍營,表現張路分是嚴於治軍的將領。

「見秋原如掌」四句寫作者所見,在平坦如掌的平原上檢閱部隊,兵場上的壯觀,「槍刀突出,星馳鐵騎,陣勢縱橫。」步兵、騎兵動作迅速,武藝勇猛,陣法熟練。接著寫指揮者,「人在油幢,戎韜總制,羽扇從容裘帶輕」,張路分在油幕軍帳中,統禦千軍萬馬。態度卻輕鬆從容。能「運籌帷幄之中,決勝千里之外」,他有大將之風與才能,這當然與家世有關,他是「山西將種,曾繫詩盟。」山西將門之後,又有擁有詩才,點明張路分文武全才。

下片承「曾繫詩盟」而來,寫張路分的詩情、文思等才華。接著「便塵沙出塞,風侯萬里,印金如斗,未愜平生。」寫張路分冒塵沙出塞,既不是為博取「萬里侯」的封號,也不是要贏取斗大的金印繫在腰間。他經常「拂拭腰間,吹毛劍在」,他的內心「不斬樓蘭心不平」,只因為敵人未滅,壯心不已。結句寫閱罷歸來,「歸來晚」指演習時間長,「聽隨軍鼓吹,已帶邊聲」,在劉過聽來。似乎以帶上邊地戰場聲。

劉過藉著張路分的秋閱場景,表達自己的心聲,「不斬樓蘭心不平」,期許張路分也自我期許。

又如〈八聲甘州〉送湖北招撫吳獵:

> 問紫岩去後漢公卿,不知幾貂蟬,誰能借留侯箸,著祖生鞭?依舊塵沙萬里,河洛染腥羶。誰是道山客,衣缽曾傳。　共記玉堂對策,欲先明大義,次第籌邊。況重湖八桂,袖手已多年。望中原驅馳去也,擁十州、牙纛正翩翩。春風早,看東南王氣,飛繞星躔。(卷十一)

〈八聲甘州〉一詞作於韓侂胄議開邊北伐前夕,吳獵是一位戰將,曾是「慶元黨禁」中人,「貽書當路,請號召義士以保邊場,刺子弟以補軍實。」[49]劉過以此詞說明現今北方金主,就如當年完顏亮

---

49 同注二三,冊三八,頁 12087。

對「三秋桂子，十里荷花」的杭州，有投鞭渡江的野心，[50]敵人亡我之心永不滅絕，「河洛染腥羶」，唯有主動出擊，收復失地，才是良策。

又如〈沁園春〉御閱還上郭殿帥：讚嘆他領軍「旌旗蔽滿寒空。魚陣整、從容虎帳中。想刀明似雪，縱橫脫鞘；箭飛如雨，霹靂鳴弓。」又期許他能「威撼邊城，氣吞胡虜」，最後盼望「中興事，看君王神武，駕馭英雄」，期待有好的將領國土統一。

## 二、對時局不滿與期望

劉過下第後，就開始了的流浪生活，先後在金陵、蘇州、湖南、湖北一帶漫遊。他說「東遊吳會三千里，西入成都一萬山」(〈謁淮西帥〉)，又說「萬里湖南，江山歷歷，皆吾舊遊」(〈沁園春〉「萬里湖南」卷十一)「我將四海行將遍，東歷蘇杭西漢沔」(〈題潤州多景樓〉)可知他的腳蹤踏遍吳、蜀、荊、楚之間，每他登臨之處，看到河山的破碎，便揭露南宋統治者的苟且偷生，及金人的惡行，詞中也興起愛國感受，如〈六州歌頭〉：

> 鎮長淮，一都會，古揚州。升平日，珠簾十里春風、小紅樓。誰知艱難去，邊塵暗，胡馬擾，笙歌散，衣冠渡，使人愁。屈指細思，血戰成何事，萬戶封侯。但瓊花無恙，開落幾經秋。故壘荒丘。似含羞。　　悵望金陵宅，丹陽郡，山不斷綢繆。興亡夢，榮枯淚，水東流。甚時休。野灶炊煙裏，依然是，宿貔貅。歎燈火，今蕭索，尚淹流。莫上醉翁亭，看濛濛雨、楊柳絲柔。笑書生無用，富貴拙身謀。騎鶴東遊。(卷十一)

揚州是繁華古都，因金兵兩次南下，古城成爲一片廢墟。劉過多次赴杭應試，均未錄取。下第之後，有「臂弓秣馬長淮去」(〈西湖別舍弟潤之〉卷五)在揚州一帶遊歷。他目睹揚州兵後的破敗，寫統治者的腐朽無能，並表達報國無門的悲憤。

---

50 羅大經：《鶴林玉露》，見《叢書集成新編》，冊八七，頁 114。

「鎭長淮」點出揚州的地理位置，是雄鎭淮河流域，長江門戶，抗金的基地，「昇平日」三句，寫揚州在金兵南下以前的日子。「珠簾十里春風，小紅樓」，並用杜牧「春風十里揚州路，捲上珠簾總不如」詩句，寫以前揚州何等繁華。自從「胡馬擾」後，朝廷官員南渡，不顧百姓死活。「使人愁」三句直抒胸臆，道出作者對國事的擔憂。「屈指細思」三句，揭發南宋統治者的腐敗，只顧逃亡卻把把愛國軍民的流血犧牲，變成他們「萬戶封侯」的階梯。由愁轉恨，只有瓊花沒遭到摧殘，幾度花開花落。這樣無力保衛家園百姓，連故壘荒丘，都要含羞。

下片寫興亡之恨。金陵，丹陽指現今的鎭江，都是恢復中原最佳基地，然而南宋不知利用，讓人空「悵望」。「興亡夢，榮枯淚，水東流」，化辛棄疾的《南鄉子》：「何處望神州，滿眼風光北固樓。千古興亡多少事，悠悠，不盡長江滾滾流。」鎭江是王朝興衰、南北分爭的歷史見證。東吳孫權曾憑藉他爭霸中原，南朝劉裕也靠他出兵，他們都曾顯赫一時，也都相繼滅亡。作者藉此說明歷史興衰，個人榮枯，正如滾滾江水，自向東流不知盡頭，交織著國家興衰，個人身世的飄零之恨。再看揚州城內一片蕭索，自己卻不能投筆從戎，反淹留在這空城，真是「書生無用」，求富貴不能，看來只有諷刺的騎鶴遊揚州，成仙去了。

詞中憂心國事，惆悵失意、悲憤的情思，洋溢詞中。

又如〈糖多令〉安遠樓小集，侑觴歌板之妓黃其姓者，乞詞於龍洲道人，為賦此糖多令，同柳阜之、劉去飛、石民瞻、周嘉仲、陳孟參、孟容，時八月五日也：

蘆葉滿汀洲，寒沙帶淺流。二十年、重過南樓。柳下繫舟未穩，能幾日、又中秋。　黃鶴斷磯頭。故人今在不。舊江山、渾是新愁。欲買桂花同載酒，終不是、少年遊。（卷十一）

安遠樓在武昌黃鵠山上，一名南樓。姜夔〈翠樓吟〉詞題中云：「淳熙丙午冬，武昌安遠樓成。」劉過在詞中表明二十年前，曾抱收復中原的理想遊武昌，武昌是荊湖北路首府，是「用武」之地。二十年後重遊，中原不僅未收復，自己反而憔悴許多。

這首詞寫作時間，約在嘉泰四年（1204），韓侂胄定議此年伐金，一時有志之士，深以輕率銳進為憂。監察御使史婁機言：「恢復之名非不美，今士卒驕逸，遽驅於鋒鏑之下，人才難得，財用未裕，萬一兵連禍結，久而不解，奈何！」這戶部尚書李大性，條陳利害，謂兵不宜輕舉，忤韓侂胄，出知平江府。[51]正是這種局面強烈的震撼著詞人，寫下了此名篇。

詞的上片主要寫重過南樓的時間與登樓所見。「蘆葉滿汀洲，寒沙帶淺流。」是沙洲上一片淒涼冷落，滿是枯槁的蘆葦。「二十年」一句，劉過離家赴試，曾在這裡過了一段放縱的生活，「所謂醉槌黃鶴樓，一擲賭百萬。」(〈湖學別蘇召叟〉)以及「黃鶴樓前識楚卿，彩雲重疊擁娉婷。」(〈浣溪沙〉贈妓徐楚楚)這是當年他的游蹤。二十年過去一事無成，二十年後的今天重過武昌，景物是如此蕭條。令人感悲。「柳下繫舟未穩」說明重來武昌的時間極短。「能幾日、又中秋。」都點明季節與時序，已經轉入秋天，象徵國家與個人均已入衰落期。

下片主要寫重過南樓的感慨，「黃鶴斷磯頭」二句，化用崔顥〈黃鶴樓〉詩，寫物是人非，對當年同游故人表深切懷念。「舊江山、渾是新愁」，登覽遠眺，舊愁新怨直湧心頭，新愁是殘山剩水依舊冷落。想苦中作樂，買花載酒，「終不是、少年遊」，終不像年少的豪情，只是徒增惆悵。黃蓼園《蓼園詞選》稱其：「武昌係與敵紛爭之地，重過能無今昔之感？……詞旨清越，亦見含蓄不盡之意。」

## 三、悼念民族英雄

劉過的詞中對民族英雄有極動人的感情，如〈六州歌頭〉題岳鄂王廟：

> 中興諸將，誰是萬人英。身草莽，人雖死，氣填膺。尚如生。年少起河朔，弓兩石，劍三尺，定襄漢，開虢洛，洗洞庭。北望帝京。狡兔依然在，良犬先烹。過舊時營壘，荊鄂有遺民。憶故將軍。淚如傾。　　說當年事，知恨苦，不奉詔，偽耶

51 同注二四，《續資治通鑑》，冊七。頁 4225。

真。臣有罪，陛下聖，可鑒臨。一片心。萬古分茅土，終不到，舊姦臣。人世夜，白日照，忽開朗。袞佩冕圭百拜，九泉下、榮感君恩。看年年三月，滿地野花春。鹵簿迎神。（卷十一）

《宋史·岳飛傳》說宋孝宗時詔復飛官，以禮改葬，並建廟於鄂，寧宗嘉泰四年（1204）五月，追封鄂王。本詞題為「題岳鄂王廟」，到底詞寫於何年？

嘉泰二年（1202），朝廷加韓侂胄太師，韓侂胄收羅知名之士，又意在開邊，士大夫之好言恢復者，亦多見擢用。嘉泰三年（1203）夏，辛棄疾知紹興府兼浙東安撫使，招劉過至幕府。嘉泰四年，正月，稼軒被召，並言：「金國必亂必亡，願屬元老大臣為應變計」，全國充滿抗敵氣氛。開禧元年（1205）春夏之交，[52]劉過至京口訪辛棄疾，而開禧二年（1206）劉過卒。可知是較有可能是他在嘉泰四年，西游漢沔（今武漢）時所作。

詞開頭用設問句，強調岳飛是南宋中興名將，民族英雄。「身草莽，人雖死，氣填膺。尚如生。」岳飛胸中充滿浩然正氣，為國家利益而死，所以雖死猶生，英名永在。「年少起河朔」六句，追述岳飛生平事蹟，憑著忠肝義膽，縱橫沙場，所向披靡。「定襄漢，開虢洛，洗洞庭」，都是描寫岳飛大破金兵的歷史功績。「北望帝京」三句寫中原未收復，良將先殺，對岳飛的死流出無限的同情。「過舊時營壘，荊鄂有遺民」，寫對岳飛憑弔，「荊鄂有遺民」，指自己早年生活襄陽，「憶故將軍。淚如傾。」對為國殉難忠良的悼念與歌頌。

下片主要寫岳飛受的冤獄和百姓對他的愛戴。「不奉詔，為耶真」，不過是秦檜編的謊言，所以秦檜要負責任。「臣有罪，陛下聖，可鑒臨，一片心」，就連宋高宗也難辭其咎，皇帝應明察臣子的一片報國之心。「萬古分茅土」三句千代以來分封王侯，都不會輪到奸臣的份上，對奸佞小人的切齒痛恨與鞭笞。秦檜死於岳飛被害後十三年，贈申王，謚忠獻，開禧二年（1206）權禮部侍郎李壁奏言：「秦

52 見鄧廣銘：《辛稼軒年譜》，頁777。

檜首倡和議，使父兄百世之愁不復開口於臣子之口，宜亟貶檜以示天下。」[53]追奪漢奸賣國賊秦檜的王爵，改謚謬醜。

「人世夜」三句，寫岳飛冤獄中被平反，人間沈沈黑夜，終有白日高照，變得開朗。「袞佩冕圭百拜」，寫想像岳飛榮封鄂王，身穿袞服，懸掛玉佩，頭帶冠冕，手直圭璧，端坐廟中受人朝拜。岳飛地下有知，必定榮感君恩。最後三句寫群眾對民族英雄的懷念，每逢三月，春光明媚，遍地花香之時，人們就以隆重大禮來祭奠岳飛的神靈。看年年三月，滿地野花春。鹵簿迎神。

這首詞激昂、悲憤、沈痛的感情起伏跌宕，後片露出明朗色彩，說明作者不只在爲岳飛痛哭，而是把希望寄託在寧宗皇帝，鼓舞長期受壓的愛國之士，起來反抗金人，實現統一中原的大志。

又有〈沁園春〉觀競渡：

> 歎沈湘去國，懷沙弔古，江山凝恨，父老興衰。正直難留，靈修已化，三戶真能存楚哉。空江上，但煙波渺渺，歲月洄洄。
> 　　持杯。西眺徘徊。些千載、忠魂來不來？謾爭標奪勝，魚龍噴薄，呼聲賈勇，地裂天催。香黍纏絲寶符插艾，猶有尊前兒女懷。興亡事，付浮雲一笑，身在天涯。（卷十一）

這是劉過漫遊湖南時，在懷沙憑弔時，他懷念屈原的忠貞，卻只能投江自縊，「楚雖三戶，亡秦必楚」指楚國即使只剩下三戶人家，滅秦者必是楚人。詞中鼓勵人們應起來抗暴復國之決心。「興亡事，付浮雲一笑，身在天涯」，愛國的心情，有如陸放翁「此身誰料，心在天山，身老滄洲」的含蓄、深沈。

## 四、關心民間疾苦

劉過的詞有關心民生疾苦，雖然數量不多，在〈清平樂〉：

> 新來塞北，傳到真消息，赤地居民無一粒。更五單于爭立。　維師尚父鷹揚。熊羆百萬堂堂。看取黃金假鉞，歸來異姓真王。（卷十

53 同注二四，冊七，頁 4239。

一）

他的詩中也有關心百姓生活如〈悲淮南〉：

> 淮南窮到骨，忍復椎其飢。不知鐵錢禁，作俑者為誰。行商斷來路，清野多流禽。……今者縱虎狼，而使渴與飢。……悲哉淮南民，持此將安之？（卷三）

詩中寫到百姓已經窮困不堪，批評南宋爲了補償經濟來源的不足，還設鹽鐵禁，使百姓流離失所。又在〈郭帥遺蕨虀〉：「主人幕下三千士，談王說霸如蜂起。日日椎鮮與擊肥，餐飫腥羶飽而已。……要看濈濈兒拳短，窮人便是知田漢。」（卷二）批評官家的富足奢侈，而田家卻苦哈哈。在〈祭李侍郎〉云：「方今講論肥民策，不數橫流地上錢。」（卷四）

又在〈瓜洲歌〉云：

> 今年城保寨，明年城瓜洲。寇來不能禦，賊去欲自囚。……參差女牆月，深夜照敵樓。泊船遠河口，頗為執事羞。（卷一）

執政掌權的爲國不能保，百姓生活的痛苦而負責，並感到可恥。

## 第三節　痛抒英雄失路的悲憤之詞

劉過一生遭遇坎坷，生活窮苦，在宋朝，讀書想要謀取地位，建立功名，發展抱負，主要是以科舉爲途徑，或是上書皇帝有所建言，或干謁諸侯。劉過這三條路都試過，卻走得很失敗，以至於潦倒不堪。他一生未得功名，在〈上吳居父〉又說：

> 廟堂陶鑄人才盡，流落江淮老病身。尚踏槐花隨舉子，不知鄧禹是何人。（卷八）

他在〈官舍阻雨十日不能出悶成五絕呈徐判部之五〉云：「世間別有人才任，臺閣招徠恐未多。」（卷八）抱怨朝廷遺賢，他到年老流落衰病，竟還在上京趕考。他又在〈念奴嬌〉留別辛稼軒：「虛名相誤，十年枉費辛苦。」（卷十一）在〈明州觀大閱〉亦云：

「十年文窮坐百拙。」(卷二)對自己的一再落第,劉過一直耿耿於懷,他說:「只今覺衰甚,四海游已倦。所餘習氣在,未了一第欠。」(〈湖學別蘇召叟〉卷三)又在〈從軍樂〉抱怨:「漸老一第猶未叨,自嗟賦命薄如紙。」(卷一)因爲他屢試不第,他抱怨讀書無用,有志不得伸,「平生讀書徒苦辛,遭逢喪亂未得志,長策短稿無由伸。」(〈村墅〉卷二)在〈讀書〉詩云:「世途風波惡,躬履見險側,敢云賣文活,一錢知不值。」(卷三)世途險惡,屢遭挫折,讀書滿腹,卻一文不值。所以他有許多不滿之詞。

劉過在科舉中受盡挫折,屢次參加科考都落第,奔走達觀貴族家也不被重用,自傷淪落。他這部份的詞有:

## 一、抱怨科舉制度

劉過在〈上袁文昌知平江〉說「十年無計離場屋,說著功名氣拂胸。」(卷四)又在〈與許從道書〉:

> 他人讀書句讀猶未通,把筆為文章,模擬竄竊,粗曉聲病,即取高第,為時達官。足下試于鄉于湖南、江東、兩浙,僅能一再中,而姓名上禮部輒報罷。(卷十二)

抱怨他人雖粗識詩書,考科舉卻如囊中取物。而他自己則「姓名上禮部輒報罷」。他傷感的說:「桃李被笙歌,松柏遭催傷。」(〈懷古四首為知己魏倅元長兼呈永叔宗丞戴少望〉卷三),對這種不公平的待遇,感嘆說:「算世間久無公是非。」(〈沁園春〉寄孫竹湖)他還向科舉制度提出質疑,在〈謁易司諫〉云:

> 懶看齷齪隨時士,誰是艱難濟世才?韋布豈無堪將相,廟堂未易賤蒿萊。(卷四)

他參加科舉是爲取得報效國家的途徑,但他的「詩豪賦佳不入世俗眼」,[54]又有〈下第〉詩:

> 蕩蕩天門叫不應,起尋歸路歎南行。新亭未必非周顗,宣室終

---

54 同注七,呂大方:〈以改之下第賦詩贈之〉,見劉過:《龍洲集》附錄,頁 73。

須召賈生。振海潮聲風洶湧，插天劍氣夜崢嶸。傷心故國三千里，纔是餘杭第一程。（卷六）

科舉彷如登天一般難，真是坎坷困難。

因此他看到別人考中，耀武揚威心中很痛苦。他又在盧蒲江席上，有新宗室，寫〈沁園春〉抱怨：

一劍橫空，飛過洞庭，又為此來。有汝陽璡者，唱名殿陛；玉川公子，開宴尊罍。四舉無成，十年不調。大宋神仙劉秀才。如何好？　將百千萬事，付兩三杯，未嘗戚戚於懷，問自古英雄安在哉？任錢塘江上，潮生潮落；姑蘇臺畔，花謝花開。盜號書生，強名舉子，未老雪從頭上催。誰羡汝，擁三千珠履，十二金釵。（卷十二）

這首詞最能達他落第的心情。詞的前三句化用唐人呂岩的〈絕句〉:「朝游南海暮蒼梧，袖裡清蛇膽氣粗。三上岳陽人不識，朗吟飛過洞庭湖。」以飛劍橫空的壯采象徵匡濟天下的奇志，寫自己前去應試時的意趣風發，何等豪邁。

「有汝陽璡者」四句，說明座中有宗室殿試及第，接著言盧蒲江舉行酒宴待客。唱「四舉無成，十年不調。大宋神仙劉秀才」，敘述自己不幸的遭遇，幾番落第，多年奔走不得一官，卻又與新科中榜者同席，實在難堪。表明科舉失意的淒涼與不平。「如何好？」表現作者的六神無主。但馬上自我排遣，「將百千萬事，付兩三杯」，只有借酒澆愁。

「未嘗戚戚於懷」，表現自己不因物喜，不因己悲，心境光明磊落。「問自古英雄安在哉？」自古以來英雄終歸無有，如「浪淘盡、千古英雄人物」。

「任錢塘江上」四句，以任由潮起潮落，花謝花開，表現痛心國勢興衰得失。「盜號書生，強名舉子，」詞意非常消沈，寫自己枉讀師書無益時世的痛苦，然而歲月無情，自己已經「未老雪從頭上催」，滿頭白髮了。

作者嘗盡人間辛酸，卻心繫天下,得勢者卻安居廟堂,不顧民生。兩相對比讓劉過一腔憤怒，「誰羨汝，擁三千珠履，十二金釵。」比起柳永的「忍把浮名換了淺斟低唱」的無奈消沈更加狂勃怒怨，詞末簡直是睥睨群雄。正如他在〈寄程鵬飛〉詩云：「科舉未為暮年計」，（卷五）科舉不是為披金戴銀，或是為晚年生計打算，所以不須羡慕別人擁有珠履、金釵，明白的表示對此輩的不屑。

## 二、嘆朝廷不重人才、報國無門

劉過科舉之路不通，決定嘗試第二條路來到臨安，準備上書皇帝，以尋求報國機會。此時孝宗病危，光宗不予過問。劉過「伏闕上書請光宗過宫」，[55]並「陳恢復中原方略，謂中原可一戰而取。」[56]可惜他的上書已經亡佚。結果是「奉旨還鄉。」

科舉落榜，伏闕上書也走不通，劉過仍不死心，只好選擇第三條路，奔走朝臣門下，盼能呈獻恢復中原之計。他在〈獨醒賦〉自云：「上皇帝之書，客諸侯之門」（卷十二），他曾先後奔走於宰相周必大，殿帥郭杲、皇親吳琚、浙東轉運使辛棄疾、韓侂冑的門下，但並沒有受到韓侂冑的重用。他只有唱起「江南遊子斷腸句，漢殿逐臣流涕書。」（〈謁江華曾百里〉卷四）他在〈辭周益公〉：

> 一曲歸歟浩浩歌，世間無地不風波。人從貧賤識者少，事向艱難省處多。紫塞將軍秋佩印，玉堂學士夜鳴珂。太平宰相不收拾，老死山林無奈何。（卷四）

他干謁的目標是統一中原，又在〈謁金陵武帥李奭時扣殿帥為易憲章求書碑〉說：「狂胡要使如灰滅，中國先須大器安。」（卷四）又云：「磨崖已辦中興頌，洗眼西湖看北征」（卷四）〈沁園春〉御閱還上郭殿帥「中興事，看君王神武，駕馭英雄。」（卷十一）他在〈上金陵章侍郎〉詩中，鼓勵握兵權者「便當擊楫中流誓，莫使鞭為祖逖先。」（卷四）應像祖逖一般，為國盡忠，不勝不還。他在〈謁郭馬帥〉云：

---

55 同注四五，頁 659。
56 清謝旻監修，陶成編纂：《江西通志》，見《景印文淵閣四庫全書》，冊五一五，頁 600。

盜賊蝟毛起，斂民及刀錐。父老思漢官，壺漿徯王師……。（卷三）

這些努力都白費，劉過一腔苦楚，他在〈水調歌頭〉：

弓劍出榆塞，鉛槧上蓬山。得之渾不費力，失亦匹如閒。未必古人皆是，未必今人俱錯，世事沐猴冠。老子不分別，內外與中間。　酒須飲、詩可作、鋏休彈。人生行樂、何自催得鬢毛斑？達則牙旗金甲，窮則蹇驢破帽，莫作兩般看。世事只如此，自有識鴞鸞。（卷十一）

這是劉過晚年時，和戰兩派鬥爭激烈，由於主和派都是朝廷掌權者，所以主戰派受壓抑，內心鬱悶難以排遣。

「弓劍出榆塞，鉛槧上蓬山。得之渾不費力，失亦匹如閒。」劉過認為出塞殺敵與著書立說，武功文名並不難取，失之也不用太計較。看來作者很達觀。但他在〈盱眙行〉云：「何不夜投將軍扉，勸上征鞍鞭四夷。滄海可填山可移，男兒志氣當如斯。」（卷一）可見「失亦匹如閒」，並非劉過心裡真正想的。

接著「未必古人皆是，未必今人俱錯」兩句，看似否定古人，替今人說話，但從「世事沐猴冠」乃否定是非。「老子不分別，內外與中間。」用「老子」一句，是作者憤世嫉俗，睥睨千古的狂放精神。從否定文名武功到否定是非到否定一切，實在是激憤至極之詞。可謂越轉越深越妙。

劉過在上片都已否定形式，到過片時，「酒須飲、詩可作、鋏休彈」，酒可以解憂，詩可以言志。唯獨不可彈鋏，因為統治者昏憒無能，不看重人才，「彈鋏何用？」所以「人生行樂、何自催得鬢毛斑？」人生須尋樂，何必自尋煩惱，枉催得雙鬢斑白，何況「牙旗金甲」、「蹇驢破帽」，窮困與通達並無二樣。其實這都不是肺腑之言，他是熱切報國無門，但科舉落第、伏闕上書、客食諸侯之門，沒有一樣成功，心情鬱悶到極處，在現實與理想無法調和，所發激憤的言論，結論是「自有識鴞鸞」，是非公道自在人心。直到尾拍才一語道破真實思想，達到似直而紆、似達而鬱的境界。

又有〈祝英臺近〉：

笑天涯，還倦客。欲起病無力。風雨春歸，一日近一日。看人結束征衫，前呵騎馬，腰劍上、隴西平賊。　　鬢分白。只可歸去家山，吾田種瓜得。空抱遺書，憔悴小樓側。杜鵑不管人愁，月明枝上，直啼到枕邊相覓。（卷十一）

詞中上片抒發「欲擊單于知力倦」的無可奈何悲苦。怨嘆自己衰病無力，羨慕別人能征戰殺敵歸來。自己只能歸老故山，而兩鬢斑白，卻無田可耕，生生之術，無以自給，一事無成空抱書冊，也無法報國，只有憔悴小樓。其孤苦寒酸的情形不可言喻，而「杜鵑不管人愁」等三句，使人聯想是溫庭筠的「梧桐樹，三更雨，不道離情正苦，一葉葉，一聲聲，空階滴到明」，寫盡心中的哀愁。又有〈沁園春〉王汝良自長沙歸下片：

談兵齒頰兵霜。有萬戶侯封何用忙？，借煙霞且作，詩中隊仗；鷺鴛已是，歸日班行。收斂平生，籌邊胸次，以酒澆之書傳香；消凝處，怕三更枕上，疏雨瀟湘。（卷十一）

無奈的時代讓人談兵齒冷，只有將「談兵」、「籌邊」之志，化爲詩書飲酒的消遣，結尾則道出疏雨瀟湘，並勾出壯志不酬的愁苦，激情歸於頹喪，詞情低沈抑鬱。

又有〈賀新郎〉：「人世紅塵西障日，百計不如歸好。」詞中有英雄不被重用的憂愁與沒落。「笑鶯花別後，劉郎憔悴萍梗。倦客天涯，還買個西風輕艇。」（〈西吳曲〉卷十一）「行到橋頭無酒賣，老天猶困英雄。」（〈臨江仙〉）的怨嘆。

## 三、感嘆身世飄零

劉過受到科舉的挫折，伏闕上書被拒，奔走群臣門下，被諷刺譏嘲，被誤解爲逢迎拍馬，他是個「十年南北走東西，豪氣崢嶸老不衰」（〈掛搭松窩〉卷六）的有志之士。他的心靈是如此痛苦，他自己說「過也久淪落……，黑貂日以敝，塵埃鬢成絲」，（〈謁郭馬帥〉卷三）「早被儒冠誤，依稀老更侵。科名數行淚，歧路一生心。」（〈上周少保之二〉卷七），物質生活是「出門雖是欠陶朱」（〈春日即事〉卷六）的貧困。岳珂《桯史》更稱他：「厄於韋布，放浪荊楚，客食諸侯間。」[57]。宋・呂大中說他：「家徒壁立，無擔石儲」，[58]他自道「落魄不檢，諸所交游者，莫不厭而惡之，謗怒嫉罵，叢至沓來。」（〈與許從道書〉卷十二）結果落得「流落齟齬」（〈獨醒賦〉卷十二），而且「依然破帽老騎驢」。（〈謁江華曾百里〉卷四）閬風先生說他：「有志無時，用勿克，施賚恨而沒。」[59]

劉過一生最大的悲劇是，盡了多少努力，科舉、上書、客食諸侯處，都無法達到報效國家之路，他在〈與許從道書〉：「倒指記之，自戊申（1188）及今己未（1199），日月逾邁，動經一紀。君猶書生，我爲布衣。……某亦自借湖南之次，寂寞無聞。」（卷十二）長達十二年，幾番應試皆被黜，多年奔跑不得一官，是何等難堪。「落魄不檢，諸所交游者，莫不厭而惡之，怨怒嫉罵，叢至沓來」（〈與許從道書〉卷十二）連報國的舞臺皆無，在感懷身世、感嘆懷才不遇之詞，也更慷慨激昂，宣洩無遺。

劉過浪跡江湖時，曾「東上會稽，南窺橫湘，西登岷峨之巔，北游爛漫乎荊揚」（〈獨醒賦〉卷十二）。像他這志士根本無從施展抱負，所以詞中有許多懷才不遇的悲憤，也深憂國勢衰頹，濟世之志無伸展。他在〈自嘆〉詩云：「書生窮蹇甚，一笑百禍胎。」（卷三）複雜心態的反映，如〈賀新郎〉：

> 彈鋏西來路。記匆匆、經行十日，幾番風雨。夢裏尋秋秋不見，秋在平蕪遠樹。雁信落、家山何處。萬里西風吹客鬢，把菱花、自笑人如許。留不住，少年去。　　男兒事業無憑據。記當年、悲歌擊楫，酒酣箕踞。腰下光鋩三尺劍，時解挑燈夜語。誰更識、此時情緒。喚起杜陵風月手，寫江東渭北相思句。歌此恨，慰羈旅。（卷十一）

劉過以杭州爲中心的漫游以後，先是南下東陽、天臺、明州，北上無錫、姑蘇、金陵，他再從金陵溯江而上，經采石、池洲、九江、

57 宋・岳珂：《桯史》，見《景印文淵閣四庫全書》，冊一〇三九，頁 422。
58 同注二，附錄三，〈宋詩人劉君墓碑〉。
59 同注七，閬風先生跋。

武昌，直到當時抗金重鎭襄陽，並往來襄陽與武昌之間，歷經艱辛遍嘗羈旅離愁。詞的上片表明自己流落他鄉，抑鬱不平。「彈鋏西來路」四句，借馮諼寄居孟嘗君故事，彈鋏說明寄人籬下，不被重用。「雁信落、家山何處」，希望鴻雁傳遞消息，可是家鄉遙遠，音信全無。

下片寫男兒事業無著落，當年「奏賦明光，上書北闕」的壯志，又如高漸離擊筑悲歌，如阮籍「箕踞嘯歌，酣放自若」不可一世的豪情，因不受當政者的重視，都已成往事雲煙了。「腰下光鋩三尺劍，時解挑燈夜語。誰更識、此時情緒。」儘管事業無成，自己壯志未衰，時常挑燈看劍，又怎能忍對燈花落淚。

最後四句呼應「彈鋏西來路」，由國事感慨轉入個人身世的飄零，以李白自喻，希望杜甫再世，能用他「筆落驚風雨，詩成泣鬼神」及「渭北春天樹，江東日暮雲。何時一樽酒，重與細論文」(〈春日懷李白〉)的優美詩句，放聲歌唱報國無路的悲憤，慰藉我這旅居在外的人。

劉過這類詞基本上都是科舉不第，懷才不遇，理想壯志未酬，所表現在詞中的大都懷舊、述志、言情，情緒由激昂熱烈歸於頹喪、哀怨、不滿，詞風則呈現抑鬱。

## 第四節　劉過的祝壽、酬贈詞

劉過八十七首詞中，祝壽、酬贈的詞近三十首，可謂佔大部份。因爲他曾「客諸侯之門」，只能借祝壽、酬贈表明心願。因此他的壽、贈詞是具有某種特殊的意義。贈投的對象不同，而詞的格調也不同。劉過和陸游、辛棄疾都是支持韓侂冑的北伐主張。劉過甚至先後爲韓侂冑寫〈代壽韓平原〉五首詩，〈沁園春〉「玉帶金魚」、〈滿江紅〉「霜樹蹄鴉」、〈水龍吟〉「慶流閱古無窮」、〈賀新郎〉「倦舞輪袍後」、〈西江月〉「堂上謀臣尊俎」、〈清平樂〉「新來塞北」等詞。

他的祝壽詞，最特別的是很少提到宋人喜愛的歌頌長壽、神仙、富貴等，而是對國家大事、個人身世著墨較多，他的祝壽詞、酬贈詞，有以下的特點：

## 一、大聲疾呼恢復中原

劉過因為沒做過官，沒中過科舉，他要接觸朝廷要員，只能大官生日時投贈詩詞，詩詞中他絕不是阿諛諂媚，祝長壽、富貴、神仙等，而是鼓舞復國統一。在〈沁園春〉代壽韓平原「玉帶金魚」詞中，把韓侂胄比做「擎天柱石」，「平原處、看人如伊呂，世似唐虞。」《渚山堂詞話》云：

> 劉改之〈沁園春〉云：「綠鬢朱顏……」，此詞題云：「代壽韓平原。」然在當時，不知竟代誰作。……然改之詞意雖媚，其「收拾用儒」、「收斂若無」與「芝香棗熟」等句，猶有勸韓侂胄謙沖下賢，及功成身退之意。60

他除了勸「韓侂胄謙沖下賢，及功成身退」外，又在詩中云「要令臨敵尊裴度，必向東山起謝安。」（〈代壽韓平原〉之二）一再推崇韓侂胄為伊尹、呂尚、謝安，希望他能像謝安能克敵致勝，又如「慷慨欲平千載恨，經營已嘆十年遲。」盼望應該趕快平定敵人，洗雪北宋滅亡之恥，因為已經晚了十年。又在〈賀新郎〉賀他：「朝廷既正，乾坤交泰，華夷歡喜，行定中原，錦衣歸鄉，分茅裂地。」〈沁園春〉代壽韓平原云：「膽能寒虜；而今胸次，氣欲吞胡。」而且還具體提出意見，「不須別樣規模。但收攬人才多用儒」，使用人才一定要多用儒者。他又在〈西江月〉賀詞云：

> 堂上謀臣尊俎，邊頭將士干戈。天時地利與人和。燕可伐歟曰可。　今日樓臺鼎鼐，明年帶礪山河。大家齊唱大風歌。不日四方來賀。（卷十一）

宋神宗嘉泰四年，韓侂胄定議伐金，振奮百姓民心，受到抗戰派人士及全國軍民響應，劉過寫這詞為祝賀韓侂胄生日而作，表達愛國

---

60 陳霆：《渚山堂詞話》，見《詞話叢編》，冊一，頁 374。

者的心聲。

上片寫北伐條件已經全備，古時以爲戰爭最要者，天時、地利、人和，而以人和爲要。首二句指人和。堂上有謀國、折衝尊俎的忠臣，邊疆有驍勇、枕戈待旦的戰士。「淮北流民願歸附」，「金國已有必亂必亡的現象」，金陵又是「龍蟠虎踞」之地，這真是天時地利人和，伐金必勝。

下片寫勝利在握的豪情，給萎靡的時代增添許多豪情。運用《史記高組功臣侯年表》說：「封爵之曰：使河如帶，泰山若礪，國以永存，爰及苗裔。」指封國不會滅絕。說明韓侂胄當宰相，明年戰勝敵人，將晉升更高的爵位。「大家齊唱大風歌。不日四方來賀」以高祖〈大風歌〉典故，說明不久中原必收復，國勢必強盛，西方都來朝。

他也用〈水調歌頭〉壽王汝良：「斬樓蘭，擒頡利，志須酬。青衫何事，猶在楚尾與吳頭。」（卷十一）祝福以收復中原爲要事。又〈滿江紅〉壽：「功甚大，心常小。居廊廟，思耕釣。奈華夷休戚，繫王顰笑。盟府山河書帶礪，成周師保須周召。」（卷十一）。內容都是統一山河的期盼。

光宗紹熙四年（1193），劉過東游紹興，此時陸游因淳熙十六年（1189），爲諫議大夫何澹彈劾，罷官歸故鄉，過著「夕陽坐西邊，看兒牧雞豚」的閒適生活，劉過去訪，寫了一首〈水調歌頭〉寄陸放翁：

> 謫仙狂客何如？看來畢竟歸田好。玉堂無此，三山海上，虛無縹緲。讀罷《離騷》，酒香猶在，覺人間小。任菜花葵麥，劉郎去後，桃開處、春多少。　一夜雪迷蘭棹，傍寒溪、欲尋安道。而今縱有，新詩《冰柱》，有知音否？想見鸞飛，如椽健筆，檄書親草。算平生白傅風流，未可向、香山老。（卷十一）

指陸游的歸田之樂，高於天上人間一切樂趣。「任菜花葵麥，劉郎去後，桃開處、春多少」，反用劉禹錫〈再游玄都觀〉詩及序的典故，暗示陸游歸隱之後，朝廷不再小人得勢，「春多少」，指增添春色不少。

下片劉過稱讚陸游有文采，又有武略，切勿在歸隱終了此一生。

接著運用兩個典故，用《世說・任誕》王子猷夜訪戴安道，比喻自己至山陰訪陸游。而今以韓愈獎掖後進劉義的典故。說明自己知音少，只有陸游另眼相看，有〈贈劉改之秀才〉:「李廣不生楚漢間，封侯萬戶何其難。」陸游以劉過不封侯爲可惜，而劉過也希望陸游能報效國家，親草檄書，「未可向、香山老」，在歸隱中過此一生。

## 二、讚頌友人

劉過一生悲苦，「生雖窮志不窮，詩滿天下，身霸騷壇，死雖窮而名不窮。」[61]總覺只有辛稼軒才真正明白他報國之心者，他的〈沁園春〉寄辛稼軒：

> 古豈無人，可以似吾，稼軒者誰？擁七州都督，雖然陶侃，機明神鑒，未必能詩。常袞何如？羊公聊爾，千騎東方侯會稽。中原事，縱匈奴未滅，畢竟男兒。　平生出處天知，算整頓乾坤終有時。問湖南賓客，侵尋老矣，江西戶口，流落何之？盡日樓臺，四邊屏障，目斷江山魂欲飛。長安道，奈世無劉表，王粲疇依。（卷十一）

「古豈無人，可以似吾稼軒者誰」，是指劉過認爲歷史中的英雄輩出，卻無人可以稼軒相比擬。詞中舉三位人物，陶侃雖然神機妙算，卻無詩才。唐名相常袞，重用文人，堵住賣官鬻爵之路。羊祜鎮守襄陽，是風流儒將。兩人也比不上稼軒。千騎雍容的鎮守會稽。「中原事，縱匈奴未滅，畢竟男兒。」讚美稼軒一生爲抗金復國而努力，是個堂堂男兒。「算整頓乾坤終有時」，總有一天整頓乾坤，然而自己已年老，「目斷江山魂欲飛」，焦慮江山未收復，自己的淪落，只有稼軒賞識他，把一切希望寄託在辛棄疾身上。

## 三、抱怨懷才不遇、自憐身世

劉過一生悲苦，處處吐露懷才不遇心聲。如〈念奴嬌〉留別辛稼軒：

---

61 呂大中：〈宋詩人劉君墓碑〉，見《龍洲集》，附錄三，頁141。

知音者少，算乾坤許大，著身何處？直待功成方肯退，何日可尋歸路。多景樓前，垂虹亭下，一枕眠秋雨。虛名相誤，十年枉費辛苦。　　不是奏賦明光，上書北闕，無驚人之語。我自匆忙天未許，贏得衣裾塵土。白璧追歡，黃金買笑，付與君為主。蓴鱸江上，浩然明日歸去。（卷十一）

這首詞大約作於嘉泰三年（1203）。劉過因爲科舉不第，上書也得不到朝廷的重視與任用。

詞的前三句寫懷才不遇，沒有相知者的苦悶。「知音者少」對「乾坤許大」，說明天地之大，卻沒有安身立命之處。如果真要等到功成名就，何年才能歸故鄉。「多景樓前」，是江蘇鎭江北固山甘露寺內，是唐名勝之一，前節已提過他曾寫〈題潤州多景樓〉懷念中原的名句。「垂虹亭下」在江蘇吳江縣長橋之上，是當地名勝之一。「一枕眠秋雨」。指多景樓、垂虹亭，不僅風景優美，而且可以眺望中原。然而「虛名相誤，十年枉費辛苦」，十年辛苦求名，白費苦心。

下片「不是奏賦明光，上書北闕，無驚人之語。」說明自己的不遇，不在沒有詩才，不能像漢詞賦家那樣在明光宮向皇帝進辭賦，也不在於他不能伏闕上書，陳述治國安邦良策，來打動國君之心。「我自匆忙天未許，贏得衣裾塵土。」實在是「天未許」，在於皇帝不賞識、不重用，只有「贏得衣裾塵土」，真是灰頭土臉。說明統治者不中用人才的可惡。「白璧追歡，黃金買笑，付與君爲主」三句，是留別辛棄疾的話。古時皇帝、大臣對下屬有賞賜，常用「白璧一雙」。崔駰〈七依〉:「回顧百萬，千金買笑」，形容每人笑容難得。用這些典故，都表示幸好有知音辛棄疾慷慨大度，但不論是白璧的賞賜，或是縱情聲色，黃金買笑，我都沒興趣。這都是歸去的時候，因此決心要有「　鱸江上」的生活，不向腐朽的勢力低頭。

又有〈賀新郎〉贈張彥功：

聽畫角、吹殘更鼓。悲壯寒聲撩客恨，甚貂裘、重擁愁無數。霜月白，照離緒。　　青樓回首家何處。早山遙，水闊天低，斷腸煙樹，誰念天涯牢落況。（卷十一）

年暮歲晚，久客異鄉的愁恨、牢騷，內心的孤寂，無人能體會天涯淪落的痛苦。又有〈賀新郎〉贈鄰人朱唐卿：

多病劉郎瘦。最傷心、天寒歲晚，客他鄉久。……若見故鄉吾父老，道長安、市上狂如舊。重會面，幾時又。

久客他鄉的無奈、傷心，只能以狂遮住一身的潦倒。都傾吐英雄失路、報國無門的哀痛。

## 四、表現自己的狂放

劉過稱自己的個性，如「峰稜四面起，節操一生堅，……從教方有礙，終不效規圓。」(〈方竹杖〉卷七)「鼓行之老氣不衰，嫉惡之剛腸猶在。」(〈建康獄中上吳居父〉卷十二)不僅嫉惡如仇，並「自放於禮法之外」，(〈答曹元章並序〉卷三)連狂放的陸游，在紹熙四年(1193)，遇到他時，也說他：「胸中九淵蛟龍盤，筆底六月冰雹寒。放翁七十病欲死，相逢尙能刮眼看。」[62]

他狂放的個性，可由〈題東林寺〉窺知：「老夫爲不愛官職，買得狂名滿世間。」(卷八)狂正是他個性的寫照。他曾說：

某本非放縱曠達之士，垂老而無所成立，故一切取窮達貴賤死生之變，寄之杯酒，浩歌痛飲，旁視無人，意將有所逃者。於是禮法之徒始以狂名歸之，某亦受而不辭。(〈與許從道書〉卷十二)

他本不是狂放之徒，狂是別人給的封號，在人才不被重視的時代，他不諱言自己狂，並以狂行事，並相信後世有好其狂者。他說：

吾觀天下齷齪之士滔滔皆是，後世必有好予之狂者。(〈答曹元章〉卷三)

劉過也曾因一時疏狂而觸怒了某官僚，而下到建康監獄。幾乎送了生命，[63]他有〈建康獄中上吳居父時魏杭廣夫爲秋官〉詩(卷十二)，眞是何等狂豪。也因爲如此，他的〈獨醒賦〉有最好的寫照：「半生江湖，流落齟齬。」(卷十二)

劉過表現自己的狂放，最有名的是他的〈沁園春〉寄辛承旨，時承

62 宋·陸游：《劍南詩稿》，見《景印文淵閣四庫全書》，冊一一六二，頁443。
63 宋·周密：《浩然齋雅談》，見《景印文淵閣四庫全書》，冊一四八一，頁844。

旨招，不赴：

斗酒彘肩，風雨渡江，豈不快哉！被香山居士，約林和靖，與東坡老，駕勒吾回，坡謂西湖，正如西子，濃抹淡妝臨鏡臺。二公者，皆掉頭不顧，只管銜杯。　　白雲天竺飛來。畫圖裏、崢嶸樓觀開。愛東西雙澗，縱橫水繞，兩峰南北，高下雲堆。逋曰不然，暗香浮動。爭似孤山先探梅？須晴去，訪稼軒未晚，且此徘徊。（卷十一）

這首詞寫於嘉泰三年（1203），這時劉過流寓杭州。辛承旨即辛稼軒，因他曾於開禧三年（1207）被任命爲樞密院都承旨而得名。不過那時劉過已死，「承旨」兩字可能是後人加的。嘉泰三年辛稼軒在紹興任浙東安撫使，劉過詩名天下，稼軒知道他在杭州，就派人去請他。劉過有事不能前往便寫這一首詞回答。岳珂《桯史》云：

辛棄疾曾召劉過，劉過有事不克前來，因效辛體〈沁園春〉一詞並緘往，下筆便逼真。其詞曰：「斗酒彘肩，……」辛得知大喜，致魄數百千，竟邀之去，館燕彌月，酬唱亹亹，皆似之，逾喜。

詞的上片說「斗酒彘肩」，用樊噲典故。設想稼軒招待自己大吃痛飲。他願意在狂風大雨中渡過錢塘江，「豈不快哉」，表明自己願意赴招。然而突來一個大轉彎，這次浙東之行，被蘇軾、林和靖、白居易給留住了，用蘇軾〈飲湖上初晴後雨〉：「若把西湖比西子，濃抹淡妝總相宜」，要他欣賞西湖濃抹淡妝的景致，白居易寫過不少歌詠杭州名句，〈春題湖上〉：「湖上春來似圖畫」，〈西湖晚歸回望孤山寺贈諸客〉：「樓殿參差倚夕陽」，如〈寄韜光禪師詩〉：「東澗水流西澗水，南山雲起北山雲」。「白云天竺飛來」等六句是化用上述白詩，由於白居易對天竺的喜愛，所以要他賞東、西兩澗和南、北高峰。林和靖他在〈山園小梅〉稱讚梅花：「疏影橫斜水清淺，暗香浮動月黃昏。」「逋曰不然」六句，化用林詩，寫林和靖邀他去孤山探梅。他無法赴約故作姿態，以表現自己之狂放。

# 第五節　劉過的情詞

劉過未認識稼軒以前寫了許多婉約的詞，所以他的另一類詞是以傳統閨情與相思等題材，詞的風格是承續北宋詞的婉約，有清麗之作膾炙人口，贏得許多好評，連「天下與禁中皆歌之」，也有一些是古代文人的逢場應酬之作，贈妓或豔體詞，被評爲「淫詞褻語」、「下品」等等。劉過的情詞可分：

## 一、婉約清麗之詞

劉過雖然屬於豪放派，但他也有婉約清麗之詞，如〈賀新郎〉贈娼：

老去相如倦，向文君說似而今，怎生消遣？衣袂京塵曾染處，空有香紅尚軟。料彼此、魂銷腸斷。一枕新涼眠客舍，聽梧桐、疏雨秋風顫。燈暈冷，記初見。　　樓低不放珠簾捲。晚妝殘、翠鈿狼藉，淚痕凝面。人道愁來須殢酒，無奈愁深酒淺。但寄興、焦琴紈扇。莫鼓琵琶江上曲，怕荻花、楓葉俱淒怨。雲萬疊，寸心遠。（卷十一）

自跋：壬子春，余試牒四明，賦贈老娼，至今天下與禁中與皆歌之。江西人來，以為鄧南秀詞。

根據這首詞的自跋，壬子（1192）春，是他早年赴考落第的作品。「衣袂京塵曾染處」，寫在京裏風塵僕僕，卻名落孫山，而淪落天涯的歌女「晚妝殘、翠鈿狼藉，淚痕凝面」，本篇把失意落第的悲傷，同歌女淪落之悲相連結，「料彼此、魂銷腸斷」，纏綿悱惻，「怕荻花、楓葉俱淒怨」，連楓葉蘆荻都要感到哀怨。這首詞別具清爽俊逸。另有〈蝶戀花〉：

寶鑑年來微有暈。懶照容華，人遠天涯近。昨夜燈花還失信，無心更唱江城引。　　行過短墻回首認，醉撼花梢，紅雨飛成陣。拌了為郎憔悴損，龐兒恰似江梅韻。（卷十一）

寫離愁別苦的少婦，懶起畫蛾眉，形容消瘦，行過短墻，自我排遣在紅花飄落下，含羞模樣。

劉過豪放的長調詞受稼軒影響，小令卻清新婉轉、深邃沈摯。如〈醉太平〉閨情：

> 情高意真，眉長鬢青。小樓明月調箏。寫春風數聲。　思君憶君，魂牽夢縈。翠綃香煖雲屏，更那堪酒醒。（卷十一）

詞的上片寫女子彈箏，下片寫思念之情，題目是閨情，確是以白描、口語的手法，卻歸於醇雅。又有〈江城子〉：

> 海棠風韻玉梅春。小腰身，曉妝新。長是花時，猶繫茜蘿裙。一撮精神嬌欲滴，說不似，畫難真。　樓前江柳又江雲。隔音塵。淚霑巾。一點征帆，煙浪渺無津。萬斛相思紅豆子，憑寄與箇中人。（卷十一）

很有晏殊〈鵲踏枝〉：「欲寄彩箋兼尺素，山長水闊疑無路。」圓潤的味道。

## 二、承襲《花間》的贈妓與豔體詞

劉過有一小部份宴游及贈妓之詞，如〈小桃紅〉在襄州作，又如贈妓詞〈情平樂〉贈妓，〈浣溪沙〉贈妓徐楚楚，〈西江月〉武昌妓徐楚楚號問月索題。劉過早年到省城去赴考，所寫〈天仙子〉初赴省別妾：

> 別酒醺醺容易醉。回過頭來三十里。馬兒只管去如飛，牽一會。坐一會。斷送殺人共山水。　是則青衫終可喜。不道恩情拼得未。雪迷村店酒旗斜，去也是。住也是。煩惱自家煩惱你。（卷十一）

這是早期成民間詞風以俚俗與入詞，通俗曉暢，雅俗兼備。特別是他的兩首豔體詞，〈沁園春〉美人指甲：

> 消薄春冰，碾輕寒玉，漸長漸彎。見鳳鞋泥污，偎人強剔；龍涎香斷，撥火輕翻。學撫瑤琴，時時欲剪，更掬水、魚鱗波底寒。纖柔處，試摘花香滿。鏤棗成班。　時將粉淚偷彈。記綰玉、曾教柳傅看。算恩情相著，搔便玉體；歸期暗數，畫遍闌干。每到相思，沈吟靜處，斜倚朱唇皓齒間。風流甚，把

仙郎暗掐，莫放春閑。（卷十一）

〈沁園春〉美人足：

洛浦凌波，為誰微步，輕塵暗生。記踏花芳徑，亂紅不損；步苔幽砌，嫩綠無痕。襯玉羅慳，銷金樣窄，載不起盈盈一段春。嬉游倦，笑教人款捻，微褪些跟。　有時自度歌聲，悄不覺、微尖點拍頻。憶金蓮移換，文鴛得侶；繡茵催衮，舞鳳輕分。懊惱深遮，牽情半露，出沒風前煙縷裙。知何似？似一鉤新月，淺碧籠雲。（卷十一）

這類「每到相思，沈靜動處，斜倚朱唇皓齒間。風流甚，把仙郎暗掐，莫放春閑。」「襯玉羅慳，銷金樣窄，載不起盈盈一段春。」之類的作品，彷彿直承花間。陳廷焯評爲：「淫詞褻語，污穢詞壇。即以豔體論，亦是下品。」[64]然而張炎卻說：「二詞亦自工麗。」[65]陶宗儀《輟耕錄》亦云：「纖麗可愛。」[66]

## 第六節　劉過詞受辛棄疾的影響

劉過的詞具有狂放不拘的特性，晚年的作品受到稼軒的影響，更趨向豪放，但不是受到稼軒的影響才寫出豪放詞。根據《龍洲集》的存詞，劉過未認識辛棄疾仍有豪放的作品，如〈沁園春〉御閱還上郭殿帥、〈沁園春〉觀競渡，〈滿江紅〉同襄陽帥泛湖。然而劉過早期的作品是以清麗、婉約爲主，如壬子（1192）春，劉過早年赴考落第的作品，如〈賀新郎〉贈娼，〈天仙子〉初赴省別妾，或者是特別是他的兩首豔體詞，〈沁園春〉美人指甲、〈沁園春〉美人足，都是屬於較婉約的作品。

劉過認識辛棄疾後確是刻意模仿他的詞。如〈賀新郎〉游西湖：

睡覺啼鶯曉，最西湖、兩峰日日，買花簪帽。去盡酒徒無人

64 同注三五，頁 3794。
65 宋・張炎：《詞源》，見《詞話叢編》，冊一，頁 262。
66 陶宗儀：〈輟耕錄〉，見《景印文淵閣四庫全書》，冊一〇四〇，頁 576。

問。唯有玉山自倒。任拍手、兒童爭笑。一舸乘風翩然去，避魚龍、不見波聲悄。歌聲歇，喚蘇小。　神仙路遠蓬萊島。紫雲深、參差禁樹，有煙花遶。人世紅塵西障日，百計不如歸好。赴樂事、與他年少。費盡柳金梨雪句，問沈香亭北何時召。心未愜，鬢先老。（卷十一）

《蓼園詞評》云：

此詞所謂「百計不如歸好」，亦稼軒之意，有激之詞也。前闋尤奇崛郁勃，得騷雅之遺。志隱而彰，旁若無人，可以悲其遇。67

又如《桯史》所云：嘉泰癸亥歲，改之在中都時，……因效辛體〈沁園春〉一詞，並緘往，下筆便逼真。」從這首效辛體的〈沁園春〉寄辛承旨，時承旨招，不赴：

斗酒彘肩，醉渡浙江，豈不快哉！被香山居士，約林和靖，與蘇公等，駕勒吾回，坡謂西湖，正如西子，濃抹淡妝臨照臺。二公者，皆掉頭不顧，只管銜杯。　白雲天竺飛來。畫圖裏、崢嶸樓觀開。愛東西雙澗，縱橫水繞，兩山南北，高下雲堆。逋曰不然，暗香疏動。爭似孤山先探梅。須晴去，訪稼軒未晚，且此徘徊。（卷十一）

以及〈賀新郎〉：

彈鋏西來路。記匆匆、經行十日，幾番風雨。夢裏尋秋秋不見，秋在平蕪遠樹。雁信落、家山何處。萬里西風吹客鬢，把菱花、自笑人如許。留不住，少年去。　男兒事業無憑據。記當年、悲歌擊楫，酒酣箕踞。腰下光鋩三尺劍，時解挑燈夜語。誰更識、此時情緒？喚起杜陵風月手，寫江東渭北相思句。歌此恨，慰羈旅。（卷十一）

另有〈沁園春〉「古豈無人」，可以看出明顯的是受稼軒的影響如以下幾點：

---

67 黃蓼園：《蓼園詞評》，見《詞話叢編》，冊一，頁 3094。

## 一、採用對話式

〈沁園春〉「斗酒彘肩」全首詞採用對話式。辛棄疾〈沁園春〉，打算戒酒，使酒杯勿近，他採用與酒杯的對話，說明飲酒的危害與自己努力戒酒的態度、用筆幽默，文字自由，表現稼軒體的風格。劉過模仿辛詞，採用對話式的方式，而且擴大對話人數，將不同時代的三位詩人放在一起，可見其獨創性。突出對話的作用，用對話寫景，用對話抒情，用對話敘事，有模仿辛稼軒、也有創造。俞文豹《吹劍錄》評云：

> 此詞雖粗刺而局段高，與三賢游，固可眇視稼軒。視林、白之清致，則東坡所謂淡粧濃抹已不足道，稼軒富貴，焉能浼我哉。[68]

這是讚揚劉過的襟抱，劉過故意效辛體，下筆便逼真。辛棄疾讀後大喜，「致餽數百千」，並招至幕府，「館燕彌月」，酬唱亹亹，「皆似之」，更加高興，臨走還送許多錢。可見連辛棄疾也同意並喜歡劉過詞很像他的詞，所以李調元《雨村詞話》云：「頗有稼軒氣味。」[69]

## 二、打破兩片的限制

從章法而言，一般的寫法是下片要和上片有連繫,又要「換意」，可以顯示這是另一段落，形成「嶺斷雲連」的境界。稼軒的〈破陣子〉「醉裏挑燈看劍」及〈賀新郎〉別茂嘉十二弟「綠樹聽鵜鴂」都突破一般寫法。而劉過的這〈沁園春〉詞從東坡寫到白居易，沒有換意，一路連貫寫下，打破兩片的限制，是屬跨片之格。

## 三、想像力豐富大膽

這首〈沁園春〉詞不僅是採對話式，也打破兩遍限制，而且他的

---

68 俞文豹：《吹劍錄》，見《叢書集成新編》（臺北：新文豐書局，1985 年出版），冊九七，頁 197。
69 李調元：《雨村詞話》，見《詞話叢編》，冊二，頁 1240。

想像力極豐富，把三個不同朝代與西湖有關的詩人放在一起，讓他們辯論、競詩，借詩人的口說出自己的心事，由三位詩人吟詠杭州的名句，使人覺得很有趣味，此種超越時空的寫法也是源自稼軒體。稼軒許多詠物詞，運用神話、民間故事等等，劉過模仿稼軒的長處，運用豐富的想像，呈現大膽、奇特、美麗而不會枯燥、荒唐的美感。

## 四、大量運用典故

這是稼軒詞的特色，他被譏為「掉書袋」。劉過也承續這精神。〈沁園春〉寄辛承旨，時承旨招，不赴：一詞便使用連用四個典故。另有〈沁園春〉張路分秋閱，連續下了七個典故，使整首詞氣勢磅礴，塑造一個儒將的形象來表達自己的愛國之情。如〈西江月〉賀詞一首小令就用《孟子公孫丑》《史記高祖功臣侯者年表序》《史記高祖本紀》四個典故等。雖然典故多但融化妥貼。

## 五、以議論口語和散文入詞

劉過的〈沁園春〉「古豈無人」,〈念奴嬌〉留別辛稼軒等，都是學稼軒以議論為詞。以口語入詞，如〈西江月〉賀詞：「大家齊唱」、「四方來賀」、「謀臣尊俎」、「將士干戈」。又如〈天仙子〉：

> 別酒醺醺容易醉。回過頭來三十里。馬兒只管去如飛，牽一會。坐一會。斷送殺人山共水。　是則青衫終可喜。不道恩情拚得未。雪迷村店酒旗斜，去也是。住也是。煩惱自家煩惱你。

詞中「回過頭來三十里」,「牽一會」,「坐一會」，完全用口語描述。詞中也有用散文成句如「天時地利與人和」、「燕可罰歟？」劉過以散文入詞〈水調歌頭〉壽王汝良：「今古閱人多矣」,〈賀新郎〉平原納寵姬，能奏方響，席上有作：「人醉也。」

## 六、選用長調

王易《詞曲史》云：

詞調與文情意有密切之關係。……試觀北宋晏歐諸公，規模花間，其用調亦略相同。《樂章》《東坡》二集，風格不同，其中用調亦迥異。……夢窗用調多同美成，草窗碧山玉田輩，又多同夢窗。稼軒用調，多同東坡；龍洲後村遺山輩，又多同稼軒。使假柳周集中著調以效蘇辛，必不成章，即勉為之，亦失韻味；以蘇辛集中慣調而擬姜史，亦自格格不入。蓋詞有剛柔二派，調亦如之；毗剛者，亢爽而雋快；毗柔者，芳悱而纏綿。……若雨霖鈴、尉遲杯……等調，則沈冥凝咽，不適豪詞；〈六州歌頭〉、〈水調歌頭〉、〈水龍吟〉、〈念奴嬌〉、〈賀新郎〉、〈摸魚兒〉、〈滿江紅〉、〈哨遍〉等調，則揮灑縱橫，未宜側豔。70

稼軒選用的調子有一百零一調，其中雖長短兼有，但大都以長調爲主。而長調之中，又以〈賀新郎〉、〈念奴嬌〉、〈水調歌頭〉、〈水龍吟〉等陽剛之調。劉過也效法選用陽剛的長調，最愛〈沁園春〉調，十七首；〈賀新郎〉詞牌八首，〈滿江紅〉三首，〈六州歌頭〉三首；〈水調歌頭〉三首。

從以上數點可見劉過受稼軒的影響。

## 第七節　劉過詞的評價、影響與地位

劉過屢次科舉不第，一生布衣，不像辛棄疾做到將帥和安撫使，也不像陳亮科場奪魁，他沒有社會地位，可謂身微境困。而且常被批評是「靠詩文干謁」，是個被曲解的詞人。

### 一、劉過詞的評價

歷來詞評者都引起後人的對劉過詞的評價有三種：

70 王易：《詞曲史》（臺北：廣文書局，1979年10月4版），頁267。

**（一）持肯定態度的：**

如他〈糖多令〉:「重過武昌」一詞，李攀龍《草堂詩餘雋》說：

> 因黃鶴樓再游而追憶故人不在，遂舉目有江山之感，詞意何等淒愴！又云「繫舟未穩」,「舊江山、渾是新愁」，讀之下淚！

先著《詞潔》說:「與陳去非『杏花疏影裏，吹笛到天明』，並數百年絕作。」[71]李佳《左庵詞話》論:「劉過〈唐多令〉……輕圓柔脆，小令中工品」，[72]黃蓼園《蓼園詞選》認爲:「詞旨清越，亦見含蓄不盡之致。」[73]「改之詞，狂逸之中，自饒俊致」，[74]都是這首〈糖多令〉詞的佳評，而且此詞當時受歡迎的程度是「楚中歌者競唱之」。[75]

《復堂詞話》云：

> 能用齊梁小樂府意法入都引起後人的填詞，便叄上乘。評劉過玉樓春起句「春風只在園西畔」。[76]

清葉申薌《本事詞》云：

> 改之好作〈沁園春〉，其上辛稼軒、贈郭杲、寄孫季和諸篇，皆膾炙人口。而詠美人二闋，尤纖麗可愛。其〈沁園春〉詠美人足、:「…」詠美人指甲云:「…」世皆以龍洲好學稼軒作豪語，似此兩闋，亦可謂細膩風光矣。[77]

又《白雨齋詞話》:

> 劉改之〈沁園春〉御閱還上郭殿帥威撼邊城，氣吞胡虜，慘澹塵沙吹北風。中興事，看君王神武，駕馭英雄。」
>
> 又〈八聲甘州〉送湖北招撫吳獵:「中原驅馳去也，擁十州、牙纛正翩翩。春風早，看東南王氣，飛繞星躔。」此類皆慷慨

71 先著:《詞潔》，見《詞話叢編》，冊二，頁 1349。
72 李佳:《左庵詞話》，見《詞話叢編》，冊四，頁 3110。
73 黃蓼園:《蓼園詞選》，見《詞話叢編》，冊四，頁 3058。
74 清劉熙載:《詞概》，見《詞話叢編》，冊四，頁 3695。
75 徐釚:《詞苑叢談》，卷三，頁 69。
76 譚獻:《復堂詞話》，見《詞話叢編》，冊四，頁 3995。
77 清葉申薌:《本事詞》，見《詞話叢編》，冊三，頁 2343。

激烈，髮欲上指。詞境雖不高，然足以使懦夫有立志。78

## （二）持貶抑態度：

對劉過詞持貶抑者有：

《詞源》云：

辛稼軒、劉改之作豪氣詞，非雅詞也。於文章餘暇，戲弄筆墨，為長短句之詩耳。79

《賭棋莊詞話》云：

楊慎《詞品》……云：「辛稼軒自非脫落故常，未易闖其堂奧。劉改之所作〈沁園春〉，雖頗似其豪，而未免於粗」。80

《雨村詞話》云：

稼軒客如龍洲劉過，每學其法，時多稱之，然失之粗劣。81

《賭棋莊詞話》云：

蘇、辛、劉、蔣，則如素娥之視宓妃，尚嫌臨波作態。82

《賭棋莊詞話》云：

劉之於辛，有其豪而無其雅。83

馮煦《蒿庵詞話》云：

龍洲自是稼軒附庸，然得其豪放，未得其宛轉。84

陳廷焯《白雨齋詞話》：

改之全學稼軒皮毛，不則即為沁園春等調。淫詞褻語污穢詞壇。即以豔詞論，亦是下品。蓋叫囂淫冶，兩失之矣。85

陳廷焯《白雨齋詞話》：

詞中如劉改之輩，詞本卑鄙。雖負一時重名，然觀其詞，即可知其人不足取。（卷五）

---

78 同注三五，頁 3914。
79 張炎：《詞源》，見《詞話叢編》，冊，頁。
80 謝章鋌：《賭棋莊詞話》，見《詞話叢編》，冊四，頁 3372。
81 李調元：《雨村詞話》，見《詞話叢編》，冊二，頁 1420。
82 同注八十，頁 3408。
83 同注八十，頁 3470。
84 馮煦：《蒿庵詞話》，見《詞話叢編》，冊四，頁 3592。
85 同注三十五，頁 3794。

馮煦《蒿庵論詞》云：

龍洲自是稼軒附庸，然得豪放，未得其宛轉。[86]

### （三）論點中肯者

劉熙載《詞概》：

狂逸之中，自饒俊致，雖沈著不及稼軒，足以自成一家。[87]

對於一些貶抑劉過詞的詞評者，他們的論點不一定客觀，有的本身就是偏愛婉約詞，當然無法欣賞豪放慷慨的作品。如張炎所言，實有偏頗，當靖康之變以後，宋朝崩解，詞壇難以維持太平無事狀，必須以「大聲鏜鞳」，來震醒苟安的人民，張炎譏笑劉過為「文章餘暇，戲弄筆墨」，他是不了解「詞的詩化乃歷史之必然」。[88]以詞來振興民心是有必要的。

而且劉過絕非「稼軒附庸」，劉過之詞近一半是婉約的，風格有纖秀如〈念奴嬌〉七夕、〈糖多令〉重過南樓、〈賀新郎〉贈倡、〈醉太平〉閨情等，都是宛轉且清麗有情致。

## 二、劉過詞的影響

劉過一直被視為稼軒羽翼、附庸，沒有人注意他對後代影人的影響，他對詞的影響力從以下可知：

(一)劉過所作的〈唐多令〉的詞調原為僻調，少有人填寫。自從劉過填此詞後，和者如林，劉辰翁即追和七闋，小序云：「，丙子中秋前，聞歌此詞者，即席借蘆葉滿汀洲〈唐多令〉的調子原為僻調，少有人填寫。自從劉過填此詞後，和者如林，劉辰翁即追和七闋，小序云：「，丙子中秋前，聞歌此詞者，即席借蘆葉滿汀洲韻。」另有黎廷瑞〈唐多令〉小序云：「乙未中秋後二日，同范見心、李思宣飲百花洲上，……見心用龍洲少年游韻賦詞，因次韻。」周密因劉過詞

---

86 馮煦：《蒿庵論詞》，見《詞話叢編》，冊四，頁 3592。
87 劉熙載：《詞概》，見《詞話叢編》，冊四，頁 3695。
88 陶爾夫、劉敬圻：《南宋詞史》（哈爾濱：黑龍江人民出版社，1992 年出版），頁 196。

有「二十年重過南樓」，更名曰〈南樓令〉，[89]可見影響之大。

（二）劉過雖然寫了兩首纖麗淫靡的的〈沁園春〉詠美人足、美人指甲，他的影響力可真不小，元沈景高便有和劉過詠指甲詞，[90]邵亨貞從指甲足等推衍，轉寫美人目，美人眉。明王世貞有〈解語花〉題美人捧茶、美人捧觴，明、清之際徐石麒寫二十八首美人詞，曹溶有〈惜紅衣〉美人鼻、俞汝言有〈沁園春〉美人耳、沈皞有〈沁園春〉美人眉、董以寧〈沁園春〉美人肩、彭孫遹〈鷓鴣天〉美人指甲、朱彝尊也以〈沁園春〉詞牌寫十二首美人額、齒、鼻、肩等詞，皆因劉過的影響。

## 三、劉過詞的地位

周密〈齊東野語〉說劉過「賣直釣名之人」，《四庫全書》說他「大言以倖功名」、「志在功名」等等，貶抑其人格，加上傳統觀念中豪放詞的地位原本低於婉約詞，所以劉過在詞史地位一直不振。根據〈歷史的選擇〉——宋代詞人歷史地位的定量分析，一文所做的統計，從一、現存詞作的篇數，二、現存宋詞別集的版本種數。三、宋代詞人在歷代詞話中被品評的次數。四、宋代詞人在本世紀被研究、評論的論著篇（種）數，五、歷代詞選中宋代詞人入選的詞作篇數六、當代詞選中兩宋詞人入選的詞作篇數。從以上數據的統計，得到以下辛棄疾與劉過排行表：[91]

| 詞　人 | 詞存 | | 版本 | | 品評 | | 研究 | | 歷詞代選 | | 當代詞選 | | 平均 | 最終 |
|---|---|---|---|---|---|---|---|---|---|---|---|---|---|---|
| | 篇數 | 名次 | 種數 | 名次 | 次數 | 名次 | 篇數 | 名次 | 篇數 | 名次 | 篇數 | 名次 | 名次 | 名次 |
| 辛棄疾 | 629 | 1 | 34 | 2 | 478 | 4 | 893 | 3 | 207 | 4 | 207 | 1 | 2.8 | 1 |
| 劉　過 | 78 | 62 | 11 | 17 | 131 | 20 | 22 | 29 | 60 | 37 | 27 | 21 | 24.8 | 27 |

89 清葉申薌：《本事詞》，冊三，頁 2342。
90 同注三五，頁 3923。
91 見王兆鵬、劉尊明：〈歷史的選擇〉一宋代詞人歷史地位的定量分析，見《文學遺產》（1995 年第 4 期），頁 47-50。根據楊海明校箋：《劉過集》，劉過的存詞應有 87 首。

從以上資料顯示辛棄疾、劉過在「歷代詞選」37 名與「當代詞選」21 名的名次顯著提昇。文中又提到「從流派歸屬而言（按傳統的劃分），屬於豪放派詞人的地位在本世紀大多已上升，而屬於婉約派或格律派詞人的地位，在本世紀大都有所下降。」其實我們只要多注意，可知劉過總名次的提昇，主要是當代詞選選他的作品較以前多，研究劉過的論文只有 22 篇，仍落後總排名平均值，他還是未受到研究者的注意。

## 小　結

劉過的個性是「鼓行之老氣不衰，嫉惡之剛腸猶在。」（卷十二）的詞，感受到他的愛國心，他心中記掛國土的未能收復，對時局的不滿，自己無法具體的報效國家，只好歌頌民族岳飛，並感嘆屈原盡忠被黜，詞中也洋溢著關心民生疾苦的悲天憫人胸襟。這樣的一個愛國詞人，屢次科舉受挫，因沒有社會地位，沒當過官，一生貧困，到處奔波，竟被批評誤解爲，以詩文干謁權貴重臣，實在是他的悲劇，也是不公平。劉過絕不是江湖無賴，而是功名不成有志難申者。老實說他比那些無病呻吟的詞人，只會弄花草、賞風月、講究格律，更叫人尊敬與同情。

他的詞大開大闔，作品呈現兩極性的痕跡，「使平生豪氣，消磨酒裡，依然此樂，兒輩爭知」的豪氣，也有「多病劉郎疲。最傷心，天寒歲晚，寄他鄉久」的感嘆，有狂放不羈的愛國詞，也有懷才不遇之嘆。黃昇《花庵詞選》云：「改之，稼軒之客，詞多壯語，蓋學稼軒者也。」雖然陳廷焯曾批評劉過詞：「改之學稼軒皮毛」，「既不沈鬱又多支蔓」，但他也說：（劉過詞）「慷慨激烈，髮欲上指」，「足以使懦夫立志」。因爲落魄江湖，極需要被肯定，所以對稼軒有知遇之恩。

劉過詞的風格除豪放外也有婉約。婉約部份的情詞，大約都是早期的作品，內容可分兩方面，一方面是以傳統閨情與相思等題材，詞的風格是承續北宋詞的婉約，評論也是兩極化，有清麗之作膾炙人口，贏得許多好評，如〈賀新郎〉贈娼，連「天下與禁中皆歌之」、〈唐多令〉「楚中歌者競唱之」，也有一些是古代文人的逢場應酬之作，贈妓或豔體詞，如〈沁園春〉詠美人足、詠美人指甲。當然是他的第一類婉約詞比較有價值。

劉過詞常被當爲稼軒附庸，這是不公平的。劉過自有其特色風格，也有其影響力，他的〈糖多令〉詞因他塡以後，改爲〈南樓令〉，後代追和者許多，甚至他的〈沁園春〉詠美人足、詠美人指甲，都引起後人的模仿追和。但劉過最有價值的詞，仍是慷慨激昂的愛國詞。

# 第七章　三家詞的異同

## 第一節　三家詞韻格律比較

辛棄疾、陳亮、劉過三家詞人，在遭遇、個性、詞風等等都有類似之處，本節從詞調探析三家詞的異同：

### 一、詞調比較

#### (一) 使用詞調

辛棄疾存詞六百二十多首，他所使用的詞調高達九十二調，他特別偏愛的詞調爲是〈鷓鴣天〉(六十三首)、〈水調歌頭〉(三十七首)、〈滿江紅〉(三十四首)、〈臨江仙〉(二十四首)、〈賀新郎〉(二十三首)、〈念奴嬌〉(二十二首)、〈菩薩蠻〉(二十二首) 等調，篇什最富；而〈沁園春〉(十三首)、〈水龍吟〉(十三首)、〈洞仙歌〉(七首)、〈漢宮春〉(六首)、〈聲聲慢〉(四首)、〈哨遍〉(三首)、〈永遇樂〉(五首)、〈摸魚兒〉(四首)。

陳亮七十四首詞中，一共用四十八個調。劉過八十七首詞，用過三十二詞調，陳亮所選的詞調較劉過豐富。兩人使用相同的有〈水調歌頭〉、〈念奴嬌〉、〈賀新郎〉、〈滿江紅〉、〈鷓鴣天〉、〈謁金門〉、〈天仙子〉、〈洞僊歌〉、〈浣溪沙〉、〈水龍吟〉、〈臨江仙〉、〈祝英臺近〉、〈蝶戀花〉、〈好事近〉、〈柳稍青〉、〈清平樂〉等十六個詞調。

陳亮最愛〈賀新郎〉詞牌五首，〈水調歌頭〉四首。劉過最愛〈沁園春〉十七首，〈浣溪沙〉九首，〈賀新郎〉詞牌八首，〈滿江紅〉三首，〈六州歌頭〉三首；〈水調歌頭〉三首；劉過朋友蘇紹叟說劉過：

「每聚首愛歌〈雨中花〉，悲壯激烈，令人鼓舞。」[1]可惜現今不傳。

以下是三家詞最愛使用之詞調比較：

| 調名\姓名 | 辛棄疾 | 佔稼軒詞比例 | 陳亮 | 佔龍川詞比例 | 劉過 | 佔龍洲詞比例 |
|---|---|---|---|---|---|---|
| 水調歌頭 | 37 | 5.9% | 4 | 5.4% | 3 | 3.4% |
| 滿江紅 | 34 | 5.4% | 1 | 1.6% | 3 | 3.4% |
| 賀新郎 | 23 | 3.6% | 5 | 6.7% | 8 | 9.1% |
| 念奴嬌 | 22 | 3.5% | 3 | 4.1% | 2 | 2.2% |
| 水龍吟 | 13 | 2.1% | 2 | 2.7% | 2 | 2.2% |
| 沁園春 | 13 | 2.1% | 0 | 0% | 17 | 19.5% |

王兆鵬先生對〈水調歌頭〉詞調的詮釋，是「唐人〈水調曲〉，淒涼怨慕，聲韻悲切。送人〈水調歌頭〉，則情調昂揚酣暢，韻味豪放瀟灑。豪放詞人多用此調，而以婉約爲主導的詞人，如秦觀、周邦彥、李清照等都未嘗染指。也表明〈水調歌頭〉適宜于表現豪放激越之情。」[2]

〈沁園春〉詞牌，辛棄疾曾填十三首，劉過填十七首，其他周邦彥、姜夔、史達祖、張炎等格律派，都不填此調，到南宋末劉克莊填此調二十五首，可見〈沁園春〉也是豪放詞人愛填的調子。

根據王易《詞曲史》:「六州歌頭、水調歌頭、水龍吟、念奴嬌、賀新郎、摸魚兒、滿江紅、哨遍等調，則揮灑縱衡，未宜側艷。」[3]從以上資顯示，辛派三家都極喜愛豪放的詞調。

**(二)、自創詞調**

辛棄疾曾自創〈太常引〉、〈東坡引〉、〈尋芳草〉、〈醉太平〉、〈錦

---

1 見劉過：《龍洲集》附錄一，頁 133。
2 見王兆鵬等評注：《中國歷代詞分調評注-水調歌頭》(成都：四川文藝出版社，1998 年 5 月第 1 次印刷)，頁 7-8。
3 王易：《詞曲史》(臺北：廣文書局，1979 年 10 月 4 版)，頁 267。

帳春〉、〈糖多令〉。[4]

陳亮自創〈秋蘭香〉、〈彩鳳飛〉、〈瑞雲濃慢〉。

劉過自創〈竹香子〉，《詞譜》云：「見劉過《龍洲集》，此調近似謔詞，因其調僻，採以備體。」

## 二、格律比較

在詞的格律上，凡一句中有仄聲三個以上及平聲字二個以上，其仄聲字往往上、去、入遞用，而平聲亦嚴分陰陽。

萬樹〈詞律〉發凡：

> 平仄固有定律矣，然平只一途，仄兼上、去、入三種，不可遇仄而以三聲概填。……蓋上聲舒徐和軟，其腔低；去聲激勵勁遠，其腔高。相配用之，方能抑揚有致，大抵兩上、兩去在所當避。

周濟《宋四家詞選·序論》亦云：

> 上聲韻，韻上應用仄字者，去為妙；去入韻，則上為妙；平聲韻，韻上應用仄聲字者，去為妙，入次之。疊則聱牙，臨則無力。

在格律派詞中比如柳永、周邦彥都精於音律，夏承燾〈唐宋詞字聲之演變〉一文指出柳詞 1、上去之辨，2、入聲之不苟。[5]辛派三家詞中，因屬豪放派詞，重視文情，情感，所以上去之辨，或三仄遞用的格律，較不遵守，現析論於下（為求清楚起見，陰平用「。」，陽平用「△」，以資區別）：

### （一）四字句中，平不分陰陽，仄也不辨上去

辛棄疾

誰管閒愁 —— △上△△（〈蝶戀花〉用前韻送人行）

---

4 〈糖多令〉詞牌，所有詞譜、詞律都以劉過為正體。王偉勇：《南宋詞研究》（文史哲出版社，1987 年 9 月出版），頁 140，以此調為劉過所創，但檢視《全宋詞》，辛棄疾〈糖多令〉「淑景鬥清明」，是宋人最早填寫者。

5 見夏承燾：《唐宋詞論叢》（臺北：宏業書局，1979 年 1 月出版），頁 60。

連雲松竹 — △△。入（〈清平樂〉檢校山園，書所見）
亭上秋風 — 平去。。（〈漢宮春〉會稽秋風亭觀雨）
風景非殊 — 平上。。（〈漢宮春〉會稽秋風亭觀雨）
斜陽依舊 — △△。去（〈漢宮春〉會稽秋風亭觀雨）
眇眇愁余 — 上上△△（〈漢宮春〉會稽秋風亭觀雨）
陳亮
聞弦酸骨 — 。。。入（〈三部樂〉七月送丘宗卿使虜）
春歸翠陌 — 。。去入（〈水龍吟〉春恨）
遲日催花 — 平入。。（〈水龍吟〉春恨）
魚龍驚起 — △△。上（〈一叢花〉溪堂玩月作）
高山一弄 — 。。入去（〈念奴嬌〉至金陵）
仙風透骨 — 。。去入（〈桂枝香〉岩桂花）
赫日如焚 — 入入△△（〈新荷葉〉荷花）
淡抹宜濃 — 去入△△（〈新荷葉〉荷花）
玉友黃花 — 入去△△（〈醉花陰〉）
銀屏繡閣 — △△去入（〈清平樂〉）
彈琴石上 — △△入上（〈青玉案〉）
劉過
白璧追歡 — 入入。。（〈念奴嬌〉留別辛稼軒）
古豈無人畢竟男兒 — 盡日樓臺--去入△△（〈沁園春〉寄辛稼軒）
三山海上 — 。。上去（〈水調歌頭〉寄陸放翁）
舞鳳輕分 — 上去。。（〈沁園春〉美人足）
懊惱深遮 — 去上。。（〈沁園春〉美人足）
每到相思 — 上去。。（〈沁園春〉美人足）
沈吟靜處 — △△去去（〈沁園春〉美人指甲）
翠鈿狼藉 — 去去△△（〈賀新郎〉贈娼）
懶照容華 — 上去△△（〈蝶戀花〉）
醉撼花梢 — 去去。。（〈蝶戀花〉）
已帶邊聲 — 上去。。（〈沁園春〉張路分秋閱）
拂拭腰間 — 入去。。（〈沁園春〉張路分秋閱）

基本上辛派三詞人中，不守格律句的例句甚夥，其中以陳亮在四字句中，平不分陰陽，仄不分陰陽最嚴重。劉過雖平不分陰陽，但有許多例句是仄聲守上去之分。

**（二）平分陰陽、三仄遞用之例**

基本上一句中有仄聲三個字以上及平聲兩個字以上，其仄聲往往上、去、入遞用，而平聲亦嚴分陰陽。但辛派三詞人幾乎不守此格律。

**辛棄疾**

把吳鉤看了，── 上。。去上（〈水龍吟〉登建康賞心亭）
上危樓贏得 ── 去△△△入（〈念奴嬌〉登建康賞心亭，呈留守史致道）
淚落哀箏曲 ── 去入。。入（〈念奴嬌〉登建康賞心亭，呈留守史致道）
甚風流章句 ── 去。。。去（〈漢宮春〉會稽秋風亭觀雨）
此別恨匆匆。── 上入入。。（〈水調歌頭〉）
頭上貂蟬貴客 ── 平去。。去入（〈水調歌頭〉）
天外有冥鴻 ── 平去上△△（〈水調歌頭〉和信守鄭舜舉蔗菴韻）
雞酒東家父老 ── 平上。。去上（〈水調歌頭〉和信守鄭舜舉蔗菴韻）

**陳亮**

離亂從頭說 ── 平去△△入（〈賀新郎〉酬辛幼安再用韻見寄）
冠蓋陰山觀雪 ── 去去。。。入（〈賀新郎〉酬辛幼安再用韻見寄）
話殺渾閑說 ── 去入△△入（〈賀新郎〉懷辛幼安，用前韻）
且復穹廬拜 ── 上去△△去（〈水調歌頭〉送章德茂大卿使虜）
赫日自當中 ── 去入去。。（〈水調歌頭〉送章德茂大卿使虜）
鬧花深處層樓 ── 去。。去△△（〈水龍吟〉春恨）
畫簾半捲東風軟 ── 去平去上。。上（〈水龍吟〉春恨）
恨芳菲世界 ── 去。。去去（〈水龍吟〉春恨）
已作中州想 ── 上去。。上（〈念奴嬌〉至金陵）
鄧禹笑人無限也 ── 去上去△△去上（〈念奴嬌〉至金陵）
著我些悲壯 ──平上。。去（〈念奴嬌〉至金陵）

**劉過**

不斷樓蘭心不平 — 入上△△。入。(〈沁園春〉張路分秋閱)

便塵沙出塞 — 去△△入去。(〈沁園春〉張路分秋閱)

問自古英雄安在哉 — 去去上。△。去。(〈沁園春〉張路分秋閱)

得之渾不費力 — 入。△入去去(〈水調歌頭〉)

滿地野花春 — 上去上。。(〈六州歌頭〉題岳鄂王廟)

誰念天涯牢落況 — △去。△△入去(〈賀新郎〉贈張彥功)

兩處相思苦 — 上去。。上(〈念奴嬌〉七夕)

試把花心輕輕數 — 去上。。。。上(〈賀新郎〉春思)

從以上的例句，可見辛派三家詞人與柳、周等格律派相比，是比較不注重守律。

## 三、詞韻比較

岳珂《桯史》云：

> 稼軒以詞名，每燕必命侍妓歌其所作，特好歌〈賀新郎〉一詞，自誦其警句曰：「我見青山多嫵媚，料青山見我應如是。」……特置酒召數客使妓迭歌，益自擊節遍問客，必使摘其疵，孫謝不可，……余時年少勇於言，……率然對曰：……，於是大喜酌酒而謂坐中，……乃詠改其語，日數十易，累月猶未竟，其刻意如此。6

從岳珂這段話，可以看出：

1．辛棄疾填詞態度的認真謙虛，「乃詠改其語，日數十易，累月猶未竟，其刻意如此。」辛氏自認爲得意的〈賀新郎〉、〈永遇樂〉都願意別人的指正。

2．辛詞不是案頭文章，是供歌妓歌唱的，如果一首詞不協韻的話，如何能歌唱，表現出詞的美感。

沈義父《樂府指迷》云：

> 近世作詞者，不曉音律，乃故為豪放不羈之語，遂借東坡、稼軒諸賢自諉。諸賢之詞，固豪放矣，不豪放處，未嘗不協律

6 岳珂：《桯史》，見《文淵閣四庫全書》，冊一〇三九，頁431。

也。如東坡之〈哨遍〉、楊花〈水龍吟〉，稼軒之〈摸魚兒〉之類，則知諸賢非不能也。[7]

沈義父是宋朝人，他認爲辛棄疾的詞是合律的。與辛棄疾同時代的周煇，在《清波雜誌》云：「稼軒樂府，辛幼安酒邊遊戲之作也。詞與音協，好事者爭傳之。」[8]周書以考核精實稱，所言當不虛。又觀稼軒〈水龍吟〉序：「用些語再題瓢泉，歌以飲客。聲韻既諧，客皆爲之酹。」可見當筵揮筆，聲韻皆諧，引吭高歌，滿座傾倒。這是稼軒具有高度的音樂修養，他能審音協韻，才華橫溢。他的作品又能鎔鑄經史、諸子百家，表現多樣化的題材，自是個大家手法與風範。

然而歷代論者每批評辛詞用韻不協，尤有評其詞用韻近乎濫矣。杜文瀾《憩園詞話》云：「宋詞用韻有三病，一則通韻太寬；二則雜用方言；三則率意借協。」[9]檢視三人詞用韻與戈載《詞林正韻》相比較，都有越出部界，因爲辛棄疾的詞最多，其越出《詞林正韻》有二十三類，一百四十四首，約佔全詞百份之二十二。[10]

**（一）三人越出部界之種類與篇數：**

1．**韻尾相同通押**--這種押韻情形是指《詞韻》雖不同部，然而在《切韻》系統中爲同類者。

甲、第三部第五部通協者（韻尾皆爲 i ）。

辛棄疾有〈昭君怨〉一首、〈浣溪沙〉三首、〈菩薩蠻〉五首、〈柳稍青〉一首、〈西江月〉二首、〈南歌子〉一首、〈浪淘沙〉一首、〈鷓鴣天〉八首、〈瑞鷓鴣〉一首、〈臨江仙〉三首、〈水調歌頭〉八首、〈沁園春〉五首、〈添字浣溪沙〉三首，共四十二首，數量極多　。如〈鷓鴣天〉

句裏春風正撿栽（哈，五部），溪山一片畫圖開（哈，五部）。輕鷗自趁虛船去，荒犬還迎野婦回（灰，三部）。　松共竹，翠成

---

7 沈義父：《樂府指迷》，見《詞話叢編》，（臺北：新文豐出版公司，1988 年 2 月臺一版），冊一，頁 282。
8 周煇：《清波雜誌》，見《景印文淵閣四庫全書》，冊一〇三九，頁 118。
9 杜文瀾：《憩園詞話》，見《詞話叢編》，冊三，頁 2858
10 見陳滿銘：《蘇辛詞比較研究》（臺北：文津出版社，1987 年 1 月再版），頁 34。

堆（灰，三部）。要挐殘雪門疏梅（灰，三部）。亂鴉畢竟無才思，時把瓊瑤蹴下來（咍，五部）。（卷二）

陳亮有〈念奴嬌〉登多景樓、〈眼兒媚〉春愁，共二首，舉〈念奴嬌〉登多景樓爲例：

危樓還望，嘆此意，今古幾人曾會（貝，第三部）！鬼設神施，渾認作，天限南疆北界（怪，第五部）。一水橫陳，連岡三面，做出爭雄勢（祭，第三部）。六朝何事？只成門戶私計（薺，第三部）。　　因笑王謝諸人，登高懷遠，也學英雄涕（薺，第三部）。憑卻江山管不到，河洛腥羶無際（祭，第三部）。正好長驅，不須反顧，尋取中流誓（祭，第三部）。小兒破賊，勢成寧問彊對（隊，第三部）。（卷十七）

劉過有〈沁園春〉盧蒲江席上時有新第宗室、〈沁園春〉寄辛承旨，時承旨招，不赴，〈沁園春〉游湖、〈沁園春〉觀競渡、〈水調歌頭〉晚春共五首，以〈沁園春〉寄辛承旨，時承旨招，不赴爲例：

斗酒彘肩，風雨渡江，豈不快哉（咍，五部）！被香山居士，約林和靖，與東坡老，駕勒吾回（灰，三部），坡謂西湖，正如西子，濃抹淡妝臨鏡台（咍，五部）。二公者，皆掉頭不顧，只管銜杯（灰，三部）。　　白雲天竺飛來（咍，五部）。畫圖裏、崢嶸樓觀開（咍，五部）。愛東西雙澗，縱橫水繞；兩峰南北，高下雲堆（灰，三部）。逋曰不然，暗香浮動。爭似孤山先探梅（灰，三部）？須晴去，訪稼軒未晚，且此徘徊（灰，三部）。

所有辛棄疾、陳亮、劉過三、五部合韻，第三部平聲都是灰部的字如：「杯、醅、陪、梅、媒、堆、頹、雷、罍、催、瑰、嵬、灰、回」爲韻。檢視蘇軾也有三、五部通協者十三首。

考灰、咍兩部，原爲廣韻的灰部。灰爲合口呼收「uɐi」韻母，咍爲開口呼收「ɐi」韻母，僅發音開合之別，在詩中的《禮部韻略》許其合用。這是主要元音受韻尾高化影響，包括柳永、李綱、劉克莊等人，也大量使用三、五部通押，[11]這並非豪放派詞人不守律，而是

11 見魯國堯：〈宋代福建詞人用韻考〉（語言文字學術論文集，1989 年 1 月出

當時人共通的情形。

乙、第六、七兩部通協者（韻尾皆為n）

辛棄疾有〈浣溪沙〉二首，〈好事近〉、〈沁園春〉、〈六州歌頭〉各一首。如〈浣溪沙〉

臺倚崖玉滅瘢（桓，七部）。青山卻作捧心顰（真，六部）。遠林煙火幾家村（魂，六部）。　引入滄浪漁得計，展成寥鶴能言（元，七部）。幾時高見層軒（元，七部）。

陳亮、劉過都沒有六、七部通押情形。

**2．n-ng-m相混**——「在宋代，一般說起來，-n-ng-m 三個系統仍舊是分明的。-t-k-p的界線的泯滅，遠在-n-ng-m 的界線的泯滅之前，在北方官話還能保存-n-ng 的分別。不過，詞人既可純任天籟，就不免為方音所影響。當時有些鄉音確已分不清楚-n-ng-m 的系統了。所以它們不能不混用了。」[12]詞韻第六部收音是「n」，第十一部收音是「ng」，第十三部收音是「m」。辛棄疾、陳亮與劉過押韻有以下情形：

甲、第六部與十一部通協：

辛棄疾有〈西江月〉一首、〈蝶戀花〉一首、〈定風波〉二首、〈行香子〉一首、〈新荷杯〉一首、〈念奴嬌〉一首、〈水龍吟〉一首、〈賀新郎〉一首，共十首。如〈蝶戀花〉：

誰向椒盤簪綵勝（證，十一部）。整整韶華，爭上春風鬢（震，六部），往日不堪重記省（梗，十一部）。為花長把新春恨（恨，六部）。春未來時新借問（問，六部），晚恨開遲，早又飄零近（焮，六部）。今遂花期消息定（徑，十一部）。只籌風雨無憑準（軫，六部）。

陳亮第六部與第十一部通協：只有一首〈清平樂〉秋晚，伯成兄往龍興山中，意其登山臨水，不無閨房之思，作此詞惱之。

銀屏繡閣（鐸，十六部），不道鮫綃薄（鐸，十六部）。嘶騎匆匆塵漠漠，還過夕陽村落（鐸，十六部）。　亂山千疊無情（清，十一部），

---

版），頁366。

12 見王力：《漢語詩律學》（北京：中華書局，1973年出版），頁552。

今宵遮斷愁人（真，六部）。兩處香消夢覺，一般曉月秋聲（清，十一部）。

劉過第六部第十一部通協者有：〈沁園春〉美人足、〈四字令〉、〈柳稍青〉送盧梅坡、〈小桃紅〉在襄州作四首。以〈沁園春〉美人足爲例：

洛浦凌波，為誰微步，輕塵暗生（庚，十一部）。記踏花芳徑，亂紅不損；步苔幽砌，嫩綠無痕（痕，六部）。襯玉羅慳，銷金樣窄，載不起盈盈一段春（諄，六部）。嬉游倦，笑教人款捻，微腿些跟（痕，六部）。　　有時自度歌聲（清，十一部），悄不覺、微尖點拍頻（真，六部）。憶金蓮移換，文鴛得侶；繡茵催衮，舞鳳輕分（文，六部）。懊惱深遮，牽情半露，出沒風前煙縷裙（文，六部）。知何似？似一鉤新月，淺碧籠雲（文，六部）。

乙、第六部、十一部、十三部通協者：他們的收音是「n」「ng」「m」。

辛棄疾有〈鷓鴣天〉、〈蝶戀花〉、〈江神子〉、〈祝英臺近〉各一首，共四首，如〈鷓鴣天〉和趙晉臣敷文韻：

綠鬢都無白髮侵（侵，十三部）。醉時拈筆越精神（真，六部）。愛將蕪與追前事，更把梅花比那人（真，六部）。　　回急雪，遏行雲（文六部）。近時歌舞舊時情（清，十一部）。君侯要識誰輕重，看取金杯幾許深（侵十三部）。（卷四）

陳亮沒有。劉過有〈六州歌頭〉題岳鄂王廟〈六州歌頭〉淮西帥李訦和為書廟額二首。以〈六州歌頭〉題岳鄂王廟為例：、

中興諸將，誰是萬人英（庚，十一部）。身草莽，人雖死，氣填膺。尚如生（庚，十一部）。年少起河朔，弓兩石，劍三尺，定襄漢，開虢洛，洗洞庭（青，十一部）。北望帝京（庚，十一部）。狡兔依然在，良犬先烹（庚，十一部）。過舊時營壘，荊鄂有遺民（真，六部）。憶故將軍。淚如傾(傾，十一部)。　　說當年事，知恨苦，不奉詔，偽耶真（真，六部）。臣有罪，陛下聖，可鑒臨（侵，十三部）。一片心（侵，十三部）。萬古分茅土，終不到，舊姦臣（真，六部）。人世夜，白日照，忽開明（庚，十一部）。衮佩冕圭百拜，

九泉下、榮感君恩（痕，六部）。看年年三月，滿地野花春（諄，六部）。鹵簿迎神（真，六部）。（卷十一）

丙、第七部與第十四部相混。

在詞韻中第七部是元、寒、桓、山、先等收音「n」的字，第十四部是覃、談等部收音「m」的字。

辛棄疾第七、十四部通協者：有清平樂一首、南鄉子（一首）、〈蝶戀花〉二首、〈行香子〉一首、〈江神子〉一首、〈聲聲慢〉一首、〈永遇樂〉一首，共八首，如〈江神子〉送元濟之歸豫章：

亂雲擾擾水潺潺（山，七部）。笑溪山。幾時閒閒（山，七部）。更覺桃源、人去隔仙凡（凡，十四部）。桃源乃王氏酒壚，與濟之作別處。萬壑千巖樓外雪，瓊作樹，玉為欄（寒，七部）。　　倦遊回首且加餐（寒，七部）。短篷寒（寒，七部）。畫圖間（山，七部），見說嬌顰、擁髻待君看（寒七部）。二月東湖湖上路，官柳嫩，野梅殘（寒，七部）。（卷四）

陳亮沒有第七部第十四部通協。

劉過詞中只有一首：如〈糖多令〉重過江南：

解纜蓼花灣（刪，七部），好風吹去帆（凡，十四部）。二十年重過新灘（寒，七部）。洛浦凌波人去後，空夢繞，翠屏間（山，七部）。

　　飛霧濕征衫（銜，十四部），蒼蒼煙樹寒（寒，七部）。望星河低處長安。綺陌紅樓應笑我，為花事，過江南（刪，七部）。（卷十一）

談咸類的韻尾是「m」，原收雙唇鼻音，「方音中亦多改收舌尖鼻音「n」。故由語音的變化，遂使元寒刪先覃咸諸韻可互為通轉。」[13]

3．入聲「p」「t」「k」相混

甲、第十六第十七部相混：韻尾收「k」「t」。

辛棄疾有〈菩薩蠻〉、〈好事近〉、〈念奴嬌〉各一首，共三首，如〈好事近〉：

雲氣上林梢，畢竟非空非色（職，十七部）。風景隨人去，到而今

13 見耿志堅：《宋代律體詩用韻之研究》（政治大學碩士論文，1976 年），頁 135。

留得（德，十七部）。　老而無情味到篇章，詩債怕人索（鐸，十六部）。卻笑近來林下，有許多詞客（陌，十七部）。

陳亮沒有，劉過有〈謁金門〉秋興一首：

秋興惡（鐸，十六部），愁怯羅衾風弱（藥，十六部）。雨線垂垂晴又落（鐸，十六部），輕煙籠翠箔（鐸，十六部）。　休道旅懷蕭索（鐸，十六部），生怕香濃灰薄（鐸，十六部）。桂子莫教孤酒約（藥，十六部），詩情渾落魄（魄，十七部）。（卷十一）

乙、第十六第十七部第十八部相混者:韻尾收「p」、「t」、「k」。

辛棄疾只〈蘭陵王〉一首：

恨之極（職，十七部）。恨極消磨不得（得，十七部）。萇弘事，人道後來，其血三年化為碧（陌，十七部）。鄭人緩也泣（緝，十七部）。吾父，攻儒助墨（德，十七部）。十年夢，沈痛化余，秋柏之間既為實（質，十七部）。　相思重相憶（職，十七部）。潛動精魄（鐸，十六部）。望夫江上巖巖立（緝，十七部）。嗟一念中變，後期長絕，君看啟母憤所激（錫，十七部）。又俄請為石（昔，十七部）。

　難敵（錫，十七部）。最多力（職，十七部）。甚一念沈淵，精氣為物（勿，十八部）。依然困鬥牛磨角（覺，十八部）。便影入山骨，至今雕琢（覺，十六部）。尋思人世，只合化，夢中蝶（業，十八部）。

劉過沒有。陳亮有一首。〈桂枝香〉巖桂花：

仙風透骨（沒，十八部），向夏葉叢中，春花重出（術，十七部），駿發天香，不是世間尤物（勿，十八部）。占些空闊閒田地，共霜輪、伴他秋實（質，十七部）。淺非冷蕊，深非幽艷，中無倚握（覺，十六部）。　任點取，龍涎篤耨，兒女子看承，萬屈千屈（勿，十八部）。倣數珠兒，刻畫無鹽唐突（沒，十七部）。不知幾柎欒團著，但口吻，非嗚雲室（質，十七部）。是耶非耶，書生見識，聖賢心術（術，十七部）。

丙、第十七部第十八部通協者，韻尾收「p」「t」「k」。

辛棄疾有〈生查子〉二首、〈卜算子〉三首、〈菩薩蠻〉二首、〈好事近〉三首、〈滿江紅〉七首、〈念奴嬌〉八首、〈水龍吟〉一首、〈歸朝歡〉一首、〈永遇樂〉一首，共二十八首，如〈永遇樂〉：

怪底寒梅，一枝雪裏，直恁愁絕（薛，十八部）。問訊無言，依。稀似妒，天上飛英白（陌，十七部）。江山一夜，瓊瑤萬頃，此段如何妒得（德，十七部）。細看來，風流添得，自家越樣標格（陌，十七部）。　　晚來樓上，對花臨境，學作半粧宮額（陌，十七部）、著意爭妍，那知卻有，人妒花顏色（職，十七部）。無情休問，許多般事，且自訪梅踏雪（薛，十八部）。待行過、溪橋夜半，更邀素月（月，十八部）。

陳亮有〈滿江紅〉懷韓子師尚書，〈三部樂〉七月送丘宗卿使虜、〈念奴嬌〉送戴少望參選，舉〈三部樂〉七月送丘宗卿使虜爲例：

小屈穹廬，但二滿三平，共勞均佚（質，十七部）。人中龍虎，本為明時而出（術，十七部）。只合是，端坐王朝，看指揮整辦，掃蕩飄忽（沒，十八部）。也持漢節，聊過舊家宮室（質，十七部）。

　　西風又還帶暑，把征衫著上，有時披拂（勿，十八部）。休將看花淚眼，聞弦酸骨（沒，十八部）。對遺民，有如皎日（質，十七部），行萬里，依然故物（勿，十八部）。入奏幾策，天下裏，終定于一（質，十七部）。（卷十七）

劉過有一首：〈祝英臺近〉同妓游帥府司東園：

窄輕衫，聯寶轡，花裏控金勒（德，十七部）。有底風光，都在畫闌側（職，十七部）。日遲春暖融融，杏紅深處，為花醉、一鞭春色（職，十七部）。　　對嬌質（質，十七部）。為我歌捧瑤觴，歡聲動阡陌（陌，十七部）。何似多情，飛上鬢雲碧（陌，十七部）。晚來約住青驄，踏花歸去，亂紅碎、一庭風月（月，十八部）。（卷十一）

丁、第十七第十八部第十九部通協，韻尾收「p」「t」「k」者。

辛棄疾有滿江紅一首、賀新郎三首、共四首，如〈賀新郎〉同父見和再用韻答之：

老大那堪說（薛，十八部）。似而今、元龍臭味，孟公瓜葛（曷，十八部）。我病君來高歌飲，驚散樓頭飛雪（薛，十八部）。笑富貴千鈞如髮（月，十八部）。硬語盤空誰來聽。記當時、只有西窗月

（月，十八部）。重進酒，換鳴瑟（櫛，十七部）。　　事無兩樣人心別（薛，十八部）。問渠儂：神州畢竟，幾番離合（合，十九部）？汗血鹽車無人顧，千里空收駿骨（沒，十七部）。正目斷、關河路絕（薛，十八部）。我最憐君中宵舞，道男兒、到死心如鐵（屑十八部）。看試手，補天裂（薛，十八部）。（卷二）

陳亮有〈賀新郎〉辛幼安和見懷韻、〈賀新郎〉辛幼安再用韻見寄、〈賀新郎〉懷辛幼安用前韻等三首，舉一首〈賀新郎〉寄辛幼安和見懷韻爲例：

老去憑誰說（薛，十八部），看幾番神奇臭腐，夏裘冬葛（曷，第十八部）。父老長安今餘歲，後死無讎可雪（薛，十八部）。猶未燥當時生髮（月，十八部）。二十五弦多少恨，算世間那有平分月（月，十八部）。胡婦弄，漢宮瑟（櫛，十七部）。　　樹猶如此堪重別（薛，十八部）。只使君從來與我，話頭多合（合，十九部）。行矣置之無足問，誰換妍皮癡骨（沒，十八部）。但莫使伯牙弦絕（薛，十八部）。九轉丹砂牢拾取，管精金只是尋常鐵（屑，十八部）。龍共虎，應聲裂。（卷十七）

劉過沒有。

戊、辛棄疾在 p-t-k 相混押的尚有許多，如十五部十六部通協，第十八、十九兩部通協者（韻尾皆 p）等等。[14]這些現象都是陳亮、劉過所沒有的。

在入聲的使用上辛棄疾最寬泛，陳亮也比劉過寬泛，糾葛不分，即「p、t、k」混押。

根據金周生《宋詞音系入聲韻部考》對這種 p、t、k 三塞尾音混用的解釋是：

詞中主要元音相同，而韻尾有 p t k 分別之入聲字，因歌詞配合音樂，音尾所佔的時間甚短，或僅具收勢，對於聽者音感並無不協，是以作者多通押；為其字音時有區分，故能可視為韻

14 同注十，頁 33-34。

部不同而分用。知兩宋詞 pt、pk 韻尾實未相混淆也。[15]

〈稼軒詞韻說略〉則云：

> 詞與音樂的特性分不開。因為詞是合樂的，本可隨聲融轉，在字韻的安排上比詩有更大的靈活性。只要韻（韻尾）相近，即可以按拍倚聲了。……所以韻協上的寬鬆，這不是詞人的粗疏，而是刻意追求的一種美學效果。[16]

然而王力有不同的解釋：

> 黃公紹的《古今韻會》（書成於一二九二年以前）是保存收 k 和收 p 的入聲的，但是收 p 的入聲已經并到收 t 的入聲去了。[17]

他認爲早在十三世紀，收 p 音的入聲已經并到收 t 的入聲去了。羅常培、周祖謨合著的《漢魏晉南北朝韻部演變研究》甚至以爲「可能漢代某一種方言中所有的入聲的韻尾（包括-p –t -k 三類）都已經失去。」王力《漢語詩律學》甚至說：

> 本來詞韻第十六、十七兩部中，t-k-p 已經相混，……-t-k-p 的界線泯滅，遠在的-n-ng m 的界線的泯滅之前。[18]

語言的轉變不是一天一時造成，像閩南語入聲字至今還保存 p、t、k，根據金周生的研究，南北宋尙保存 ptk 塞尾音，但不可否認也有許多 ptk 混押情形，表示許多地方已經界限混淆。如果王力等人推論正確「t –k -p 的界線泯滅，遠在的-n –ng -m 的界線泯滅之前。」那麼辛棄疾、陳亮、劉過的-p –t -k 混押，絕不是個人行爲，或是因爲音樂的關係，增加聽覺的美感，這是各地語言演變的走勢，一種共通現象。

### （二）稼軒押韻獨有情形：

#### 1．使用古韻

夏敬觀〈跋毛鈔本稼軒詞〉云：「稼軒詞往往以鄉音協韻，全集

---

15 見金周生：《宋詞音系入聲韻部考》（臺北：文史哲出版社，1985 年 4 月初版），頁 333。

16 見周篤文、馮統一：〈稼軒詞韻說略〉，見《詞學》（上海：華東師範大學出版社，1990 年 10 月第一次印刷），冊八，頁 153。

17 見王力：《漢語史稿》（香港：波文書局，1975 年出版），頁 134。

18 見王力：《漢語詩律學》（北京：中華書局，1973 年出版），頁 535。

中不勝枚舉。」[19]舉七例證明歌麻合用。

夏承燾《唐宋詞論叢》云:「《四庫全書提要》謂宋詞有用古韻之例，此不可信。五代、北宋詞大都應歌之作，爲妓女以娛狹客，何取乎古韻。」[20]

然而稼軒詞除了取用鄉音，還用古韻押韻。

他以第一、二部通協者：有〈一翦梅〉、〈醉翁操〉、〈聲聲慢〉各一首，共三首。如〈醉翁操〉頃予從廓之求觀家譜，見其冠冕蟬聯，世載勳德。廓之甚文而好修，意其昌未艾也。……顧廓之長於楚詞，而妙於琴，輒擬醉翁操，為之詞以敘別。異時廓之綰組東歸，僕當買羊沽酒，廓之為鼓一再行，以為山中盛事云：

> 長松（東，一部），之風（東，一部）。如公（東，一部），肯余從（鍾，一部）。山中（東，一部）。人心與吾兮誰同（東，一部），一部。湛湛千里之江（江，二部），上有楓（東，一部）。噫送子于東（東，一部），望君之門兮九重（鍾，一部）。女無悅己，誰適為容（鍾，一部）。　　不龜手藥，或一朝兮取封（鍾，一部）。昔與遊兮皆童（東，一部），我獨窮兮今翁（東，一部）。一魚兮一龍（鍾，一部），勞心兮忡忡（東，一部）。噫命與時逢（鍾，一部）。子取之食兮萬鍾（鍾，一部）。（卷四）

這種押韻現象，不是以辛棄疾的鄉音而是按古調押韻。《詞譜》卷二十二按語：

> 此本琴曲，所以蘇詞不載。自辛詞編入詞中，復遂沿為詞調。在宋人中，亦只有辛詞一首可校。此詞（蘇軾）以元寒刪先四韻同用。辛詞以東冬江三韻同用，猶遵古韻。[21]

從《詞譜》的按語可知辛詞以東冬江三韻同用，猶遵古韻。古韻中「東，江」同屬一部。根據詞序所言，闊之長於楚詞，而妙於琴，

---

19 夏敬觀：〈跋毛鈔本稼軒詞〉，見鄧廣銘：《稼軒長短句編年箋注》，附錄，頁580。

20 同注四，見夏承燾：《唐宋詞論叢．詞韻約例》，頁51。

21 見清康熙御製：《詞譜》（臺北：洪氏出版社，1980年11月1日出版），卷二十二。

辛棄疾按古調，寫此首醉翁操，以為敘別。所以辛棄疾以第一部第二部押韻，不是用方言，而是有意按古調。

**2．陰入通押的現象**

辛棄疾詞中出現陰入通押現象，他以

甲、入聲與魚模韻通協：如〈賀新郎〉

柳暗清波路（遇，四部）。送春歸、猛風暴雨（噳，四部），一番新綠（燭，十五部）。千里瀟湘葡萄漲，人解扁舟欲去（遇，四部）。又檣燕、留人相語（語，四部）。艇子飛來生塵步，唾花寒、唱我新番句（遇，四部）。波似箭，催鳴櫓（姥，四部）。　黃陵祠下山無數（遇，四部）。聽湘娥、泠泠曲罷，為誰情苦（姥，四部）。行到東吳春已暮（暮，四部），正江闊、潮平穩渡（暮，四部）。望金雀、觚稜翔舞（噳，四部）。前度劉郎今重到，問玄都、千數花存否（姥，四部）。愁為倩天絃訴（暮，四部）。

乙、入聲與陰聲麻邪部通協：如〈踏歌〉

攧厥（月，十八部）。看精神、壓一麗兒劣（薛，十八部）。更言語一似春鶯滑（黠，十八部）。一團兒美滿香雪（薛，十八部）。去也（馬，十部）。把春衫、換卻同心結（屑，十八部）。向人道、『不怕輕離別』（薛，十八部），問昨宵因甚歌聲咽（屑，十八部）？　秋被夢，春閨月（月，十八部）。舊家事、卻對何人說（薛，十八部）。告第一莫趁蜂和蝶（帖，十八部），有春歸花落時節（屑，十八部）。

詞中入派三聲，萬樹《詞律》卷一於石孝友〈南歌子〉後下按語：

愚謂入聲可作平，人多不信，曰：「入聲派入三聲，始於元人論曲，君何乃移其說於詞？」余曰：「聲音之道，古今遞轉，詩變詞，詞變曲，同是一理。……況詞之變曲，正宋元相接處，豈曲入歌當以入派三聲而詞則不然乎？故知入之作平當先詞而後曲矣。……且用韻句亦可以入為協，如惜香〈醉蓬萊〉以「吉」協「髻」「戲」，坦庵以「極」字協「氣」「瑞」等甚多。若云入不可協，則此等詞入一落韻矣。至通篇入協之詞有可兼用上去，如〈賀新郎〉、〈念奴嬌〉之類。」

王國維《人間詞話》云：

稼軒〈賀新郎〉詞「柳暗淩波路，送春歸，猛風暴雨，一番新綠。」又〈定風波〉詞「從此酒酣明月夜，耳熱」，「綠」「熱」二字，皆從上去用。……已開北曲四聲通押之祖。[22]

近人魯國堯〈宋詞陰入通協現象的考察〉，指出全宋詞中有六十九首陰入通協詞，其中五十首與中原音韻的歸類相符。這些詞人包括南北宋人，跟生長地域沒有關係，推論是「詞都必須能付之歌喉，驗之唇吻，拗折嗓子不得。在歌唱中，聲音的延長、悠揚可使某些入聲字的唯閉音韻尾減弱（這裡面唯有 27 的濕字，56 的泣字是 p 韻尾入聲字，很可注意），故偶可跟主元音相同或相近的陰聲字協韻。」[23]所以稼軒使用陰入通協，不是個例。

3．使用長尾韻

辛棄疾〈水龍吟〉用些語再題瓢泉，歌以飲客，聲韻甚諧，客皆為之酹：

聽兮清珮瓊瑤些。明兮鏡秋毫些。君無去此，流昏漲膩，生蓬蒿些。虎豹甘人，渴而飲汝，寧猿猱些。大而流江海，覆舟如芥，君無助，狂濤些。　　路遠兮山高些。塊予獨處無聊些。東槽春盎，歸來為我，製松醪些。其外芳芬，團龍片鳳，煮雲膏些。古人兮既往，嗟予之樂，樂簞瓢些。（卷四）

每句韻腳下用「些」字，蔣捷《竹山詞》亦有〈水龍吟〉「效稼軒體招落梅之魂」一首，寫法與辛詞同，此爲「長尾韻」。西洋詩謂之「雌韻」，辛棄疾以前未嘗覯也。[24]

4．全篇同押一字

黃山谷〈瑞鶴仙〉檃括歐陽修〈醉翁亭記〉，韻腳皆用「也」字。辛棄疾也有通首以一字協者，如〈柳梢青〉辛酉生日前兩日，夢一道士話長年之術，夢中痛以理折之，覺而賦八難之辭：

莫鍊丹難。黃河可塞，金可城難。休辟穀難。西風飲露，長忍飢難。　　君莫遠游難。何處有西王母難。休採藥難。人沈下

---

22 王國維：《人間詞話》，見《詞話叢編》，冊五，頁 4259。
23 魯國堯：〈宋詞陽入通協現象的考察〉，見《音韻學研究》（北京：中華書局，1984 年出版），頁 147。
24 同注三，頁 49。

土，　　我上天難。（卷四）

全篇押同一「難」字，而難字又是語助詞。如口語中哪、啊字。

**5 . 好險韻**

山谷詩提倡好奇尚硬，稼軒精通諸子百家，驅使莊騷，他使用的詞韻也都讓人驚心動魄。又如〈水調歌頭〉送鄭厚卿赴衡州：

寒食不小住，千騎擁春衫。衡陽石鼓城下，記我舊停驂。襟以瀟湘桂嶺。帶以洞庭青草，紫蓋屹西南。文字起騷雅，刀劍化耕蠶。　看使君，於此事，定不凡。奮髯抵几堂上，尊俎自高談。莫信君門萬里，但使民歌五褲，歸詔鳳凰啣。君去我誰飲，明月影成三。（卷二）

以「衫、驂、蠶、啣」爲韻。又如〈賀新郎〉題傅君用山園：

曾與東山約，為儵魚從容分得，清泉一勺，……山頭怪石蹲秋鶚。俯人間、塵埃野馬，孤撐高攫。拄杖危亭扶未到，已覺雲生兩腳。更換卻、朝來毛髮。此地千年曾物化，莫呼猿、且自多招鶴。吾亦有，一丘壑。（卷四）

以「勺、鶚、攫、腳、鶴、壑」相押，真是硬語盤空。

## 第二節　內容比較

### 一、內容相同之處

辛棄疾的詞「雄深雅健」，「慷慨縱橫，不可一世」，「大聲鏜鞳，小聲鏗鍧，橫絕六合」，一腔忠憤發之於詞，有大聲疾呼、有不平而鳴者。陳亮是個雄辯的政論家，存詞七十四首與劉過八十七首詞數量差不多，他們的詞都是慷慨悲歌，以抗金統一爲主。辛棄疾曾稱讚陳亮，「同父之才，落筆千言，俊麗雄偉，珠明玉堅，文方窘步，我獨沛然。」[25]陳廷焯《白雨齋詞話》評陳亮詞：「陳同甫豪氣縱橫，稼

---

25 見鄧廣銘輯校、辛更儒箋校：《辛稼軒詩文箋注》，頁 122。

軒幾爲所挫。」[26]評劉過詞云：「慷慨激烈，髮欲上指」，「足以使懦夫立志。」[27]三人詞的內容相同之處：

**（一）以愛國詞為主**

辛棄疾、陳亮與劉過的詞，大都與收復失土，統一國土有關。辛棄疾這類詞最多，他一面大聲指責「汗血鹽車無人顧，千里空收駿骨。」指責投降派造成的後果。一面勉勵王姓友人：「馬革裹屍當自誓」(〈滿江紅〉)，淳熙十五年，陳亮訪辛棄疾離去後，辛棄疾發出：「道男兒、到死心似鐵。看試手，補天裂」的呼喊（〈賀新郎〉同父見和，再用韻答之）送杜時高想到：「南北共，正分裂」(〈賀新郎〉)悲憤塡膺。獨宿博山王氏菴時心裡仍記掛：「布被秋宵夢覺，眼前萬里江山。」(〈江神子〉)。登建康賞心亭時，「贏得閒愁千斛。虎踞龍盤何處是？只有興亡滿目。」(〈念奴嬌〉登建康賞心亭，呈留守史致道）想到的仍是江山破碎。

自從「隆興和議」後，南宋彷如女真的附庸。淳熙十三年，章德茂使金，祝賀金世宗的生日。[28]淳熙十二年除夕，陳亮送章德茂大卿使虜：「不見南師久」(〈水調歌頭〉)，痛斥朝廷小人只知苟安，幾乎沒有「一個半個恥臣戎」，不以向金人屈膝求和爲恥，再也不見北伐的南師，所以「萬里腥羶如許，千古英靈安在」，滿腔熱血志在恢復。

淳熙十五年，陳亮步辛棄疾〈賀新郎〉原韻，「父老長安今餘歲，後死無讎可雪。」「算世間那有平分月。胡婦弄，漢宮瑟。」(〈賀新郎〉寄辛幼安和見懷韻）又寫：「天下適安耕且老，看買犁賣劍平家鐵。壯士淚，肺肝裂。」(〈賀新郎〉懷辛幼安，用前韻卷十七）又有〈賀新郎〉同劉元實，唐與正陪葉丞相飲云：「舉目江河休感涕，念有君如此何愁虜。」（卷十七）陳亮也在〈滿江紅〉懷韓子師尚書期望抗金名將韓世宗之子能扛起抗金重任：「諸老盡，郎君出。恩未報，家何恤。」（卷十七）又對出使金的丘宗卿說：「對遺民，有如皎日，行萬里，依然故物。入奏幾策，天下裏，終定于一。」(〈三部樂〉七月送丘宗卿）期

26 清．陳廷焯：《白雨齋詞話》，見《詞話叢編》，冊四，頁 3794。
27 同上注，頁 3914。
28 見姜書閣：《陳亮龍川詞箋注》（北京：人民出版社，1980 年 9 月出版），頁 26。

許他出使後入朝，當向皇帝獻策，力陳恢復之議，天下將能統一。

劉過是個慷慨激昂的愛國之士，他在韓佗胄議開邊北伐前夕，寫〈八聲甘州〉，指出北方「依舊塵沙萬里，河洛染腥羶」，現今北方金主，就如當年完顏亮對「三秋桂子，十里荷花」的杭州，有投鞭渡江的野心，[29]敵人亡我之心永不滅絕，「看東南王氣，飛繞星躔」，唯有主動出擊，收復失地，才是良策。

他在〈沁園春〉御閱還上郭殿帥詞云：「中興事，看君王神武，駕馭英雄。」(卷十一)在〈沁園春〉張路分秋閱：「拂拭腰間，吹毛劍在，不斬樓蘭心不平。」都顯明他的抗金情懷。

**(二)登臨、詠物、壽詞都含有政治思想：**

**1．登臨、詠物之詞**

辛棄疾最常在登臨中表達自己的政治思想。如〈水龍吟〉登建康賞心亭，他看到破碎的河山，是「獻愁供恨」，表達自己不隱居、不求名利之心，「休說鱸魚堪鱠，儘西風歸未？求田問舍，怕應羞見，劉郎才氣。」到江西造口壁想到的是「江晚正愁余，山深聞鷓鴣」(〈鷓鴣天〉)的憂愁。經過南劍樓時，有「千古興亡，百年悲笑，一時登覽」(〈水龍吟〉過南劍雙溪樓)的感懷。韓侂胄草草北伐，擔心「元嘉草草，封狼居胥，贏得倉皇北顧。」(〈永遇樂〉京口北固亭懷古)會有不良的後果。

辛棄疾在詠物詞中也常以梅花自喻清高品德，「新春老去惟梅在，一任狂風日夜吹」(〈感懷示兒輩〉)外，常在詠物詞中感嘆國家興亡，或諷刺朝廷主和派小人種種行徑，不然就借物自況，內容豐富，寫法也變化萬千。如〈賀新郎〉賦琵琶：「千古事、雲飛煙滅。賀老定場無消息，想沈香亭北繁華歇。彈到此，爲嗚咽。」暗指朝中已沒有醫國手，宋朝難以振興。如「枉學丹蕉，葉底偷染妖紅」，嘲笑小人如宮殿中高大的桂樹般，不管國亡家破，靖康之恥，欽徽被擄，遭此巨變，朝廷偏安江南，「爲淒涼、長在醉中」(〈聲聲慢〉嘲紅木犀。余兒時常入京師禁中凝碧池，因書當時所見)，依舊盛開，毫不知恥。

29 羅大經：《鶴林玉露》，見《叢書集成新編》，冊八七，頁 114。

陳亮也常在登臨詞中表達自己的政治理念，如登多景樓時，他以地理戰略，進攻形勢來填詞，強調京口、建業一帶，「一水橫陳，連岡三面」，形勢險峻足以與金人對抗，並嘲笑投降派如南朝大臣，「因笑王謝諸人，登高懷遠，也學英雄涕。」(〈念奴嬌〉登多景樓) 只會登高流淚，沒有實際的反金行動。

詠物詞如〈水龍吟〉春恨：「恨芳菲世界，游人未賞，都付與，鶯和燕。」借春恨來表明國仇家恨，可見其慷慨熱誠。又如〈一叢花〉溪堂玩月作：「風露浩然，山河影轉，今古照淒涼。」寄託面對殘山剩水的悲哀。

劉過登覽之詞也含政治思想，如登安遠樓時，面為「舊江山渾是新愁。欲買桂花同載酒，終不是、少年游。」詞中表明二十年來中原不僅未收復，反而「蘆葉滿汀洲，寒沙帶淺流。」(〈糖多令〉) 登覽遠眺，舊愁新怨直湧心頭，殘山剩水依舊冷落，只是徒增惆悵。

閑居江西十年的辛棄疾，被起用為紹興知府兼浙東安撫使，劉過寫〈沁園春〉寄辛稼軒：「古豈無人？可以似吾稼軒者。」稱讚他是千古的英雄，並恭賀他東山再起，「算整頓乾坤終有時」。

**2．壽詞**

張炎在《詞源》云：

> 倘盡言富貴則塵俗，盡言功名則諛佞，盡言神仙則迂闊虛誕，當總此三者而為之，無俗忌之辭，不失其壽可也。[30]

劉永濟《詞論》云：

> 介壽之詞，宋時最盛，亦人事所不能免。然必不諛不俗，而措辭渾雅，方為合作。至施之朋友、骨肉之間，則亦貴有真性情語，方見歡欣祝頌之誠。[31]

祝壽詞要避免長壽、富貴、神仙等，而著重抱負、事業。陳亮、劉過的壽詞仍不離長壽、富貴等範圍，而且他們的壽詞份量並不少，但他們還能在壽詞中表達政治思想。

---

30 宋．張炎：《詞源》，見《詞話叢編》，冊一，頁 266。
31 見劉永濟：《詞論》(臺北：龍田出版社，1982 年元月出版)，頁 85。

辛棄疾在早期作品中，常借祝壽詞表達政治思想。如〈水龍吟〉甲辰歲壽韓南澗尚書感嘆「渡江天馬南來，幾人真是經綸手？」並痛斥「夷甫諸人，神州沈陸，幾曾回首。」感嘆國家缺乏經邦濟世之人。並期待「他年整頓，乾坤事了」。〈水調歌頭〉壽趙漕介菴期待他：「要挽銀河仙浪，西北洗胡沙」。〈千秋歲〉金陵壽史帥致道，時有版築役：「從容帷幄去整頓乾坤了。千百歲，從今盡是中書考。」〈念奴嬌〉趙晋數文十月望生日自賦詞，屬余和韻：「看取東歸，周家叔父，手把元龜說。」借周公東征作〈大誥〉典故，委婉傳達他對北伐的期待。

陳亮所存三首爲朱熹寫的壽詞，雖然他和朱熹志同道不合，也鼓勵他抗金，如〈洞仙歌〉丁未壽朱元晦「許大乾坤這回大。向上頭些子，是鵰鶚搏空，籬底下，只有黃花幾朵。」（卷十七）〈蝶戀花〉甲辰壽朱元晦：「手撚黃花還笑，笑比淵明，莫也歸來早。」（卷十七）委婉的譏諷朱熹置國家大事及生民不管，太早歸隱。〈瑞雲濃慢〉壽羅春伯：「騎鯨赤手，問何如長邊尺筆？向來王謝風流，只今管是。」期望朋友找到克敵致勝的良策，「像東晉王導、謝安一樣幹一番英雄事業，以實現當今朝野上下抗金統一的希望。」[32]

劉過的壽詞如〈沁園春〉代壽韓平原云：「膽能寒虜；而今胸次，氣欲吞胡。」而且還具體提出意見，「但收攬人才多用儒」，使用人才一定要多用儒者。宋神宗嘉泰四年，韓侂胄定議伐金，民心振奮，劉過寫〈西江月〉賀詞給萎靡的時代增添許多豪情。

他也用〈水調歌頭〉壽王汝良：「斬樓蘭，擒頡利，志須酬。青衫何事，猶在楚尾與吳頭。」（卷十一）又〈滿江紅〉壽：「功甚大，心常小。居廊廟，思耕釣。奈華夷休戚，繫王顰笑。盟府山河書帶礪，成周師保須周召。」（卷十一）。內容都是統一山河的期盼。

**3．同爲痛抒英雄失路的悲憤**

辛棄疾北人南來不被重視，又加上他的主戰觀念在時代中成爲逆流，常遭小人猜忌，所以他的詞常流露沈鬱的傷感，或憤恨不平的情懷。如〈摸魚兒〉：「長門事，準擬佳期又誤。蛾眉曾有人妒。千金縱

---

32 見王叔珩：《陳亮政論詞選注》（濟南：山東教育出版社，1995年出版），頁98。

買相如賦，脈脈此情誰訴？君莫舞，君不見、玉環飛燕皆塵土。閑愁最苦。」讀李廣傳後心中不平，寄託閒者被黜之心，如〈八聲甘州〉:「漢開邊，功名萬里，甚當時、健者也曾閑？」〈歸朝歡〉題趙晉臣敷文積翠岩:「細思量：古來寒士，不遇有時遇。」

陳亮是個積極的用世者，隆興和議後，他說：

> 朝廷方幸一旦無事，庸愚齷齪之人皆得以守格令、行文書，以奉陛下之使令，而陛下亦幸其易制而無他也，徒使度外之士擯棄而不得逞，日月蹉跎，而老將至矣。(卷一)

他二十九歲上書，到五十歲仍是度外之士，有才不遇，蹉跎歲月，耕種家鄉。每想到自己的遭遇，說：

> 每念及此，或推案大呼，或悲淚填臆，或髮上衝冠，或拊掌大笑。(卷十九)

在詞中也表達「悲淚塡臆」的痛苦。如〈小重山〉:

> 往事已成空。夢魂飛不到，楚王宮。翠綃和淚暗偷封。江南闊，無處覓征鴻。(卷十七)

往事當然就是當年上〈中興五論〉，上孝宗皇帝的三書，全都如石沉大海，而自己仍如屈原般忠心耿耿，卻「夢魂飛不到，楚王宮。」找不到征鴻，沒人能把他的愛國之情，抗金大計，向皇帝表明。又如〈最高樓〉詠梅：「花不向沈香亭上看；樹不著唐昌宮裡玩。」這首詠物詞自喻高潔的梅花，不願意與牡丹並列，他像梅花一般的高潔，竟扣閽無路，日月蹉跎，結句「管如今，渾似了，更堪憐」堪憐的不是梅花，而是自己。

劉過「上皇帝之書，客諸侯之門」(〈獨醒賦〉卷十二)，曾上書宰相「痛陳恢復中原方略」，但皆被摒棄不用，又屢試不第。因此浪跡江湖。像他這志士根本無從施展抱負，所以詞中有許多英雄失路的悲憤。如〈沁園春〉:「大宋神仙劉秀才。如何好？」幾番應試皆被黜，多年奔跑不得一官，是何等難堪。不僅是己身的得失，也深憂國勢衰頹，濟世之志無伸展。

劉過晚年時，主和派都是朝廷掌權者，所以主戰派受壓抑，〈水調歌頭〉中他說：「酒須飲、詩可作、鋏休彈」，酒可以解憂，詩可以言志。唯「彈鋏何用」？因為統治者昏憒無能，使他「枉催得雙鬢斑白」。何況窮達並無二樣，心情極鬱悶，盼「自有識鴞鸞」，是非公道自在人心。」

又在〈念奴嬌〉云：「不是奏賦明光，上書北闕，無驚人之語。我自匆忙天未許，贏得衣裾塵土。」說明自己的不遇，實在是「天未許」，在於皇帝不賞識，不重用，只有「贏得衣裾塵土」。又如〈賀新郎〉：「男兒事業無憑據。……歌此恨，慰羈旅。」（卷十一）表明自己壯志未酬，不受當政者的重視，流落他鄉，抑鬱不平。男兒事業無著落，只有放聲歌唱，自我慰藉報國無路的悲憤。

又有〈賀新郎〉贈張彥功「誰念天涯牢落況」，及〈賀新郎〉贈鄰人朱唐卿：「多病劉郎瘦。最傷心、天寒歲晚，客他鄉久。……若見故鄉吾父老，道長安、市上狂如舊。」久客他鄉的無奈，只能以狂遮住一身的潦倒。又有〈祝英臺近〉說自己：「笑天涯，還倦客，欲起病無力……憔悴小樓側。」（卷十一）又如〈賀新郎〉：「人世紅塵西障日，百計不如歸好。」詞中有英雄不被重用的憂愁與沒落。

## 二、內容相異之處：

### （一）辛棄疾的愛國詞表現壯志難酬、陳亮如政論、劉過對時局不滿。

陳亮、劉過與辛棄疾都是好友，比較三人互相酬贈之詞，顯著不同。陳亮四十五歲與辛棄疾鵝湖之會後分離，辛棄疾以〈賀新郎〉詞贈陳亮，寫到「剩水殘山無態度」「兩三雁，也蕭瑟」，內容顯示孤單、無力感。近人甚指出他「補天裂」，只是為了「了卻君王天下事」，他把統一的期望維繫在君王身上。[33]陳亮和辛棄疾愛國詞同中有異之處，乃辛是朝廷官吏，再怎麼慷慨激昂，也只能在詞中用比興寄託、含蓄委婉表達自己的不滿與期望。陳亮是一布衣，較無忌諱，大聲直斥。比如他們在〈賀新郎〉，辛棄疾寫「兩三雁，也蕭瑟。」

33 郁賢皓：〈辛棄疾反民族投降的愛國詞〉，見《南京：南京師院學報》（1976 年 2 期），頁 90。

感慨志士仁人的稀少，如兩三雁的蕭瑟。對形勢的悲觀，認爲主戰的力量薄弱。但陳亮是積極的，他說：「父老長安今餘幾，後死無仇可雪。」是慷慨激昂，指抗金之事不能再拖。辛棄疾的「盤空硬語誰來聽？」只是表現知音少的苦悶。陳亮是「攄地一呼吾往矣；萬里搖肢動骨。」憤怒的呼喊，想投入戰爭。辛棄疾更多的是不滿怨鬱，〈摸魚兒〉：「君莫舞。君不見、玉環飛燕皆塵土。閒愁最苦。休去倚危欄，斜陽正在，煙柳斷腸處。」（卷一）含蓄影射的手法，指責當道小人。這也是兩人豪放詞中，同中有異處。

他偶爾也爲發出消極之音，在〈水龍吟〉中：「可惜流年，憂愁風雨，樹猶如此！倩何人、喚取紅巾翠袖，搵英雄淚。」表現他的國愁與悲觀。〈江神子〉和人韻：「寫盡胸中、？磊未全平。」他愛國的熱情一再被打擊，只好發出「座中擁紅粉嬌客，直欲覓安期」的縱情山水，企圖逃脫現實，以及「半夜一聲長嘯，悲天地，爲予窄」的感嘆。

陳亮的愛國詞大都政論，〈賀新郎〉酬辛幼安再用韻見寄云：「離亂從頭說。愛吾民，金繒不愛，蔓藤纍葛」。這首詞批評時局，是註解〈戊戌再上孝宗皇帝書〉中的內容：「南方之紅女織尺寸之功于機杼，歲以輸虜人，固已不勝其痛矣。金寶之出於山澤者有限，而輸之虜人則無窮，十數年後，豈不遂就盡哉。」（卷一）及〈甲辰答朱元晦書〉相輝映：「至於堂堂之陣，正正之旗，風雨雲雷交發而並至，龍蛇虎豹變見而出沒，推倒一世之智勇，開拓萬古之胸襟，如世俗所謂粗塊大臠，飽有餘而文不足者。」（卷二十）南宋山河破碎，人民流離失所，正是一味妥協的結果。應該「攄地一呼」，大顯神威，就能成就如東晉淝水破敵的雄威氣勢。

陳亮另有〈水調歌頭〉送章德茂大卿使虜、〈三部樂〉七月送邱宗卿使虜、〈念奴嬌〉登多景樓等等都是政論詞。

嘉泰三年（1203），劉過五十歲寫〈念奴嬌〉留別辛稼軒，詞中劉過傾訴自己懷才不遇的苦悶，「乾坤許大」，卻無處容身，「十年枉費辛苦」。不在於沒有詩才，也曾「奏賦明光」，陳述治國理念的良策，只是不被皇帝賞識，只有「贏得衣裾塵土」。

劉過的詞，更多的是對時局的感傷與不滿。如〈六州歌頭〉，寫古揚州「鎮長淮」，古戰略要位，然而「邊塵暗，胡馬擾」後，「笙歌散」，成爲「故壘荒丘」。而統治者犧牲廣大百姓，自己卻「萬戶封侯」。執政者該因無法保護國土、人民而羞愧。下片寫「興亡夢，榮枯淚，水東流。甚時休」，說明歷史興衰，個人榮枯，正如滾滾江水，自向東流不知盡頭，交織國家興衰，個人身世的飄零之恨。

**（二）劉過對民族英雄的謳歌，是辛棄疾、陳亮所無的。**

劉過的詞中對民族英雄有極動人的感情，如〈六州歌頭〉詞中激昂、悲憤、沈痛的感情起伏跌宕。歌詠岳飛是「中興諸將」，雖死猶生，英名永在，「憶故將軍。淚如傾」。對奸佞小人的切齒痛恨與鞭笞，「萬古分茅土，終不到，舊姦臣。」並砥礪人們爲國家統一、民族強盛而奮鬥。又有〈沁園春〉觀競渡：

> 歎沈湘去國，懷沙弔古，江山凝恨，父老興哀。正直難留，靈修已化，三戶真能存楚哉。（卷十一）

他懷念屈原的忠貞，卻只能投江自縊，剩下的三戶真存楚？

辛棄疾、陳亮詞中並沒有特別高舉民族英雄。

**（三）劉過詞中有豔體，是陳亮所無的。**

辛棄疾、劉過有贈妓詞，劉過甚至有兩首豔體詞，〈沁園春〉詠美人指甲，美人足：「每到相思，沈靜動處，斜倚朱唇皓齒間。風流甚，把仙都暗掐，莫放春閑。」之類的作品，彷彿直承花間。陳廷焯評爲：「淫詞褻語，污穢詞壇。即以豔體論，亦是下品。」[34]然而張炎卻說：「二詞亦自工麗。」[35]陶宗儀《輟耕錄》亦云：「纖麗可愛。」[36]

夏承燾〈讀陳亮的龍川詞〉云：「（《龍川詞》）有狹邪豔體〈念奴嬌〉至金陵一首是贈妓的。」[37]然而姜書閣《陳亮龍川詞箋注》云：「此詞既是同甫到金陵觀察形勢所作，題亦明寫『至金陵』，自當係

---

34 同注二六，頁 3794。

35 同注三十，頁 262。

36 陶宗儀：〈輟耕錄〉，見《景印文淵閣四庫全書》，冊一〇四〇，頁 576。

37 見夏承燾校箋，牟家寬注：《龍川詞校箋》（上海：上海古籍出版社，1982 年 4 月第 1 次印刷），頁 13。

就其所見之金陵社會宴安逸惰情形，抒發思感與懷抱。……夏箋謂：『此首是贈妓詞』，未知何據。」[38]根據〈念奴嬌〉至金陵詞意確實不是豔體詞。

## （四）劉過詞有關心民間疾苦

劉過的詞有關心民生疾苦，雖然數量很少，在〈清平樂〉：

> 新來塞北，傳到真消息，赤地居民無一粒。更五單于爭立。　維師尚父鷹揚。熊羆百萬堂堂。看取黃金假鉞，歸來異姓真王。（卷十一）

他的詩中也有關心百姓生活如〈悲淮南〉：

> 淮南窮到骨，忍復椎其飢。不知鐵錢禁，作俑者為誰。行商斷來路，清野多流禽。……今者縱虎狼，而使渴與飢。……悲哉淮南民，持此將安之？（卷三）

百姓已經窮困不堪，而朝廷爲了補償經濟不足，還設鹽鐵禁，使百姓流離失所。又在〈瓜洲歌〉云：

> 今年城保寨，明年城瓜洲。寇來不能禦，賊去欲自囚。……參差女牆月，深夜照敵樓。泊船遠河口，頗為執事羞。（卷一）

〈郭帥遺蕨羹〉云：「主人幕下三千士，談王說霸如蜂起。日日椎鮮與擊肥，餐飫腥羶飽而已。……要看濈濈兒拳短，窮人便是知田漢。」（卷二）在〈祭李侍郎〉云：「方今講論肥民策，不數橫流地上錢。」（卷四）批評官家的富足奢侈，而田家卻苦哈哈。

辛棄疾是關心農民的，然而在農村詞中，只是輕描淡寫「父老爭言雨水勻，眉頭不似去年顰」，並沒有深入反映民生疾苦。他在北方是率領農民軍，然而在〈滿江紅〉賀王帥宣平湖南寇，他歌頌王佐鎭壓陳峒領導的農民軍，把王佐比作「諸葛亮」，把起義人民當作「鼪鼯」，祝賀王佐「捷書急」，甚至立碑記功。他也在江西提刑時鎭壓茶商賴文正領導的茶商，《嘉泰會稽志．人物志》記辛棄疾知江陵時：「得賊輒殺，不復究竟，奸盜屏跡。」辛棄疾似乎不去探討這些人爲何成盜原因，只是去討平他們。

---

38 同注二八，頁 38。

# 第三節　寫作技巧比較

三家詞在寫作技巧尚有以下幾點特色：

## 一、都愛用俚語、白話

辛棄疾大量使用通俗語言如：

（一）〈賀新郎〉題傅巖叟悠然閣再賦：「嘆人生，不如意事，十常八九。」

（二）〈謁金門〉「不怕與人尤殢，只怕被人調戲。因甚無個阿鵲地，沒功夫里。（俗語說被人提及就打噴嚏，這裡說沒個「阿鵲」，表示無人說他。）

（三）〈戀繡衾〉：「我自是、笑別人底，卻原來、當局者迷。」

（四）〈洞仙歌〉：「味甘終易壞，歲晚還知，君子知交淡如水。」

（五）〈感皇恩〉：「七十古來稀，未爲稀有。」

（六）〈減字木蘭花〉：「剛道人生七十稀。」

（七）稼軒詞中慣用「兒」字。如〈西江月〉的「些兒」，〈最高樓〉「園兒」、「亭兒」，〈南歌子〉的「池兒」、「月兒」、「鏡兒」，〈清平樂〉：「裝了」、「蜂兒」等等。

（八）稼軒詞也用了許多民間說話的口氣，用語助詞。如〈鷓鴣天〉：「些底事，誤人哪！不成真個不思家。」〈南鄉子〉贈妓：「不問因由便去嗏。」「巴巴，繫上裙兒穩也哪。」〈江神子〉聞蟬蛙戲作：「良自苦，爲官哪？」「還又問：是蟬嗎？」等等。

陳亮曾在〈與鄭景元提幹書〉，論及自己寫的詞：

> 本之以方言俚語，雜之以街談巷論，博搦義理，劫剝經傳，而卒歸之曲子之律。（卷二一）

陳亮的詞是夾雜著白話俚俗語。劉過也有此特性，兩人詞中都喜愛使用白話、俚俗語：陳亮的〈賀新郎〉酬辛幼安，再用韻見寄。如

「話殺」、「新著了」、「不成教」、「也解」，用民間口語。在〈最高樓〉詠梅：「樹不著」、「渾似了」，〈念奴嬌〉有「笑人無限也」、「著我些」，〈三部樂〉：「但二滿三平」、「只合是」，〈祝英臺近〉：「百年忘了旬頭」、「包裹生魚，活底怎遭遇」。〈賀新郎〉酬辛幼安，再用韻見寄：「虧殺我」。〈洞僊歌〉丁未壽朱元晦：「許大乾坤這回大。向上頭些子」等等。

劉過的詞也有使用俚語的現象，如〈竹香子〉同郭季端訪舊不遇：「料想那人不在」「匆匆去得忒煞。這鏡兒、也不曾蓋。千朝百日不曾來，沒這些兒箇采。」〈清平樂〉：「忔憎憎地。一捻兒年紀。」〈天仙子〉初赴省別妾：

> 別酒醺，容易醉。回過頭來三十里。馬兒只管去如飛，牽一會。坐一會。斷送殺人共山水。　是則青山終可喜。不道恩情拼得未。雪迷村店酒旗斜，去也是。住也是。煩惱自家煩惱你。（卷十一）

用民間的俚語入詞。楊升庵《詞品》：「詞俗意佳。」[39]賀裳稱此詞：「如張融跪膝，只可一不可二。」[40]

## 二、以散文入詞

辛棄疾以散文入詞極多，如

（一）〈哨遍〉秋水觀：「於是焉河伯欣然喜，以天下之美盡在己。」
（二）〈六州歌頭〉：「往向北山愚，庶有瘳乎？」
（三）〈行香子〉：「奈一番愁，一番病，一番衰。」
（四）〈卜算子〉：「一榻清風方是閒，真得歸來也。」
（五）〈卜算子〉用莊語：「誰伴揚雄作解嘲，烏有先生也。」
（六）〈哨遍〉：「嗟魚欲事遠遊時，請三思、而行可矣。」
（七）〈新荷葉〉：「後之覽者，又將有感斯文。」等等。

陳亮以散文入詞，有〈賀新郎〉酬辛幼安，再用韻見寄：「丘也

---

39 明，楊升庵：《詞品》，見《詞話叢編》，冊一，頁 454。
40 清，賀裳：《皺水軒詞筌》，見《詞話叢編》，冊一，頁 701。

幸，由之瑟」，「據地一呼吾往矣」。〈三部樂〉七月二十六壽王道甫：「早三之一」「百二十歲」，〈秋蘭香〉：「須一一排行」，〈桂枝香〉：「但口吻、非嗚雲室。是非耶也」。

劉過以散文入詞〈水調歌頭〉壽王汝良：「今古閱人多矣」，〈賀新郎〉平原納寵姬，能奏方響，席上有作：「人醉也。」〈臨江仙〉四景：「秋光預若借些兒。」〈沁園春〉觀競渡：「三戶真能存楚哉。」〈沁園春〉：「一日須來一百回。」「一別三年，一日三秋。」

## 三、都喜愛用典故

辛棄疾、陳亮、劉過的詞都喜愛使用典故。劉克莊在〈跋劉叔安感秋八詞〉批評稼軒愛用典說：

> 近歲放翁、稼軒，一掃纖豔，不事斧鑿，高則高矣，但時時掉書袋，要是一癖。

然而劉辰翁〈辛稼軒詞序〉卻讚美：

> 詞至東坡，傾蕩磊落，如詩，如文，如天地奇觀，豈與群兒雌聲學語較工拙。然猶未用經、用史，牽雅頌入鄭衛也。自稼軒前，用一語如此者必且掩口。及稼軒橫豎爛熳，乃如禪宗棒喝，頭頭皆是。

從鄧廣銘《稼軒詞編年箋注》所收六百二十六首詞，稼軒曾用過的典故約一千五百個，[41]可見用典確是許多。然而稼軒絕不是爲用典而用典，如農村詞就幾乎不用典。他用典完全是學問大，而且爲營造詞的藝術氣氛。岳珂《桯史·稼軒論詞》說：他曾當面對稼軒提出〈永遇樂〉一詞「覺用事多」之後，稼軒大喜，「酌酒而謂坐中曰：『夫君實中於痼。』乃味改其語，日數十易，累月猶未竟。」稼軒是填詞大家，竟然「日數十易，累月猶未竟」，想改而改不了，這正說明「用典雖多，然而這些典故卻用得天造地設，……用典多並不是稼

---

41 馬興榮：〈稼軒詞藝術探微〉，見《詞學》（上海：華東師範大學出版社，1992年12月第一次印刷），頁93。

軒的缺點，而正體現了他在語言藝術上的特殊成就。」[42]舉〈永遇樂〉京口北固亭懷古爲例：

千古江山，英雄無覓，孫仲謀處。舞謝歌臺，風流總被，雨打風吹去。斜陽草樹，尋常巷陌，人道寄奴曾住。想當年：金戈鐵馬，氣吞如虎。（五代後唐李襲吉〈論梁書〉：「毒手尊拳交相於暮夜；金戈鐵馬，蹂踐於明時。」）

元嘉草草，封狼居胥，（《史記．霍去病傳》：「元狩四年春，上令大將君青，驃騎將軍去病，將各五萬騎，…約輕齎，絕大幕，涉獲章渠，以誅比車耆。……封狼居胥山。」《宋書．王玄謨傳》：「玄謨每陳北侵之策，上謂殷景仁曰：『聞玄謨陳說，……使人有封狼居胥意。』」）

贏得倉皇北顧（《宋書．索虜傳》：「（元嘉八年）上以滑臺」戰守。彌時，遂至陷沒，乃作詩曰：『逆虜亂疆場，邊將嬰寇仇。……惆悵懼遷逝，北顧涕交流。』）

四十三年，望中猶記，烽火揚州路。可堪回首，

佛狸祠下，一片神鴉社鼓。（《宋書．索虜傳》：「後魏太武帝小字佛狸。」）（陸游《入蜀記》：「瓜步山蜿蜒蟠伏，臨江起小峰，頗巉峻，絕頂有元魏（即後魏）太武廟。」）

憑誰問：廉頗老矣，尚能飯否。（《史記．廉頗藺相如傳》：「廉頗居梁，久之，魏不能信用。趙以數困於秦兵，趙王思復得廉頗，廉頗亦思復用於趙。趙王使使者視廉頗尚可用否，……趙使者既見廉頗。廉頗爲之一飯斗米，肉十斤，被甲上馬，以示尚可用。趙使還報王曰：『廉將軍雖老，尚善飯，然與臣坐頃之，三遺矢矣。』趙王以爲老，遂不召。」）

稼軒使用典故方式有：

**（一）借句：**

1.〈水調歌頭〉：「眾鳥欣有託，吾亦愛吾廬。」（陶淵明〈讀山海經〉）

2.〈新荷葉〉：「一觴一詠、亦足以暢敘幽情。」（王羲之〈蘭亭集

---

42 見馬群：〈永遇樂〉，見《唐宋詞新賞．辛棄疾》（臺北：地球出版社，1990 年元月出版），頁 278。

序〉)

3.〈賀新郎〉題停雲亭:「甚矣吾衰矣。」(〈論語〉)

4.〈一剪梅〉:「桃李不言,下自成蹊。」(《史記·李將軍列傳》)

5.〈哨遍〉:「富貴非吾願,皇皇乎欲何之。」(陶淵明〈歸去來辭〉)

## (二)化句

1.〈新荷葉〉:「無心出岫,白雲一片孤飛。」(陶淵明〈歸去來辭〉:「雲無心以出岫。」)

2.〈雨中花慢〉:「傾身一飽,淅米茅頭。」(陶淵明〈飲酒詩〉第十:「傾身營一飽」,《晉書·顧愷之傳》:玄曰:「茅頭淅米箭頭炊。」)

3.〈永遇樂〉:「催詩雨急,片雲斗暗。」(杜甫〈陪諸貴公子丈八溝攜妓納涼晚際遇雨詩〉:「片雲頭上黑,應是雨催詩。」)

4.〈玉樓春〉:「黃花不插滿頭歸,定倩白雲遮且住。」(杜牧〈九月齊山登高詩〉:「人世難逢開口笑,菊花須插滿頭歸。」)

5.〈沁園春〉:「吾非斯人誰與歸。」(范仲淹〈岳陽樓記〉:「微斯人吾誰與歸。」)

6.〈江神子〉和陳仁和韻:「卻笑將軍三羽箭,何日去,定天山?」(《新唐書·薛仁貴傳》:「軍中歌曰:『將軍三箭定天山,壯士長歌入漢關。』」)

稼軒使用典故極多,手法靈活,所以陳霆《渚山堂詞話》說稼軒用事:「不為事所使,稱是妙手。」43

陳亮〈賀新郎〉寄辛幼安和見懷韻,此詞有一一六個字,竟一口氣使用九個典故,經過陳亮巧妙的融化,並無生硬的感覺。〈賀新郎〉寄辛幼安和見懷韻:

老去憑誰說,看幾番,神奇臭腐。(《莊子》〈知北游〉:「臭腐化為神奇,神奇化為臭腐。」)

夏裘冬葛。(《淮南子》:「知冬日之葛,夏日之裘,無用於己,則萬物之變猶塵埃也。」)

父老長安今餘歲,後死無讎可雪。猶未燥,當時生髮。(《宋

---

43 陳霆:《渚山堂詞話》,見《詞話叢編》,冊一,頁363。

書・索魯傳》用宋文帝劉義隆事。）

**二十五絃多少恨。**（《史記・封禪》太帝使素女鼓五十絃事，又錢起〈歸雁詩〉：「二十五絃彈夜月，不勝清怨卻飛來。」）

**算世間，那有平分月。胡婦弄，漢宮瑟。**（用烏孫公主、王嬙和蕃事。）

**樹猶如此堪重別。**（《世說新語・言語》桓公北伐經金城，見前爲琅琊時種柳已十圍事）

**只使君，從來與我，話頭多合。**

**行矣置之無足問，誰換妍皮癡古。**（《晉書・慕容超載記》事）

**但莫使，伯牙弦絕。**（《呂氏春秋・孝行覽・本味》伯牙鼓琴事。）

**九轉丹砂牢拾取。**（《抱朴子・金丹》：「九轉之丹，服之三日得仙。」）**管精金，只是尋常鐵。龍共虎，應聲裂。**

從以上例子，及陳亮其他詞如〈念奴嬌〉等，因爲陳亮詞中含有政論，所以大量使用事典與文典，較少點化前人詩句。

劉過的〈沁園春〉張路分秋閱，連續下了七個典故，使整首詞氣勢磅礴，塑造一個儒將的形象來表達自己的愛國之情。

〈沁園春〉張路分秋閱：

**萬馬不嘶，一聲寒角，令行柳營。**（《漢書・張陳王周傳》寫西漢周亞夫治軍嚴明，曾營於柳營。）

**見秋原如掌，槍刀突出，星馳鐵騎，陣勢縱橫。**

**人在油幢，戎韜總制，羽扇從容裘帶輕。**（《晉書・羊祜傳》記羊祜出陣襄陽十年，常身不披甲，輕裘緩帶。有儒將之風。）

**君知否，是山西將種。**（《漢書・趙充國辛慶忌傳贊》：「秦漢以來，山東出相，山西出將。」）

**曾繫詩盟。**

**龍蛇紙上飛騰。**（李白〈草書歌〉：「時時只見龍蛇走。」）

**看落筆、四筵風雨驚。**（杜甫〈寄李十二白二十韻〉：「筆落驚風雨，詩成泣鬼神。」）

**便塵沙出塞，封侯萬里，印金如斗。**（《世說新語・尤悔》：「取金印如斗大，繫肘後。」）

未愜平生。拂拭腰間，吹毛劍在，不斬樓蘭心不平。(《漢書傳·介子傳》，用傳介子設計殺樓蘭典故)

歸來晚，聽隨軍鼓吹，已帶邊聲。

吳衡照《蓮子居詞話》云：「辛稼軒別開天地，橫絕古今，論、孟、詩小序、左氏春秋、南華、離騷、史、漢、世說、選學、李、杜詩，拉雜運用，彌見其筆力之峭。」陳亮、劉過的用典和辛稼軒相同，也是驅使經史子集，無一點斧鑿痕，陳亮用史、漢、世說的典故比劉過更多。

## 第四節　風格比較

辛派三家詞在風格上比較：

### 一、陳亮比辛棄疾、劉過詞氣勢磅礴樂觀

陳亮與辛棄疾、劉過都是政治同道，但是他們的詞同中有異，辛棄疾的詞雖慷慨激昂，但他只能在〈聲聲慢〉：「憑欄望：有東南佳氣，西北神州。」〈賀新郎〉說：「起望衣冠神州路，白日銷殘戰骨，嘆夷甫諸人清絕！」他有許多憤恨不平之詞，但他只能寄託兒女私情，如〈摸魚兒〉：「更能消幾番風雨」，或寄託登山臨水之詞，有時在詞中發牢騷，如〈醜奴兒〉：「近來愁似天來大，誰也相憐？誰也相憐？又把愁來做個天。都將今古無窮事，放在愁邊。放在愁邊，卻自移家向酒泉。」〈鷓鴣天〉：「欲上高樓去避愁，愁還隨上高樓。」

可能他是朝廷官吏，又是北人南歸，屢遭讒遭忌，縱使在閑居期間，也一直期望被起用，在這種情形下，他要收斂、要摧剛爲柔。

陳亮詞氣勢磅礴，陳亮是布衣，沒有政治顧忌，詞都是直言豪放，〈賀新郎〉云：「堯之都，舜之壤，禹之封：於中應有，一個半個恥臣戎。」縱使當陳亮與劉過處逆境時，心態也不同的。陳亮表現的是積極、慷慨激昂振奮人心。如陳亮的〈水調歌頭〉送章德茂大卿使虜：「萬里腥羶如許，千古英靈安在？磅礴幾時通！胡運何須問，赫日自

當中。」明明是悲嘆英魂人物安在？卻堅信敵必滅，國運昌隆。又如〈念奴嬌〉登多景樓：「正好長驅，不須反顧，尋取中流誓。小兒破賊，勢成寧問彊對。」（卷十七）對打敗北方強敵是樂觀、大有信心。

因為「陳亮的斬截痛快，橫放恣肆，語出肺腑，絕少矯飾，自成一家。」[44]而且「每一章就，輒自嘆曰：『平生經濟之懷，略已陳矣。』[45]陳振孫《直齋書錄解》云，陳亮的詞「自負以經濟之意具在。」[46]都有他的政治抱負。陳亮詞是一種創新也是突破。

毛晉以為陳亮詞不受人憐，是因為「不作妖語媚語」，[47]雖然妖語媚詞在陳亮的集中較少，但他的詞少被提起，是因有經濟之意，詞中論及政治的太多，連葉適都說：「同甫微言十不能解一二。」[48]陳振孫也說：「（陳亮詞）是尤不可曉也。」[49]何況其他以豪放為詞之別格者，更不能瞭解陳亮報國的心事。所以陳亮是寂寞的，這正是他「推倒一世之智勇，開拓萬古之心胸」（《陳亮集》卷二十一）的豪氣，也是劉過比不上他的地方。

劉過詞缺乏深沈的情感，因此「他的一些豪放詞儘管語出豪縱，有過稼軒，但往往徒具奇肆的形式而缺乏他那沈鬱的內涵」[50]如〈沁園春〉寄辛承旨：「斗酒彘肩」此詞想像大膽構思奇特，又學不少稼軒的表現手法，如散文手法，貫通上下片。但讀來「有趣味而無意味，更談不上有什麼令人感動的力量。」[51]

而且劉過在感懷身世、感嘆懷才不遇之詞較陳亮多，幾乎宣洩無遺。陳亮則較婉約含蓄，只藉詠物詞來表現。

---

44 見陶爾夫，劉敬圻：《南宋詞史》（哈爾濱：黑龍江人民出版社，1992 年 12 月第一次印刷月第 1 次印刷），頁 186。
45 同注二，〈書龍川詞後〉，頁 514。
46 見宋陳振孫撰：《直齋書錄解題》，見《景印文淵閣四庫全書》，冊六七四，頁 850。
47 同注五，〈毛晉龍川詞跋〉，頁 482。
48 同注二，〈龍川文集序〉，頁 238。
49 同注四六。
50 陳如江：《唐宋五十名家詞論》（上海：華東師範大學出版社，1992 年七月出版），頁 173。
51 同上注。

## 二、豪放詞外，辛棄疾詞婉雅，陳亮詞幽秀，劉過詞俊致綺麗

除了豪放外，辛棄疾詞如〈臨江仙〉「金谷無煙宮樹綠」，陳廷焯贊此詞云：「婉雅芊麗。稼軒亦能為此種筆路，真令人心折。」又如〈祝英臺近〉晚春「寶釵分，桃葉渡，」是一首傷春傷別的閨怨詞。沈謙《填詞雜說》：「稼軒詞以激揚奮厲為工，至「寶釵分，桃葉渡」一曲，昵狹溫柔，魂銷意盡，才人伎倆，真不可測。」

陳亮尚有幽秀綺麗的風格。如〈桂枝香〉觀木樨有感，寄呂郎中，以木樨抒感，藉物言志。指桂花是天國殊英，群花之相比，顯得凡俗。「怕群花、自嫌凡俗。向他秋晚，換回春意，幾曾幽獨。」桂花不選在春天開花，卻在肅秋吐芳，實在是想喚起已去的春意。一片高潔心志，「入時太淺、背時太遠，愛尋高躅」，以花自喻。

這首詞選用王安石〈金陵懷古〉的詞牌與詞韻，別具典雅幽秀，語意高遠，秀而有骨。另有〈一叢花〉：「風露浩然，山河影轉，今古照淒涼。」通過秋江月夜的美景，想到江山易主，帶有濃厚的興亡色彩，更表現作者對江鄉的熱愛。全詞幽秀中帶有悲涼。

劉過豪放的長調詞受稼軒影響，小令卻清新婉轉、深邃沈摯。如〈醉太平〉閨情：

> 情高意真，眉長鬢青。小樓明月調箏。寫春風數聲。　思君憶君，魂牽夢縈翠。綃香煖雲屏，更那堪酒醒。（卷十一）

詞的上片寫女子彈箏，下片寫思念之情，題目是閨情，確是以白描、口語的手法，卻歸於醇雅。又有〈江城子〉「海棠風韻玉梅春」很有晏殊圓潤的味道。又有〈糖多令〉「蘆葉滿汀洲」，在當時是「楚中歌者競唱之」，[52]並一直受後人稱讚，黃蓼園說：「沈際飛曰：「情暢語俊，韻協音調。」詞旨清越，亦見含蓄不盡之致。」[53]先著《詞

52 見徐釚編著，王百里校箋：《詞苑叢談校箋》（北京人民出版社，1998 年 2 月第 1 次印刷），卷三，頁 177。

53 黃蓼園：《蓼園詞評》，見《詞話叢編》，冊四，頁 3053。

潔》評為：「數百年來絕作。」[54]正如劉熙載《藝概》：「劉改之詞，狂逸之中自饒俊致。」[55]

## 三、同具狂放精神

王國維《人間詞話》：

蘇、辛，詞中之狂。[56]

王國維正確的指出辛棄疾愛國詞中的特色，是「狂」。如〈賀新郎〉：「不恨古人吾不見，恨古人不見吾狂耳。」《桯史》說稼軒常誦此句。為何他偏愛此句，原因是一腔熱血因北人而南來而不被信任，加上主戰思想是逆時代潮流，英雄無用武之地，還常遭莫須有罪名打壓，所併發出來的咆哮、怒吼。

從他的詞中可見其狂歌、狂態、狂放精神：

（一）〈沁園春〉：「我醉狂吟，君作新聲，以歌和之。」
（二）〈水調歌頭〉：「長恨復長恨，裁作短歌行。何人為我楚舞，聽我楚狂聲？」
（三）〈玉樓春〉：「狂歌擊碎村醪醆，欲舞還憐衫袖晚。」
（四）〈江神子〉：「酒兵昨夜壓愁城。太狂生。轉關情。寫盡胸中、磈磊未全平。」
（五）〈賀新郎〉：「夜半狂歌悲風起，聽錚錚，陣馬簷間鐵。」
（六）〈水調歌頭〉：「醉舞狂歌欲倒，老子頗堪哀。」

陳亮曾言：「有非常之人，然後可以見非常之功。」（〈上孝宗皇帝第一書〉）在這個非常的時代，確實是需要非常之人，然而「使悟今世上之儒士，自以為得正心誠意之學者，皆風痹不知痛癢之人也舉一世安於君父之仇而方低頭拱手以談性命，不知何者謂之性命乎。」（〈上孝宗皇帝第一書〉）這種犀利的言語，使得朝廷震動，並視之為「狂怪」。回鄉後又「落魄醉酒，與邑之狂士飲，醉中戲為大言，言涉犯上」，

54 先著：《詞潔》，見《詞話叢編》，冊二，頁1349。
55 劉熙載：《藝概》，見《詞話叢編》，冊四，頁3695。
56 王國維：《人間詞話》，見《詞話叢編》，冊五，頁4259。

(《宋史・陳亮傳》)他自稱：「亮少以狂豪馳騻諸公間，旋又修飾語言，誑人以求知。」他這種狂態，主要是多年科舉不第，上書不被重視，眼見國家分裂，主和派苟且，所激發出的狂態。他的詞中多有狂語，如：

（一）〈念奴嬌〉：「何處尋取狂徒？可能著意，更問渠濃骨。」

（二）〈水調歌頭〉：「太平胸次，笑他磊磈欲成狂。」

（三）〈點絳唇〉：「酒聖詩狂，只遣愁無計。」

陳亮最欣賞李白，有〈謫仙歌〉並序，他的狂態即是如杜甫稱李白：「佯狂真可哀。」

劉過稱自己的個性，如「峰稜四面起，節操一生堅，……從教方有礙，終不效規圓。」(〈方竹杖〉卷七)「鼓行之老氣不衰，嫉惡之剛腸猶在。」(〈建康獄中上吳居父〉卷十二)不僅嫉惡如仇，並「自放於禮法之外」，(〈答曹元章並序〉卷三)連狂放的陸游，在紹熙四年（1193），遇到他時，也說他：「胸中九淵蛟龍盤，筆底六月冰雹寒。放翁七十病欲死，相逢尚能刮眼看。」[57]

他狂放的個性，可由〈題東林寺〉窺知：「老夫爲不愛官職，買得狂名滿世間。」(卷八)狂正是他個性的寫照。他曾說：

> 某本非放縱曠達之士，垂老而無所成立，故一切取窮達貴賤死生之變，寄之杯酒，浩歌痛飲，旁視無人，意將有所逃者。於是禮法之徒始以狂名歸之，某亦受而不辭。(〈與許從道書〉卷十二)

他本不是狂放之徒，狂是別人給的封號，在人才不被重視的時代，他不諱言自己狂，並以狂行事，並相信後世有好其狂者。他說：

> 吾觀天下齷齪之士滔滔皆是，後世必有好予之狂者。(〈答曹元章〉卷三)

劉過也曾因一時疏狂而觸怒了某官僚，而下到建康監獄。幾乎送了生命，[58]他有〈建康獄中上吳居父時魏杭廣夫爲秋官〉詩（卷十二），真是何等狂豪。也因爲如此，他的〈獨醒賦〉有最好的寫照：「半生

---

57 宋・陸游：《劍南詩稿》，見《景印文淵閣四庫全書》，冊一一六二，頁 443。
58 宋・周密：《浩然齋雅談》，見《景印文淵閣四庫全書》，冊一四八一，頁 844。

江湖，流落齟齬。」（卷十二）

劉過表現自己的狂放，最有名的是他的〈沁園春〉寄辛承旨，時承旨招，不赴詞。

# 第八章　結　論

辛棄疾（1140-1207）、陳亮（1143-1194）、劉過（1154-1205），處於宋高宗、孝宗、光宗、寧宗時代的人，他們從事詩文歌詞活動的年代，在一一六一到一二〇七年左右。

這時期的政治背景是隆興和議（1164）後，朝廷主和派佔上風，士大夫皆厭厭無氣。在社會背景方面，朝廷上下奢華成風，「尤甚於東都」。歌妓文化盛行，狎妓風氣盛，而且達官貴族家中多蓄妓，這些家妓能歌善舞，有時主人把他們些當貨品贈人，有的成爲家主同舟共濟的紅粉知已，歌妓唱士大夫或家主所寫的詞，詞人因歌妓，填詞更具靈感，所以他們彼此的關係密切。

在文學風氣中，一、當時人充滿矛盾的詞學觀念、他們以爲詞是用來歌唱，是娛樂用，所以只有政事之餘才來塡詞，甚至有文人認爲塡詞是罪過，日後感覺到後悔，而且宋代官方書目不著錄詞集，文集與詞集是不收集在一起，詞篇常散佚。二、文人喜愛用詞酬贈，不管是祝壽、送別、酬唱都用詞來表達。詞在南宋豪放詞派詞人手中，已經擺脫花間席上，由女聲演唱的和樂傳統，成爲士大夫之間相交往唱和的言志工具。

本節爰就前七章研究三人交游情形、詞作內容、詞韻、風格、技巧，詞學地位、對後世的影響，加以歸納：

## 一、就三人交游言

辛棄疾與陳亮在那年定交，兩人詩文集中都無明確記載。劉過一生布衣，宋史無傳，在辛棄疾的詩、詞、文，無一字提及劉過，因此交往情形，也是眾說紛紜。

前人有三種說法，認爲辛棄疾、陳亮定交臨安，然而時間說法不一。本文考定辛棄疾、陳亮是在乾道六年定交臨安。辛、陳以後互有書往來，淳熙十五年有鵝湖之會，並辛、陳唱和的三首〈賀新郎〉，既是同一詞調、同一韻腳、同樣豪情壯志、思想內容。雖然鵝湖之會沒有達成預期的效果，但在詞史確是壯舉，兩人的友情感人，而且日益增加。

辛棄疾與劉過兩人結交，應早於寧宗紹熙四年（1193）前。他們交往以後，稼軒喜愛劉過的「盤空硬語」，劉過又蓄意學辛棄疾詞，嘉泰三年(1203)，辛棄疾招劉過至幕府，開禧元年劉過又曾入京口訪晤，稼軒甚至常以金錢接濟劉過，所以兩人情誼甚深。

## 二、就生平言

### （一）遭遇相似

辛棄疾北人南來，不被見容，遭七次彈劾，罪名不外是「姦貪兇暴」「用錢如泥沙，殺人如草芥」、「殘酷貪饕，姦贓狼藉」、「敢爲貪酷，雖以黜責，未快公論」、「酷虐裒斂」、「坐謬舉」、「好色貪財，淫行聚斂」。二十年的閑居江西，英雄空老，有志難伸。

陳亮家貧、多年科舉不第，又兩次入獄，下獄原因是「第以當路之見憎，況復旁觀之共謗。」跟政治有關。他曾說：「亮之生於斯世也，如木出於嵌岩嶔崎之間，奇蹇艱澀，蓋未以常理論。而人力又從而掩蓋磨滅之。」因爲他的主張恢復抗金，政治界的人討厭他；因他反理學，學界的人也厭惡他。葉適所言：「竟用空言羅織其罪。」

劉過多年是科舉不第，漂泊天涯。他的「詩雄賦老不入世俗眼」，他在〈與許從道書〉說：「倒指記之，自戊申(1188)及今己未(1199)，日月逾邁，動經一紀。君猶書生，我爲布衣。……某亦自借湖南之次，寂寞無聞。」(卷十二)長達十二年，幾番應試皆被黜，多年奔跑不得一官，是何等難堪，因此一生「厄於韋布，放浪荆楚，客食諸侯間。」因爲他一生布衣，以致連愛國思想都被誤解沽名釣譽。

（二）個性相似

辛棄疾勇猛果敢，如勇擒義端、怒斬張安國、平劇盜賴文政、創飛虎營隆興賑災，下令「閉糶者配，搶糴者斬」等等。

陳亮爲人才氣豪邁，喜談兵，議論風生。淳熙五年，上皇帝第一書，書奏，孝宗赫然震動，欲榜朝堂，以勵群臣。曾覿知之。將見亮；亮不攀權貴，竟踰垣而逃。再詣闕上第三書，帝想給他官做，陳亮說：「吾欲爲社稷開數百年之基，寧用以博一官乎？」亟渡江而歸。

劉過狂放的個性，可由〈題東林寺〉窺知：「老夫爲不愛官職，買得狂名滿世間。」（卷八）「峰稜四面起，節操一生堅，……從教方有礙，終不效規圓。」（〈方竹杖〉卷七）「鼓行之老氣不衰，嫉惡之剛腸猶在。」（〈建康獄中上吳居父〉卷十二）不僅嫉惡如仇，並「自放於禮法之外」，（〈答曹元章並序〉卷三）狂正是他個性的寫照。

（三）政治觀念相同

三人都是主戰派，強烈主張收復失土，都曾上書，辛棄疾曾上〈美芹十論〉、〈九議〉，陳亮「六達帝廷，上恢復中原之策；兩譏宰相，無輔佐上聖之能。」劉過曾伏闕上書，並奔走於達官之間。三人觀察地形，都以襄陽爲軍事重鎮，並把抗金統一期望寄託在朝臣上，贈詞、寫信，期勉抗金恢復中原。

## 三、就詞的內容而言

（一）相同之處

1．都以抗金爲主。

2．詠物、登臨、祝壽詞都有政治思想。

3．同爲抒寫英雄失路的悲憤。

（二）相異之處：

1．辛棄疾的愛國詞表現壯志難酬、陳亮如政論、劉過對時局不滿。

2．劉過對民族英雄的謳歌，是辛棄疾、陳亮所無。

3．劉過詞中有豔體。辛棄疾、劉過有贈妓詞，劉過甚至有兩首豔體詞。這是陳亮所無的。

4．劉過詞有關心民間疾苦，雖然數量少，如〈清平樂〉詞。辛棄疾也是關心農民的，他在北方是率領農民軍，然而在〈滿江紅〉賀王帥宣平湖南寇，他歌頌王佐鎮壓陳峒領導的農民軍，把王佐比作「諸葛亮」，把起義人民當作「鼪鼯」，祝賀王佐「捷書急」，甚至立碑記功。他也在江西提刑時鎮壓茶商賴文正領導的茶商，辛棄疾似乎不去探討這些人爲何成盜原因，只是去討平他們。

稼軒在農村詞中，也只是輕描淡寫「父老爭言雨水勻，眉頭不似去年顰」，並沒有深入反映民生疾苦。有人以爲他「家境富裕，妨礙他深入瞭解下情」，其實他遷居瓢泉，經濟情形已經不佳，並遣散歌妓。他逝世後，《乾隆鉛山縣志》說他：「家無餘財，僅遺詩詞、奏議、雜物書集。」主要原因是他閑居江西瓢泉時，深受陶淵明、白樂天、邵堯夫的影想，思想趨向淡薄，並以閒適的眼光看自然。

稼軒尙有俳諧詞等，嬉笑怒罵間，寄託許多身世、家國之感。就詞作內容題材的豐富性、多樣性而言，　陳亮劉過詞的內容不如辛豐富，作品總體成就也較辛稍遜色，他們確是南宋辛派詞人中，不可忽視的愛國詞人。

## 四、就詞調而言

辛棄疾所使用的詞調高達九十二調，他特別偏愛的詞調爲是〈鷓鴣天〉（六十三首）、〈水調歌頭〉（三十七首）。陳亮七十四首詞中，一共用四十八個調。劉過八十七首詞，用過三十二詞調，陳亮所選的詞調較劉過豐富。陳亮最愛〈賀新郎〉詞牌五首，〈水調歌頭〉四首。劉過最愛〈沁園春〉十七首，〈浣溪沙〉九首。

## 五、就詞韻言

### （一）越出韻部情形

三人詞用韻與戈載《詞林正韻》相比較，都有越出韻部的情形，因爲辛棄疾的詞最多，其越出《詞林正韻》有二十三類，一百四十四首，約佔全詞百份之二十二。陳亮有五類十首，約佔全詞的百分十四，劉過有六類十四首，約佔全詞的百分十六。

在入聲的使用上辛棄疾最寬泛，陳亮也比劉過寬泛，兩人常有詞韻「p、t、k」通協。或是三部、五部通協（韻尾皆爲i），或是詞韻第六部（韻尾是n），第十一部（韻尾ng），第十三部（韻尾m）通協等等。

這種入聲收音「p、t、k」混押情形，不是單一現象、或個人行爲，也不是豪放派詞人不守律，而是當時語言的演變，t-k-p的界線泯滅，早在（n-ng-m）以前，而且有些鄉音已分不清n-ng-m系統，加上詞爲歌唱的關係可隨聲融轉，在字韻的安排上比詩有更大的靈活性。只要韻（韻尾）相近，即可以按拍倚聲。

**（二）稼軒押韻特有情形**

稼軒的詞多，他的押韻也複雜變化多端：

**1. 使用古韻**

稼軒詞除了取用鄉音，還用古韻押韻。他有三首詞，第一、二部通協者，古韻中「東、江」同屬一部。根據《詞譜》，東冬江三韻同用，是按古調押韻。

**2. 陰入通押的現象**

稼軒押韻陰入通押的現象，甲、入聲與魚模韻通協，乙、入聲與陰聲麻邪部通協。

**3. 使用長尾韻**

稼軒〈水龍吟〉每句韻腳下用「些」字，辛棄疾以前未嘗有人如此塡詞。

**4. 全篇同押一字**

如〈柳稍青〉全篇押同一「難」字，

**5. 好險韻**

稼軒〈賀新郎〉以「勺、鶚、攫、腳、鶴、壑」相押，真是硬語盤空。

## 六、就技巧而言

（一）辛棄疾、陳亮、劉過詞共同特色，是擅長 1、散文入詞；2、多採口語方言；3、三人都喜愛用典故。

（二）稼軒寫農村詞，喜用純爲白描手法。

（三）三人在詠物詞中都寄託國家興亡，批評小人、感嘆身世、或是詠物以明志。

（四）稼軒閑退長達二十年，縱情山水。特別這期間，他詞的現實性、積極性極強，同時詞的浪漫性與想像力更豐富。詞中常借用神話傳說，浪漫性、想像力，再加工的方法，表達報國無門，現實與理想的矛盾。劉過在浪漫性與想像力，也承襲稼軒作風。陳亮詞的現實性較強，想像力比劉過稍弱。

## 七、就風格而言

（一）陳亮比辛棄疾、劉過詞氣勢磅礴，及對時局樂觀

（二）三家詞爲豪放詞風，但也有婉約之詞，如辛棄疾詞清而麗，婉而嫵媚。陳亮詞幽秀清麗的，劉過的小令俊致綺麗，含蓄不盡。

（三）三人愛國詞中都具有狂語、狂歌、狂態、狂放精神。

## 八、詞壇影響而言

### （一）三家詞相互影響

劉熙載《藝概》曾說：「陳同甫與稼軒爲友，其人才相若，詞亦相似。」他們之間以〈賀新郎〉三詞同調、同韻唱和的詞，詞風彼此影響。劉過詞明顯受辛棄疾影響。

### （二）對當代詞壇影響

戴復古在〈望江南〉詞中稱宋自遜：「歌詞漸有稼軒風」。蔣捷的

〈水龍吟〉，寫法完全仿辛棄疾〈水龍吟〉《楚辭》招魂體。其他學辛詞者，如程珌是稼軒的老友，〈六州歌頭〉送辛稼軒，就組合稼軒詞中的某些佳句，〈沁園春〉讀史記有感，即效稼軒《天問體》的〈木蘭花慢〉。又有劉學箕、劉克莊、劉辰翁等都明顯學辛詞，並步稼軒詞原作。陳洵《海綃說詞》:「南宋諸家，鮮不爲稼軒牢籠者。」這話是正確的。

劉過的〈唐多令〉的詞調原爲僻調。自從劉過塡此詞後，和者如林，劉辰翁追和七闋。周密因劉過詞有「二十年重過南樓」，更名曰〈南樓令〉，可見影響之大。

**（三）對後代詞壇的影響**

金元好問、元代如薩都拉、張翥、王澩、邵亨貞、張元翰、張埜等人，另有明朝王夫之、楊慎等詞人，寫作方式、風格，都受稼軒影響，清朝受辛詞影響最大，爲陽羨派陳維崧等人。

劉過兩首纖麗淫靡的〈沁園春〉詠美人足、美人指甲，元沈景高便有和作，邵亨貞有詠美人目，美人眉。明、清之際，徐石麒寫二十八首美人詞，曹溶有〈惜紅衣〉美人鼻、俞汝言有〈沁園春〉美人耳、沈皞有〈沁園春〉美人眉、董以寧〈沁園春〉美人肩、彭孫遹〈鷓鴣天〉美人指甲、朱彝尊也以〈沁園春〉詞牌寫十二首美人額、齒、鼻、肩等詞，皆因劉過的影響。

從辛棄疾、陳亮、劉過三人詞風看，三人會成爲好友，因爲他們的個性，遭遇、政治觀念相同，同質性很高。他們均在豪邁詞風上，展現他們的成就與特色，尤其稼軒的詞莊諧婉約，無所不能，拓展了詞的領域，而陳亮、劉過雖不及稼軒詞，也有尺短寸長的優點。他們使詞柔媚婉約的豔風，拓展成以詞論政，抒發愛國思想，寄託身世之感，開創豪邁雄渾的天地，是另闢蹊徑，他們的精神是可佩的，對詞壇的影響是巨大的，在文學史必能建立了不朽的地位。

# 重要參考書目

## 一、辛棄疾、陳亮、劉過著作與相關書籍

《稼軒長短句》，宋．辛棄疾撰，上海人民出版社，1975 年 1 月，第一版。
《稼軒詞疏證》，梁啓勳撰，廣文書局，1977 年 1 月，初版。
《稼軒詞編年箋注》(附《辛稼軒年譜》)，鄧廣銘撰，華正書局，2003 年 9 月，二版。
《辛稼軒先生年譜》，梁啓超撰，臺灣中華書局，1960 年 1 月出版。
《辛稼軒先生年譜》，鄭騫撰，華世出版社，1977 年一月，補訂一版。
《辛棄疾論叢》，劉乃昌撰，齊魯書社，1979 年，第一版。
《稼軒詞研究》，陳滿銘撰，文津出版社，1980 年 9 月，
《辛棄疾傳》，姜林洙撰，中國學術著作委員會，1964 年 2 月，初版。
《辛棄疾評傳》，王延梯撰，國際文化事業公司，1985 年，第一版。
《辛棄疾詞傳》，鍾銘鈞撰，中洲古籍出版社，1985 年 2 月，第一版。
《稼軒詞百首譯析》，劉揚忠撰，花山文藝書版社，1983 年 11 月，第一版。
《辛棄疾詞鑑賞》，齊魯出版社編輯出版，1986 年 12 月，第一版。
《辛棄疾詞選》，朱德才選注，人民出版社，1988 年 7 月，第一版。
《稼軒詞縱橫談》，鄭臨川撰，巴蜀出版社，1987 年 6 月，第一版。
《稼軒長短句編年》，蔡義江、蔡國黃撰，濟南．齊魯書社，1987 年 8 月初版。
《稼軒詞集導讀》，常國武撰，巴蜀出版社，1988 年 9 月，第一版。
《稼軒詞及其作品》，喻朝剛撰，時代文藝出版社 1989 年 3 月第一版。

《蘇辛詞比較研究》，陳滿銘撰，文津出版社，1989 年 1 月，再版。
《稼軒詞心探微》，劉揚忠撰，齊魯書社，1990 年 2 月，第 1 版。
《辛棄疾研究論文集》，孫崇恩、劉德仕、李福仁主編，中國文聯出版公司，1993 年 2 月，第一版第一次印刷。
《辛棄疾全集》，徐漢明編校勘，四川文藝出版社，1994 年 8 月，第一版。
《辛稼軒詩文箋注》，鄧廣銘輯校審訂、辛更儒箋注，上海古籍出版社，1995 年 12 月，第一次印刷
《陳亮集》，陳亮撰，漢京文化事業公司，1983 年 2 月初版。
《陳亮龍川詞箋注》，姜書閣注，北京人民出版社，1980 年 9 月出版。
《龍川詞校箋》，夏承燾校箋、牟家寬注，上海古籍出版社，1982 年 4 月，第一次印刷。
《陳亮政論詞選注》，王叔珩注，山東教育出版社，1995 年出版。
《陳亮評傳》，董平、劉宏章著，南京大學出版社，1996 年 3 月第 1 次印刷。
《陳亮與南宋浙東學派》，方如金等著，人民出版社，1996 年 9 月第 1 次印刷。
《宋陳龍川先生亮年譜》，顏虛心撰，臺灣商務印書館，1980 年 6 月初版。
《陳亮年譜》，童振福撰，臺灣商務印書館，1982 年 10 月，初版。
《龍洲集》，楊明校編，上海古籍出版社，1978 年 9 月，第一次印刷。
《龍洲集》，劉過撰，《景印文淵閣四庫全書》，冊一一七二，臺灣商務印書館，1983 年，初版。
《龍洲道人詩集》，劉過，舊抄本。

## 二、史傳紀事

《史記會注考證》，漢・司馬遷撰，日・瀧川龜太郎考證，文史哲出版社，1997 年，再版。
《漢書》，漢・班固撰，唐・顏師古注，鼎文書局，1981 年 2 月，4

版。
《後漢書》，南朝．范曄撰，鼎文書局，1991 年 2 月，6 版。
《晉書》，唐．房玄齡撰，鼎文書局，1976 年 10 月，初版。
《宋書》，南朝梁．房沈約撰，鼎文書局，1975 年 6 月，初版。
《舊唐書》，後晉．劉昫等撰，鼎文書局，1976 年 10 月，初版。
《新唐書》，宋歐陽修、宋祁撰，鼎文書局，1978 年。
《宋史》，元．脫脫撰，北京中華書局，1990 年 12 月，第 2 次印刷。
《續資治通鑑》，清．畢沅編著，北京中華書局，1979 年 6 月，第 4 次印刷。
《兩朝綱目備要》，不著撰人，《景印文淵閣四庫全書》，冊三二九，臺灣商務印書館，1985 年，初版。
《三朝北盟會編》，宋．徐夢莘撰，《景印文淵閣四庫全書》，冊三五〇—三五二，臺灣商務印書館，1985 年，初版。
《宋史紀事本末》，明陳邦瞻撰，上海古籍出版社，1994 年 7 月第 1 次印刷
《宋史新編》，元．柯維麒撰，文海出版社，1974 年，初版。
《錢塘遺事》，元．劉一清，《景印文淵閣四庫全書》，冊四〇八，臺灣商務印書館，1985 年 2 月，初版。
《慶元黨禁》，宋．滄洲樵叟，《景印文淵閣四庫全書》，冊四五一，臺灣商務印書館，1985 年 2 月，初版。
《會稽續志》，宋．張淏，《景印文淵閣四庫全書》，冊四六八，臺灣商務印書館，1985 年 2 月，初版。
《江西通志》，清．謝旻監修，陶成編纂，《景印文淵閣四庫全書》冊五一五，臺灣商務印書館，1985 年 2 月，初版。
《鉛山縣志》，清連柱等纂修，成文出版社，1989 年三月初版，據清乾隆四十九年刊本。
《夢粱錄》，宋．吳自牧撰，《景印文淵閣四庫全書》，冊五九〇，臺灣商務印書館，1985 年 2 月，初版。
《建炎以來朝野雜記》，宋．李心傳撰，《景印文淵閣四庫全書》，冊六

〇八，臺灣商務印書館，1985 年 2 月，初版。
《宋會要輯稿》，清・徐松纂輯，新文豐出版社，1976 年出版。
《文獻通考》，元馬端臨撰，《景印文淵閣四庫全書》，冊六一〇-六一六，臺灣商務印書館，1985 年 2 月，初版。
《直齋書錄解題》，宋陳振孫撰，《景印文淵閣四庫全書》，冊六七四，臺灣商務印書館，1985 年 2 月，初版。
《四庫全書總目提要》，清・永瑢、紀昀，《景印文淵閣四庫全書》，冊四，臺灣商務印書館，1983 年 10 月，初版。
《二十二史劄記》，清・趙翼撰，世界出版社，1971 年四月，七版。

## 三、子部叢書

### （一）諸子譜錄

《莊子集釋》，清・郭慶藩輯，世界書局，1962 年出版。
《朱子大全》，朱熹撰，臺灣中華書局，1965 年出版。
《朱子語類》，朱熹撰，《景印文淵閣四庫全書》，冊七〇〇一七〇二，臺灣商務印書館，1985 年，初版。
《朱文公文集續集》，朱熹撰撰，《四庫全書縮印本初編》，冊十，1975 年，初版。
《朱子年譜》，田懋竑撰，見《叢書集成新編》，冊八七，新文豐出版公司，1985 年出版。
《宋元學案》，黃宗羲撰，陳叔諒，李心莊重編，正中書局，1987 年 5 月臺第六次印行

### （二）筆記雜著

《書史會要》，陶宗儀撰，《景印文淵閣四庫全書》，冊八一四，臺灣商務印書館，1985 年，初版。
《能改齋漫錄》，宋・吳曾撰，《景印文淵閣四庫全書》，冊八五〇，臺灣商務印書館，1985 年，初版。
《師友談紀》，宋・李廌，《景印文淵閣四庫全書》，冊八六三。臺灣商務印書館，1985 年，初版。

《石林燕語》，宋·葉夢得撰，《景印文淵閣四庫全書》，冊八六三，臺灣商務印書館，1985 年，初版。

《冷齋夜話》，宋·惠洪撰，《景印文淵閣四庫全書》，冊八六三，臺灣商務印書館，1985 年，初版。

《避暑錄話》，宋·葉夢得撰，《景印文淵閣四庫全書》，冊八六三，臺灣商務印書館，1985 年，初版。

《游宦紀聞》，宋·張世南撰，《景印文淵閣四庫全書》，冊八六四，臺灣商務印書館，1985 年，初版。

《鶴林玉露》，宋·羅大經撰，《景印文淵閣四庫全書》，冊八六五，臺灣商務印書館，1985 年，初版。

《貴耳集》，宋·張端義撰，《見景印文淵閣四庫全書》，冊八六五，臺灣商務印書館，1985 年，初版。

《庶齋老學叢談》，元·盛如梓撰，《景印文淵閣四庫全書》冊八六六，台灣商務印書館，1985 年，初版。

《研北雜志》，元·陸友撰，《景印文淵閣四庫全書》，冊八六六，臺灣商務印書館，1985 年，初版。

《類說》，宋·曾慥，《景印文淵閣四庫全書》，冊八七三，臺灣商務印書館，1985 年，初版。

《歸田錄》，宋·歐陽修撰，《景印文淵閣四庫全書》，冊一〇三六，臺灣商務印書館，1985 年 2 月初版

《青箱雜記》，宋·吳處厚撰，《景印文淵閣四庫全書》，冊一〇三六，臺灣商務印書館，1985 年 2 月初版

《錢氏私志》，宋·錢世昭撰，《景印文淵閣四庫全書》，冊一〇三七，臺灣商務印書館，1985 年 2 月，初版。

《東軒筆錄》，宋·魏泰撰，《景印文淵閣四庫全書》，冊一〇三七，臺灣商務印書館，1985 年 2 月，初版。

《墨客揮犀》，宋·彭乘撰，《景印文淵閣四庫全書》，冊一〇三七，臺灣商務印書館，1985 年 2 月，初版。

《高齋漫錄》，宋·曾慥，見《景印文淵閣四庫全書》，冊一〇三八，臺灣商務物印書館，1985 年 2 月，初版。

《揮麈錄》前錄、後錄、三錄、餘話，宋．王明清撰，《景印文淵閣四庫全書》，冊一〇三八，臺灣商務印書館，1985 年 2 月，初版。
《玉照新志》，宋．王明清撰，《景印文淵閣四庫全書》，冊一〇三八，臺灣商務印書館，1985 年 2 月，初版。
《清波雜志》別志，宋．周煇撰，《景印文淵閣四庫全書》，冊一〇三九，臺灣商務印書館，1985 年 2 月，初版。
《邵氏聞見後錄》，宋．邵博，《景印文淵閣四庫全書》，冊一〇三九，臺灣商務印書館，1985 年，初版。
《桯史》，宋．岳珂，《景印文淵閣四庫全書》，冊一〇三九，臺灣商務印書館，1985 年，初版。
《耆舊續聞》，宋．陳鵠，《景印文淵閣四庫全書》，冊一〇三九，臺灣商務印書館，1985 年，初版。
《四朝聞見錄》宋．葉紹翁撰，《景印文淵閣四庫全書》，冊一〇三九，臺灣商務印書館，1985 年，初版。
《隨隱漫錄》，宋．陳世崇撰，《景印文淵閣四庫全書》，冊一〇四〇，臺灣商務印書館，1985 年，初版。
《山房隨筆》，元．蔣正子撰，《景印文淵閣四庫全書》，冊一〇四〇，臺灣商務印書館，1985 年，初版。
《輟耕錄》，陶宗儀撰，《景印文淵閣四庫全書》，冊一〇四〇，臺灣商務印書館，1985 年，初版。
《夷堅支志》，宋．洪邁撰，《景印文淵閣四庫全書》，冊一〇四七，臺灣商務印書館，1985 年，初版。
《養痾漫筆》，宋．趙溍撰，《叢書集成新編》，冊八七，新文豐出版公司，1985 年出版。
《啽囈集》，元．宋　撰，明嘉靖五年趙章刊本。
《林下偶談》，宋．吳氏撰，《叢書集成新編》，冊十二，新文豐出版公司，1985 年初版。
《中吳紀聞》，龔明之撰，《叢書集成簡篇》，冊七八七，新文豐出版公司，1965 年初版。
《世說新語箋疏》，劉義慶著，劉孝標注，余嘉錫箋疏，上海古籍出版社，1995 年 5 月第 2 次印刷。

## 四、詩文詞集

### （一）詞籍

《彊村叢書》，朱祖謀校輯，廣文書局，1970 年 3 月出版。
《校輯宋金元詞》，趙萬里編，臺聯國風出版社，1972 年出版。
《宋六十名家詞》，毛晉編，復華書局，1973 年 6 月 10 日，初版。
《花間集》，李冰若箋注，人民文學出版社，1993 年 6 月，第 1 次印刷。
《全宋詞》，唐圭璋編，世界書局，1984 年三月，再版。
《全宋詞補輯》，孔凡禮輯，源流出版社，1982 年 12 月，初版。
《樂府雅詞》，曾慥編，《四部叢刊初編縮本》，臺灣商務印書館，1975 年，初版。
《唐宋諸賢絕妙好詞》，黃昇編，文馨出版社，1975 年 1 月，初版。
《花菴詞選》，黃昇編，文馨出版社，1975 年 1 月，初版。
《草堂詩餘》，宋・不著撰人，《景印文淵閣四庫全書》本，臺灣商務印書館，1986 年 3 月，初版
《草堂詩餘》，沈際飛評選，明崇禎間刊本。
《絕妙好詞》，周密編，查為仁、厲鶚注，《四部備要》本，臺灣中華書局，1967 年 6 月初版。
《花草粹編》，明・陳耀文編，《景印文淵閣四庫全書》，臺灣商務印書館，1983 年，初版。
《明詞彙刊》，趙尊嶽輯，上海古籍出版社，1992 年 7 月。
《歷代詩餘》，清・沈辰垣、王奕清編《景印文淵閣四庫全書》本，臺灣商務印書館，1986 年三月，初版。
《詞綜》，清・朱彝尊編、王昶續補，世界書局，1980 年 5 月出版。
《藝蘅館詞選》，梁令嫻選，臺灣中華書局，1970 年 10 月出版。

### （二）詩文集

《陶淵明集校箋》，晉・陶潛撰，楊勇校箋，正文出版社，1987 年，

未著版次。
《東觀集》，魏野撰，見《景印文淵閣四庫全書》，冊一〇八七，臺灣商務印書館，1985 年，初版。
《蘇軾文集》，孔凡禮點校，北京：中華書局，1987 年 10 月，第一版第 2 次印刷。《東萊呂太史集》，《叢書集成續編》，冊一二八，新文豐出版公司，1989 年七月出版。
《梁谿集》，宋・李綱撰，《景印文淵閣四庫全書》，冊一一二六，臺灣商務印書館，1985 年，初版。
《文忠集》，宋・周必大撰，《景印文淵閣四庫全書》，冊一一四七，臺灣商務印書館，1985 年，初版。
《鉛刀集》，宋・周信道撰，《景印文淵閣四庫全書》，冊一一五四，臺灣商務印書館，1985 年，初版。
《誠齋集》，宋・楊萬里撰，《景印文淵閣四庫全書》，冊一一六一，臺灣商務印書館，1985 年，初版。
《劍南詩稿》，陸游撰，《景印文淵閣四庫全書》，冊一一六二，臺灣商務印書館，1985 年，初版。
《東萊呂太史集》，呂祖謙撰，《叢書集成續編》，冊一二八，新文豐出版公司，1189 年七月出版。
《水心集》，宋・葉適撰，《景印文淵閣四庫全書》，冊一一六四，臺灣商務印書館，1985 年，初版
《勉齋集》，宋・黃榦撰，《景印文淵閣四庫全書》，冊一一六八，臺灣商務印書館，1985 年，初版。
《後樂集》，衛涇撰，《景印文淵閣四庫全書》，冊一一六九，臺灣商務印書館，1985 年，初版。
《漫塘集》，宋・劉宰撰，《景印文淵閣四庫全書》，冊一一七〇，臺灣商務印書館，1985 年，，初版
《洺水集》，宋・程珌撰，《景印文淵閣四庫全書》，冊一一七一，1985 年 2 月，初版。
《澗泉集》，宋・韓淲撰，《景印文淵閣四庫全書》，冊一一八〇，臺灣商務印書館，1985 年，初版。

《後村先生大全集》，宋．劉克莊撰，《四部叢刊初編縮》，冊二七三，臺灣商務印書館，1967 年出版。

《須溪集》，宋．劉辰翁撰，《景印文淵閣四庫全書》，冊一一八六，臺灣商務印書館，1985 年，初版。

《疊山文集》，宋．謝枋得撰，《四部叢刊續編》，冊一三一，臺灣商務印書館，1966 年出版。

《兩宋名賢小集》，宋．陳思，《景印文淵閣四庫全書》冊一三六四，臺灣商務印書館，1985 年，初版。

《瀛奎律隨》，元．方回撰，《景印文淵閣四庫全書》，冊一三六六，臺灣商務印書館，1985 年，初版。

《石屏集》，戴復古撰，《叢書集成續編》，冊一六六，新文豐出版公司，1989 年出版。

## 五、詩文評類

### (一) 詞　話

《詞話叢編》，唐圭璋編，臺北：新文豐出版公司，1988 年二月臺一版。

《古今詞話》，宋．楊湜撰，《詞話叢編》冊一，新文豐出版公司，1988 年 2 月，臺一版。

《碧雞漫志》，宋．王灼撰，《詞話叢編》冊一，新文豐出版公司，1988 年 2 月，臺一版。

《能改齋詞話》，宋．吳曾撰，《詞話叢編》冊一，新文豐出版公司，1988 年二月，臺版。

《苕溪漁隱詞話》，宋．胡仔撰，《詞話叢編》冊一，新文豐出版公司，1988 年二月，臺一版。

《浩然齋詞話》，宋．周密撰，《詞話叢編》冊一，新文豐出版公司，1988 年 2 月，臺一版。

《詞源》，宋．張炎，《詞話叢編》冊一，新文豐出版公司，1988 年 2 月，臺一版。

《渚山堂詞話》，明．陳霆撰，《詞話叢編》冊一，新文豐出版公司，1988年2月，臺一版。

《藝苑卮言》，明．王世貞撰，《詞話叢編》冊一，新文豐出版公司，1988年2月，臺一版。

《詞品》，明．楊慎撰，《詞話叢編》冊一，新文豐出版公司，1988年2月，臺一版。

《古今詞論》，清．王又華撰，《詞話叢編》冊一，新文豐出版公司，1988年2月，臺一版。

《七頌堂詞繹》清．劉體仁，《詞話叢編》冊一，新文豐出版公司，1988年2月，臺一版。

《遠志齋詞衷》，清．鄒祇謨，《詞話叢編》冊一，新文豐出版公司，1988年2月，臺一版

《花草拾蒙》，清．王士禎，《詞話叢編》冊一，新文豐出版公司，1988年1988年2月，臺一版。

《皺水軒詞筌》，清，賀裳撰，《詞話叢編》冊一，新文豐出版公司，1988年2月，臺一版

《金粟詞話》，清．彭孫遹撰，《詞話叢編》冊一，新文豐出版公司，1988年2月，臺一版。

《古今詞話》，清．沈雄撰，《詞話叢編》冊一，新文豐出版公司，1988年2月，臺一版。

《歷代詞話》，清．王奕清撰，《詞話叢編》冊二，新文豐出版公司，1988年2月，臺一版。

《詞潔輯評》，清．先著、程洪撰，《詞話叢編》冊二，新文豐出版公司，1988年2月，臺一版。

《雨村詞話》，清．李調元撰，《詞話叢編》冊二，新文豐出版公司，1988年2月，臺一版。

《西甫詞說》，清．田同之撰，《詞話叢編》冊二，新文豐出版公司，1988年2月，臺一版。

《靈芬館詞話》，清．郭麐撰，《詞話叢編》冊二，新文豐出版公司，1988年2月，臺一版。

《張惠言論詞》，清，張惠言撰，《詞話叢編》冊二，新文豐出版公司，1988 年 2 月，臺一版。

《介存齋論詞雜著》，清．周濟撰，《詞話叢編》冊二，新文豐出版公司，1988 年 2 月，臺一版。

《宋四家詞選目錄序論》，清．周濟撰，《詞話叢編》冊二，新文豐出版公司，1988 年 2 月，臺一版。

《詞苑粹編》，清．馮金伯輯，《詞話叢編》冊三，新文豐出版公司，1988 年 2 月，臺一版。

《蓮子居詞話》，清．吳衡照撰，《詞話叢編》冊三，新文豐出版公司，1988 年 2 月，臺一版。

《雙硯齋詞話》，清．鄧廷楨撰，《詞話叢編》冊三，新文豐出版公司，1988 年 2 月，臺一版。

《聽秋聲館詞話》，清．丁紹儀撰，《詞話叢編》冊三，新文豐出版公司，1988 年 2 月，臺一版。

《蓼園詞評》，清．黃蓼園撰，《詞話叢編》冊四，新文豐出版公司，1988 年 2 月，臺一版。

《左庵詞話》，清．李佳撰，《詞話叢編》冊四，新文豐出版公司，1988 年 2 月，臺一版。

《詞學集成》，清．江順詒撰，《詞話叢編》冊四，新文豐出版公司，1988 年 2 月，臺一版。

《賭棋莊詞話》、《續詞話》，清．謝章鋌撰，《詞話叢編》冊四，新文豐出版公司，1988 年二月，臺一版。

《蒿庵論詞》，馮煦撰，《詞話叢編》冊四，新文豐出版公司，1988 年 2 月，臺一版。

《詞概》，劉熙載撰，《詞話叢編》冊四，新文豐出版公司，1988 年 2 月，臺一版。

《白雨齋詞話》，清．陳廷焯撰，《詞話叢編》冊四，新文豐出版公司，1988 年 2 月，臺一版。

《復堂詞話》，清．譚獻撰，《詞話叢編》冊四，新文豐出版公司，1988 年 2 月，臺一版。

《論詞隨筆》，清．沈祥龍撰，《詞話叢編》冊四，新文豐出版公司，1988 年 2 月，臺一版。
《詞徵》，清．張德瀛撰，《詞話叢編》冊五，新文豐出版公司，1988 年 2 月，臺一版。
《褒碧齋詞話》，清．陳銳撰，《詞話叢編》冊五，新文豐出版公司，1988 年 2 月，臺一版。
《詞論》，清．張祥齡撰，《詞話叢編》冊五，新文豐出版公司，1988 年 2 月，臺一版。
《人間詞話》，王國維撰，《詞話叢編》冊五，新文豐出版公司，1988 年 2 月，臺一版。
《湘綺樓評詞》撰，王闓運撰，《詞話叢編》冊五，新文豐出版公司，1988 年 2 月，臺一版。
《蕙風詞話》，清．況周頤撰，《詞話叢編》冊五，新文豐出版公司，1988 年 2 月，臺一版。
《詞說》，清．蔣兆蘭撰，《詞話叢編》冊五，新文豐出版公司，1988 年 2 月，臺一版。
《海綃說詞》，陳洵撰，《詞話叢編》冊五，新文豐出版公司，1988 年 2 月，臺一版。
《聲執》，陳匪石撰，《詞話叢編》冊五，新文豐出版公司，1988 年 2 月，臺一版。
《詞苑叢談校箋》，徐釚編著，王百里校箋，北京人民出版社，1998 年 2 月第 1 次印刷。
《詞林紀事補正》，清．張宗橚撰、楊寶霖補正，上海古籍出版社，1998 年 11 月出版。
《御定詞譜》，清．康熙御製，洪氏出版社，1980 年 11 月出版。
《詞律》，清．萬樹撰，《景印文淵閣四庫全書》，冊一四九六，臺灣商務印書館，1986 年 3 月，初版。
《詞律詞典》，潘慎編撰，山西人民出版社，1991 年 9 月，第一版第一次印刷。
《詞林正韻》，清．戈載撰，臺灣商務印書館，1968 年出版。

### （二）詩文評

《文心雕龍讀本》，南朝・劉勰撰，王庚生注譯，文史哲出版社，1985年3月，初版。

《六一詩話》，宋・歐陽修撰，《景印文淵閣四庫全書》，冊一四七八，台灣商務印書館，1986年3月，初版。

《本事詩》，宋・孟棨撰，《景印文淵閣四庫全書》，冊一四七八，臺灣商務物印書館，1986年3月，初版。

《中山詩話》，宋・劉邠撰，《景印文淵閣四庫全書》，冊一四七八，臺灣商務印書館，1986年3月，初版。

《後山詩話》，宋・陳師道撰，《景印文淵閣四庫全書》，冊一四七八，臺灣商務印書館，1986年3月，初版。

《苕溪漁隱叢話》，胡仔撰，卷五十七，見《叢書集成新編》，冊七八，新文豐出版公司，1985年出版。

《艇齋詩話》，宋・曾季狸撰，《叢書集成新編》，冊七九，新文豐出版公司，1985年初版。

《浩然齋雅談》，宋・周密撰，《景印文淵閣四庫全書》，冊一四八一，台灣商務印書館，1986年3月，初版。

《歸田詩話》，明・瞿佑撰，《歷代詩話緒編》，木鐸出版社，1983年9月，初版。

## 六、詞學專著

《中國詩史》，陸侃如、馮沅君撰，作家出版社，1957年出版。

《詞牌彙釋》，聞汝賢撰，1963年5月出版。

《景午叢編》，鄭騫撰，臺灣中華書局，1972年1月，初版。

《唐宋名家詞選》，龍木勛選注，臺灣開明書局，1976年8月。

《詞曲史》，王易撰，廣文出版社，1979年出版10月，四版。

《宋詞通論》，薛礪若撰，臺灣開明書店，1980年1月。

《唐宋詞選釋》，俞平伯選釋，木鐸出版社，1980年6月出版。

《詩詞曲語詞匯釋》，張相撰，臺灣中華詩局，1980年8月，臺六版。

《迦陵論詞叢稿》，葉嘉瑩撰，明文書局，1981 年 9 月，初版。
《詞論》，劉永濟撰，龍田出版社，1982 年元月，初版。
《宋詞散論》，詹安泰撰，廣東人民出版社，1982 年 1 月。
《唐宋五代詞簡析》，劉永濟選釋，龍田出版社，1982 年 1 月出版。
《唐宋詞簡釋》，唐圭璋選釋，木鐸出版社，1982 年 3 月出版。
《宋人軼事彙編》，丁傳靖輯，源流文化事業公司，1982 年 9 月，初版。
《宋詞舉》，陳匪石撰，正中書局，1983 年 9 月，臺四版。
《唐宋詞欣賞》，夏承燾撰，文津出版社，1983 年 10 月出版。
《詞學研究論文集》，(1949-1979)，上海華東師範大學出版社，1982 年 3 月初版。
《南宋制撫年表》，吳廷燮，北京中華書局，1984 年 4 月第 1 次印刷。
《姜白石編年箋校》，夏承燾撰，臺灣中華書局,1984年10 月臺二版。
《音韻學研究》，魯國堯撰，北京中華書局，1984 年出版。
《唐宋詞通論》，吳熊和撰，杭州古籍出版社，1985 年 1 月。
《唐宋詞論叢》，夏承燾撰，香港中華書局，1985 年 9 月初版。
《宋詞鑑賞辭典》，賀新輝主編，北京燕山出版社，1987 年 3 月，第一版第 1 次印刷。
《宋詞的風格學》，楊海明撰，木鐸出版社，1987 年 6 月。
《唐宋詞鑑賞辭典》，唐圭璋主編，江蘇古籍出版社，1987 年 7 月，第一版第 2 次印刷。
《南宋詞研究》，王偉勇撰，文史哲出版社，1987 年 9 月，初版。
《靈谿詞說》，繆鉞、葉嘉瑩撰，國文天地雜誌社，1987 年 11 月，初版。
《唐宋名家詞論集》，葉嘉瑩撰，正中書局，1987 年 11 月，初版。
《詞學考銓》，林玫儀撰，聯經出版事業公司，1987 年 12 月，初版。
《宋詞選》，胡雲翼選注，上海古籍出版社，1988 年 6 月第 2 次印刷。
《詞學論叢》，唐圭璋撰，宏業書局，1988 年 9 月出版。
《唐宋詞鑑賞辭典》，唐圭璋主編，上海辭書出版社，1988 年 8 月，第一版第 1 次印刷。

《詞學論薈》，趙爲民、程郁綴選輯，五南圖書出版公司，1989 年 7 月，初版。
《宋明理學與文學》馬積高撰，湖南師範大學出版社，1989 年 10 月。
《唐宋詞新賞》，張淑瓊主編，地球出版社，1990 年 1 月。
《唐宋詞百科大辭典》，王洪主編，學苑出版社，1990 年 9 月，第一版第一次印刷。
《日本學者中國詞學研究論文集》，王水照、保荊佳昭編選，上海古籍出版社，1991 年 5 月初版。
《唐宋詞精華分卷》，王洪主編，朝華出版社，1991 年 10 月，第一版第 1 次印刷。
《全宋詞精華分類鑑賞集成》，潘百齊主編，南京河海大學出版社，1991 年 12 月，第一版第 1 次印刷。
《宋南渡詞人群體研究》，王兆鵬撰，文津出版社，1992 年 3 月，初版。
《朱子大傳》，束景南，福建教育出版社，1992 年出版。
《參軍戲與元雜劇》，曾永義，聯經出版事業公司，1992 年 4 月出版。
《唐宋五十名家詞論》，陳如江撰，上海華東師範大學出版社，1992 年 7 月出版。
《詞學古今談》，繆鉞、葉嘉瑩撰，萬卷樓圖書公司，1992 年 10 月，初版。
《南宋詞史》，陶爾夫、劉敬圻撰，黑龍江人民出版社，1992 年 12 月第 1 次印刷。
《豪放詞派選集》，廖仲安主編，李勤印選注，北京師範學院出版社，1993 年 4 月，第一版第一次印刷。
《東坡樂府編年箋注》，石聲淮、唐玲玲箋注，華正書局，1993 年出版。
《宋詞概論》，謝桃坊撰，巴蜀書社，1993 年 6 月。
《中國詞學史》，謝桃坊撰，巴蜀書社，1993 年 6 月出版。
《宋詞概論》，謝桃坊撰，巴蜀書社，1993 年 6 月出版。
《宋代文學史》，孫望、常國武編，北京人民文學出版社，1996 年 9

月第一次印刷。
《宋代詞學資料彙編》，張惠民編，汕頭大學出版社，1993 年 11 月，第一版第一次印刷。
《婉約詞派的流變》，艾治平，瀋陽遼寧大學出版社，1994 年 1 月。
《詞集序跋匯編》，施蟄存等編，中國社會科學出版社，1994 年 12 月。
《詞話學》，朱崇才撰，文津出版社，1995 年 1 月出版《宋代詞學審美理想》，張惠民，人民文學出版社，1995 年 4 月出版。
《宋代文學思想史》，張毅，北京中華書局，1995 年 4 月出版。
《詞學通論》，吳梅撰，盤庚出版社，未著出版年月與版次。

## 七、學位論文、期刊

《辛稼軒詠物詞研究》，林承坯撰，國立台灣師範大學國文研究所博士論文，1993 年 5 月。
〈辛棄疾與陳亮的鵝湖之會〉，劉乃昌撰，《山東師院學報》，1978 年 4 期。
〈試析劉過與辛棄疾交往之因由〉，胡敦倫撰，(江西社會科學)，1991 年，第 1 期。
〈論劉熙載詞論中的元分人物〉，吳宏一撰，《王叔岷先生八十壽慶論文集》，大安出版社，1993 年 6 月。
〈艷詞的發展軌跡及文化內涵〉，張宏生，《社會科學戰線》，1995 年第 4 期。
〈論辛棄疾農村詞的詞風〉，沈伯華撰，《揚州師院學報》，1986 年 1 期。
〈辛棄疾的詠物寓言詞〉，陸永品撰，《中洲學刊》，1988 年 1 期。
〈辛棄疾的詠物詞芻議〉，薛祥生撰，《山東師大學報》，1990 年 3 期。
〈辛詞與陶詩〉，袁行霈撰，《文學遺產》，1992 年第 1 期。
〈唐宋俳諧詞敘論〉《詞學》，第 10 輯，華東師範大學出版社，1992 年 12 月第 1 版。
〈稼軒的俳諧詞〉，鄧魁英撰，中國文聯出版公司，1993 年 2 月出版